普通高等教育"十一五"国家级规划教材
高等学校交通运输与工程类专业规划教材

Chengshi Keyun Jiaotong Xitong
城市客运交通系统

（第2版）

陈大伟　主　编
何　流　副主编
李旭宏　主　审

人民交通出版社股份有限公司
北京

内 容 提 要

本书为普通高等教育"十一五"国家级规划教材、高等学校交通运输与工程类专业规划教材,全书共分7章,内容包括:绪论、城市客运交通系统构成、城市客运交通需求预测、城市客运交通系统规划、城市客运交通系统运营管理、城市公共交通优先系统和客运交通一体化。

本书既可作为高等院校交通运输类专业本科生和研究生的教材或教学参考书,也可为从事城市客运交通规划与设计的工程技术人员、客运交通管理人员与决策研究人员提供参考。

图书在版编目(CIP)数据

城市客运交通系统/陈大伟主编. —2版. —北京:
人民交通出版社股份有限公司,2019.12(2025.1重印)
ISBN 978-7-114-16133-9

Ⅰ. ①城… Ⅱ. ①陈… Ⅲ. ①城市运输—旅客运输—交通运输系统—高等学校—教材 Ⅳ. ①F570.8

中国版本图书馆CIP数据核字(2019)第287622号

普通高等教育"十一五"国家级规划教材
高等学校交通运输与工程类专业规划教材

书　　名:	城市客运交通系统(第2版)
著 作 者:	陈大伟
责任编辑:	李　晴　卢俊丽
责任校对:	赵媛媛
责任印制:	张　凯
出版发行:	人民交通出版社股份有限公司
地　　址:	(100011)北京市朝阳区安定门外外馆斜街3号
网　　址:	http://www.ccpcl.com.cn
销售电话:	(010)85285911
总 经 销:	人民交通出版社股份有限公司发行部
经　　销:	各地新华书店
印　　刷:	北京虎彩文化传播有限公司
开　　本:	787×1092　1/16
印　　张:	19.875
字　　数:	474千
版　　次:	2011年8月　第1版 2019年12月　第2版
印　　次:	2025年1月　第3次印刷　总第8次印刷
书　　号:	ISBN 978-7-114-16133-9
定　　价:	50.00元

(有印刷、装订质量问题的图书由本公司负责调换)

高等学校交通运输与工程(道路、桥梁、隧道与交通工程)教材建设委员会

主 任 委 员：沙爱民　（长安大学）

副主任委员：梁乃兴　（重庆交通大学）
　　　　　　陈艾荣　（同济大学）
　　　　　　徐　岳　（长安大学）
　　　　　　黄晓明　（东南大学）
　　　　　　韩　敏　（人民交通出版社股份有限公司）

委　　　员：(按姓氏笔画排序)

马松林	（哈尔滨工业大学）	王云鹏	（北京航空航天大学）
石　京	（清华大学）	申爱琴	（长安大学）
朱合华	（同济大学）	任伟新	（合肥工业大学）
向中富	（重庆交通大学）	刘　扬	（长沙理工大学）
刘朝晖	（长沙理工大学）	刘寒冰	（吉林大学）
关宏志	（北京工业大学）	李亚东	（西南交通大学）
杨晓光	（同济大学）	吴瑞麟	（华中科技大学）
何　民	（昆明理工大学）	何东坡	（东北林业大学）
张顶立	（北京交通大学）	张金喜	（北京工业大学）
陈　红	（长安大学）	陈　峻	（东南大学）
陈宝春	（福州大学）	陈静云	（大连理工大学）
邵旭东	（湖南大学）	项贻强	（浙江大学）
胡志坚	（武汉理工大学）	郭忠印	（同济大学）
黄　侨	（东南大学）	黄立葵	（湖南大学）
黄亚新	（解放军理工大学）	符锌砂	（华南理工大学）
葛耀君	（同济大学）	裴玉龙	（东北林业大学）
戴公连	（中南大学）		

秘 书 长：孙　玺　（人民交通出版社股份有限公司）

第 2 版前言

随着经济社会迅速发展与城镇化、机动化进程持续推进,我国城市客运交通领域近十年来发展日新月异。新常态下,我国城市客运交通面临全面转型发展要求。今后一个时期注重以人为本的城市客运交通系统研究是多学科交叉发展的关键领域,将处于挑战与机遇并存的重要变革期。

当前,城市客运交通系统发展与时俱进,"互联网+交通"催生的新业态客运方式使得系统构成更趋于丰富。此外,原有城市客运方式内部各子系统新理念、新技术频现,原有需求预测、规划方法、运营管理技术亟待适应新形势。公交优先、新型城镇化等国家战略地位的日益提升也要求我们对于城市公交优先政策与技术、城市/城乡客运交通一体化的相关研究需给予更多关注。

在以上背景与要求下,本书为适应新形势、新要求进行了全面的修订。在原书基础上调整了全书的章节结构,针对重点、热点内容与趋势,增加了介绍和应用实践示例,对具体细节进行了校核并附上更具针对性、时效性的数据、图表说明,每章末尾处增加了可供读者温习、思辨的复习思考题。修订后全书共 7 章,第 1 章绪论介绍了城市客运交通系统的演化历程与发展模式、发展趋势与研究重点,使读者对城市客运交通系统形成总体的认识。第 2 章介绍了城市客运交通系统基本构成,对系统包含的各种方式的运输特性、子系统形式与构成及特点作出全面阐述。第 3 章介绍了城市客运交通需求预测。在了解需求预测相关概念、出行调查方法的基础上,重点对长期客运需求预测方法中的四阶段法进行详细描述,同时对其他常见预测方法进行基本介绍。第 4 章介绍了城市客运交通系统规划,包含城市轨道交通、城市常规公交两种不同的系统对其规划内容与流程和线网、场站、车辆规划方法等。第 5 章介绍了城市客运交通系统运营管理,包含城市轨道交通客流分析、运输计划、列车运行图、指挥调度、运行控制及车站客运组织;常规公交行车作业计划、调度、票制票价等内容。第 6 章介绍了城市公共交通优先系统,从公交优先政策、技术两方面对公共交通优先系统进行阐释。第 7 章介绍了客运交通一体化,从城乡客运一体化和城市客运一体化两方面分别阐述网络规划、组织方法、经营管理、TOD 模式应用等重点内容。

全书由东南大学陈大伟任主编,南京理工大学何流任副主编。其中,第 3 章由何流负责编写,其他章节由陈大伟负责编写。在本次修编过程中,参加资料收集和文字整理工作的有吴一帆、吴雪菲、陈心雨、王帅等同学,在此一并表示感谢。

感谢南京理工大学徐永能副教授、江苏省城镇化和城乡规划研究中心孙华灿研究员、江苏省城乡规划设计研究院张小辉高级工程师的帮助和建议。

教材在编写中参考了大量的国内外文献和书籍,由于条件所限,未能与原著作者一一取得联系,引用及理解不当之处敬请见谅,在此对原著作者表示崇高的敬意与衷心的感谢!

期待读者通过学习本书,能同百花齐放、日新月异的城市客运交通领域一道,不断积累理论和技术经验,快速成长发展。

限于水平和时间,书中不足和错误在所难免,欢迎广大读者批评指正!

编 者

2019 年 6 月

第1版前言

城市的形成和发展与交通系统特别是客运交通系统的发展密切相关。城市的主要功能之一,是承载人与货物的集聚与流通。城市客运交通作为城市交通的一部分,是保障城市居民出行、促进城市经济发展的重要基础。城市客运交通由多种交通方式构成,随着社会经济的发展、城市地域范围的扩展、城市人口的增加和科学技术的进步,城市客运的各种交通方式也在不断发展,为现代城市居民出行提供了多样化的交通选择。

城市客运交通在发展过程中也面临着更多的问题和挑战,因此,系统深入地认识城市客运交通,是我们应对挑战的重要前提。本书系统阐述了城市客运交通系统的总体发展特征、城市客运交通的构成和特点、城市客运交通系统的规划、城市客运交通系统的运营管理、城市客运交通的一体化等内容,旨在为城市客运交通的发展规律提供系统化的视角。

全书由东南大学李旭宏教授和南京理工大学徐永能副教授担任主编。其中,第一章由李旭宏、徐永能负责编写;第二章由张骏负责编写;第三章由陈大伟负责编写;第四章由徐永能负责编写;第五章由于世军负责编写;第六章由李旭宏、单晋负责编写。另外,东南大学研究生李军龙、何流、韩飞、卢静、朱友雪、卜万成等,南京理工大学研究生姜毅、丁蕾、茚佳能、姜玲、矫丽丽等参与了参考资料收集和整理工作,在此表示感谢。本书由南京理工大学曹丛咏教授和东南大学毛海军教授主审,在此对两位教授表示衷心感谢。

本书既可作为高等院校交通工程及交通运输专业本科生和研究生的教材或教学参考书,也可为城市交通规划、设计、研究等部门从事城市客运交通规划与设计的工程技术人员、交通管理人员与决策研究人员提供参考。

限于水平和时间,书中不足和错误在所难免,欢迎广大读者批评指正!

编 者
2011年6月

目录

第1章　绪论 ·· 1
　1.1　城市客运交通系统概述 ··· 1
　1.2　城市客运交通系统发展演化 ··· 1
　1.3　城市客运交通系统发展模式 ··· 6
　1.4　城市客运交通系统发展趋势 ··· 11
　1.5　城市客运交通系统研究重点 ··· 14
　复习思考题 ·· 16

第2章　城市客运交通系统构成 ·· 17
　2.1　城市客运交通系统结构与特征 ··· 17
　2.2　城市轨道交通系统构成 ··· 27
　2.3　常规公交系统构成 ··· 33
　复习思考题 ·· 38

第3章　城市客运交通需求预测 ·· 39
　3.1　预测方法与思路 ··· 39
　3.2　居民出行调查 ·· 45
　3.3　长期客运交通预测方法——四阶段模型 ··· 60
　3.4　短时客运交通预测方法 ··· 86
　复习思考题 ·· 91

第4章　城市客运交通系统规划 ·· 92
　4.1　城市客运交通系统规划概述 ··· 92
　4.2　城市轨道交通系统规划 ··· 96
　4.3　城市常规公交规划 ··· 116
　复习思考题 ·· 149

第5章　城市客运交通系统运营管理 ··· 150
　5.1　城市客运交通系统运营管理概述 ·· 150
　5.2　城市轨道交通系统运营管理 ·· 151

  5.3 常规公交运营调度管理 ··· 190
  5.4 城市公共交通票制票价 ··· 211
  复习思考题 ··· 223
第6章 城市公共交通优先系统 ··· 224
  6.1 公交优先的内涵与意义 ··· 224
  6.2 公交优先政策 ·· 226
  6.3 常规公交专用道 ··· 232
  6.4 交叉口公交优先系统 ·· 245
  复习思考题 ··· 251
第7章 客运交通一体化 ·· 252
  7.1 城乡客运交通一体化 ·· 252
  7.2 城市客运交通一体化 ·· 275
  复习思考题 ··· 303
参考文献 ·· 304

第1章
绪论

1.1 城市客运交通系统概述

从古至今,人类集群的建立、塑造和发展是多种力量复杂作用的产物,其中有一个贯穿始终的主要作用力——交通。城市的形成与演变取决于交通,城市的发展又促进了交通。城市交通系统为居民出行和物品流通提供了必要的条件,是联系社会生产、流通和居民生活的纽带。城市交通主要分为客运交通和货运交通两大部分。城市客运交通系统是指为城市居民出行需求而提供满足途径的全部方式。不同城市由于其经济和地理条件的差异,而具有不同的客运交通系统。

1.2 城市客运交通系统发展演化

历史上每一次交通工具的改进或革新,都推动着城市客运交通系统的发展与城市空间形态的扩展和演变。交通工具的变革促使运输速度不断加快,缩短了时空距离,提高了交通可达性,从而促进了城市土地资源配置优化,改变城市空间结构及其外部空间形态。城市客运交通发展的主要里程碑,见表1-2-1。

城市客运交通发展的主要里程碑　　　　　表1-2-1

时间(年)	地点	事件
1600	英国伦敦	第一辆出租马车
1662	法国巴黎	第一辆城市马拉公共班车
1832	美国纽约	第一条马拉有轨车线
1838	英国伦敦	第一条城郊轨道交通
1863	英国伦敦	第一条地铁
1881	德国柏林	第一辆有轨电车
1881	法国巴黎	第一辆电动车
1885	德国	第一辆摩托车
1886	德国	第一辆汽车
1888	美国弗吉尼亚州	第一条有轨电车线路正式开通
1899	英国	第一辆公共汽车
1901	法国巴黎	第一条无轨电车线正式运营
1910	英国伦敦	马拉公共班车全部由公共汽车代替
1925	美国	第一辆无人驾驶汽车(两辆组合式汽车通过后车发射无线电波来控制前车)
1948	瑞士苏黎世	第一家共享汽车组织
1955	德国杜塞尔多夫	第一辆现代铰接式有轨电车
1955	美国克利夫兰	第一个大规模停车换乘(P&R)系统
1965	荷兰阿姆斯特丹	第一代公共自行车系统
1972	美国旧金山	第一个由计算机控制的快速公交系统
1974	巴西库里蒂巴	第一条BRT线路
1975	美国弗吉尼亚州	第一个自动导向轨道(AGT)系统
1975	美国摩根敦市	第一个个人快速公交(PRT)系统
2003	中国上海	第一条商业运营的磁悬浮专线
2007	法国巴黎	第一代现代商业化共享单车
2009	美国加利福尼亚州	第一家网约车平台正式运营

1.2.1　以人力、畜力为主的未机动化发展阶段(1600—1880年)

在自行车和其他公共交通方式出现以前,马车是除人力交通之外最主要的交通工具,其速度一般低于8km/h,城市向外扩展的能力受到限制,呈紧凑的同心圆发展。城市规模较小,城市居民几乎集中在城内,人口密度高。城市用地紧凑,下铺上居、前店后坊的形式较为普遍。之后出租马车、城市马拉公共班车相继出现,仍存在服务对象有限、速度慢、运量低、运距有限等诸多不可克服的局限性。后来出现的马拉轨道车线路一般由城市中心向外发散,增加了城市中心的交通可达性;商业沿路发展,为城市中心的发展注入了生机。马车的应用使得富人向郊区搬迁,贫富居住地分化明显。城市用地形态表现为沿路扩散,城市指状形态开始出现,如图1-2-1所示。

图 1-2-1　城市形态与主要交通工具示意图(以人力、畜力为主的未机动化发展阶段)

在这一阶段,城市交通的作用主要是通过路网的交通组织功能来体现政治需求,城市空间形态呈现团块状形态的巩固和指状形态萌芽期,规模小、人口密度高、用地紧凑,土地利用的复合程度较高。居民的出行圈小,短距离出行占主体。而该时期主要出行方式(步行、马车等)的特征表现为速度慢、运量低、舒适度低、运距短。

1.2.2　早期机动化公共交通发展阶段(1880—1920 年)

此阶段主要是指小汽车普及前的早期机动化公共交通发展时期。18 世纪 60 年代后发生的两次工业革命带来机器大工业的生产方式,近代城市发生了翻天覆地的变化,该时期交通工具也发生了革命性的机械化。交通工具机械化是交通机动化的实质,指的是用机械力代替人力、畜力完成人与物移动的过程。人们总是趋向于更舒适、高效的出行方式,因此早期机动化公共交通替代人力、畜力交通工具是自然且必然的选择。

以机械力为动力的现代意义上的城市公共交通最早可以追溯到 1863 年英国伦敦修建的第一条地铁,随后 1888 年美国的弗吉尼亚州修建了第一条电车线,1899 年英国生产出了第一辆公共汽车,1901 年法国巴黎诞生了世界上第一条无轨电车线。第一批地铁、市郊铁路等公共交通方式出现后不久,就以其速度快、运量大、票价低廉等优势,加速了马车等早期交通工具的淘汰。这类公共交通的创新和广泛应用导致了城市空间形态第一次剧烈的变革,使得市区外围的土地进入了公共交通的可达范围。后期有轨电车、无轨电车、公共汽车等方式出现并应用,相对地铁、市郊铁路而言,适宜服务距离变短且更为灵活多变,使得城市中心区规模得以扩大、功能日趋完善,满足了居民的中短距离出行需求,如图 1-2-2 所示。

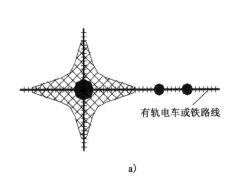

图 1-2-2　城市形态与主要交通工具示意图(早期机动化公共交通发展阶段)

在这一阶段,城市的经济功能逐渐居于主导地位,人口增加和城市规模扩大使城市的运行效率成为城市发展的关键因素,交通逐渐成为城市的基本功能之一。城市空间形态开始出现串珠状郊区走廊,之后原本城市的指状形态得以加强(城市中心区规模扩大、功能完善)。居民出行方面,前期是高峰交通量增大,方向相对单一,中长距离通勤出行占主体,后期中短距离居民出行需求增加。而城市主要出行方式上,前期以运量增大、速度及运距大大提升的地铁和市郊铁路为主,后期有轨/无轨电车、公共汽车因站点相对铁路间距小,具有服务覆盖面更广、运营组织更灵活等明显优势,得以快速发展。

1.2.3 小汽车化发展阶段(1920—20 世纪中期)

小汽车化是公认的交通机动化最具影响力的表现,使城市交通发生了最深刻、最彻底的改变。1886 年,卡尔·本茨在德国造出了世界上第一辆汽车。20 世纪初,内燃机技术的成功应用,因此小汽车(包括小汽车和城市公共汽车)成为城市客运交通中最具竞争力的出行方式。由于小汽车的使用者能够自主决定出行的时间、频率、线路,而且有更高的运送速度,因此成为城市客运交通系统中最具竞争力的出行方式。这一时期,为满足自身扩张与小汽车交通的大规模使用需求,大城市普遍形成了"放射路+环路"的道路格局。城市交通出现了至今未能解决的难题:严重的人车冲突、长距离通勤、日益加剧的交通拥堵、对自然资源、生态环境的破坏等。另一方面由于道路拥堵使得服务水平严重下降,另一方面,在道路拥堵造成的低服务水平及城市低密度发展双重作用下,城市客运交通运营难以为继,如图 1-2-3 所示。

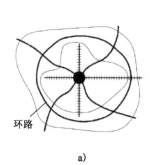

图 1-2-3 城市形态与主要交通工具示意图(小汽车化发展阶段)

这一阶段,城市空间形态呈现郊区化加速特征和同心环状—指状—多核心的扩张形态。前期小汽车到各个方向的机会是均等的,城市呈同心环结构扩张;之后在陆续修建的城市快速路附近地区的高可达性,促成了城市指状形态的重现;再往后,出城主干道与城市环线的交叉点上,一批新核心迅速成长,吸引了大量新的城市活动,多核心形态形成。这一阶段城市人口迅速增加,功能结构更趋完善,空间上依赖快速干道,以低密度蔓延式发展,大城市大多形成了商务/业中心(CBD)和放射路+环路的道路格局。居民出行需求激增且多样化,导致道路拥挤,出行效率大幅降低。主要交通方式(汽车)的供给特征表现为机动灵活、舒适度高、速度更快,但运量较小、运送单位能耗高、污染大。

1.2.4 以轨道交通为主要交通工具的发展阶段(20 世纪中期—20 世纪末)

第二次世界大战后到 20 世纪 50 年代初期,西欧诸国也经历了一个自行车、摩托车、公共交通向大众化小汽车迅速转化的时期。如原联邦德国,人们羡慕美国的生活方式,热衷拥有小汽车,到1979年千人小汽车拥有量达到了400辆。小汽车交通带来的个体出行便利刺激了出行需求的增加,引发了空气污染、土地资源消耗、能源消耗、交通拥堵等问题,城市为小汽车的使用付出了巨大的间接成本。传统的城市交通发展模式很难从根本上解决问题,寻求城市交通的可持续发展道路成为世界所有城市共同关注的问题。城市开始反思小汽车导向的发展模式,意识到只有重新提升城市公共交通的功能和地位,以其安全、可靠、高效、快速的服务特点来满足城市多元化的出行需求,才能促进城市、交通与生态、环境的和谐发展。解决的主要手段是在大城市引入快速大运量的轨道交通服务,如图1-2-4所示。

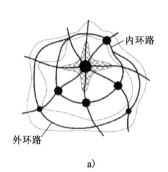

图1-2-4 城市形态与主要交通工具示意图(以轨道交通为主要交通工具的发展阶段)

在这一阶段,城市空间形态产生高密度点状放射轴线,城市一方面重塑中心区,改善已有城市内部环境;另一方面大城市积极建设城市次级中心和卫星城等。居民出行更多根据出行目的、地点、时效、舒适度等需求追求多层次、多样化出行。主要出行方式(轨道交通)具有运量大、高效快速、安全可靠,且单位运送能耗小的特点。

1.2.5 多模式交通综合发展阶段(21世纪初至今)

轨道交通不仅对城市中心区公共交通服务水平的改善起重要的作用,并且为大城市郊区新城镇的发展提供了强有力的支持,形成公交导向的土地开发模式TOD(Transit-Oriented Development)。但由于轨道交通需要巨大的建设成本、专有的设施空间,并非所有城市均能将其作为首选解决方案。传统地面公交与轨道交通在服务上的差异性,决定了其在城市客运交通系统中的生命力。为传统地面公交提升而出现的BRT(Bus Rapid Transit)快速公交系统,克服了轨道交通建设成本高、建设周期长的缺陷,成为公共交通快速化在不同城市、不同环境下的备选项。传统的步行、自行车等慢行交通方式,特别是公共自行车与共享单车的出现,由于其环保特性以及与公共交通衔接的便利,在城市交通中重新焕发出生命力,为城市客运交通系统提供了更多的选择空间。

这一阶段,城市逐渐从增量扩张进入存量优化的内涵型发展模式,追求可持续发展,注重交通、生态与环境的和谐。城市交通方面,居民出行需求总量增加,通勤出行比例降低,出行服务需求多样化。多模式客运交通系统主要特征为:高效、高速的新技术交通系统涌现,绿色、灵活的慢行交通系统复兴,与已有交通系统互为补充,互相促进。城市客运交通与城市空间形态同时进入了变革速度放缓,着重提升质量与逐步完善的发展阶段。

1.2.6 发展规律总结

城市客运交通系统经历了5个发展阶段:人力、畜力为主的未机动化阶段;早期机动化公共交通阶段;小汽车化阶段;以轨道交通为主要交通工具阶段;多模式综合交通阶段。各阶段主要交通工具的技术、经济、社会特性均处于不断演化进步之中,人们的出行需求也急速增长并呈现多样化趋势,城市形态也经历了团块状—指状—同心环状—多核心放射状的演化过程。城市客运交通系统发展历程对城市发展有着深远影响,国内外城市发展历史证明,城市中主导交通工具变化与城市规模扩张有必然的关联。统计表明,城市半径大致等于人在1h能够到达的距离。从最早的步行、畜力车、人力车、自行车为主,到现代的汽车和机动化快速交通方式的普及,实质上体现了在既定的时间内城市空间与交通可达性的相互关系。城市客运交通不同方式的1h通勤范围,如图1-2-5所示。

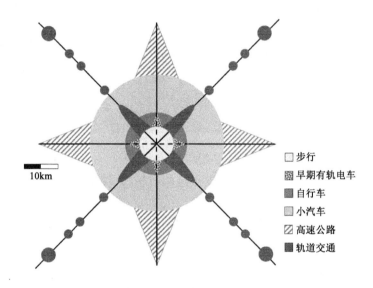

图1-2-5 城市客运交通不同方式的1h通勤范围

这种城市空间与城市客运交通需求、供给三者之间阶段性的动态相互作用规律可以表述为两点。一是城市客运交通需求与供给间始终保持着周而复始的动态平衡。技术创新导致的供给能力提高带动了需求的增长,而到了供给能力无法满足日益增长的客运需求时,将完成新旧主导交通工具的更替,进入新一轮的动态平衡阶段。二是城市客运交通与城市空间形态始终都在共同演化,呈现耦合关系。当技术创新或经济发展等因素使得城市交通与空间演化能够突破各自的阈值限制而发生阶段性跃迁时,城市交通与城市空间演化又进入下一阶段的演化和相互作用过程。二者不断从较低层次向较高层次发展完善。

1.3 城市客运交通系统发展模式

1.3.1 城市客运交通系统发展影响因素

1)人口因素

影响城市客运交通系统发展的人口因素有:人口数量、人口分布等。人口数量是影响交通出行量的基本因素,人口数量多而集中,即人口密度相对较高的城市不适宜以私人交通为主,然而高人口密度能够为城市公共交通系统提供足够的客源,因此,高人口密度为发展城市公共交通创造了极有利的条件。而人口分布因素以居民职住分布为例,居住点和就业点形成城市居民在城市空间中活动最为主要的两个锚点,而连接居住地和就业地的通勤则是城市中最为主要的客流出行行为,对城市客运交通系统发展极具影响。如图1-3-1所示,不同规模、形态的城市居民职住分布形态差异巨大,导致这些城市在客运交通系统发展上也呈现出不同的侧重点和特色。

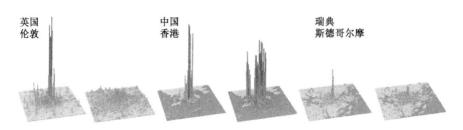

图1-3-1　不同城市居民就业(左)-居住(右)密度分布图

2) 土地因素

土地因素与城市交通呈耦合关系,城市土地利用形态影响着城市交通格局与发展模式,而城市交通则通过推动城市空间格局演化带来城市土地利用格局的重组。影响城市客运交通系统发展的土地因素有土地利用空间结构、土地利用强度等,这些因素主要对城市客运出行行为要素即出行方式、出行距离、出行分布等产生显著影响。

土地利用空间结构方面,有研究认为单中心城市的交通流呈明显的潮汐式,这种有序的交通模式有利于组织公共交通,且助推以公交为导向的城市交通发展模式(TOD)。与之形成鲜明对比的是美国在20世纪中期推行的就业郊区化和多中心发展策略,不仅未减少城市交通需求,反而增加了居民出行距离,形成了以私家车出行为主导的交通模式。土地利用强度方面,在土地利用强度大的城市中心区域,出行者倾向于使用非机动出行方式或公共交通,而距市中心越远机动车出行比例越大,故通常认为土地利用强度与非机动出行比例呈正相关。高强度、紧凑型土地利用开发区域,由于多功能用地在空间上相对集中,使交通出行距离缩短,故出行分布易在小范围内均衡;而低密度、分散的土地利用产生呈现钟摆式交通流的大规模通勤流。

3) 经济因素

城市经济实力、经济活力和交通建设投资比例等经济方面因素对城市客运交通系统发展有着重要影响。首先,城市客运交通系统建设周期长、耗资巨大,必须有足够的经济实力来支撑,如高速公路、城市轨道交通等。其次,城市经济活力与城市客运之间相互影响、相互作用,其性质、强度决定了城市客运的发生量、吸引量和交通方式的结构等。同时,城市客运交通发展与交通建设投资比重也密切相关。

4) 政策因素

影响城市客运交通系统发展的政策分为宏观政策、经济政策、技术政策、管理政策等。国家或区域制定的宏观交通战略或政策,决定了城市客运交通模式的发展方向,如我国近年来提出的开展公交都市建设专项行动政策和区域交通一体化政策。经济政策主要通过价格杠杆作用和引入竞争机制来干预城市客运交通系统的发展,它细分为投资政策、收费政策、竞争政策和补贴政策等。随着经济体制改革的深入,各异的投资政策使得城市客运交通呈现投资主体多元化,投资渠道和方式多样化的趋势。举例来说,收费政策有道路拥挤收费政策、私人小汽车使用费政策和公共交通票价政策等;竞争政策包括针对公共交通与私人交通间的竞争政策和针对公共交通系统内部经营主体间的竞争政策;对于补贴政策,目前世界上大多数国家都对公共交通实施补贴政策,方式主要有经营性补贴政策和投资性补贴政策。技术政策包括技术指导政策、技术组织政策和技术激励政策等。管理政策包括交通源管理政策、交通流管理政策、静态交通(停车)管理政策等。

5) 科技因素

科学技术的创新与应用对城市交通的发展通常起到正面促进作用。促进城市客运交通系统发展的科技进步主要包括交通工具、交通设施、交通管理、交通安全、绿色交通等方面的科技创新。在城市社会发展的早期交通创新主要以交通工具的创新与进步为主,交通工具的变革更替形成了前述的城市客运交通发展的 5 个阶段。设施上,1857 年电梯问世,从而为城市交通高密度开发建设提供了竖向交通保障。近年来,城市道路材料、铺装等技术的科技革新也层出不穷。交通管理方面,我国现阶段兴起的智慧城市、城市大脑研究同样是科技对未来城市交通的极大推动的体现之一。交通安全方面,针对酒后驾驶的酒精锁、疲劳驾驶预警、捕捉交通违法行为的视频图像识别分析等新技术能帮助减少城市交通事故的发生。交通绿色环保方面,清洁燃料、新能源汽车等科技创新成果促进城市客运交通系统的革新。

1.3.2 城市客运交通系统发展模式

城市客运交通主要包括私人交通和公共交通两种方式。研究一个城市的客运交通发展模式,即研究这两种方式在客运交通中所处的地位以及各自所占比例。随着经济社会的发展,世界范围内各城市出于可持续发展的考虑,大多着力弱化私人交通地位,提升城市公共交通分担率。

1) 以私人交通为主的发展模式

私人交通主要能反映交通中的个体性,小汽车出行方式具有很好的"点对点"直达性、自由规划路径的灵活性和较好的舒适性。以私人交通为主的交通模式适用于空间结构呈多中心、低密度、水平方向发展,人口密度相对较低,道路网络密度相对高的城市,例如美国的洛杉矶。美国是一个在 1958 年就达到"大规模汽车化"的国家,每千人拥有 400 辆汽车,对比中国目前每千人约有 180 辆汽车,预计到 2050 年才会达到大规模汽车化。洛杉矶、香港、伦敦出行结构对比,如图 1-3-2 所示。

私人汽车交通在洛杉矶城市交通中占绝对主导地位,公共交通的比例极低(图 1-3-2)。洛杉矶特殊的城市空间结构、发达的高速公路系统、迅猛的郊区化进程、低廉的燃油价格以及持续收入增长带来的私人汽车的高购买力,使得洛杉矶具有全球知名的汽车文化。洛杉矶道路面积占全市面积 30% 左右,是美国高速公路最发达的城市,也是全美拥有汽车最多的城市。调查显示,2006 年洛杉矶 16 岁以上劳动者中,74% 的人单独开车上下班,12% 的人拼车上下班,仅 7% 的人乘公共交通工具通勤。

除去直达、灵活、舒适等优点之外,私人小汽车机动化交通的无限制发展,使得这种交通模式下的城市道路供给与交通需求的矛盾日益尖锐。交通严重堵塞、事故频发、废气与噪声污染严重、市民出行的舒适度降低,这一切使城市蒙受了巨大损失。现如今许多类似洛杉矶的小汽车城市都试图改善其交通现状,尝试重视城市公共交通,但由于历史上公私交通未能协调发展,城市形态与路网、公共交通上的缺失已然定型,因此,改变现状所遇阻力较大。

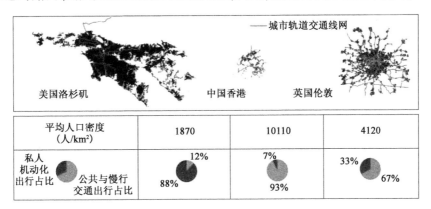

图1-3-2　洛杉矶、香港、伦敦出行结构对比

2) 以公共交通为主的发展模式

在以公共交通为主的交通模式下,公共交通工具运量大、运送效率高、能源消耗低、相对污染小和运输成本低等优点被极大程度利用。在该种模式下,城市既能提供快捷、安全、舒适的出行条件,满足客运需求,又能促进社会经济的发展,并最大限度减少对生态环境的污染和破坏,真正提高人类的生活质量。以公共交通为主的交通模式适应于空间结构呈单中心、高密度、竖直方向发展,人口密度相对较高的城市,例如巴西库里蒂巴、日本东京和中国香港等。

以中国香港为例,在受限的土地条件下,配合金融之都高效的市场运作机制,辅以一体化的交通服务,公交优先策略得到了坚持不懈的执行。香港的公共交通使用频率高,可选择的公共交通工具种类多样,包括巴士、小巴、地铁、电车、渡轮等。公共交通线路设计合理,汇聚于各人口稠密地区,也辐射至较为偏远的区域,早晚高峰时段在乘客较多路段加设特别线路。不同公交线路和公交工具之间接驳紧密,换乘方便,形成一个贯通地面、地下、海上的立体公交网络。

总的来说,城市公共客运交通具有运输能力大、服务面广、线网密集、搭乘方便、集约高效和节能环保等特点,是便利城市居民,特别是无小汽车人群日常出行的客运系统。除了诸多优点外,以公共交通为主的发展模式建设是一项包括法规、政策、空间、设施、财税、管理、服务等多个方面的复杂的系统工程,它要求城市在大容量公共交通服务上和城市发展形态上必须达到和谐统一,进而实现城市的可持续发展。因此,城市各部门必须提高规划、决策、管理水平,改变传统的交通被动适应城市开发的模式,实现以"公共交通引领城市发展"理念为战略导向的发展路径。

3) 公共交通与私人交通并重的发展模式

现阶段应用该种发展模式的城市以英国伦敦、法国巴黎等城市为典型,两者的工业化、城市化、机动化发展进程均走在世界前列,走过了较缓慢的城市与小汽车发展相互适应与进化的过程,城市空间形态、道路网布局、职住分布传统、居住出行习惯等因素均较为固定,相对亚洲大都市偏向于低密度蔓延模式。虽然这类城市提出积极建设可持续发展城市,尽可能地提高城市公共交通分担率,但目前小汽车私人交通在整个城市客运交通体系中的占比仍与公共交通平分秋色。

以英国伦敦为例，伦敦通常可分为内伦敦和外伦敦，城市规模庞大，人口相比欧美其他城市更稠密，城市交通采用中心区以公共交通为主导，外围以私人小汽车为主导的模式。其安全、环保、高效的多模式公共交通系统建设有突出的伦敦特色，可以说是世界上具备最为完善的综合交通体系的城市之一。伦敦的轨道交通12条线加上高峰时间和星期日增开的3条线路，15条线互相交错、四通八达，让伦敦活力倍增。1997—2017年，伦敦公共交通出行占比从26%增长至37%，与此同时，伦敦也努力通过征收拥挤费等方式降低城市居民对私家车的依赖，引导出行模式向更加健康、有效率的绿色方式转变，其私人交通出行从48%持续下降至36%，骑行从1%增长至2%，步行从24%增长至25%。到2017年，伦敦公共交通、私人交通和慢行交通出行占比基本呈"三分天下"态势。未来，伦敦计划进一步限制小汽车使用，实现在2041年慢行和公共交通出行比例之和达到80%的目标(目前为64%)。

4) 我国适应的发展模式

我国人口众多，人均土地面积和人均资源占有量均很低，远不到世界的平均水平。这些因素决定了我国城市建设将更多地向竖向空间展开，而不是在平面上展开。我国大多数城市的成长历程与发达国家主要城市的成长有两个本质的区别：一是，我国大城市在机动化之前，就已经形成了高密度的城市空间结构；二是，我国城市在经济开放后突然面对的是一个完全成熟的跨国汽车工业。这两点意味着我国城市没有机会像伦敦、纽约等城市那样，有一个相对较缓慢的城市交通系统与小汽车发展相互适应与进化的过程。

因此，我国城市交通主要特点可归结为以下三点。一是，城市化、机动化迅猛发展，城市交通供需矛盾在时空上大幅压缩。近年来我国城市人口迅速增长、机动化水平迅速提高，走过了发达国家城市几十年、甚至近百年走过的历程。无论是人们的现代交通意识，还是交通供求矛盾等都体现了时空上的大幅压缩。例如我国北京和日本东京的机动化进程对比可知，从200万辆机动车增加到400万辆机动车，东京用了22年，北京仅用了6年。二是，城市人口、空间规模不断扩大，严重挑战交通系统承载能力。三是，相比其他国家和地区，我国城市的路网结构合理度、公共交通吸引力、慢行交通路权、交通管理水平均有待提高。

结合我国城市与城市交通的特点，国情决定了我国不适合采取"以私人交通为主的客运交通模式"，目前我国大城市的城市客运交通发展模式更接近于"公共交通与私人交通并重，向以公共交通为主过渡"的阶段，我国中小城市发展模式更接近于"以私人交通为主，其中尤以慢行交通为主导"的阶段。然而目前面对我国城市轨道交通发展不够充分、私人交通快速增长、地面公交吸引力下降、城市交通整体状况逐步恶化的现状，为保证我国城市客运交通总体和谐发展，应针对我国大城市与中心城市具体情况，分别采取相应的方向策略。

对于我国大城市而言，应加强多层次、多模式城市客运交通模式建设。大力发展公共交通，推进公交都市建设，进一步提高公交出行分担率。强化城市客运服务各方式间的有机衔接，支持发展个性化、定制化运输服务，因地制宜地建设多样化城市客运交通系统。

对于我国中小城市而言，中小城市在出行总量、出行尺度等需求特征方面与大城市有明显不同，且公交运营效益、财政承受能力等方面也与大城市存在较大差距，所以中小城市不能盲目追求公交分担率的提升，要着力提升公交服务水平、可达性和可靠性。由于活动范围和出行尺度相对较小，中小城市交通发展过程中应坚持以慢行交通为主体，为慢行交通提供更加舒适安全的出行环境，并通过相关政策措施减少中短距离的小汽车出行。

1.4　城市客运交通系统发展趋势

现阶段,城市居民的出行需求总量呈现持续快速增长的特征。其中机动化出行需求快速增加而引起的拥挤问题、环境问题、能源问题、社会公平问题和交通安全问题日益突出,越来越引起国家和城市政府部门在交通发展战略和政策制定上的重视,相关问题也成为交通领域的研究重点。从国际和国内交通运输的发展趋势来看,在采用新技术实现现代化方面,各种交通方式虽有不同特点,但存在着共同的方向,即朝着一体化、品质化、绿色化和智慧化方向发展。

1.4.1　一体化

城市客运交通一体化是以可达性、机动性、宜居性原则为指导,通过技术、管理等手段对城市客运交通系统内的多种交通方式进行有机整合、资源共享、紧密衔接,实现城市客运交通系统整体合作化。具体包括对技术、管理、政策、信息及配套设施等方面资源进行整合,将站场建设、经营结构、车辆运行、线网规划、管理体制等有机整合,实现乘客流动和市场运行有序化、市民生活便捷化、城市发展和谐化。一体化趋势具体体现在城市交通体系内部整合和外部关联两个方面,即城市客运一体化与城乡客运一体化。

在城市内部,各类交通设施规模逐步扩大的同时,相互之间的关联性也在逐步增强,越来越依赖于整体效益的发挥。同时,居民出行的距离逐步增加,出行方式也日趋多样化,越来越多的出行需求以多种组合的形式完成。随着社会分工的细化,交通涉及的领域逐步增多,交通信息化的要求不断提高,城市交通的高效管理越来越依赖于各部门的系统合作。因此,城市客运交通一体化成为城市交通的发展趋势之一。城市客运交通一体化包括设施平衡、运行协调和管理统一等三层含义,具体包括线网一体化、设施一体化、管理一体化、技术一体化、规划一体化、政策一体化、评价体系一体化、信息一体化等。

而城乡客运交通一体化是统筹城乡客运交通发展的必然选择。城乡客运一体化是在城乡道路畅通、客运站场等基础设施比较完备、客运网络体系高效运作的条件下,城乡道路客运和城市公交相互融合,充分利用客运资源,不断提高服务水平,以达到城乡客运在管理体制、运行机制、经营方式等方面协调发展的过程。近年来随着城市化进程的加快和路网结构的不断改善,出现了城乡道路客运和城市公交互相渗透的现象,加快城乡客运一体化建设已是道路客运发展的必然趋势。

1.4.2　品质化

城市客运交通品质化是一种综合性的趋势要求。人们对舒适、便捷的追求,要求城市客运交通应足够的方便、足够的快速;人们追求知情权,要求随时了解城市客运系统的运行动态;人们对城市与环境的爱护,要求客运系统应足够的清洁、高效。当前及未来一个时期,我国交通运输从"有没有"向"好不好"的转变愈加凸显,品质化趋势在城市客运交通领域的体现也日渐突出,主要有设施线网人性化、出行服务精细化等趋势。

设施线网人性化方面,近年来,我国进一步提高对慢行交通、综合枢纽、各方式衔接换乘、静态交通(停车问题、新能源车辆充电问题)、与交通相关的综合人居环境等之前被忽视的城市客运交通领域的重视。体现到数据方面,城市路网密度、城市公共交通500m站点覆盖率、线网覆盖率、平均站距、轨道交通与常规公交衔接率等之前"重量不重质"阶段未得到足够关注的设施指标在大数据、"互联网+"时代作用下逐年被评估,吸引国民的共同关注并对各省、市、区的城市客运交通系统的规划与发展起到科学的正反馈作用。

出行服务精细化方面,城市出行服务的精细化管理同样需要信息化背景下的多维度量化评估。传统对交通运行的定性描述不符合精细化要求,只有量化指标才能同时为交通决策管理提供科学支撑,也令乘客把握出行节奏,做到心中有数。城市道路拥堵指数、公交服务准点率、乘客满意度等各类指数和指标体系的提出与应用,即为出行服务定量指标的一部分体现。此外,未来一个时期,城市在全面提高客运服务质量的同时,也将持续加强城市客运应急与安全保障体系的建设。随着时代的发展,城市客运交通工具的性能已今非昔比,信息化建设也在稳步推进,应急处置能力得到逐步提高。新的发展阶段,城市客运安保与应急能力提升将成为城市客运品质化中最为基础的一环。

1.4.3 绿色化

城市客运交通绿色化的本质是建立维持城市可持续发展的客运交通体系,以满足人们普遍的客运需求。这样一个交通体系要具有明确的可持续发展的交通战略,能够以最少的社会成本实现最大的交通效率,与城市环境相协调,与城市土地使用模式相适应,多种交通方式共存、优势互补。绿色交通的核心观念是倡导步行、自行车等慢行交通以及优先发展公共交通等。各种交通方式的单位周转量能耗与碳排放情况对比,见表1-4-1。

各种交通方式的单位周转量能耗与碳排放情况对比　　　　表1-4-1

指标	公共汽电车	轨道交通	出租车	小客车	大客车	摩托车	电动自行车
CO_2排放水平 (t/万人公里)	0.56	0.52	2.74	2.22	1.57	0.67	0.13
能耗强度 (吨标准煤/万人公里)	0.26	0.24	1.24	1.01	0.72	0.31	0.06

具体来讲,主要有以下四方面趋势推动城市交通绿色化发展。

一是"慢行系统"复兴,让步行、骑行融入城市生活。以我国深圳市目前的道路设施空间资源分布为例,小汽车占用的面积达到52%,然而由其提供的出行比例只有20%~30%,这种不公平、不协调现象正是城市交通绿色化进程中需要改进之处。城市交通空间资源配置的基本原理是越有公共性、集约性的交通方式越应该在空间占用上具有优先权。美国纽约市的规划已经开始按照这一原则重新思考路权和停车权的问题,规定以后每年要增加一定比例的自行车交通空间,包括骑行与停车。这样的原则在《上海市城市总体规划(2017—2035年)》中也有比较突出的体现。复兴"慢行系统"不仅意味着环保型交通模式,更是现代城市文明的标志。

二是优先发展公共交通,创建"公交都市"。优先发展公共交通是世界各国解决城市交通问题的共识。自2005年国务院发布《关于优先发展城市公共交通意见的通知》以来,公交优先发展就成为我国城市和交通发展的重要战略。为助推这一战略实施,首先,完善的法律法规体系建设是建设公交都市的重要前提；其次，要以城市规划推进和保障城市公交优先发展战略的实施。公交优先发展的关键是在公共交通服务和城市形态发展之间构建和谐关系，因此，在城市规划方案的制定和实施细节中应体现公交优先的思想和理念。

三是调控和引导私家车发展，拥有管理与使用管理并行。城市客运交通绿色化转向的最大威胁是市民对私人小汽车出行的严重依赖。一方面，城市应积极实践"共享汽车"等对改善现状交通有极大潜力的新兴出行方式；另一方面，有充分的理由和必要，引导小汽车的拥有行为，同时限制和管理小汽车的使用行为。

四是积极发展新能源交通。随着世界不可再生资源的日渐减少，以及交通环境污染的日趋加剧，传统燃油汽车的发展受到了相应的阻碍。在此背景下，各国和多数车企也采取了应对措施，部分欧洲国家已经出台了法律法规，对燃油车禁售的时间做出了规定，而与之对应的多数车企也在向新能源电动汽车方向发展。将氢能源、太阳能、乙醇等可再生资源用于城市客运系统，是交通绿色可持续发展的有力保障。

1.4.4　智慧化

未来城市出行方式将依托万物互联的大数据感知，以新一代交通基础设施和新一代交通工具为载体，提供按需响应的新型交通服务。新时期，全球信息技术革命突飞猛进，物联网、云计算、大数据、人工智能等新一代信息技术环境催生了新的城市客运交通运行组织模式和服务模式，也为新时期城市交通全链条智慧决策和智慧城市构建创造了诸多可能的条件。

未来城市交通的关键特征体现在以下四方面。一是未来城市交通系统将更加庞大、组织更加复杂、需求更加多样、范围更加宽广。二是未来城市交通将更多强调治理而非管理，强调政府服务转型，城市发展将突出精明治理、精明增长。未来城市将更加关注交通需求的精准管控、交通管理的精明控制和交通服务的个性提供，以寻求城市治理的突破点，提升未来城市智慧化治理水平。三是未来城市交通将重点关注可持续移动性，更强调服务于人的出行需求和多方协同参与。未来城市将从关注交通通行能力向提升出行的可达性、公平性与可持续性转变，公众需求将越来越得到政府和服务行业的重视。四是未来的城市出行服务将更加强调以多模式、网络化、协同化的组织，向用户提供满足个性化需求、注重服务体验的全过程一体化出行服务。

未来城市将发展成为可感知、可运营、可管控、可服务的城市，核心是依托智慧交通和未来科技打造全息感知城市（Perception City）、在线推演城市（Deduction City）、精明管控城市（Managing City）和全程服务城市（Serving City），简称"4C城市"。其中，完整构建4C城市智慧交通体系有以下四方面主要工作：一是建立基于空间单元大数据的全息感知系统。面向未来复杂的交通系统要求，需以前端设施标准布设、多源监测、智能分析为重点，对人流、物流、车流、资金流、基础设施、城市运行、自然环境等所有与交通相关的社会生产生活要素进行全面数字化，并对各要素的时空演化轨迹进行全链条跟踪采集，打造覆盖全对象、全时空、全粒度的新一代智慧道路感知生态体系。二是建立复杂环境下交通情景再现与预判的在线推演系统。基于人工智能和机器学习，在城市交通大脑中还原现实中的交通运行情况，实时推演和预测交通运行状态，实现"感知—推演—管控—服务—感知"的自学习闭环，重塑交通"战略制定—战术演练—精准调控"的管理模式。三是构建交通规划—设计—运营—管理的精明管控系统。城市交通管控体系由碎片化、被动响应向供需匹配、整体调控转变，以交通大数据作为构建交通规划—设计—运营—管理城市交通精明增长模式的新引擎。四是构建综合性—个性化的全链条智慧出行服务系统。出行即服务(Mobility as a Service, MaaS)是未来城市交通服务的主流趋势,通过将各种交通方式全部整合到统一的服务体系与平台,实现信息集成、运营集成和支付集成,优化社会资源配置,为用户提供"综合性—个性化"的全链条智慧出行服务。

1.5 城市客运交通系统研究重点

1.5.1 研究对象与目标

城市居民是城市活动的主体,而居民空间上的位移必须依靠城市客运交通来实现。城市客运交通系统凭借四通八达的运输网络和不同功能、不同形式的交通工具,把居住区和工作区、市区和郊区联系起来,为发展生产、方便生活、沟通城乡、繁荣经济文化服务。因此,不同于以城市为研究对象的规划学科,也不同于以研究人、车、路的关系和以交通流为研究对象的交通工程学科,城市客运交通系统研究以人为本,以乘客运输为研究对象,研究城市客流和客运变化规律以及客运交通需求与客运工具、客运设施间的平衡。研究目标可概括为,通过对城市客运交通系统组成、规划、运营理论与方法的探索,以技术、经济和管理为手段,为乘客出行提供高效、舒适、经济、安全、可靠的服务。

1.5.2 研究内容

我国在城市客运交通领域开展的研究工作主要集中在以下几方面。

(1)城市客运交通发展战略研究,包括:可持续发展城市交通系统战略,城市客运交通体系发展趋势,城市客运交通体系管理体制和运行机制,城市客运交通体系的建设投资,城市客运交通体系建设决策技术,城市交通特征与对策,高品质公共交通与慢行交通系统战略,小汽车交通发展战略,防灾救灾与应急交通战略等。世界城市客运交通战略发展史,见表1-5-1。

世界城市客运交通战略发展史　　　　　　　　　　表1-5-1

城市发展阶段	交通发展阶段	城市发展特征	交通特征	交通战略
大都市初步形成	交通基础设施建设	社会经济高速发展,人口膨胀,城市空间蔓延	中心区交通需求快速增长,私人小汽车发展迅速	重视道路网络等交通设施建设
都市圈快速发展	交通战略探索形成	社会经济快速发展,人口、就业有序发展,城市形态向多中心转型	交通需求依然快速增长,通勤范围扩大至50~70km,私人小汽车保有量达到300~400辆/千人	加强区域交通设施建设保证城市空间结构调整(如巴黎大区快线RER、日本新干线),建设多模式交通体系

续上表

城市发展阶段	交通发展阶段	城市发展特征	交通特征	交通战略
都市圈繁荣稳定	交通战略成熟	社会经济稳定发展，人口、就业岗位缓慢增长，城市形态进入全球化发展阶段	市内交通需求平缓增长，私人小汽车保有量总体稳定（如伦敦），部分城市出现下降（如纽约）	区域交通需求上升，城市交通战略侧重于提高公共交通服务水平，交通与信息化时代融合
世界级城市功能巩固提升	交通品质提升	世界城市地位形成，注重发展高端商务和金融业	城市的城际、州际等对外交流更加频繁	注重不同交通方式衔接，绿色交通逐渐成为潮流

（2）城市客运交通体系规划研究，包括：城市客运交通规划方法与跟踪评价；土地利用与交通体系的优化整合技术；多模式交通的综合协调规划模式；综合客运交通枢纽规划研究；城市轨道交通网络规划关键技术；公交线网优化方法和客流分配技术，客流需求的定量预测方法等；公交枢纽、场站规划设计和客流换乘设计，各公交系统、方式的专题规划研究等。

（3）城市客运交通运营管理研究，包括：城市客运交通客流特性、运输计划、调度指挥、运行控制、客运组织、结构优化、衔接换乘、标准秩序、节能减排、经济效益等研究，公共交通系统运行评价方法研究，城市交通治理新模式（如城市大脑）等研究。

（4）城市公共交通系统关键技术研究，包括：路面公交关键技术（车辆设计与制造技术，基础设施设计关键技术，快速公交运行优先控制、管理与保障技术等）、快速轨道交通系统关键技术（规划、建设与运营重大技术研究，新型轨道交通制式及关键技术研究，重大装备关键技术研究，安全保障体系研究，环境控制研究，建设投融资体制研究等）、新型交通系统成套技术研究等。

1.5.3 全书导引

本书共7章。

第1章绪论。介绍城市客运交通系统的演化历程与发展模式、发展趋势与研究重点，使读者对城市客运交通系统形成总体的认识。

第2章是对城市客运交通系统构成的介绍。在进入城市客运交通系统其他设计、研究工作前首先要对系统包含的各种方式的运输特性、子系统形式与构成及特点有全面的了解。重点介绍在城市客运交通中使用最广泛的常规公交系统和重点发展的最具前景城市轨道交通系统。

第3章主要内容为城市客运交通需求预测。在了解需求预测相关概念、出行调查方法的基础上，重点对长期客运需求预测方法中四阶段法进行详细描述，明确了其各步骤的操作方法及内在逻辑，同时对其他常见预测方法进行概括性介绍。

第4章介绍城市客运交通系统规划相关内容。在给出总览与概述后，分城市轨道交通、城市常规公交两种不同的系统对其规划内容与流程和线网、场站、车辆规划方法进行介绍。

第5章是城市客运交通系统运营管理。同样分城市轨道交通、常规公交两种不同系统进行介绍,包含城市轨道交通客流分析、运输计划、列车运行图、指挥调度、运行控制及车站客运组织,常规公交行车作业计划、调度、票制票价等内容。

第6章对城市公共交通优先系统介绍。目前,公共交通优先的推广是近年来我国城市客运交通系统建设的重要任务。在明晰其内涵与意义后,从公交优先政策、技术(公交专用道、交叉口)两方面对公共交通优先系统进行阐释。

第7章客运交通一体化。其分为城乡客运交通一体化与城市客运交通一体化两部分。城乡客运交通一体化又分为网络规划、组织方法、经营与管理等内容。城市客运交通一体化包括市内交通与对外交通一体化,对热点内容TOD模式应用进行介绍。

复习思考题

1. 城市客运交通系统经历了哪几个发展演化阶段?交通工具供给、居民出行需求和城市空间发展三者在演化进程中如何相互作用?一百多年前人们曾预言伦敦、纽约等大都市即将被马粪淹没,你认为这一说法对如今城市客运交通所处阶段有何启示?

2. 城市客运交通发展主要有哪些影响因素?你所处的城市属于哪种客运交通发展模式?

3. 城市客运交通发展有哪些趋势?请查找目前正在萌芽或发展中的、你认为未来有可能改变或颠覆城市客运交通系统现状的客运方式或形式,说说你对它们的理解与预测。

4. 城市客运交通系统研究对象与目标是什么?主要有哪些研究方向?

第 2 章
城市客运交通系统构成

2.1 城市客运交通系统结构与特征

2.1.1 城市客运交通系统组成

随着社会经济的发展,城市空间范围的扩展,城市人口的增加和科学技术的革新,城市客运的各种交通方式也在不断发展更新,为现代城市居民出行提供了多样化的方式选择。目前,城市客运交通系统主要由公共交通、准公共交通和私人交通三大部分组成,如图 2-1-1 所示。

1) 公共交通

公共交通是指城市中供公众乘用的、经济方便的各种交通方式的总称。公共交通系统由线路、车辆、场站设施等物理要素构成。公共交通包括轨道交通(市域快轨、地铁、轻轨、单轨、现代有轨电车等)、道路公共交通(快速公交、常规公交、无轨电车等)、特殊形式交通(轮渡、索道、直梯、滚梯)。

2) 准公共交通

准公共交通是城市公共交通的补充,包括出租车(巡游出租车、网约出租车)、旅游车、班车、

HOV（多乘员）车辆，以及以共享单车、汽车分时租赁、定制公交等为主的新业态客运交通形式。

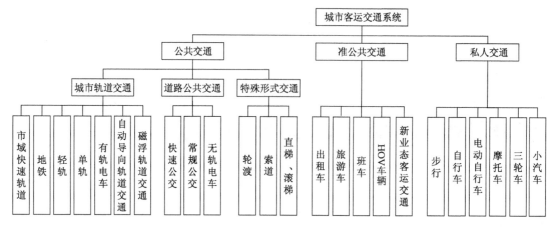

图 2-1-1　城市客运交通系统构成

3）私人交通

私人交通泛指徒步和以自用车为交通工具的出行形式，包括私人小汽车、摩托车、电动自行车、自行车、步行等出行形式。

2.1.2　主要城市客运交通方式特征

1）公共交通方式特性

（1）城市轨道交通特性

城市轨道交通是一种大容量、高速度的旅客运输方式，有准点性强、占地少、速度相对较快、不受天气影响、无交通堵塞的优点和建造成本高、固定运营费用高的缺点。这种交通方式适合于人流汇集的主要功能区域和客流密度大的客运走廊。

①市域快速轨道交通特性

市域快速轨道是定位于服务城市都市圈内部的联络功能的快速度、大运量的轨道交通系统，主要在地面或高架桥上运行，必要时也可采用隧道。市域快速轨道交通形式，如图 2-1-2 所示。

a)

b)

图 2-1-2　市域快速轨道

市域快速轨道交通的客运量可达到 20 万～40 万人次/d(一般不采用高峰小时客运量的概念)。由于其设站较为稀疏,站间距普遍较大(不小于 3km),因此最高运行速度在 100～160km/h 范围内,旅行速度在 50km/h 及以上。具有能耗低、技术成熟的优点与振动噪声大的缺点,适用于服务城市圈内部长距离的交通。

②地铁交通特性

地铁属于大运量轨道交通系统,主要在大城市地下空间修筑的隧道中运行,当条件允许时,也可穿出地面,在地面或高架上运行。一般线路全封闭,在市中心区全部或大部分位于地下隧道内,因而可实现信号控制的自动化。

地铁的单向运输能力,根据车型以及发车间隔时间的不同,在 3 万～7 万人次/h 之间,旅行速度大于 35km/h,最高行车速度一般不低于 80km/h。具有运量大、速度快、安全、准时、舒适、能耗低、占地少、技术成熟等优点,及噪声大、造价高等缺点。这种交通方式适用于出行距离较长、客运量需求大、市区常住人口在 300 万人以上的特大城市和大城市中心区域。地铁交通形式,如图 2-1-3 所示。

图 2-1-3　地铁交通形式

③轻轨交通特性

轻轨交通是一种中运量的轨道运输系统,主要在城市地面或高架上运行,线路采用地面专用轨道或高架轨道,若遇繁华街区,也可进入地下或与地铁接轨。它的轴重较轻,施加在轨道上的荷载相对于地铁的荷载来说比较小,因而被称为轻轨。

轻轨交通的单向运输能力在 1 万～3 万人次/h 之间,旅行速度为 25～35km/h,最高行车速度一般不低于 60km/h。它具有运量较大、速度快、乘坐舒适、安全、运行经济、建设成本较低和技术成熟等优点,缺点为振动噪声较大。这种交通方式适用于市区常住人口 150 万～300 万人的大中城市。轻轨交通形式,如图 2-1-4 所示。

④单轨交通特性

单轨交通又称为独轨交通,是一种车辆与特制轨道梁组合成一体运行的中运量轨道运输系统,轨道梁不仅是车辆的承重结构,同时也是车辆运行的导向系统。单轨系统可分为跨座式和悬挂式两种,前者跨在一根走行轨道上行走,其重心位于走行轨道上方;后者车辆悬挂于可在轨道梁上行走的走行装置的下面,其重心处于轨道梁的下方。

跨座式单轨单向运输能力在 1 万～3 万人次/h 左右,旅行速度为 30～35km/h;悬挂式单轨单向运输能力在 0.8 万～1.25 万人次/h 左右,旅行速度大于 20km/h,两种单轨的最高运行速度均不低于80km/h。单轨交通具有对城市的景观及日照影响较小、转弯半径小、爬坡能力强和噪声低等优点和运能较小、能耗大、胶轮易老化造成粉尘污染等缺点。单轨交通占地面积少，建设适应性较强，主要适用于城市道路高差较大、道路半径小及线路地形条件较差的地区，可作为市郊与城区之间的联络线、旅游区或景点的观光线等。

图 2-1-4　轻轨交通形式

除以上传统的、由国外企业掌握核心技术的单轨系统形式，近年来我国企业自主研发的云轨填补了我国在跨座式单轨领域的技术空白。云轨具有极强的综合优势，景观性好，爬坡能力强，转弯半径小，且运行噪声小，可从城市建筑群中穿过，适应城市的生态环境。相对传统跨座式单轨的革新在于，云轨可采用混合供电模式，平时依靠轨旁供电形式，在紧急情况下，即使车辆断电，也能通过启用车辆储能电池继续行驶5km以上，确保车辆安全抵站。此外，云轨还在电机、车体、转向架及无人驾驶等方面具备优势。截至2018年底，已与国内外20余个城市达成云轨推广计划，并已在我国深圳、银川两地正式通车。单轨交通形式，如图2-1-5所示。

⑤自动导向轨道交通特性

自动导向轨道交通（Automated Guideway Transit, AGT）是一种采用橡胶轮胎在专用轨道上运行的中运量旅客运输系统。其列车沿着特制的导向装置行驶，车辆运行和车站管理采用计算机控制，可实现全自动化和无人驾驶，线路可采用地下隧道或高架桥形式。

自动导向轨道交通单向运输能力为1万~3万人次/h，旅行速度可达25km/h以上。其优点为爬坡能力强、转弯半径小、振动噪声小、综合造价低等，缺点是能耗略高、车辆造价较高。这种交通方式一般适用于大城市骨干轨道线网的接驳线、加密线或机场内部捷运。自动导向轨道交通形式，如图2-1-6所示。

⑥磁悬浮轨道交通特性

磁悬浮轨道交通是一种中运量的旅客运输系统，其原理是在常温条件下，利用电导磁力悬浮技术使列车上浮，从而克服阻力。列车运行方式为悬浮状态，采用直线电机驱动行驶，主要在高架桥上运行，特殊地段也可在地面或地下隧道中运行。

磁悬浮系统按照运行速度可以分为高速磁悬浮和中低速磁悬浮两类，前者单向运输能力为1万~2.5万人次/h，最高行车速度约为500km/h；后者单向运输能力为1.5万~3万人次/h，最高行车速度为100km/h。磁悬浮轨道交通具有噪声小、爬坡能力强、转弯半径小、综合造价低、可实现全自动和无人驾驶等优点，缺点是能耗略高、车辆造价较高。它适用于城市机场专用线或客流相对集中的点对点线路。磁悬浮轨道交通形式，如图2-1-7所示。

a) 悬挂式单轨

b) 跨座式单轨

c) 云轨

图 2-1-5　单轨交通形式

图 2-1-6　自动导向轨道交通形式

图 2-1-7　磁悬浮轨道交通形式

⑦现代有轨电车特性

现代有轨电车是一种中低运量的轨道运输系统,通常采用地面线,在一些情况下有隔离的专用路基和轨道。现代有轨电车采用模块化组装技术,模块数量和车辆长度可以根据客流运输要求进行选择或增减,如按两辆车连挂运行。现代有轨电车单向运输能力可以达到约1.5万人次/h。中心城区平均站间距为 300~500m 的有轨电车线路在采用信号优先的条件下旅行速度可以达到 15~25km/h。现代有轨电车介于轨道交通和传统公交之间,具有布线灵活、节能环保、造价低的优点,缺点是噪声大、运量与路权关系大,适用于特大城市和大城市大运量轨道交通的补充、中小城市的骨干公交网络和旅游地区或大型园区的旅游特色公交。

我国近年来也有具有自主创新特色的新型现代有轨电车系统陆续诞生,如"云巴"和"智轨"。云巴是我国企业研发的新型有轨电车,融合了汽车与轨道交通相关技术,云巴和云轨的区别在于云巴车身更轻巧且造价低,不利用轨道供电,车辆搭载自主研发的电池,属于小运量跨界型轨道交通运输系统。云巴整车采用无人驾驶技术,真正做到全自动行驶。它运行过程中不采用传统的轨道供电方式,到站充电,全线储能。智轨全称为智能轨道快运列车,它采用我国自主研发的"虚拟轨道跟随控制"技术,不依赖钢轨行驶,具有建设周期短、零排放、无污染、可变换多节编组的优点,并支持多种供电方式。现代有轨电车交通形式,如图2-1-8所示。

a) 云巴　　　　　　　　　　　　　　b) 智轨列车

图2-1-8　现代有轨电车交通形式

(2) 道路公共交通特性

城市道路公共交通以城市道路为载体,具有机动灵活、覆盖面广的优点,具有总运输能力、运行速度受路网结构、交通负荷、天气、公私交通比例等因素影响大的缺点。道路公共交通通常作为大城市、特大城市公共交通系统的基础和中小城市公共交通的主体。

① 快速公交系统特性

快速公交系统(Bus Rapid Transit, BRT)是以大容量、高性能公共汽电车沿专用车道按班次运行,由智能调度系统和优先通行信号系统控制的中运量快速客运方式。

在合理的公交专用道设计以及有效的运营控制下,根据不同车型,以及相同的发车频率(3min一次,每次5车连发)计算,快速公交系统单向运输能力一般在2万人次/h左右,并且旅行速度可以达到25~40km/h。快速公交系统具有调度更准时,系统高速、安全,建设运营成本相对低廉的优点,具有多为半独立路权,占用道路资源,要求较高的系统管理、调度水平等缺点。快速公交根据自身优势以及实际需要,既可以作为城市公共交通系统的主体,也可以作为轨道交通的延伸、衔接,还可以作为轨道交通建成前的过渡方式。快速公交系统(BRT)交通形式,如图2-1-9所示。

② 常规公交特性

常规公交是指在城市道路上按固定路线,有或者无固定班次时刻,承载旅客出行的机动车辆。常规公交与其他交通方式使用同一道路系统,其客运能力取决于车辆定员和发车频率,若按照最小发车间隔为2min一次车的理论测算,单向车道输送能力为0.2万~0.8万人次/h,旅行速度为15~20km/h。如果采用公交专用道,其旅行速度可以达到20km/h以上,单向车道运输能力可以提升到2万人次/h。常规公交运量小,但机动灵活,投资少。常规公交是目前世界各国最常见、使用最广泛的公共交通服务形式,适宜作为大部分中小城市公共交通的主体和大城市、特大城市公共交通系统的基础。

图 2-1-9　快速公交系统(BRT)交通形式

③无轨电车特性

无轨电车是一种由接触网供电、电动机驱动,在道路上不依赖固定轨道行驶的公共交通工具,其输送能力、旅行速度和适用情况与常规公交基本相同。无轨电车有绿色公交之称,最大的优点是噪声小、零排放,与现代有轨电车或轻轨相比,其投资较少,无需对道路进行大量改造。其缺点是无轨电车需要整流变电站和接触网,占用较大的城市空中空间,并且无轨电车一般没有独立的路权,容易受行人和其他车辆的影响。无轨电车交通形式,如图 2-1-10 所示。

图 2-1-10　无轨电车交通形式

(3)小结

各种公共交通方式的特性对比,见表 2-1-1。

各种公共交通方式的特性对比　　　　表 2-1-1

公共交通方式		单向服务能力 (万人次/h)	旅行速度 (km/h)	适宜乘车时间 (min)	最佳乘行距离 (km)	适宜城市规模 (万人)
地铁		3~7	大于35	10~50	5~50	>300
轻轨交通		1~3	25~35	10~60	3~30	>150
现代有轨电车		0.8~2	15~25	10~60	3~30	>100
单轨交通	跨座式	1~3	30~35	10~60	3~30	—
	悬挂式	0.8~1.25	大于20			
磁浮交通	高速	1~2.5	—	10~60	3~30	>100
	中低速	1.5~3				
自动导向轨道交通		1~3	大于25	10~60	3~30	>100

续上表

公共交通方式	单向服务能力（万人次/h）	旅行速度（km/h）	适宜乘车时间（min）	最佳乘行距离（km）	适宜城市规模（万人）
市域快轨	客容量20~40万人次/d	大于50	10~60	5~50	>100
快速公交	1~2	25~40	8~30	3~30	—
常规公交	0.2~0.8	15~20	8~30	1~10	—
无轨电车					

2）准公共交通方式特性

（1）出租车系统特性

出租车系统是城市公共交通的重要补充部分，是一种专门为单独或小批量乘客服务的城市汽车客运方式。其服务形式、运输线路、停靠站点比较灵活，具有运量小、乘客可单独使用、即时性、快捷性等优点，与公共交通相比，具有载客能力低、单位运送成本高等缺点。

①巡游出租车特性

巡游出租车喷涂、安装专门的出租汽车标识，主要通过"扫马路"方式巡游揽客，在机场、枢纽站场等站点候客，也可通过电话、互联网等方式提供预约服务。巡游出租车可作为城市公共交通的补充，也可起到抑制低效率的私家车增长的作用。

②网络预约出租车特性

网络预约出租车（简称"网约车"）外观颜色和车辆标识明显区别于巡游车，一般不能"扫马路"和站点候客，通过手机网上预约的方式提供服务。网约车车辆档次应明显高于主流巡游出租汽车，以提供高品质、差异化出行服务，是介于营运车辆与私家车之间的一种出租车新业态。我国网约车用车统计结果显示，网约车出行主要作为居民使用私家车、巡游出租车出行的补充和替代方式。

（2）公共自行车系统特性

自行车本是个体交通工具，而城市公共自行车系统则设法实现自行车的公共化运营管理，充分发挥其综合优势。城市公共自行车系统通常由数据中心、驻车站点、驻车电子防盗锁、自行车（含随车锁具、电子标签）及相应的通信、监控设备组成。一个数据中心下属几百至几千个站点，每个站点配备一定的驻车电子防盗桩。站点主要布局在居民职住集聚区出入口、公交车站附近，系统根据租车骑行者的使用时长征收一定费用。公共自行车现阶段的发展定位主要有两方面：一是私人自行车交通的有效补充和践行绿色出行的重要手段；二是作为大容量公共交通的延伸和补充，改善"最后一公里"问题。

（3）准公共交通新业态特性

"互联网+"和共享经济模式催生了许多新型客运交通方式。它们为满足多元化出行需求、缓解城市交通拥堵发挥了一定的作用，但是与此同时也给城市管理带来了新的挑战。

①汽车分时租赁特性

汽车分时租赁（俗称"共享汽车"）是租车行业新兴的一种租车模式。所谓汽车分时租赁，是以分钟或小时等为计价单位，使用9座及以下小型客车，利用移动互联网、全球定位等信息技术构建网络服务平台,为用户提供自助式车辆预订、车辆取还、费用结算的汽车租赁服务。共享汽车与传统汽车租赁运营模式的区别,见表2-1-2。

共享汽车与传统汽车租赁运营模式的区别　　　　表2-1-2

特点区别	共享汽车	传统汽车租赁
时间	以分钟、小时为计价单位	以天为计价单位
取还	网点取还、停车位租还	租赁公司取还
支付	手机端预约、支付	到店支付
营业	任意时间段可租车	租赁公司上班时间可租车
担保	线上认证+押金	本人持证件+押金

共享汽车在城市中属于10~30km的中短距离、路线自由度较高的出行方式,主要与出租车、网约车和私家车的出行场景较为接近,形成互补的格局。共享汽车的普及可在一定程度上减少用户购买私家车的意愿,降低汽车保有量。

②定制公交特性

定制公交是根据乘客需求设定线路、采用一站直达的公交服务模式。定制公交具有线路、乘坐(保证一人一座)、环保等方面的优势,其发展初衷是弥补常规公交服务的不足和盲区,通过差异化的定价政策,为对舒适性要求较高的通勤人群提供较高品质的共享式交通出行服务,因此它与公益性的常规公交互为补充关系。

③互联网租赁自行车特性

互联网租赁自行车(俗称"共享单车")是用户交付一定的押金后获得车辆使用权,找到闲置的单车后通过手机扫描车上的二维码或手动输入车身编号开锁骑行,在骑行完毕后将单车停放在路边安全位置,并在手机App中点击结束或手动锁车后系统计算骑行时间完成结算。

共享单车的发展定位与城市公共自行车类似,以服务短距离出行需求和提供公交接驳、换乘便利为主。调查结果显示,共享单车的主要用户是年轻群体。对于城市通勤出行,共享单车的出现能够提高公共交通换乘和末端接驳的便利性,但难以引导私人机动化通勤出行向公共交通转移。非通勤出行中,共享单车可替代一部分机动化交通工具,如出租车和私家车等。

3)私人交通方式特性

(1)私人小汽车特性

小汽车的特点是直达、便捷,在道路容量不受限制的情况下,为用户最优的交通方式,但对于道路使用而言是不经济的。私人小汽车的大量使用,会导致城市交通拥堵,还会消耗大量能源,并产生大量的有害排放物,产生严重的环境问题。目前,我国城市中私人小汽车的平均速度为20~40km/h。

(2)非机动车特性

①自行车特性

相对于其他交通方式,自行车具有机动灵活、节约能源、无环境污染、节约短距离交通时间和促进身体健康等优点,但自行车交通也有着受自然气候地理环境的影响大、载运效率低等缺点。自行车的平均速度为12~15km/h,视体力和出行距离而变化。城市出行中使用自行车作为交通工具的平均出行距离一般为2~5km。

②电动自行车特性

电动自行车是一种以普通的辅助蓄电池为能源,在普通车自行车的基础上改造成的,具有两个车轮,能实现人力骑行、电动或电助动骑行,是系统的机电一体化的个人交通工具。我国电动自行车新国标规定,电动自行车必须具有脚踏骑行的功能,最高时速不得超过25km/h。

(3)步行特性

步行作为一种最基本的交通方式,仍是现代城市客运交通系统中不可缺少的组成部分。步行受人的体力条件、自然条件等因素的制约,速度通常为4~5km/h,适宜的出行距离为0.4~1km,极少超过5km。因此,步行适合短距离出行,或作为其他出行方式的辅助方式,是一种非常灵活的受设施条件限制较少的交通方式。因此,步行交通方式在城市客运出行中所承担的比例相对稳定。

(4)小结

各种私人交通方式的特性对比,见表2-1-3。

各种私人交通方式的特性对比　　　　　表2-1-3

私人交通方式	平均速度(km/h)	平均出行距离(km)
私人小汽车	20~40	—
自行车	12~15	2~5
电动自行车	12~25	2~15
步行	4~5	0.4~1

2.1.3 城市客运交通系统结构与特征总结

每种城市客运交通方式有其适应的运输距离、效率(运量结合速度等指标)和服务水平(舒适度结合可达性等指标),因此不同性质、不同类型的城市客运方式有各自的服务范围,在系统之中互为替代和补充。

如图2-1-11所示,系统现有客运方式在中短距离、中高效率领域内存在空白。实际上,生活中居民对于短距离、高效率的出行需求是存在的,但现阶段中高效率意味着运量较大、速度较快,而中短距离意味着短站距、多停靠,两者产生现有客运方式的科技水平、运营模式无法平衡的矛盾。依靠未来的新城市客运系统、概念[如PRT(个人快速运输系统)、全自动驾驶城市等]或许能有效填补这一空缺或彻底颠覆城市客运交通系统格局。

如图2-1-12所示,由于近年来城市客运交通系统发展中未产生革命性的新客运方式,因此现阶段涌现的诸多准公共交通新业态客运方式主要以提升出行质量(舒适度、自由度、便捷度)为特点。这一发展趋势也与城市客运交通系统整体品质化发展趋势相呼应。

总之,追求系统层次更高的出行质量、更高的出行效率是城市客运交通系统的总目标。虽然小汽车交通出行距离长,出行质量高,但它高污染、易拥堵的缺陷决定了私人交通的无限制发展将会损害城市的整体利益。因此,提高城市公共交通服务水平与竞争力,优化慢行交通方式(步行与骑行),依托科技力量积极开发新城市客运系统模式是当前阶段城市客运交通系统的努力方向。

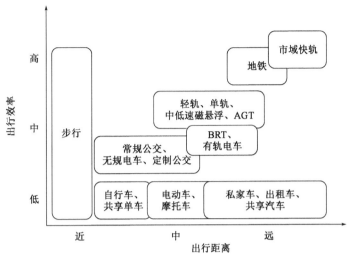

图 2-1-11　城市客运交通系统各方式出行效率与适用距离对比

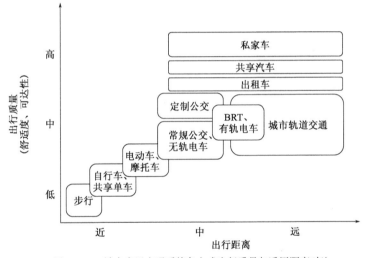

图 2-1-12　城市客运交通系统各方式出行质量与适用距离对比

2.2　城市轨道交通系统构成

2.2.1　城市轨道交通系统概述

根据《城市公共交通分类标准》(CJJ/T 114—2007)中的定义,城市轨道交通为采用轨道结构进行承重和导向的车辆运输系统,设置全封闭或部分封闭的专用轨道线路,以列车或单车形式,运送相当规模客流量的公共交通方式。它具有节能、省地、运量大、全天候、无污染(或少污染)又安全等特点,属绿色环保交通体系,符合城市可持续发展的原则。截至 2018 年底,中国内地累计 35 个城市建成投运城轨交通线路 5766.6km(其中地铁占比 78.2%,其他制式占比 21.8%)。

城市轨道交通系统有不同的分类标准,包括系统制式、高峰小时单向运输能力、线路铺设位置、线网功能、轮轨材质、轮轨导向方式、轨道形态、黏着牵引方式、动力类型及其布置等。以下将重点介绍前四种分类方式。

(1) 按系统制式不同,可分为市域快速轨道、地铁、轻轨、单轨、现代有轨电车、自动导向轨道、磁悬浮轨道等类型。

(2) 按照高峰小时单向运输能力大小,可划分为高、中、低运量三类。低运量轨道交通系统高峰小时单向运输能力在1.5万人次以下,主要有轻轨、自动导向轨道系统和现代有轨电车等。中运量轨道交通系统高峰小时单向运输能力为1.5万~3万人次,主要有高技术标准的轻轨和单轨铁路等。高运量轨道交通系统高峰小时单向运输能力为3万人次以上,主要有地铁、中低速磁悬浮系统等。

(3) 按线路铺设位置,可分为地下轨道交通、地面轨道交通、高架轨道交通三类。注意:不论地铁还是其他轨道交通制式,均可因地制宜建设在地下、地面或高架桥上,线路铺设位置与线路系统制式不具有必然的对应关系。

(4) 根据《城市轨道交通线网规划标准》(GB/T 50546—2018),城市轨道交通系统按照线网功能可划分为以下几个层次,如图2-2-1所示。值得注意的是,各层次视各地需求构成特征和服务水平情况,由不同技术标准、不同系统制式的轨道交通线路组合而成,即各层次并不一一对应于某一特定制式。

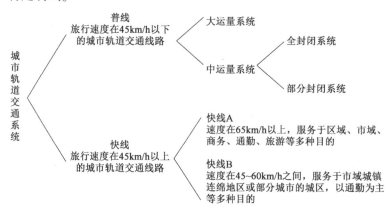

图 2-2-1 城市轨道交通系统线网功能分级

城市轨道交通是一个庞大复杂的技术系统,其专业涵盖土建、机械、电气、信息、环境等门类。城市轨道交通系统由一系列相关设施组成,这些设施包括线路、车站、车辆及车辆基地、列车运行控制系统和供电系统、给排水系统等。

2.2.2 城市轨道交通线路

1) 城市轨道交通线路分类

(1) 依据运营分类

城市轨道交通线路按其在运营中的作用,分为正线、辅助线和车场线。正线是指列车正常运行的连接两个车站并从区间深入或贯穿车站、行驶载客列车的线路,一般为双线。辅助线是指为空载列车提供折返、停放、检查、转线及出入段作业的线路,包括车辆段出入线、停车场出入线、车站配线(存车线、渡线、折返线)以及两线路间的联络线。车场线简称场线,是指供场区作业、停放列车的线路,它包括牵出线、车底(空车)停留线、检修线及综合基地内各种作业线和试车线等。

(2) 依据线路敷设方式分类

城市轨道交通线路按地面高程差异分为地面线、高架桥线和地下线。地面线形的坡度应与城市道路相当,以减少工程量。地下线的埋深受所在地区工程地质、水文地质条件限制,还与隧道施工方法、地面建筑物和地下构筑物的情况等因素有关。高架线应充分注意城市景观,考虑机车牵引能力,坡度尽量延长。

(3) 依据其服务范围分类

城市轨道交通线路依据服务范围可分为市域线和市内线。市域线的功能定位为:城区段解决既有客流的交通需求,带动城市建设和发展;市郊段引导规划落实和沿线组团发展建设,有时可能是超前投入,预留发展条件;市域线通常通过大型换乘枢纽锚固网络结构。市内线的功能定位为:解决既有客流的交通需求;老城改造提升,带动城市建设和发展;有时市内线也为市域线的一部分。

2) 城市轨道交通线路构成

城市轨道交通线路主要由路基、轨道和桥隧建筑物三部分构成。路基是铺设轨道的基础,由路基本体、排水设备、防护加固设备组成,直接承受轨道和列车的荷载。轨道是线路的重要组成部分,它作为一个整体结构铺设在路基之上,起到引导列车运行和承载列车荷载的作用。轨道主要由钢轨、扣件、轨枕、道床、道岔及其他附属设备组成。桥隧建筑物是轨道线路通过江河、山岭等天然障碍或跨越其他交通设施时需要修筑的,主要包括桥梁、涵洞、隧道等。

2.2.3 城市轨道交通车站

城市轨道交通车站是城市轨道网络中的关键节点,是服务于乘客乘降、换乘及候车的场所,也是列车到发、通过、折返、临时停车的地点。同时,车站还具有购物、集聚及作为城市景观等一系列功能,所以车站的选址、布置和规模等因素,不仅影响运营效益,而且关乎城市的运转。

1) 城市轨道交通车站分类

我国《城市轨道沿线地区规划设计导则》将轨道站点分为 A~F 六类,具体如下。

(1) 枢纽站(A 类):依托高铁站等大型对外交通设施设置的轨道站点,是城市内外交通转换的重要节点,也是城镇群范围内以公共交通为支撑和引导城市发展的重要节点,鼓励结合区域级及市级商业商务服务中心进行规划。

(2) 中心站(B 类):承担城市级中心或副中心功能的轨道站点,原则上为多条轨道交通线路的交会站。

(3) 组团站(C 类):承担组团级公共服务中心功能的轨道站点,为多条轨道交通线路交会站或轨道交通与城市公交枢纽的重要换乘节点。

(4) 特殊控制站(D 类):指位于历史街区、风景名胜区、生态敏感区等特殊区域,应采取特殊控制要求的站点。

(5) 端头站(E 类):指轨道交通线路的起终点站,应根据实际需要结合车辆段、公交枢纽等功能设置,并可作为城市郊区型社区的公共服务中心和公共交通换乘中心。

(6) 一般站(F 类):指上述站点以外的轨道站点。

2）城市轨道交通车站构成

城市轨道交通系统的车站构成包括站厅、设备区、站台。

站厅分为非付费区和付费区。站厅非付费区设置售票、咨询、商业、服务设施，为乘客提供售票、咨询、商业等服务；站厅付费区包括站台楼梯和自动扶梯、导向牌等，是乘客通过闸机或免费通道进入站台候车前经过的区域，也是乘客检票聚集、疏散的区域。

设备区是车站管理用房及设备安装区域，一般分设于站厅和站台的两端部，车站管理区域一般包括站长室、车站控制室、票务室、会议室、辅助用房和公安保卫室等，设备安装区域一般包括环控机械室、配电室、信号机械室等。

2.2.4 城市轨道交通车辆与车辆基地

1）城市轨道交通车辆分类

一般而言，世界各地城市轨道交通车型没有统一的分类标准，往往是按照某地轨道交通所需而量身定制，如纽约地铁的A系统和B系统。我国城轨车型主要分为A、B、C三种型号以及L型。车辆类型选取时除了系统形式要求外，也要考虑整个系统的资源共享。一般来说，一个城市车辆制式种类不宜过多，过多不利于资源共享。

（1）A型车

A型车适用于大运量的城市轨道交通系统，车辆基本宽度3m、高度3.8m、长22.8m/节，每侧5个车门，典型代表有上海地铁1号线、2号线及南京地铁1号线所使用的车辆。按照建设标准A型车定员标准为6人/m^2（站立区密度），加座席后，一节车厢定员310人。目前也有些地方考虑选用标准站席为密度5人/m^2，一节车厢定员268人。A型车6辆编组时单向运能可达到5万~7万人次/h，适用于市区内大客流运输，线路长度30km左右。不同线路运营速度等级有80km/h、100km/h、120km/h。

（2）B型车

B型车是我国最早研发的城轨车辆，适用于中大运量的城市轨道交通系统，车辆基本宽度2.8m、高度3.8m、长19m/节，每侧4个车门，典型代表有北京地铁5号线使用的车辆。按照建设标准B型车定员标准为6人/m^2（站立区密度），加座席后，一节车厢定员230~250人。B型车6辆编组时单向运能可达到3万~5万人次/h，不同线路运营速度等级有80km/h、100km/h、120km/h。

（3）C型车

C型车适用于中小运量的城市轨道交通系统，宽2.6m、长19m/节，一节车厢定员约220人。典型代表有上海地铁5号、6号、8号线车辆，6辆编组时单向运能可达到1万~3万人次/h，不同线路运营速度等级有80km/h、100km/h、120km/h。C型车辆为非标准推荐车型，我国用量较少。

（4）L型车

L型车为直线电机驱动，是轮轨导向的中运量城市轨道交通系统适用车辆，宽2.6m、长19m/节，一节车厢定员210~220人，典型代表有广州地铁4号、5号、6号线车辆，不同线路运营速度等级有90km/h、100km/h。L型车辆适应于隧道开挖断面小、线路坡度大的情况。

除以上相对主流的城市轨道车辆类型外，我国还有低地板车辆（乘降最为便利，适用于城区地面道路的大运量快速公共交通，车站可与公共汽车兼容，路权按需设置，适用运能0.5万~1.5万人次/h，运营速度70km/h）、磁悬浮车辆（适用于城区地上空间的小运量轨道交通系统,运能1万~1.5万人次/h,运营速度100km/h)以及跨座式单轨车辆(适用于城区地上空间的中运量轨道交通系统,运能1万~3万人次/h,运营速度90km/h)等城轨系统车型。

2)城市轨道交通车辆构成

城市轨道交通车辆大多采用电力牵引,除了在路面上行驶的现代有轨电车及自动导向车辆外,车辆通常编组成列车运行,并大多采用动拖结合、全列贯通的编组形式。无论是何种类型的车辆,一般来说均由车体、转向架、牵引缓冲装置、制动装置、牵引动力装置、车辆附属设备与车辆电气系统七部分组成。

(1)车体。车体分为有驾驶室车体和无驾驶室车体两种,它既是容纳乘客和司机(对有驾驶室车辆)的地方,又是安装与连接其他设备和部分的基础。近年来,为达到在最轻的自重下满足强度的要求,车辆的车体均采用整体承载的钢结构、轻金属结构或复合材料结构。车体一般设有底架、端墙、侧墙及车顶等。

(2)转向架。转向架是车辆的走行部分,大多装设于车体下方,用于牵引和引导车辆沿轨道行驶,承受与传递车体及线路的各种载荷,并缓和其动力作用。它是保证车辆运行质量与安全的关键部件。转向架可分为动力转向架和非动力转向架,一般由构架、弹簧悬挂装置、轮对轴向装置和制动装置等构成,动力转向架还装有牵引电机及传动装置。

(3)牵引缓冲装置。车辆编组成列运行必须借助于连接装置,即所谓车钩。为了改善列车纵向平稳性,一般在车钩的后部装设缓冲装置,以缓和列车冲击。另外还必须有连接车辆之间的电气和压缩空气的管路。

(4)制动装置。制动装置是保证列车安全运行所必不可少的装置,动车及拖车均需设置制动装置,以使运行中的列车按需要减速或在规定距离内停车。城市轨道交通车辆制动装置除常规的空气制动装置外,还有再生制动与电阻制动,以及在轻轨车辆上常用的磁轨制动等。

(5)牵引动力装置。牵引动力装置主要是受流器与牵引电动机。从接触导线(接触网)或导电轨(第三轨)将电流引入动车的装置称为受流装置或受流器,牵引电动机则是动车上产生驱动力的装置。城市轨道交通常采用的受流装置按受流方式一般可分为弓形受流器、轨道受流器(又称为电靴)和受电弓受流器。弓形受流器多见于城市有轨电车,轨道受流器及受电弓受流器多用于地铁。

(6)车辆附属设备。车辆内部设备包括服务于乘客的车内固定附属装置和服务于车辆运行的设备装置。前者包括车灯、广播、通风、取暖、空调、座椅、拉手等;后者大多悬挂在车底架上,如蓄电池箱、继电器箱、主控制箱、电动空气压缩机组、风缸、电源变压器、各种电气开关和接触器箱等。

(7)车辆电气系统。车辆电气系统包括车辆上的各种电气设备及其控制电路。按其作用与功能可分为主电路系统、辅助电路系统和电子控制电路系统三部分。主电路系统由牵引电机及与其相关的电气设备和连接导线组成,它能将电网的电能转变为车辆运行的动能,在电气制动时将车辆的动能转换并用于电制动力,是车辆上的高电压大电流、大功率动力回路;辅助电路系统是为保证车辆正常运行必须设置的辅助设备(如车辆照明、空调装置、空气压缩机等)所提供的辅助用电系统;电子控制电路系统包括有接点的直流电路与无接点的电子电路,其作用是控制主电路与辅助电路各电器的工作,通过司机操作使列车正常运行或由列车自动运行控制系统控制运行。

3) 城市轨道交通车辆基地

车辆基地是保证轨道交通正常运营的后勤基地,其中车辆段是车辆的维修保养基地,也是车辆停放、运用、检查、整备及修理的管理单位。按照《地铁设计规范》(GB 50157—2013),车辆基地设计应包括车辆段、综合维修中心、物资总库、培训中心和必要的办公、生活设施等。

根据生产需要,车辆段一般应设置连接线路、停放线路、作业线路、辅助作业线路、试验线路及辅助线路。车辆段、停车场及折返线的总停车能力应大于本线远期的配属车辆总数,以停放管辖线路的回段车辆。车辆段内还需设检修车间、运用车间、设备维修车间、车辆清洗设备(包括专用的车辆清扫线)、维修管理单位以及办公生活设施。车辆段的站场布置形式有尽端式车辆段和贯通式车辆段两种,结构形式一般为平面布置,偶见立体布置形式。

2.2.5 城市轨道交通运行控制系统

城市轨道交通运行控制系统的作用是保障列车运行安全、提高线路通过能力、保证作业协调与提高运营效率。该系统主要由信号系统、通信系统及中央控制中心构成。

1) 信号系统

目前,城市轨道交通的信号系统大都采用列车自动控制(Automatic Train Control,ATC)系统。该系统是城市轨道交通信号系统中最重要的组成部分。ATC系统包括三个子系统:列车自动防护(Automatic Train Protection,ATP)、列车自动运行(Automatic Train Operation,ATO)及列车自动监控(Automatic Train Supervisory,ATS)。

此外,闭塞系统也是重要的运行控制系统。闭塞是为了防止列车在区间发生冲突或追尾事故,使列车按照空间间隔或时间间隔安全运行的技术方法。闭塞原则是保证同一区间或闭塞分区内,同时只允许一个列车占用。闭塞从技术上可分为人工闭塞、半自动闭塞、自动闭塞,其中,自动闭塞是目前应用最广泛的闭塞技术。

2) 通信系统

城市轨道交通的通信系统是指挥列车运行、公务联络与传递信息的重要手段,它与各个系统之间有十分密切的关系,是保证列车安全、快速、高效运行不可缺少的综合通信系统。主要包括传输系统、公务电话系统、专用电话系统、无线集群通信系统、闭路电视监控系统(CCTV)、有线广播系统(PA)、时钟系统、乘客导乘信息系统(PIS)及接地系统等子系统。

3) 中央控制中心

中央控制中心通常称为OCC(Operation Control Center),是城市轨道交通线网所有信息的集散地及交换枢纽,是对全线列车运行、电力供应、车站设备等实行管理及调度的指挥中心,也是突发状况下的指挥中心。

2.2.6 城市轨道交通其他重要机电系统

城市轨道交通除了上述设施外,还有一些其他重要的机电系统。这些系统包括:供电系统、低压配电与照明系统、火灾报警系统、机电设备监控系统、环境控制系统、给排水系统、电梯系统、售检票系统、屏蔽门系统及门禁系统。

2.3 常规公交系统构成

常规公交系统具有固定的行车线路和车站,按班次运行,并由具备商业运营条件的适当类型公共汽车及其他辅助设施配置而成,是最常见、使用最广泛的公共交通服务形式。它主要由线路、场站、车辆和运营管理系统四部分组成。

2.3.1 常规公交线路

线路是常规公交系统组成中最核心的部分,多条线路交错成网就形成了常规公交线网。依据我国《公共汽电车线网设置和调整规则》(GB/T 37114—2018),从功能、运营等不同角度,常规公交线路可进行如下不同的分类。

1)面向功能的线路分类

按照线路在线网中的地位、交通功能以及对沿线的服务功能,宜将公共汽电车线路划分为五个层级,不同功能层次公共汽电车线网以线路形态、运营模式等技术经济指标加以区分。不同功能层次公共汽电车线网的技术经济指标推荐值,见表2-3-1。

不同功能层次公共汽电车线网的技术经济指标推荐值　　表2-3-1

指标类型	具体指标	快线	干线	支线	微循环线路	多样化线路
线路形态	线路长度(km)	15~30(或超过30)	12~15	~15	3~8	—
	平均站距(km)	0.8~2	0.5~0.8	0.3~0.5		
	非直线系数	≤1.4	≤1.6	≤2.0		
	停靠站点	停靠大型的枢纽站、换乘站和客流集散点	停靠沿途所有站点或主要客流集散点	停靠沿途所有站点	—	
线路形态	通道设施(或公交优先设施)	允许进入城市快速路运行,城市主干路及以上道路对全线的覆盖率在80%以上,公交专用道对全线的覆盖率在50%以上	主要在城市主干路、次干路运行,城市次干路及以上道路对全线的覆盖率在80%以上,公交专用道对全线的覆盖率在35%以上	主要在城市次干路、支路运行	主要在支路、小区或街巷道路运行	
运营模式	运营车辆选型配置	特大型、大型车	大型车	中型车	小型车	—
	线路日均客运量	2万人次以上	1万~2万人次	0.3万~1万人次	0.3万人次以下	根据客流需求确定
	平均运营速度(km/h)	≥20	15~20	—	—	—
	高峰小时平均满载率(%)	≤70	≤80	≤80	≤80	≤80
	发车间隔(min)	3~10	5~15	—	—	—

(1)第一级快线:主要服务于长距离的组团间出行和跨区出行,连接城市各主要组团、功能节点和主要交通节点,实现城市各主要组团、大型客流集散点和大型枢纽之间的快速联系。

(2)第二级干线:主要服务于区内出行或中长距离的跨区出行,辅助承担中距离的组团间出行,实现跨区和区内主要客流集散点、大型枢纽之间的贯通。

(3)第三级支线:主要服务于各分区和组团的边远地区或公共汽电车稀疏区域的中短距离出行,填补公交空白,增加线网覆盖率并承担与快线和干线的接驳作用。

(4)第四级微线(微循环线路):主要服务于较小范围内区域性出行,可作为轨道站点接驳线路、片区公交的运营方式。线路较短,运营方式灵活。

(5)第五级多样化线路(如旅游线路、学生线路、夜班线路、定制公交、购物线路等):主要服务于一些特殊时段和出行目的的公交出行需求,在运营模式上采用一些较为特殊的方式。

2)面向运营的线路分类

常规公交线路运营特征主要体现在运营时间、票制票价等方面,根据公交线路的运营特征进行分类,便于线路的管理和运营指标的统计分析。

(1)根据运营时间特征,常规公交线路可分为全日线路、夜班线路、白班线路和高峰线路等。各个城市根据客流的特征线路运营时间各不相同,如南京城市公共交通线路分为白班线路和夜班线路,白班线路运营时间为5:00—23:00,夜班线路运营时间为23:00—5:00。白班线路是公共交通主要线路类型,覆盖其他类型的线路,承担绝大部分客运任务;夜班线路联系交通枢纽、医院、工厂和住宅区,保证城市昼夜延续的各类活动的正常进行;全日线路运营时间一般较长,用于客流持续稳定的线路;高峰线路只在客流高峰时段运营,主要用于客流时间分布差异较大的线路。

(2)根据计价方法,常规公交线路可分为一票制线路和分级计价线路。前者通常为市区行驶的线路,线路长度一般控制在13km在内,通常采用无人售票方式;后者一般使用在郊区线路中,通常采用有人售票方式。

2.3.2 常规公交场站

根据《城市道路公共交通站、场、厂工程设计规范》(CJJ/T 15—2011)中对城市道路公共交通场站的描述,可以将常规公交场站划分为车站和车场两个部分。其中首末站、中途站和枢纽站均属于车站,而停车场、保养场、修理厂属于车场。

1)常规公交场站分类

(1)公交车站

公交车站可分为首末站、中途停靠站和枢纽站,各种车站的功能各不相同。

①首末站:为运营车辆的到、发和乘客的上、下车服务,是一种将车辆调头、停放、上下客和乘客候车等多种设施合在一起的小型服务性起、终点站,也是行车调度人员组织车辆运行、司售人员休息、准备的地方。

②中途停靠站:是供线路运营车辆中途停靠,为乘客上下车服务的车站,一般有路边停靠站和港湾式停靠站两种。路边停靠站,用站牌确定停站位置,也可采用标线固定停靠站位。主

要交通性干道要求建港湾式停靠站,以减小对动态交通的影响。

③枢纽站:通常为多条公交线路的交会处和集散点,是城市客运交通体系的重要组成部分,是联结城市对外和市内客运、私人交通和公共交通以及公共交通内部转换的重要环节,是若干种交通方式连接的固定构筑物(有固定位置或固定换乘设施)。

(2)公交车场

公交车场是公交公司运营管理的基层单位。车场的主要技术业务:组织车辆运行;当客运高峰过后或夜间车辆不需要运行时,车场又是车辆停放保管的场所;对车辆执行预防性技术保养,使车辆始终处于技术完好状态;对有故障或肇事车辆及时进行修理。公交车场按功能可划分为停车场、保养场和修理厂。

2)常规公交场站构成

(1)常规公交车站

以首末站为例,其需配置的设施见表2-3-2,各类设施均应视车站等级规模按需配置。枢纽站相对首末站需添置公共信息牌、人行通道、换乘导向标识等设施。中途站相对首末站无须具备运营管理设施和监控、消防和绿化等安全环保设施。

常规公交首末站需配置的设施 表2-3-2

	设　施	首　站	末　站
信息	站牌	√	√
	广告牌	○	○
服务	公用电话	√	—
	无障碍设施	√	√
	候车廊	√	○
	座椅	√	—
	公厕	√	—
	非机动车存放	√	○
	机动车停车换乘	○	—
安全环保	隔离护栏	○	○
	照明	√	√
	监控	√	—
	消防	√	√
	绿化	√	○
运营管理	站场管理室	√	—
	线路调度室	√	√
	智能监控室	√	—
	司机休息室、卫生间、茶水间、杂物间	√	—
	停车坪、回车道	√	√
	抢修和低保	√	—

注:"√"表示必须;"○"表示视具体情况可选;"—"表示可无。

(2)常规公交车场

停车场需根据自身规模按需配置停车设施、运营管理设施、安全环保设施以及生活服务设施。其中停车设施包括停车坪(库)、洗车台(间)、试车道、防冻防滑设施。运营管理设施包括调度、票务、车队管理、行政办公、低保车库及附属工间、库房、配电室、锅炉房、油气站、劳保后勤库等。安全环保设施包括照明、监控、绿化、消防设施。

保养场需视自身规模按需配置生产辅助设施、生产管理设施及安全环保设施。其中生产辅助设施包括保养车库、修理工间、车辆检测线、材料仓库、动力系统、油气站、劳保后勤库。生产管理设施包括技术管理、行政办公、待保停车坪(库)、试车道、生活服务等设施。安全环保设施包括照明、监控、绿化、消防设施。

关于修理厂,城市道路公共交通不宜单独建修理厂。若确需建设,中小城市的修理厂宜与保养场合建,大城市可单独建修理厂。修理厂宜建在距城市各分区位置适中、交通方便、不面临交通流量较大的主干道,周围有一定发展余地,且有可靠的水、电、煤供应的市区边缘。

2.3.3 常规公交车辆

常规城市公交车辆是为城市内部客流运输而设计的客车,车辆内部设有座椅及乘客站立的位置,并留有一定的空间供频繁停站时乘客上下车走动用。与一般大型客运车辆相比,常规公交车辆具有座位少、容量大、速度相对较低的特点,同时由于常规公交车辆一般在市区运行,也要求其具有一定的安全性、稳定性和环保性。从结构、技术特性和动力推进系统等不同角度,常规公交车辆可进行不同的分类。

1)根据车辆结构划分

城市公交车辆按照车辆结构,分为整体式车辆、双层车辆和铰接式车辆。整体式公交车辆可分为低底盘车辆和普通车辆;双层公交车辆分为全双层公共汽车和半双层公共汽车(全双层公共汽车使用较为普遍);铰接式公交车辆分为单铰接式车辆和双铰接式车辆。

2)根据技术特性划分

按车辆长度,常规公交车辆分为特大型、大型、中型、小型公交车辆;按照豪华度和舒适度,可分为高二级、高一级和普通3个等级。根据《公共汽车类型划分等级评定》(JT/T 888—2014)中的规定,城市公共汽车分别按车长、等级分类情况,见表2-3-3。

城市公共汽车按车长、等级分类情况　　表2-3-3

类型	特大型		大型	中型	小型
	双层公共汽车	单层公共汽车(含铰接车)			
车长 $L(m)$	$13.7 \geqslant L \geqslant 12$	$18 \geqslant L > 12$	$12 \geqslant L > 9$	$9 \geqslant L > 6$	$6 \geqslant L > 4.5$
等级	高二级、高一级、普通级	高二级、高一级、普通级	高二级、高一级、普通级	高一级、普通级	高一级、普通级

各类车型具有一定的适用范围。一般来说,整体式公交的大、中、小三种车型都适用于坡度较大的道路,是目前使用最为普遍的车型;大中型的整体式公交车主要适用于道路状况较好、通行能力较大、客流量较大的道路;小型整体式公交车适用于道路宽度较窄、转弯半径较小、通行能力较小、客流量较小的线路上。铰链式和双层式公交车对道路和运行环境的要求比

较高,对道路宽度、坡度和最小转弯半径都有比较严格的要求,而且车辆购置成本较高,因此使用没有整体式公交应用普遍,一般适用于道路较平坦、转弯半径较大、客流量较大的常规公交线路和 BRT 线路。

3) 根据动力推进系统划分

根据动力推进系统的不同,公交车主要可分为传统燃料公交车、新能源公交车。其中传统燃料公交车油料廉价、容易保养、动力强,但乘坐时有较大震动,舒适度低,且产生废气、噪声等公害。新能源汽车是未来能源利用的发展趋势,发展清洁新能源公交客车是常规公交行业发展的必经之路。目前,新能源公交车在我国相对传统燃料公交车具有能源保障更坚实、乘坐体验感更佳、对环境更友好等发展优势。目前,国内外新能源公交车型主要集中在纯电动公交车、混合动力公交车、LNG(天然气)公交车。

在主流新能源公交车型中,纯电动公交车具有零排放、综合能源利用率最高等优点。目前,全球约有 38.5 万辆电动公交车,其中 99% 在中国。随着电动车辆技术的进一步成熟,尤其是在车载电源、动力、续驶里程、充电速度及充电量等方面趋于成熟并配备完善的充电设施后,电动公交车辆将成为未来国内新能源公交客车的主流车型。我国主流纯电动公交车具体类型与特征,见表 2-3-4。

我国主流纯电动公交车类型与特征 表 2-3-4

类型	技术特征	充电方式	主要优点	主要缺点	应用地区
长续驶里程慢充式	设计续驶里程 200~300km	夜间慢充为主,白天补电	运行零排放,一次充电续驶里程较长	整车成本较高,运载效率较低,夜间需要较大充电场地	深圳、南京、合肥、西安、长沙
换电式	行驶约 100km 换电池箱	换电站为备用电池充电	运行零排放,换电时间短	换电站投资较大,需要额外电池,综合成本较高	青岛、天津
快充式	采用高比功率电池快充、电池容量根据线路长度设计	站内快充	运行零排放,少装电池,运载效率较高,电池寿命长,综合成本较低	单位能量电池成本较高	重庆
在线充电式	利用无轨电车基础设施,约一半里程边行驶边充电,剩余里程依靠车载储能系统供电	在线充电	运行零排放,可利用现有城市无轨电车基础设施,投入小,少装电池,运载效率高,综合成本较低	无无轨电车系统的城市需新建基础设施	北京、杭州、上海、武汉

混合动力公交车动力性能良好、行驶稳定、噪声低、低能耗,与目前同等燃油公交车相比,节油率在 30% 以上,碳排放总量降低 30% 以上。插电式气电混合动力公交节气率达 45% 以上。混合动力公交车目前是新能源城市客车发展中不可或缺的重要部分。

LNG 公交车的生产与配套加气站技术在我国都已成熟。相比传统燃料柴油,清洁燃料 LNG 是将天然气在常压状态下冷却到 -162℃,过滤掉了所有杂质冷凝成的一种低温液体。

环保方面,以一辆10m长的欧Ⅲ排放标准公交车为例,以每年行驶10万km计算,通过对比,LNG燃料的汽车比使用传统燃料汽车可综合减排约10t,其中碳减排量8t。除环保性能优越外,LNG燃料相比传统柴油燃料具有一致、甚至更佳的动力性与经济性。

长远来说,随着我国新能源技术和电池技术的发展,尤其是核电、分布式能源的发展,电动汽车将更具有竞争力。

2.3.4 常规公交运营管理系统

常规公交运营管理是指城市公交企业根据客流的需要和企业运输生产计划要求,通过制订运营车辆的行车作业计划和发布调度命令,协调运营生产的各个环节、各个部门的工作,使企业的生产达到预期的经济目标和良好的社会服务效益。主要工作内容可分两个阶段:运营组织阶段和运营调度阶段。其中,运营组织是以时刻表为依据,合理编制运力和劳动力使用计划;运营调度则是以作业计划为依据,组织实施客运的过程,确保运营计划的实现。

从执行调度工作的手段上,调度工作可分为人工调度和智能调度。信息化水平较低,一定程度上导致了公共交通服务质量的落后。利用智能调度系统,是促进常规公交持续、健康发展的必由之路。智能调度主要由监控中心、监控调度分中心、车载信息搜集装置、GPRS通信系统和电子站牌组成。

复习思考题

1. 城市客运交通系统主要有哪三大组成部分?新业态客运交通属于系统中的哪一部分,有哪些客运方式?根据目前城市客运交通系统结构与特征,可总结出哪些发展特点?

2. 慢行交通(步行与自行车交通)对于城市轨道交通系统、常规公交系统运行起到何种作用?请谈谈你的理解。

3. 城市轨道交通主要有哪些分类方式与组成部分?请用准确、易懂的语言进行归纳总结。

4. 查找资料了解我国城市申请城市轨道交通建设最新的基本要求,结合所学知识尝试对你熟悉的城市的轨道交通规划与建设进行了解并提出建议。

5. 常规公交系统主要由哪几部分构成?常规公交动力推进系统向新能源应用全面升级是大势所趋,查找相关资料进行国内外常规公交新能源发展现状与趋势的思考。

6. 针对城市常规公交客流持续下降、吸引力不断降低,结合所学常规公交基本构成知识,你认为我国大城市与中小城市应如何摆脱常规公交发展困境?

第3章
城市客运交通需求预测

3.1 预测方法与思路

城市客运交通需求预测,是以城市居民为主要研究对象,以城市社会经济发展研判和交通基础设施规划建设方案为前提,采用一定的技术方法和手段,预测未来年城市客运交通需求的产生及分布特征,以及出行方式和路径选择的规律,最终定量评估城市道路及公共交通网络服务水平的技术手段。城市客运交通需求预测是城市用地布局及开发、客运交通系统规划建设运营管理、交通需求管理政策制定及实施等的重要依据。

3.1.1 出行的基本概念

1) 出行的定义

早期对于一次出行定义最常见的表述是:出行者步行超过5min(或距离超过300m、350m、400m、500m),或采用交通工具在市政道路上完成一次有目的的活动。该定义明确了出行的方式和目的属性,以及最小的时间或距离约束。然而由于不同城市和年份的调查对一次出行的定义存在差异,给后续调查实施及结果分析带来诸多不便。

基于此,住房城乡建设部于 2014 年颁布的《城市综合交通体系规划交通调查导则》(以下简称《导则》)中将出行定义中对于步行方式的时空限制取消,本书也引用《导则》,将出行统一定义为:为了一个(活动)目的,采用一种或多种交通方式从一个地方到另一个地方的过程。

2) 出行的主体

城市客运交通来源于城市范围内人的活动,因此人即为出行的主体。城市中的人一般分为常住人口和流动人口,其中常住人口指在本市居住 6 个月以上的本市户籍人口和非本市户籍暂住人口,也称为是城市的"居民";流动人口指非本市户籍、居住 6 个月以下、主要居住在宾馆、酒店或其他人口集中地(如建筑工地、出租屋等)的特定人群。

流动人口出行的时间、空间、方式、目的等方面与城市居民均有明显差异,但占城市总人口的比例一般不足 10%,对城市整体客运交通需求的影响较小。因此本书的出行主体专指城市居民。

3) 出行的方式

出行方式指从一个地方到另一个地方所采用的交通方式,包括步行和采用各种交通工具的公共交通或私人交通方式。城市交通出行方式包括非机动化出行和机动化出行两类,如图 3-1-1 所示,具体概念参照前述章节。

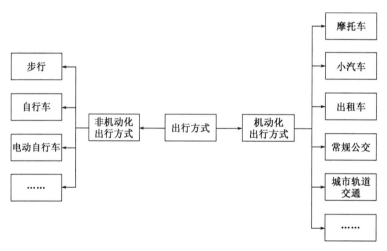

图 3-1-1 城市交通出行方式分类

当一次出行使用多种交通工具时,使用距离最长的交通工具作为本次出行的主要方式。当两种交通工具使用的距离相当时,最后使用的交通工具作为主要交通方式。

4) 出行的目的

出行目的是指发生出行的原因,可以分为刚性出行和弹性出行两类,如图 3-1-2 所示。

(1) 刚性出行(非弹性出行):是指上班、上学及对应的回家出行,通常占居民全日出行总量的 60% 左右,因为这部分出行基本上每个工作日都会发生,而且出行的起讫点、时间、方式、路线等特征较少发生变化,所以又称为刚性出行或非弹性出行。

(2) 弹性出行:与刚性出行对应的其余目的的出行。如购物、探亲访友、文化娱乐、个人及家庭事务及公务等,无论是出行频率还是出行的空间和时间分布均显示出较强的随机性,故称为弹性出行。

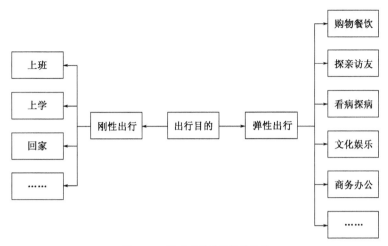

图 3-1-2 城市交通出行目的分类

刚性出行不仅在数量上是城市客运交通的主要组成部分,而且这类出行由于受到严格的作息时间的约束(如固定的上下班和上下学时间),出行量大且时空集中,是造成高峰时段道路和公共交通设施拥堵的主要原因。

3.1.2 预测的主要类型

根据预测期限的长短不同,城市客运交通需求预测分为长期客运交通预测和短时客流量预测。长期客运交通预测立足城市整体,预测未来年因区域战略布局、城市土地利用、人口岗位、机动车保有量、交通设施建设、交通管理政策等因素改变所引起的根本性客运交通需求变化;短时客流量预测着眼于局部,基于某个通道、线路、站点的历史客运数据与动态获取的现状观测数据,利用统计学的手段,推测未来短期内的客流变化趋势。

1) 长期客运交通预测

作为制定规划方案和管理措施的量化支撑,长期客运交通预测已成为客运交通规划、设计、建设、管理工作的重要组成部分,其具体应用场景,见表 3-1-1。

长期客运交通预测的应用场景　　　　　表 3-1-1

阶　　段	用　　途	举　　例
面向交通规划	交通需求分析、规划方案评估	城市总体规划、城市综合交通规划、城市交通专项规划、城市交通综合治理规划等
面向交通设计	交通设计方案评估	道路、桥隧、街道、客运枢纽设计等
面向交通建设	交通建设方案及建设时序评估	用地开发、道路、轨道建设等
面向交通管理	交通需求管理政策评估、交通组织评估	停车收费政策、小汽车限牌政策、设置单行线等

长期客运交通预测的代表方法是四阶段模型。该方法自 1960 年提出以来,得到了广泛应用,包括城市交通模型、区域交通模型、公路专项模型等。

2) 短时客流量预测

长期客运交通需求预测模型涉及影响因素多,建模流程长,适用于研究长时间、大范围的客运交通需求,但在面临对城市客运交通系统中的局部通道或节点,如某一地铁车站进行短时客流预测时,该方法显得既复杂又不准确。基于此,短时客流量预测应运而生。短时客流量预测方法基于历史数据,以回归分析法、时间序列法等统计分析方法为基础,研究短期内的客流变化趋势。这些预测方法建模简单,在城市客运交通系统的日常运营管理中具有良好的应用。短时客流量预测概念图,如图3-1-3所示。

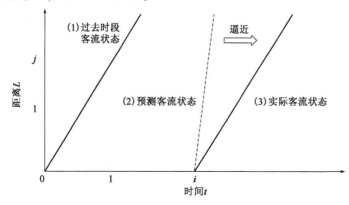

图 3-1-3　短时客流量预测概念图

3.1.3　预测的一般流程

城市客运交通需求预测过程一般从数据采集开始,通过资料收集、综合调查、大数据挖掘等获得基本的数据信息,之后建立交通模型,估计模型的相关参数,检验模型的有效性,最终将模型应用到不同的场景,进行需求分析和方案评估。预测的基本思路,如图3-1-4所示。

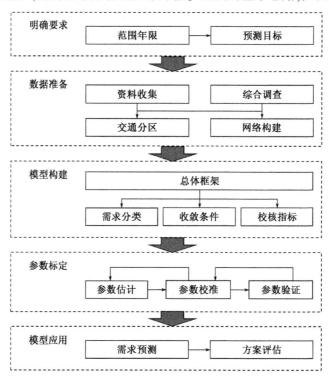

图 3-1-4　预测的基本思路

(1)明确要求:包括预测的范围、年限及预测目标,如预测2035年某城市中心城区轨道交通的客流量,指标包括全日、早晚高峰的站间OD、站点上下客量、分向断面量、换乘站点的换乘量。

(2)数据准备。从政府、企业、社会等各渠道收集相关资料,来源包括城市统计年鉴、交通年报、综合交通调查、交通大数据等,在建模平台中划分交通区,构建交通网络,录入相关的社会经济和交通调查数据。

(3)模型构建。按照预定方法构建预测模型的流程框架,包括模型的需求分类、各模块的输入输出和算法,校核指标、收敛条件等。

(4)参数标定。根据调查数据,对模型各环节进行参数估计、校准,通过运行现状年模型进行全部参数的有效性验证。其中:

①参数估计:基于确定的模型形式找出模型的参数(如重力分析模型的参数),或者确定具有统计性的参数(如出行生成的交叉分类表),需要调查数据的支持。

②参数校准:估计出模型的参数后,用于调整参数值直到预测值与调查值相符。

③参数验证:从整体模型迭代流程出发,检查模型的结果,再次调整参数,使得结果落在可接受的误差范围内。

(5)模型应用。将经过验证的现状年模型代入目标年份的对应测试情景中进行客运交通需求分析和方案评估。

3.1.4 数据类型及来源

在开展城市客运交通需求预测之前,需要收集相关数据。

1)数据的类型

城市客运交通需求预测所需的数据大致分为三类:

第一类是社会经济及交通设施数据,以城市整体或分区为统计单位,包括用地布局、人口岗位、机动车保有量、城市道路及公交轨道线路等,这一类数据主要来源于政府相关统计公报,描述了城市整体的交通发展水平,是客运交通需求预测的基础。

第二类是交通需求数据,以人和车的出行为统计单位,包括人均出行次数、出行目的及方式构成、人与各类车辆的出行时间及空间分布等,这一类数据主要来源于居民出行调查及交通大数据分析,是客运交通需求预测的核心。

第三类是交通运行数据,以交通设施为统计单位,包括路段的流量及车速、交叉口延误、公交站点上下客量、停车场饱和度等,这一类数据主要来源于交通监控设备的采集及交通专项调查,是客运交通需求预测校核与评估的依据。

城市客运交通需求预测详细数据需求,见表3-1-2。

城市客运交通需求预测详细数据需求　　　　表3-1-2

交通模型	主要基础数据内容	数据来源
道路网络	路网	基础设施调查、导航图、百度公交数据抓取、主管部门统计数据
公交网络	公交线网、地铁线网	

续上表

交通模型	主要基础数据内容	数据来源
收入模型	人口分布情况、收入情况	居民出行调查、流动人口调查、枢纽调查、主管部门统计数据
拥车模型	收入情况/车辆拥有情况	
出行生成模型	用地(性质与建筑面积)、出行情况、人口及岗位分布情况	
出行分布模型	出行阻抗模型	
高峰小时模型		
方式划分模型		
交通分配模型	路网、公交线网、交通出行需求	居民出行调查、核查线调查、公交调查
出行阻抗模型	流量延误函数、燃油费、公交票价、分车型实载率	时间价值调查、核查线流量调查、社会经济数据调查
时间价值模型	时间价值调查	时间价值调查
对外及过境交通需求	出行情况/有关城市的社会经济发展情况及规划	出入口调查/有关城市的社会经济发展情况及规划
流量延误函数标定	流量、车速	出租车FCD数据
现状交通设施	区域铁路网络(线路、车站及班次)	主管部门统计数据
	城际班车线路网(各线路每日发车频率、车型、票价)	
	交通枢纽(包括港口、机场、公路客、货运站等,位置及规模)	
现状交通运行	区域铁路运输量(分车站)	主管部门统计数据/交通发展年报
	公路运输量(分客运线路、车站)	
	机场、港口运输量	
	轨道交通客运量(分线路、车站)	
	城市常规公交客运量(分线路)	
	城市出租车客运量	
规划前提	社会经济历史发展情况及发展规划	政府权威部门公布的有关统计年鉴与已实施有关发展规划

2) 数据的来源

预测数据的获取方式可分为内业资料收集与外业交通调查两类。其中,内业资料收集包括向相关政府部门或企事业单位收集的交通基础数据、交通设施数据、交通运行资料以及相关大数据资料;外业交通调查包括居民出行调查、流动人口出行调查、核查线交通调查、出入口车辆OD调查、道路车速和流量调查、典型吸引点调查、时间价值调查等。

此外,内业资料收集主要通过部门调研的形式实现,外业交通调查主要通过人工调查的形式实现。

(1)内业资料收集

内业资料收集主要对规划、建设、交通、交管、统计等相关部门数据进行收集整理。主要数据可以分为以下三个部分。

①社会经济及交通设施数据:包括统计部门人口普查、统计年鉴等相关基础数据,规划部门城市用地与人口岗位数据,建设部门道路交通基础设施数据等。

②交通行业数据:包括交通年报,公交、轨道、出租车客运量、货运量等运营数据,交管部门交通工具、私人小汽车保有量数据等。

③交通动态监测数据:为调查效率与质量,通过内业采集动态监测数据,充分发挥多源大数据挖掘分析的优势,替代或部分替代传统人工调查。例如,可以通过手机信令数据分析城市人口岗位分布,校核分析居民出行调查数据;利用RFID数据/交警卡口视频识别数据/地磁数据等校核和替代部分核查线交通调查;利用出租车车载GPS校核、替代道路车速调查;利用高速公路收费站流水数据替代对外出入交通调查;利用公交IC刷卡数据及GPS数据校核分析居民出行方式及分布等。

(2)外业交通调查

依据调查对象及调查目的的差异,外业交通调查可分为交通设施调查、交通需求调查以及交通运行调查三大类,具体包含:

①交通设施调查

交通设施调查包括交通模型构建所需的基础设施供给数据调查,主要包括道路设施调查、公交设施调查、停车设施调查、枢纽设施调查等。

②交通需求调查

交通需求调查包括居民出行调查、时间价值调查、土地利用调查、流动人口出行调查、机动车保有量调查、典型吸引点特征调查、人口就业及就学调查、企业货运调查等。

③交通运行调查

交通运行调查包括核查线交通量调查、出入口车辆OD调查、流量与车速调查、停车调查、公共交通调查、慢行交通调查等。

值得一提的是,居民出行调查是所有交通调查中程序最复杂、协调面最广、实施难度最大的调查,是综合交通调查的关键。

3.2 居民出行调查

交通调查是认识和把握城市交通现状特征与规律的必要手段。住房城乡建设部印发的《城市综合交通体系规划交通调查导则》依据调查对象将城市综合交通调查分为8类,见表3-2-1。

各类调查的调查对象与模型应用表　　　　　表3-2-1

序号	调查类型	调查对象	调查内容	调查方法
1	居民出行调查	本市居民	住户特征、个人特征、车辆特征和出行特征	入户访问、信函、电话、网络等
2	城市道路交通调查	路段车辆	核查线道路流量、路段车速	流量:人工计数、录像法等,以及路段流量检测器等;车速:跟车法、浮动车法
3	出入境交通调查	出入境道路上的车辆、人	出入境交通量、出入境出行特征等	流量:观测、路段流量检测器、收费卡等;出行:问询法
4	公交调查	公交车辆和公交乘客	公交客流量、运营车辆特征、公交出行特征	客流:跟车法等;车辆:浮动车法;出行:问询、IC卡
5	商用车辆调查	出租车、货车等	出租车运营特征、货车及货运特征	问询法、浮动车法
6	交通生成源调查	交通枢纽、大型公建等的就业者、访客	进出区域的人员及车辆特征	计数法、问卷法等
7	停车调查	进出停车场的车辆	停车场设施及使用特征	征询意见法、间断式/连续式记录法、停车场车牌识别
8	流动人口出行调查	住在旅馆中或其他流动人口集中地的客人	个人特征、出行特征	问询法

城市客运交通产生的根源是人的出行活动,尤其是城市居民的出行活动。要掌握这一特征,最基本、最全面的手段就是开展城市居民出行调查。居民出行调查是交通规划研究工作中的基础性调查,它可以综合反映城市交通运行的现状及问题,揭示城市交通症结的原因及交通需求与土地利用、经济活动的规律。调查的主要任务是深入了解居民的出行特征,掌握现状交通需求信息,并以此为基础,评价现有交通状况,建立交通模型,预测未来客运交通需求,为城市交通规划编制提供依据。

3.2.1 调查对象、内容和方法

1)调查对象和范围

居民出行调查的研究对象是区域内按一定抽样原则确定的居民住户,包括家庭户和集体户。其中家庭户是指以家庭成员关系为主,且居住一处共同生活的人口,包括单身居住、独自生活的人口。集体户是指相互之间没有家庭成员关系、集体居住共同生活的人口。

研究区域一般为市区(即中心城区),可根据研究需要扩展至市域、甚至相邻城市。

2)调查内容

居民出行调查的内容包括住户特征、个人特征、车辆特征和出行特征四大类。

(1) 住户特征

住户特征包括住户类型、住户住址、家庭年收入、总人口、6岁以上人口、住房建筑面积、住房性质、住户拥有交通工具等信息。

(2) 个人特征

个人特征包括性别、年龄、户籍、与户主关系、职业、文化程度、有无驾照等信息。

(3) 车辆特征

车辆特征包括车辆类型、车辆性质、车龄、车辆行驶总里程、工作日一天平均行驶里程等信息。

(4) 出行特征

出行特征包括出行目的、出发地点、出发时间、各出行段交通方式、主要交通方式、到达地点、到达时间、同行人数、出行相关费用等信息。

3) 调查方法

居民出行调查有多种方法,有些方法适宜于全面的调查,有些方法则适用于对居民出行某方面的补充。如果只进行重点调查而不进行全面调查,则对重点调查的不足部分应作适当的补充调查。

(1) 家访调查法

家访调查法是居民出行全面调查中最为常用,也是效果较好的一种调查方法。家访调查一般对居住在调查区的住户,进行抽样家访,由调查人员当面了解该住户中包括学龄儿童在内的全体成员全天的出行情况。家访调查的传统形式是使用纸质的城市居民出行调查表,但在电子设备普及的背景下,携带平板电脑等便携性调查设备,将调查信息直接录入数据库,正逐渐成为主流。

实行家访调查法必须辅以大力度的宣传,力求做到家喻户晓、老少皆知,并应注意密切依靠各级行政管理组织。家访调查按调查表格逐项进行,但调查人员仍需有充分的思想准备,以应对一些预料不到的局面,例如被访人的不合作态度、漫不经心、敷衍了事、随口编造,等等。调查人员对此务必冷静、耐心对待,同时如实汇报,及时采取补救措施。

尽管家访调查法一般能较全面、准确地获得居民出行信息,但其工作量较大,人力、物力消耗加多,调查前要做好调查员的培训工作等前期准备。

(2) 互联网调查法

互联网调查法是近年来逐渐兴起的一种调查方式,其借助聊天软件,将问卷以电子形式发送给调查对象,并在填写后实时反馈数据库进行统计分析。互联网调查的范围巨大,本身以形成了成熟的产业链,甚至出现了商业化的互联网调查公司,为企业和个人提供问卷设计、发布、管理、收集及分析服务。

互联网调查简单、方便、耗资低,且不占用调查对象过多时间,大大降低了调查难度。但也因此数据准确性难以得到保障,因此还需其他调查方法配合补充。

(3) 电话询问法

电话询问法与家访调查法类似,在电话普及的地区已能代替家访调查。被调查者可在电话本中随机选择。电话询问前 2~3d 先发函告知调查项目。此方法与家访调查法相比成本低,取样可较多,但其结果可能会有倾向性。

3.2.2 调查方案设计

1) 调查背景资料收集和分析

居民出行调查设计与实施前,应收集和分析研究区域的以下资料:
(1) 人口资料,包括最新人口普查资料、人口统计资料等;
(2) 历次居民出行调查及其他交通调查资料等;
(3) 交通出行信息数据,如交通出行需求分析模型等;
(4) 能够用于住户抽样的基础数据;
(5) 用于出行地址地理编码的基础数据。

2) 调查样本设计

居民出行调查是一项综合性社会调查,在权衡调查的内容、耗资和精度要求时,由于人力、物力的限制,不可能进行全样调查,往往采用抽样方法来推断总体。抽样方法和抽样率直接影响出行数据的精度,常见抽样方法的特点及其适用条件,见表3-2-2。

常见抽样方法的特点及其适用条件　　　　表3-2-2

抽样方法	原理	特点		适用条件
		优点	缺点	
随机抽样	随机从总体中抽取部分单位	简单直观,对目标量估计及误差计算都比较方便	所需样本容量较多,实际操作比较困难	总体单元在某区域内均匀分布,样点间彼此独立,总体较小
分层抽样	以某种特征将总体划分成若干层,对各层以不同抽样率抽样	有利于抽出具有代表性的样本,能消除特殊个体的影响	抽样过程及误差分析较为复杂	调查对象类型不同,可按照某个指标进行层的划分
等距抽样	以某种标志将总体所有单位依次编号,每隔一定单位取一个单位	实施简单,只需抽取一个随机初始单元	精度较难保证	总体单元可按序排列
整群抽样	以某种特征将总体划分成若干子群体,抽取部分子群体进行总量调查	实施便利、节省费用	通常抽样误差较大	抽样框信息不完整,或对精度要求不高

目前,国内普遍采用的是等距抽样调查,这种方法被广泛采用的主要原因是,它操作简便,耗费的人力物力较少,在利用一定辅助信息排序的情况下,精度也能得到保证。例如对同一小区中的调查对象楼层数排列,再进行等距抽样。

国内城市居民出行调查抽样率的确定大多采用国内外经验值,可再结合本城市的实际情况、调查费用、人力等因素做一些局部调整。以下给出了不同城市规模下的抽样率建议值,见表3-2-3。

不同规模城市抽样率建议值 表3-2-3

城市人口规模(万人)	≥1000	500~1000	100~500	50~100	20~50	<20
抽样率(%)	≥0.5	≥0.8	≥1	≥2	≥3	≥4

3) 调查表格设计

住户特征各调查项目说明与分类,可参考表3-2-4。个人特征各调查项目说明与分类,可参考表3-2-5。车辆特征各调查项目说明与分类,可参考表3-2-6。出行特征各调查项目说明与分类,可参考表3-2-7。

住户特征调查项目说明与分类 表3-2-4

序号	调查项	说明	选项分类
1	住户住址	住户详细地址	—
2	家庭总人口	调查日居住在家庭中的人口数,包括在家中临时居住的亲友、老人和保姆等	—
3	住房建筑面积	受访住户实际居住房屋建筑面积	—
4	住房性质	受访住户实际居住房屋权属性质	1.自有住房;2.租(借)房屋;3.雇主提供;4.其他
5	家庭拥有交通工具	受访住户拥有各类交通工具数量	1.小汽车;2.摩托车;3.电动自行车;4.自行车;5.其他

个人特征调查项目说明与分类 表3-2-5

序号	调查项	说明	选项分类
1	性别	受访人性别	1.男;2.女
2	年龄	受访人年龄	—
3	户籍	户口所在地及居留时间	1.本市户籍;2.非本市户籍,居留6个月以上;3.非本市户籍,居留6个月以内
4	与户主关系	一个登记为户主,其他人围绕该人来填写	1.户主;2.配偶;3.子女;4.父母;5.岳父母或公婆;6.祖父母;7.媳婿;8.孙子女;9.兄弟姐妹;10.其他
5	职业	受访人职业	1.单位负责人;2.专业技术人员;3.办事人员和有关人员;4.商业、服务业人员;5.农、林、牧、渔、水利业生产人员;6.生产、运输设备操作人员及有关人员;7.军人;8.中小学生;9.大专院校学生;10.离退休人员;11.其他
6	文化程度	按照国家教育体制,受访人接受教育的最高学历	1.小学及以下;2.初中;3.高中或中专;4.大专;5.本科;6.研究生
7	有无驾照	受访人机动车驾驶证持有情况	1.有;2.无

车辆特征调查项目说明与分类 表3-2-6

序号	调查项	说　　明	选项分类
1	车辆类型	受访人主要使用机动车的车辆类型	1.小轿车;2.越野车(SUV);3.商务车、客货两用车(MPV);4.小型货车;5.摩托车;6.其他
2	车辆性质	受访人主要使用机动车的权属性质	1.自有;2.租赁;3.雇主提供;4.其他
3	车龄	受访人主要使用机动车的使用年数	—
4	车辆行驶总里程	受访人主要使用机动车的当前总行驶里程	—
5	工作日一天平均行驶里程	受访人主要使用机动车近期工作日平均行驶里程	—

出行特征调查项目说明与分类 表3-2-7

序号	调查项	说　　明	选项分类
1	出发地点	本次出行出发地详细地址	—
2	出发时间	本次出行离开出发点的时间	—
3	出行目的	本次出行的目的	1.上班;2.上学;3.公务;4.购物、餐饮;5.文体娱乐、旅游休闲;6.探亲访友;7.看病、探病;8.陪护;9.回家;10.其他
4	交通方式次序	本次出行各出行段所采用的交通方式,按使用次序依次填写	1.步行;2.自行车;3.电动自行车;4.公交车;5.轨道交通;6.小汽车(自驾);7.小汽车(搭乘);8.班车;9.出租车;10.摩托车;11.其他
5	主要交通方式	本次出行中使用距离最长的一种交通方式	
6	到达地点	本次出行目的地详细地址	—
7	到达时间	本次出行到达目的地的时间	—
8	出行支付	本次出行支付的车费,包括公交、地铁费用,出租车费等	—
9	机动车停车费用	本次出行支付的停车费用	—
10	同行人数(含本人)	本次出行的同行人数,含本人	—

注:当采用基于活动的调查时,应保证以上信息能从调查中直接或间接得到。

3.2.3 调查组织实施

1)调查组织与培训

由综合交通调查办公室统一组织,联系各区、街道办(镇)、(村民)社区居民委员会来负责调查具体实施工作。

每个社区应至少有两名人员作为调查员,负责调查户的确定与联系、协助其他调查员入户调查等工作。每个街道办应当至少有两名调查指导员,负责安排、指导、督促和检查社区调查员的工作。

其他调查员可从大专院校的学生中招聘,也可以从社区居民委员会或者社会招聘。招聘调查员的工作应由调查具体执行单位负责。

应对调查指导员和调查员进行居民出行调查内容及调查注意事项进行集中培训,培训合格后才能上岗。调查指导员和调查员执行调查任务时,应佩戴调查员证。

2) 试调查与预调查

试调查和预调查都是针对较小样本的调查,试调查是对调查全过程的完整检验,预调查是仅对调查关键环节的检验。在调查样本规模大、长期未做居民出行调查以及调查具体执行单位、调查技术负责单位缺乏相关经验的情况下,应先进行试调查或预调查。试调查或预调查的规模建议在30~100户之间。

3) 调查实施与监控

居民出行调查应包括一个完整的工作日,调查日记录出行的时间段应为24h,例如00:00—23:59 或 03:00—02:59。

调查日之前,调查指导员、调查员应向被调查户发放调查资料及礼品,并向调查对象说明调查内容及调查问卷填写方法。

调查日对象对出行情况进行记录,并填写调查表。

调查日之后,调查员应校核调查表填写内容,确认无误后回收。

调查员应该遵守调查礼仪,实事求是,不得虚构数据,不得以任何方式要求调查对象提供虚假的信息。调查技术负责单位应对居民出行调查实施中的每个环节实行质量控制和检查,对居民出行调查数据进行审核、复查和验收。

3.2.4 调查数据处理

1) 数据编码与录入

录入前应将一次出行的出发地和到达地转换为数字信息,如经纬度坐标、交通小区编号等。应优先考虑经纬度坐标编码以利于对出行数据不同需求的分析和应用。

应建立专门的地址信息库或借助于商业电子地图来进行地理编码,回收问卷时确保出发地和到达地填写出现交叉口、地标建筑等有助于提高编码的效率。难以编码的地址应再次联系调查对象以确定其编码。

应对地址编码进行总体检查,确保同一地址(本次出行的到达地与下次出行的出发地)有同一编码,并检查出行的方式、时耗及由地理编码计算的空间距离的合理性。

对出行目的等复杂变量宜采用多位数编码,以利于未来细分及保持较好的一致性。

若采用纸质问卷,建议开发专门的数据录入程序,以提高数据录入的效率和准确性。在录入过程中实现对各项变量值域和一般逻辑性的检查,并保证家庭信息、个人信息、车辆信息和出行信息的对应关系。

2) 数据校核

样本偏差检验:应从调查样本是否符合均匀抽样的要求、总体样本属性参数的均值和比例结构三个方面来检验和测量样本偏差。

应检查样本在地理空间上分布的均匀性。用于评价样本偏差的属性参数应包括家庭规模、车辆拥有情况、人口年龄结构、性别比例等。样本总体偏差可采用均方根误差的百分率(RMSE)来表示。

$$\text{RMSE} = \sqrt{\frac{1}{n_i}\sum_{i=1}^{n_i}\frac{1}{n_{ij}}\sum_{j=1}^{n_{ij}}\left(\frac{r_{ij}-s_{ij}}{r_{ij}}\right)^2} \times 100\% \qquad (3\text{-}2\text{-}1)$$

式中:n_i——变量 i 数目;

n_{ij}——变量 i 分类 j 数目;

r_{ij}——变量 i 分类 j 的参考值;

s_{ij}——变量 i 的分类 j 的样本值。

数据清洗:对数据的完整性、异常值和一致性进行检查,对缺失数据项和错误数据项进行替代。

(1)核实每条记录的完整性;

(2)检查和确认每一数据项的编码有效性;

(3)评价数据的内部一致性;

(4)对错误数据项替代前检查能否从已知信息推断出正确值;

(5)对替代数据进行标记。

3) 数据加权与扩样

加权是对一个样本中的观测值赋予权重的过程,以使样本加权后能代表总体。权重一般通过对比样本的变量值与可靠的外部数据源(如人口普查数据)的变量值来确定。扩样是对一个样本中的观测值乘以扩样系数,以使样本在扩样后为总体的估计值。扩样系数为抽样率的倒数。

居民出行调查数据在分析应用前应进行加权和放样的过程,并将最终确定的权重及加权过程说明文件与调查数据库一并存档。加权和放样的过程可单独进行,最后应将扩样系数包含权重中形成一个因子(即权重),以使加权后结果与全体人口的估计值相当。应依次计算家庭和个人的权重,出行的权重一般继承相应个人的权重。

4) 调查质量评价

调查质量可参考以下几个方面进行评价。

(1)调查样本覆盖率:即样本在研究区域内分布的均匀性。

(2)调查表内容填写的有效性和完整性。

(3)调查质量的交通方面度量:历次调查、同类城市调查个人出行率的可比性、公交出行比例与公交客运总量的关系、小汽车出行比例与百户拥有率之间的关系等。

(4)抽查情况:应按一定的比例再次联系被调查户,确认调查执行情况。

(5)数据清洗统计(DCS)情况:

$$\text{DCS} = \frac{\sum_{n=1}^{N}\sum_{i=1}^{I}\text{count}(x_{i,n})}{N \times I} \qquad (3\text{-}2\text{-}2)$$

式中： $x_{i,n}$——调查对象 n 的第 i 条数据项；

$\text{count}(x_{i,n})$——0、1 变量，当对象 n 的第 i 条数据项被校正时，$\text{count}(x_{i,n})$ 取 1，否则取 0；

N——调查对象总数；

I——总（关键）数据项。

3.2.5 调查统计分析

居民出行调查统计分析通过研究居民出行起止点、出行目的、出行方式、出行时间、出行距离和出行次数及其空间分布等信息，认识居民出行的基本交通特征和流动规律，进而掌握城市交通需求与供给的相互关系，为建立交通模型以及交通规划设计和政府决策等提供基础性支撑。居民出行调查统计分析的指标主要包括：出行总量与出行次数、出行目的、出行方式、出行时间分布与出行时耗、出行空间分布与出行距离等。

1) 出行总量与出行次数

出行总量表示全市居民的日均出行总次数，单位为"人次/d"，一般分为全方式出行总量和机动化出行总量两类。也可以按片区、地带等空间进行细分统计。

出行次数，又称为出行率，分为人均出行次数和户均出行次数，分别表示在一定时间内（通常为一天）研究区域的总出行人次与总人数（或总户数）之比，单位为"次/d"。我国主要采用人均出行次数作为分析指标。在居民出行调查中，人均出行次数又细分为两类指标，一类为全部受访者的人均出行次数（默认的人均出行次数），即调查的出行总量与 6 岁以上的受调查总人数之比，主要用于后续建模；另一类为有出行者的人均出行次数，即调查的出行总量与 6 岁以上且有出行的受调查总人数之比，用于分析真正有出行的人的出行频率，如图 3-2-1 所示。

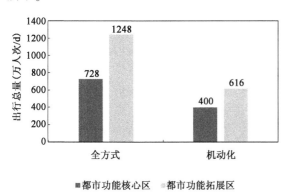
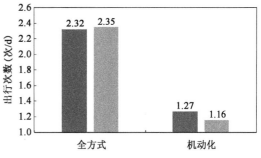

a)   b)

图 3-2-1 某市居民出行总量（万人次/d）与出行次数（次/d）

影响居民出行次数的因素非常复杂，主要与居民自身的生理特性（性别、年龄、健康状况）和社会属性（职业、种族和民族）有关。某市出行率与年龄分布关系，见表 3-2-8。

某市出行率与年龄分布关系表   表 3-2-8

年龄（岁）	6~14	15~19	20~24	25~29	30~39	40~49	50~59	≥60
人均出行次数（次/d）	2.75	2.43	2.23	2.29	2.33	2.39	2.10	1.93

出行次数的第二类影响因素是所在城市的规模和用地布局。一般来说,对于同等规模的城市,出行次数越多,则证明午间出行次数越多,反映出城市职住平衡性越好。不同规模城市出行频数统计表,见表3-2-9。

不同规模城市出行频数统计表　　　　表3-2-9

城市规模	城市	人口(万人)	人均出行次数(次)	调查年份(年)
特大城市	上海	2425	2.42	2014
大城市	南京	823.59	2.33	2015
	杭州	889.2	2.16	2014
	武汉	1076.6	2.06	2016
中小城市	兴化	158	3.42	2014
	大丰	72.5	3.05	2014
	巢湖	78.7	2.88	2014
	靖江	66.61	2.59	2015
	昆山	86.27	2.56	2017
	溧水	47	2.53	2015

2) 出行目的

在城市生活中,居民的出行目的比较繁杂,通常将出行目的分为:上班、上学、公务、购物及餐饮、文化娱乐及旅游休闲、探亲访友、看病探病、陪护、回家和其他。

居民出行目的分布常用出行目的结构来表示,即各出行目的所占的百分比。不同国家和地区的城市,由于经济水平、社会结构等因素的不同,在居民出行目的方面存在较大的差异。欧美、日本等经济发达国家城市,居民购物、文化娱乐、社交及探亲访友等弹性出行较多,一般约占到全部出行的20%,甚至30%以上。我国近年来随着经济的迅速发展,国内城市居民的弹性出行比例也较以往有了较大幅度的增加,个别经济较发达的大城市,其居民弹性出行的比例已与发达国家持平。出行目的的结构从交通的角度直观地反映了城市居民的生活水平,也是城市经济社会发展水平的重要衡量指标。

在交通需求预测中,需要根据出行起讫点与居住地的关系,将出行目的转换为基于家的出行及非基于家出行,便于将出行端点的出行总量与居住人口、就业岗位、建筑面积等社会经济指标进行集聚研究,并建立相关模型。出行目的主要转换原则及划分,如图3-2-2、图3-2-3所示。

(1) 基于家的工作出行(Home-Based-Work,HBW):两个出行端点中有一个为居住地,且出行目的为上班或下班回家的出行。

(2) 基于家的上学出行(Home-Based-School,HBS):两个出行端点中有一个为居住地,且出行目的为上学或放学回家的出行。

(3) 基于家的其他出行(Home-Based-Other,HBO):两个出行端点中有一个为居住地,且出行目的不为工作与上学的出行,也可以根据预测需要进行细分。

(4)非基于家的出行(Non-Home-Based,NHB):两个出行端点均不为居住地的出行。

图 3-2-2　出行目的转换原则

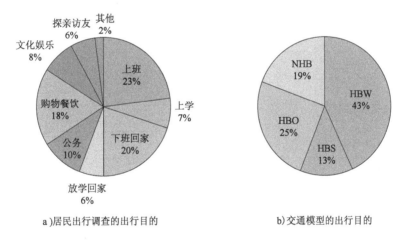

a)居民出行调查的出行目的　　　　　　b)交通模型的出行目的

图 3-2-3　居民出行调查与交通模型中的出行目的划分

3)出行方式

出行方式是指出行者完成一次出行所使用的交通工具或手段,主要包括步行、自行车、电动自行车、公交车、轨道交通、小汽车(自驾)、小汽车(搭乘)、班车、出租车、摩托车、其他等。一次出行通常与一种出行方式相对应。如果一次出行中使用了多种交通工具,则往往以主要使用的交通工具作为本次出行的出行方式。

城市居民对出行方式的选择行为比较复杂,要受到交通方式的可用性、不同交通方式使用的方便程度、舒适性、安全性以及出行者的年龄、性别、职业、收入等多种因素的影响,但更主要的是该方式的出行速度、可达性和费用。因为费用和可达性决定了出行者到目的地所可能使用的交通方式的种类,而出行速度是从可能交通方式中进行最终选择的主要判别因素。

近年来,国内城市居民拥有的交通工具趋向于多元化和机动化,随着城市道路拥堵的加剧,公共交通服务水平的提高,尤其是轨道交通的建设,居民出行方式分布出现了公共交通出行比例上升、个体机动化交通工具出行比例趋于稳定的趋势,见表3-2-10。

2017年华东三城市出行方式结构　　　　表3-2-10

出行方式	华东三城市		
	上海	南京	苏州
	占比(%)		
步行	24.2	24.3	20.1
脚踏自行车	16.0	27.6	30.9
公共自行车			
电动自行车			
公交车	33.0	16.6	10.1
轨道交通		11.0	5.1
摩托车	—	0.3	—
私人小汽车	20.2	16.3	29.1
滴滴等网约车	6.6	2.5	—
出租车			1.3
单位班车	—	1.2	3.4
其他		0.2	—

居民出行方式的结构,是反映城市交通发展水平的一个重要指标。出行方式并不存在绝对的最优结构,但出行方式结构与城市土地利用、职住分布和地理空间格局等要素的匹配度,反映了城市客运交通系统,尤其是公共客运交通系统对居民出行需求的满足能力。通过对居民出行方式结构的历史变化分析,可以为城市客运交通系统未来的发展方向提供重要指引。

考虑到在交通模型构建中,同样需要对调查问卷中的相关选项进行简化,如合并摩托车、班车、三轮车等占比较低的出行方式。

4)出行时间分布及出行时耗

表征城市居民出行时间特征的指标主要有:居民出行出发或到达时间分布、高峰小时系数、平均出行时耗、出行时耗分布等。其中,居民出行出发及到达时间分布是将城市居民全日出行按各个时间段分别统计的出发及到达人次比例;高峰小时系数是高峰小时内在途出行人次与城市居民全日出行总量的比值;平均出行时耗是一次出行的出发与到达时间差值的均值,一般会按不同出行目的和方式分别统计;出行时耗分布是出行时耗在不同时间区间上的比例统计。

(1)出行时间分布

城市居民一天的活动大多数存在固定的时间表,有些是由人的生理特点决定的,如一日三餐的时间、睡觉的时间,而有些是由客观环境决定的,如工作时间的安排、娱乐设施的营业时间等。因此城市居民的出行并不是在一天24h内均匀分布的,而是存在比较明显的高峰和低谷,而且不同目的的出行高峰和低谷出现的时间也有很大差异,这就是居民出行的时间分布特征。某市居民出行时间分布,如图3-2-4所示。

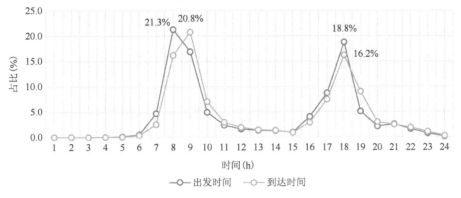

图3-2-4 某市居民出行时间分布

与其他目的的出行相比,通勤和通学在出行时间上更具有强制性,而且占出行量比重大,因此工作及就学时间的安排往往决定了城市居民出行的时间分布形态,如图3-2-4所示,城市出行时间一般呈现早晚两个高峰,每个高峰持续1~2h,且早高峰更为集中。部分中小城市受中午回家出行的影响,也会呈现出两个次高峰。此外,出行时间分布的分析还常常与出行方式、出行目的等结合起来。

出行时间分布真实地反映了高峰小时的时段与强度,对于城市客运交通管理具有十分重要的意义。城市客运交通管理面临的主要难题就是交通拥堵,而解决交通拥堵问题其实就是要解决好高峰小时问题。对出行时间分布的分析,为交通管理部门制定相应的缓堵措施提供了主要的依据。

(2)出行时耗

平均出行时耗及出行时耗分布反映了出行的成本,出行时耗与出行距离和方式选择直接相关。

如图3-2-5所示,该城市平均出行时耗集中在10~20min。每个分区的时耗加权求和,得到该市的平均出行时耗为27min。

出行时耗也是评估出行时间可达性的核心指标,反映了该地区的交通服务水平。以某片区为起点,至全市其他地区的小汽车出行时耗,如图3-2-6所示。

5)出行期望线与出行距离

出行具有空间属性,每次出行都有位于市区特定地理位置的一个起点和一个讫点,并相应产生了连接起点和讫点的出行路线、出行的方向以及出行的距离和时耗等对空间进行描述的一系列特性,这些特性统称为出行的空间分布特征。表征城市居民出行空间分布特征的指标主要有:出行期望线、平均出行距离、出行距离分布等。其中,出行期望线反映了城市各区之前的按着出行量的大小进行连线;平均出行距离反映了一次出行起讫点间的实际距离(非直线距离);出行距离分布是将出行距离在不同距离区间的比例统计。

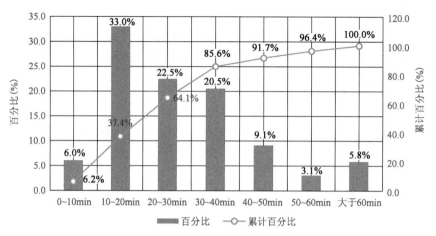

图 3-2-5 某市出行时耗分布

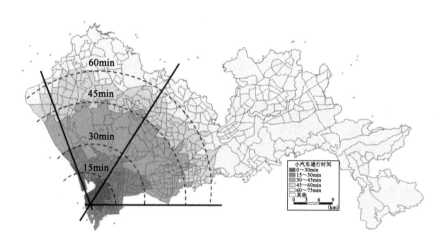

图 3-2-6 某市小汽车出行时间可达性示意图

(1) 出行期望线

出行期望线反映了城市各组团间的关联性,与城市的土地利用布局、人口密度、交通系统的布置有密切关系。一般而言,中心区建筑和人口密集,汇聚了大量的就业岗位和各种公共服务以及娱乐设施,往往成为城市出行的主要目的区域。所以中心区与其他各区的出行联系更为紧密。而随着距中心区距离的增加,出行强度则逐渐减小。

如图 3-2-7 所示,出行期望线反映了出行空间的流动规律及城市交通的主要流向,很大程度上体现了城市土地利用布局、城市人口分布和就业岗位分布状况,为城市空间发展策略的制定提供重要支持。

(2) 出行距离

与出行时耗类似,平均出行距离和出行距离分布反映了出行空间上的成本。相比于出行时耗,出行距离更加直观,加上距离只与出行起讫点的位置相关,因此统计结果更为稳定,更能反映城市用地演变的规律。

如图 3-2-8 所示,该城市平均出行距离集中在 6~8km,平均出行距离 7.2km。

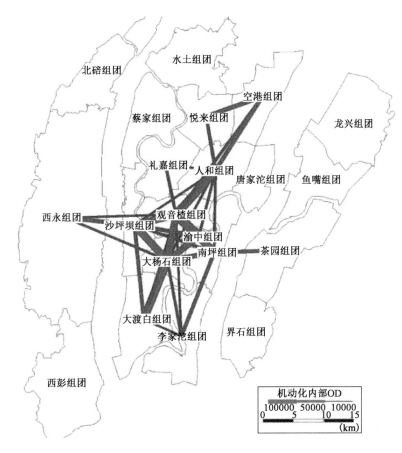

图 3-2-7　某市出行期望线

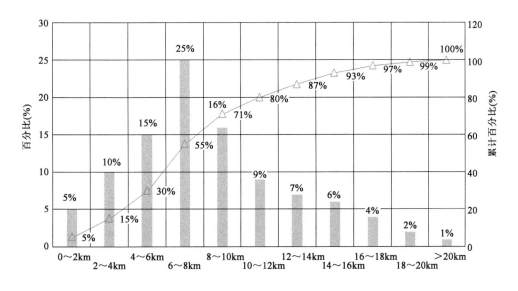

图 3-2-8　某市出行距离分布

3.3 长期客运交通预测方法——四阶段模型

四阶段模型是城市客运交通长期需求预测的基本方法之一,它以一次出行为基本调查单位,以研究区域内的各交通小区为分析单位,将预测过程分为出行生成(Trip Generation)、出行分布(Trip Distribution)、方式划分(Modal Split)和交通分配(Traffic Assignment)四个建模步骤。它反映的是人们所要经历的一系列决策过程,包括从哪里出发(出行生成)、去哪里(出行分布)、使用什么交通工具(方式划分),以及使用了什么路径(交通分配)。对于大多数出行而言,四阶段模型不能真实反映出行者的实际决策行为,它规避了复杂的出行行为选择,而通过集计、可操作、可控制的研究要素,为使用相对简单的分析技术和合理的数据提供了可能,其模型基本结构如图 3-3-1 所示。

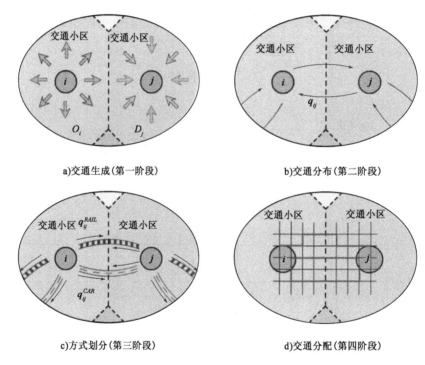

图 3-3-1　四阶段交通模型示意图

四阶段建模常用思路及建构如下:

(1)整理和分析综合交通调查中与建立交通模型相关的社会经济、交通基础设施、交通需求等资料,收集周边地区或城市的相关规划资料。

(2)将建立模型所需的人口分布、就业岗位分布、居民出行需求等资料和数据细化至模型构建所需的交通分区,并进一步分析获得建模所需的居民出行需求、流动人口出行需求等数据。

(3)按"四阶段"流程,建立模型框架。将模型模拟的结果与调查值对比,进行模型参数校正,建立基年宏观交通模型。

（4）在基年宏观交通模型的基础上，输入预测年的规划方案数据，建立规划年宏观交通模型，并对规划方案进行测试分析和评估。

四阶段模型技术路线，如图 3-3-2 所示。

3.3.1 交通分区及网络构建

1）交通分区

城市客运交通需求预测的基本空间单元是交通分析区（Traffic Analysis Zone，TAZ）。交通分区的主要目的是将交通需求的产生、吸引与一定区域的社会经济指标联系起来；将城市区域地块上的数据用直观的图表表现出来；便于交通分配理论模拟网络上的交通流。交通分区分为内部交通分区和对外交通分区。

（1）内部交通分区

内部交通分区是在研究范围内进行空间划分，其划分的大小直接影响到区内的交通需求。内部交通分区一般分为三个层次：交通大区、交通中区和交通小区，如图 3-3-3 所示。

①交通大区。交通大区主要用于分析区域间的空间活动与联系强度，通常以区市县为单位进行划分。

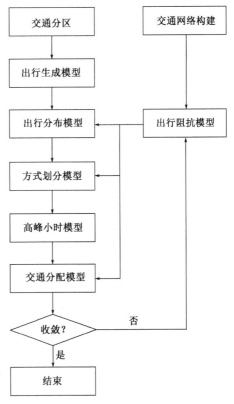

图 3-3-2 四阶段模型技术路线

a）交通大区　　　　b）交通中区　　　　c）交通小区

图 3-3-3 某市内部交通分区示意图

②交通中区。交通中区主要用于调查数据分析、展示，及交通模型的参数标定、校核等，通常以乡镇街道行政边界为基础进行划分。

③交通小区。交通小区是最小的分析单元，主要用于模型底层的运算。交通小区的划分一般遵循以下原则：

a. 结合行政区划边界，便于有效利用人口、经济发展相关数据；

b. 河流、山川、铁道等构造物或天然分隔带；

c. 次干道以上高等级道路；

d. 尽可能保证分区的均匀性，避免人口规模过大的交通小区；

e. 避免出行形状过于不规则的分区；

f. 综合参照现状及规划资料，尽可能保证现状与规划分区的一致性。

(2) 对外交通分区

对外交通分区是在研究范围的外围进行交通区的划分，其大小并不具有实际意义，仅代表某个对外的通道或方向。某市对外交通分区示意图，如图3-3-4所示。

图3-3-4 某市对外交通分区示意图

2) 交通网络构建

(1) 交通网络的定义

城市客运交通需求预测所涉及的交通网络，是将真实的城市道路网络、常规公交、轨道交通网络等抽象成的一系列由线段(Link)和节点(Node)构成的拓扑图。其中线段一般代表道路路段、常规公交及轨道交通营运线路等，节点一般代表道路的交叉口、公交及轨道站点、交通小区的形心等。

考虑到实际道路网中无论是路段的数目还是交叉点的数目都是成千上万个，如果将这种实际道路一一对应地转化成计算网络，一方面收集整理相应的数据十分困难；另一方面计算时间将成倍地增加。因此在实际分析中，一般根据精度要求的不同而对实际道路网进行适当简化。简化时主要考虑以下几点：

①窄而且容量小的道路可不予考虑；

②小的道路交叉点不做节点考虑，而在与之相关的道路的阻抗函数中恰当地考虑其影响；

③根据需要可将几条平行道路合并成一条道路，并修改这条道路的容量；

④分级构成网络，比如可以先以市内主要干线道路构成全市交通网络进行全市的交通分配，再以一个区或几个区的所有道路构成局部子网络进行局部的交通分配。

(2)交通网络的分类与属性

网络模型包括物理网络与网络属性两部分。物理网络是对实际交通网络的仿真,网络属性存储了数据(某个路段或节点)对应的相关信息。

①道路网络:包括路段和节点两个图层。路段图层包括路段编号、长度、方向(双向或单向)、名称、等级(一般划分为高速公路、快速路、主干路、次干路、支路)、横断面形式(是否有中间绿化带、是否机非分隔等)、分向车道数、通行能力、车流量、自由流车速、通过时间、通过费用(一般仅收费高速公路)等。节点图层包括节点编号、坐标、交叉口控制类型、转向限制等。

②常规公交网络:包括线路和站点两个图层。线路图层包括线路编号、名称(分上下行)、发车班次间隔、票制票价、首末班时间等。站点图层包括站点编号、站点名称、所属线路等。常规公交网络建立在道路网络之上,其运行时间参数从道路网络上获取。常规公交的出行者从起点交通小区出发,在道路网络上步行前往公交站点,之后转移至常规公交网络上按照既定线路乘坐若干站后,再由下车站点从道路网络上步行至终点交通小区。

③轨道交通网络:与常规公交网络类似,轨道交通网络的运行时间参数通过轨道交通线路的设计参数来设定,由于轨道交通所依附的道路网络不是真实的道路,因此需要预先划定虚拟的道路。

④小区连接线(形心连杆):小区连接线是小区形心向道路网络的连接线,承担输送和接受交通流的功能,小区连接线仅作为出行路径中开始和结束的路段,不能作为出行路径中的中间路段使用。交通网络示意图,如图3-3-5所示。

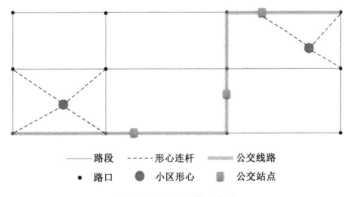

图3-3-5 交通网络示意图

3.3.2 出行生成模型

出行生成又称为出行发生,包括出行产生和出行吸引两个部分,一般以人的出行次数为度量单位。出行生成量预测是城市客运交通需求预测四阶段法的第一阶段,也是城市客运交通需要分析工作中最基本的组成部分。在掌握出行生成预测方法之前,需要对基本概念有一定了解。

1)基本概念

出行生成量(Trip Generation):规划区域内的居民出行总量,包括出行产生量和出行吸引量。一般情况下,出行产生量、出行吸引量的预测统称为出行生成量预测。

出行产生量(Trip Production):基于家庭出行的全部家庭端点出发量,与非基于家庭出行的全部起点出发量之和,简称为 P。

出行吸引量(Trip Attraction):基于家庭出行的全部非家庭端点出发量,与非基于家庭出行的全部讫点出发量之和,简称为 A。

2)预测方法

根据出行生成的特点,出行生成量的预测方法可分为出行产生量预测与出行吸引量预测两部分。

(1)出行产生量预测模型

①依据人口特性预测出行产生量

针对某一交通小区,依据规划区域居住人口的某种或几种特性,将该交通小区居住人口划分为不同的类型。此时出行产生量预测模型按式(3-3-1)计算。

$$P_i = \sum_k P_{ik} = \sum_k \left(\sum_c \rho_{cik} N_{ci} \right) \tag{3-3-1}$$

式中:P_i——交通小区 i 的出行产生量;

P_{ik}——交通小区 i 第 k 类出行目的的出行产生量;

ρ_{cik}——交通小区 i 第 c 类居住人口第 k 类出行目的的人均出行次数;

N_{ci}——交通小区 i 的第 c 类居住人口的人数。

居住人口的类型,一般可按年龄、职业、文化水平和收入等因素中的一种或多种进行划分。

②依据家庭特性预测出行产生量

针对某一交通小区,依据该规划区域的某种或几种特性将该交通小区的家庭划分为不同的类型。此时出行产生量预测模型按式(3-3-2)计算。

$$P_i = \sum_k P_{ik} = \sum_k \left(\sum_s \gamma_{isk} M_{is} \right) \tag{3-3-2}$$

式中:P_i——交通小区 i 的出行产生量;

P_{ik}——交通小区 i 第 k 类出行目的的出行产生量;

γ_{isk}——交通小区 i 第 s 类家庭第 k 类出行目的的户均出行次数;

M_{is}——交通小区 i 的第 s 类家庭的户数。

交通小区家庭的类型,一般可以按家庭户籍、规模、收入和车辆拥有量等因素中的一种或多种进行划分。

需要注意的是,非基于家(NHB)的出行产生量与该交通小区的人口数或户数无直接关系,而是与该小区的吸引量相关,因此对非基于家目的的出行产生量预测可采用出行吸引量的预测方法。

(2)出行吸引量预测模型

①依据就业岗位预测出行吸引量

针对某一交通小区,依据该规划区域的某种或几种特性将该交通小区的就业岗位划分为不同的类型。此时出行产生量预测模型按式(3-3-3)计算。

$$A_j = \sum_k A_{jk} = \sum_k \left(\sum_l a_{jlk} D_{jl} \right) \tag{3-3-3}$$

式中:A_j——交通小区 j 的出行吸引量;

A_{jk}——交通小区 j 第 k 类出行目的的出行吸引量;

a_{jlk}——交通小区 j 第 l 类就业岗位第 k 类出行目的的出行吸引率;

D_{jl}——交通小区 j 第 l 类就业岗位的岗位数。

就业岗位的类型,一般可以按岗位的性质,如工业、办公、商业等进行划分。

②多元回归预测出行吸引量

不同出行目的的吸引量,是与城市用地特征和工作岗位密切相关的。即使其用地性质和岗位数相同,不同区位、不同交通可达性小区的发生吸引量仍有显著差异。为此,可根据不同区域用地和出行特征,进行相应回归分析。模型按式(3-3-4)计算。

$$A_j = \sum_k A_{jk} = \sum_k \left(\sum_t \beta_{jkt} \cdot x_{jkt} \right) \tag{3-3-4}$$

式中:A_j——交通小区j的出行吸引量;

A_{jk}——交通小区j第k类出行目的的出行吸引量;

β_{jkt}——交通小区j的第k类出行目的的第t个因素,如人口、岗位、分类用地建筑面积等;

x_{jkt}——交通小区j的第k类出行目的的第t个因素的回归因子。

3)出行产生量和出行吸引量的平衡

在对某一个城市进行出行产生量和吸引量预测时,预测得到的每一类出行目的的所有交通小区的出行产生总量应等于吸引总量。

$$\sum_i P_{ik} = \sum_j A_{jk} \tag{3-3-5}$$

式中:P_{ik}——交通小区i第k类出行目的的出行产生量;

A_{jk}——交通小区j第k类出行目的的出行吸引量。

在实际预测过程中,由于各种因素的影响,一个城市的出行产生总量预测结果往往与出行吸引总量的预测结果并不相等,从而需要对预测结果进行调整,使出行产生总量与出行吸引总量相等,这一过程称作出行产生量和出行吸引量的平衡。当出行产生总量不等于出行吸引总量时,可采用以下两种方法进行调整。

(1)出行产生量恒定法

出行产生量恒定法是保持出行产生量恒定,对出行吸引量进行调整。

$$A'_{jk} = \frac{\sum_i P_{ik}}{\sum_j A_{jk}} A_{jk} \tag{3-3-6}$$

式中:A'_{jk}——平衡后的交通小区j第k类出行目的的出行吸引量;

P_{ik}——交通小区i第k类出行目的的出行产生量;

A_{jk}——平衡前的交通小区j第k类出行目的的出行吸引量。

(2)出行吸引量恒定法

出行吸引量恒定法是保持出行吸引量恒定,对出行产生量进行调整。

$$P'_{ik} = \frac{\sum_j A_{jk}}{\sum_i P_{ik}} P_{ik} \tag{3-3-7}$$

式中:P'_{ik}——平衡后的交通小区i第k类出行目的的出行产生量;

P_{ik}——平衡前的交通小区i第k类出行目的的出行产生量;

A_{jk}——交通小区j第k类出行目的的出行吸引量。

考虑到平均出行次数相对稳定,因此实际建模中主要采用第一种方法,即出行产生量恒定法。

3.3.3 出行阻抗模型

出行阻抗(又称为出行成本)分为全方式出行阻抗(用于交通分布模型)以及分方式出行阻抗

（用于方式划分和交通分配）。通常出行阻抗综合考虑出行总时间和总费用两方面因素，各种费用通过不同出行目的的时间价值转化为时间。采用综合阻抗的成本费用模型，可以评估因各类交通政策、交通费用的变化，带来的不同出行需求变化。出行成本模型基本框架，如图3-3-6所示。

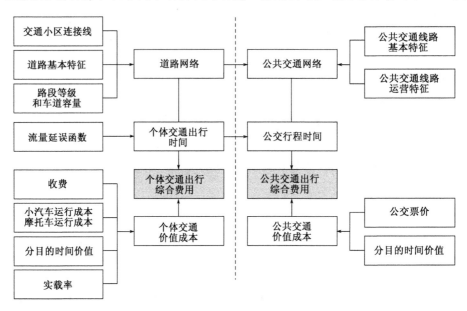

图3-3-6　出行成本模型框架

1）时间价值

所谓出行时间价值，指的是出行者在交通出行中因耗用的时间所存在的机会成本而产生的价值，是时间的货币替代率，即指由于时间的推移而产生效益增量值和由于时间的非生产性消耗所造成的效益损失量的货币表现。因此，可以根据时间价值将出行中产生的费用转化为相应的时间消耗。

不同的拥车类型和出行目的下的时间价值具有较大的差异。基于意向性（Stated Preference，SP）调查，可以得到按拥车类型和出行目的交叉分类下的出行时间价值。表3-3-1为某市分类时间价值标定结果。

某市分类时间价值标定结果　　　　　　　　　　　　　表3-3-1

家庭类型	出行目的	时间价值（元/h）
有车家庭	HBW	74.88
	HBS	22.46
	HBO	53.25
	NHB	60.27
无车家庭	HBW	18.62
	HBS	5.59
	HBO	15.22
	NHB	16.24
平均值		33.32

2) 分方式出行阻抗

在出行阻抗的计算中,首先通过网络属性计算出各方式的出行时间成本和出行费用成本,再根据居民出行的时间价值将出行费用转换为时间成本,相加得到综合成本(General Cost,GC),按式(3-3-8)计算。

$$GC_{\lambda k} = T_k + 60 \frac{F_k}{VOT_\lambda} \tag{3-3-8}$$

式中:$GC_{\lambda k}$——第 λ 类出行群体(家庭类型及出行目的)第 k 类交通方式的出行阻抗(min);

T_k——第 k 类交通方式的出行时间(min);

F_k——第 k 类交通方式的出行费用(元);

VOT_λ——第 λ 类出行群体的时间价值(元/h)。

按照计算方法和使用的网络,基本阻抗可以分为个体交通出行阻抗和公共交通出行阻抗两部分。其中个体交通包括步行、非机动车(自行车、电动车)、摩托车、出租车、私家车及单位配车,在计算时使用道路网络,且多为"门到门"的出行,公共交通出行阻抗包括常规公交、轨道交通等,在计算时使用公交网络。

(1) 个体交通出行阻抗

个体交通包括步行、自行车、电动车、摩托车、出租车、小汽车等。个体交通综合出行费用参考式(3-3-8),只是不同交通方式的出行时间、费用存在差异,如小汽车出行阻抗需要考虑停取车时间、行车时间、燃油费、停车费、高速公路通行费等,出租车需要考虑候车时间、乘车时间和打车费用,步行一般仅考虑步行时间等。

(2) 公共交通出行阻抗

相比个体交通"零换乘""门到门"的特点,公共交通出行包含更多的环节,如从出发地点前往车站、候车、乘车、换乘、下车后前往目的地等,相应的公共交通出行时间可以分为两端的步行接驳时间、候车时间、登车时间、车内时间、下车时间,若经过换乘,则还需加上换乘的候车时间和步行时间(非同台换乘)等。

此外,不同的出行时间不能直接相加,而是应当考虑出行感受并对其加权。如2min的公交站台候车时间的权重为1.5,10min乘车的权重时间为1,则总出行时间为13min。

3) 全方式出行阻抗

交通小区之间的出行存在多种交通方式,因此在计算交通小区之间的出行阻抗时,需要将多种交通方式的交通阻抗进一步综合得到全方式的出行阻抗,以反映小区间的交通可达性。全方式出行阻抗按式(3-3-9)计算。

$$GC_\lambda = \sum_k (GC_{\lambda k} \cdot p_{\lambda k}) \tag{3-3-9}$$

式中:GC_λ——第 λ 类出行群体的全方式出行阻抗(min);

$p_{\lambda k}$——属于第 λ 类出行群体的出行者选择第 k 类交通方式的比例。

3.3.4 出行分布模型

出行分布是指出行生成量在各出行吸引区的分布,即 PA 分布。出行分布预测是城市客运交通需求预测四阶段模型的第二阶段。在掌握出行生成预测方法之前,同样需要对几个基本概念有一定了解。

1) 基本概念

(1) PA 出行分布量

PA 出行分布量是指交通小区 i 和交通小区 j 间单位时间内的出行产生量和出行吸引量。就一对交通小区而言，PA 出行分布量主要由 t_{ij} 和 t_{ji} 两部分组成。

t_{ij} 是以交通小区 i 为产生点(基于家庭出行的全部家庭端点，与非基于家庭出行的全部起点)，以交通小区 j 为吸引点(基于家庭出行的全部非家庭端点，与非基于家庭出行的全部讫点)的出行分布量。

t_{ji} 是以交通小区 j 为产生点，以交通小区 i 为吸引点的出行分布量。

(2) PA 出行分布矩阵

PA 出行分布矩阵是一个二维表(矩阵)，行坐标为出行产生区域标号，列坐标为出行吸引区域编号，其中的各元素为 PA 出行分布量。PA 出行分布矩阵，见表 3-3-2。

PA 出行分布矩阵表   表 3-3-2

P	A						合 计
	1	2	…	j	…	n	
1	t_{11}	t_{12}	…	t_{1j}	…	t_{1n}	P_1
2	t_{21}	t_{22}	…	t_{2j}	…	t_{2n}	P_2
…	…	…	…	…	…	…	…
i	t_{i1}	t_{i2}	…	t_{ij}	…	t_{in}	P_i
…	…	…	…	…	…	…	…
n	t_{n1}	t_{n2}	…	t_{nj}	…	t_{nn}	P_n
合计	A_1	A_2	…	A_3	…	A_n	T

注：表中数据的单位一般为人次/d。t_{ij} 是以交通小区 i 为产生点，交通小区 j 为吸引点的出行分布量；P_i 为交通小区 i 的出行产生量；A_j 为交通小区 j 的出行吸引量；T 为规划区域的出行总量。

2) 预测方法

由于交通学科的历史发展和不同学派之间的知识体系传承，形成了不同的出行分布预测方法。根据现有资料进行归纳总结，常用的出行分布预测方法主要有增长率法(常增长率法、平均增长率法、福莱特法等)和重力模型法(无约束重力模型法、单约束重力模型法、双约束重力模型法)。

(1) 增长率法

增长率法的基本原理就是在现状年出行分布矩阵的基础上，乘以相应的增长函数，得到规划年的出行分布矩阵。

首先用 t_{ij}^0 表示交通小区 i、j 间的现状交通量，P_i^0、A_j^0 分别表示交通小区 i 的现状产生量和交通小区 j 的现状吸引量，P_i、A_j 分别表示交通小区 i 的未来产生量和交通小区 j 的未来吸引量。则交通小区 i 的产生增长系数、交通小区 j 的吸引增长系数分别表示为：

$$F_{Pi}^0 = \frac{P_i}{P_i^0} \quad (3\text{-}3\text{-}10)$$

$$F_{Aj}^0 = \frac{A_j}{A_j^0} \tag{3-3-11}$$

则交通小区 i、j 间的第一次计算交通量 t_{ij}^1 表示为：

$$t_{ij}^1 = t_{ij}^0 \times f(F_{Pi}^0, F_{Aj}^0) \tag{3-3-12}$$

对第一次计算得到的分布交通量 t_{ij}^1 求和得到新一轮的产生量和吸引量，满足：

$$P_i^1 = \sum_j t_{ij}^1 \tag{3-3-13}$$

$$A_j^1 = \sum_i t_{ij}^1 \tag{3-3-14}$$

此时用 P_i^1、A_j^1 替换式(3-3-10)与式(3-3-11)的 P_i^0、A_j^0，计算出新的增长系数，则第二次迭代结果为：

$$t_{ij}^2 = t_{ij}^1 \cdot f(F_{Pi}^1, F_{Aj}^1) \tag{3-3-15}$$

重复以上步骤，直至：

$$F_{Pi}^k = \frac{P_i}{P_i^k} \tag{3-3-16}$$

$$F_{Aj}^k = \frac{A_j}{A_j^k} \tag{3-3-17}$$

都接近于1，则相应的 t_{ij}^k 即为最终的分布交通量。

增长率法主要包括平均增长率法、Detroit 法及 Fratar 法等，思路基本一致，方法的差异主要由式(3-3-12)中的函数 $f(F_{Pi}^0, F_{Aj}^0)$ 决定，其中：

平均增长系数法：

$$f = \frac{1}{2}\left(\frac{P_i}{P_i^k} + \frac{A_j}{A_j^k}\right) \tag{3-3-18}$$

Detroit 法(底特律法)：

$$f = \frac{P_i}{P_i^k}\left(\frac{A_j}{A_j^k} \bigg/ \frac{\sum_j A_j}{\sum_j A_j^k}\right) \tag{3-3-19}$$

Fratar 法(福莱特法)：

$$f = \frac{P_i A_j}{P_i^k A_j^k} \cdot \frac{L_{Pi}^k + L_{Aj}^k}{2} \tag{3-3-20}$$

其中：

$$L_{Pi}^k = \frac{P_i^k}{\sum_j t_{ij}^k F_{Aj}^k} \tag{3-3-21}$$

$$L_{Aj}^k = \frac{A_j^k}{\sum_i t_{ij}^k F_{Pi}^k} \tag{3-3-22}$$

平均增长率法最为简单，虽然迭代次数较多，但仍然被广泛应用。随着计算机的发展，该方法逐渐被 Detroit 法和 Fratar 法替代。Detroit 法认为小区 i 到小区 j 的交通量与小区 i 的交通产生量的增长率及小区 j 的交通吸引量的增长率占全部区域的相对增长率成比例增加。Fratar 法收敛速度较快，目前应用最广泛。

增长率法结构简单，易于理解，且可以直接使用观测得到的出行矩阵来预测出行增长，不需要其他的数据,但其要求有完整的现状出行分布矩阵,且预测的准确度对现状年出行分布局矩阵精度的依赖性很大,任何出现在现状年出行分布矩阵中的误差将在计算过程中被放大。

(2)重力模型法

①基本原理

重力模型法是根据牛顿万有引力定律类推而成。即把两个物体类推成两个交通小区,将两物体间的引力类推成交通小区 i、j 之间的出行分布量,将质量类推成交通小区 i 的出行产生量和交通小区 j 的出行吸引量,将距离类推成交通小区 i、j 间的阻抗,其基本的模型如式(3-3-23)所示。

$$t_{ij} = K P_i^\alpha A_j^\beta f(d_{ij}) \tag{3-3-23}$$

式中:t_{ij}——交通小区 i、j 之间的出行分布量;

α、β、K——待定系数,据经验 α、β 的取值范围为 $0.5 \sim 1$;

P_i^α——交通小区 i 的出行产生量;

A_j^β——交通小区 j 的出行吸引量;

d_{ij}——交通小区 i、j 之间的全方式出行阻抗;

$f(d_{ij})$——交通小区 i、j 之间的阻抗函数,与 d_{ij} 呈负相关,但始终大于0。

阻抗是指从一个交通小区到另一个交通小区之间(或本交通小区内部)的出行阻力,与小区间的出行时间、出行距离、出行费用和出行方式紧密联系,用于描述交通小区之间的出行难度。阻抗函数 $f(d_{ij})$ 主要有如下三种。

指数函数:

$$f(d_{ij}) = e^{-c(d_{ij})} \quad (c > 0) \tag{3-3-24}$$

幂函数:

$$f(d_{ij}) = d_{ij}^{-b} \quad (b > 0) \tag{3-3-25}$$

Gamma 函数:

$$f(d_{ij}) = a \cdot d_{ij}^{-b} \cdot e^{-c(d_{ij})} \quad (a > 0, c \geq 0) \tag{3-3-26}$$

其中,幂函数、指数函数的形式简单,较易于标定,而 Gamma 函数的形式较复杂,参数较多,标定难度较大。总体来说,Gamma 函数具有较大的出行分布曲线模拟范围,能较好拟合城市内部短距离出行特征,但由于不同目的或方式的出行分布特点存在一定差异,因此 Gamma 函数并非在所有情况下都是最优选择。

②各类型重力模型

根据对约束条件的满足情况,重力模型可以分为 3 类:无约束重力模型、单约束重力模型和双约束重力模型。这里所说的约束条件有两个:

$$\sum_j t_{ij} = P_i \tag{3-3-27a}$$

$$\sum_i t_{ij} = A_j \tag{3-3-27b}$$

式(3-3-27a)表示交通小区 i 至其他所有交通小区的出行分布量,应与交通小区 i 的出行产生总量相等,因此也称为出行产生约束条件。

式(3-3-27b)表示交通小区 j 对其他所有交通小区的出行吸引量,应与交通小区 j 的出行吸引总量相等,因此也称为出行吸引约束条件。

a. 无约束重力模型

无约束重力模型又称为乌尔西斯重力模型,其基本形式如式(3-3-23)所示,主要采用幂函数作为阻抗函数,即 $f(d_{ij}) = d_{ij}^{-b}$。因其不满足上述两个约束条件式(3-3-27a)和式(3-3-27b)中的任何一个约束条件,故不能保证出行产生和吸引的总量约束。

b. 单约束重力模型

无约束重力模型不满足任何一个约束条件的特点,决定了它在实际应用中存在较大的误差。基于此,各种满足单一约束条件的单约束重力模型被开发出来,其中美国公路局模型具有较高的实用价值,成为单约束重力模型的代表。

单约束重力模型的基本形式如式(3-3-28)所示。

$$t_{ij} = \frac{P_i A_j f(d_{ij}) K_{ij}}{\sum_j A_j f(d_{ij}) K_{ij}} \tag{3-3-28}$$

式中: K_{ij}——调整系数,其计算公式如式(3-3-29)所示。

$$K_{ij} = \frac{(1 - Y_{ij})\lambda_{ij}}{1 - Y_{ij}\lambda_{ij}} \tag{3-3-29}$$

式中: λ_{ij}——交通小区 i 到交通小区 j 的实际出行分布量与计算出行分布量之比;

Y_{ij}——交通小区 i 到交通小区 j 的实际出行分布量与交通小区 i 的出行产生量之比。

c. 双约束重力模型

双约束重力模型既满足出行产生约束条件,又满足出行吸引约束条件,是进行出行分布预测最常用的方法。双约束重力模型基本形式如式(3-3-30)所示。

$$t_{ij} = K_i K'_j P_i A_j f(d_{ij}) \tag{3-3-30}$$

式中: K_i、K'_j——行约束系数、列约束系数,计算如式(3-3-31a)和式(3-3-31b)所示。

$$K_i = \left[\sum_j K'_j A_j f(d_{ij})\right]^{-1} \tag{3-3-31a}$$

$$K'_j = \left[\sum_i K_i P_i f(d_{ij})\right]^{-1} \tag{3-3-31b}$$

③ 重力模型参数标定

重力模型在使用前必须进行参数标定,这是为了使重力模型中的参数能有合适的取值,使出行分布预测的结果更加接近于实际情况。重力模型标定的基本步骤是:

(a)确定参数值,通过历史数据确定模型中参数取值,得到重力模型的具体表达式。

(b)检验拟合度,观测由标定后的模型计算得到分布矩阵与已知的分布矩阵的拟合程度。

重力模型应用中需要标定的参数与使用的模型有关。

(a)无约束重力模型中为模型参数 α、β、K 及阻抗函数参数。其中 α、β 一般根据经验取值,范围为 0.5~1,多数情况可取 $\alpha = \beta = 1$。

(b)单约束重力模型中为阻抗函数参数。

(c)双约束重力模型中为行约束系数 K_i、列约束系数 K'_j 及阻抗函数参数。

目前,确定各种类重力模型中的各项参数的方法有多种,其中比较常用的是利用线性回归法原理的最小二乘法和运用逐步搜索原理的试算法两种。

a. 最小二乘法

最小二乘法实际上是一种多元回归分析方法,适用于无约束重力模型的参数标定。下面以无约束重力模型中的参数标定为例,介绍最小二乘法。

步骤一:假设阻抗函数 $f(d_{ij})$ 为幂函数形式,对无约束重力模型表达式 $t_{ij} = K P_i^\alpha A_j^\beta f(d_{ij})$ 两边取对数,得到线性函数:

$$\ln t_{ij} = \ln K + \alpha \ln P_i + \beta \ln A_j - b \ln d_{ij} \tag{3-3-32}$$

步骤二:对上述线性函数运用线性回归分析,便可求得各系数 K、α、β、a、b、c;

步骤三:将现状出行矩阵代入无约束重力模型表达式,即可求得 t_{ij}。

b. 试算法

试算法就是根据以往的经验,在某一个范围内赋给待标定的参数一个值,然后通过计算过程验证这些数值是否满足要求,如果满足,这些数值就可以作为标定结果;如果不满足,改变数值后重新进行验证。实际计算时,可以从假定的某一个数值开始(如 1.0 或 0.1),设定步长(比如 0.1、0.5 或者是 0.01)或直接翻倍、减半。

因为试算法比较简单、易于操作,所以在单约束、双约束重力模型的标定中得到了广泛的应用。单约束重力模型中需要标定的参数很少,双约束重力模型中需要标定的参数有规律,均适合采用试算法。

3.3.5 出行方式划分模型

出行方式划分预测是城市客运交通需求预测四阶段模型的第三阶段,城市客运交通出行方式的划分预测,是预测在未来的社会经济发展水平下,城市居民出行时对各种交通方式的可能利用情况。简单来说,出行方式划分预测是指各种出行方式的出行量在出行总量中所占比例的预测,通常也称出行方式分担率预测。在本书的背景中,出行方式划分的主要目的是为了得到城市居民采用公共交通方式的出行量。

1) 出行方式划分方法

出行方式划分可按多种方式进行,具体可参照本书第 2 章中城市交通系统结构与特征中的相关分类方法。

2) 出行方式划分预测方法

目前,在居民出行方式划分预测模型上的研究主要可分为两大类:以统计学为基础的集计方法和以概率学为基础的非集计方法,在实际应用中,集计方法中的转移曲线法与非集计方法中的 Logit 模型应用较多。

(1) 转移曲线法

①基本概念

20 世纪 60 年代,日本学者提出"转移曲线方法",该方法后来得到了广泛的应用。转移曲线法在影响城市客运交通方式选择的因素中,挑选其中几个影响较大的因素作为交通方式选择的决定参数,通过对这些因素取值与对应的两种交通方式的选择比例所构成的样本进行统计分析,得出多条比例变化曲线,在进行交通方式划分时就可参照这些曲线来确定选择交通方式的比例。这些曲线叫作"转移曲线"或"分担率曲线"。

②应用流程

在实际工程应用中,考虑到不同城市对于各种决定参数的敏感度不同以及决定参数的获取难度,可仅采用出行距离作为决定参数绘制各方式转移曲线,如图 3-3-7 所示。这样的转移曲线也被称为"距离曲线",也是目前较为常用的一种转移曲线模型。

从距离曲线图上可以直观地了解各种出行方式,尤其是公共交通在不同出行距离上的分担率,掌握城市客运交通结构及其优势运行距离范围。

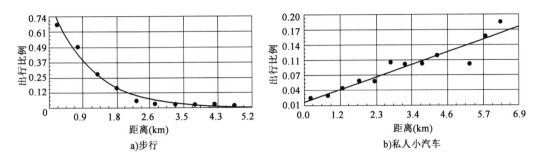

图 3-3-7 距离曲线示意图

距离曲线在出行方式划分中的应用较为简单,但是,在居民全方式 PA 出行矩阵的基础上,直接乘以各交通方式总的分担率,得到各交通方式的 PA 出行矩阵的方法是不准确的。考虑到各交通小区之间的距离不同,不同小区间各交通方式之间的分担率也会有所差异。需要突出不同出行方式在不同的出行距离中具有不同分担率的特点,对不同交通小区间的出行方式划分情况分别进行计算。距离曲线应用流程图,如图 3-3-8 所示。

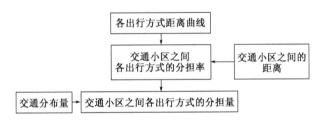

图 3-3-8 距离曲线应用流程图

(2) Logit 模型

传统出行方式划分中,是将研究对象区域化分成若干交通小区,以小区为单位对有关原始数据进行统计处理,一般称这种模型为集计模型(Aggregate Model)。非集计模型(Disaggregate Model)则试图对作为决策单位的个体是否进行出行、去何处、利用何种交通方式、选择哪条出行线路进行模型化,然后对个人的选择结果求和,从而求得交通需求总量,又称为个人选择模型(Individual Choice Model)或离散选择模型(Discrete Choice Model)。该方法的一个突出特点是对个体的原始数据不作任何统计处理,而是直接用来构造模型。非集计模型中,Logit 模型最为经典,应用最广泛。

① 基本概念

在了解 Logit 模型之前,需要对几个概念有一定了解:

a. 选择肢

可供居民出行选择的出行方式称为选择肢,例如出行者在出行之前将会面对骑自行车、乘公交车还是出租车这样的选择,那么每一种出行方式就是出行者的一个选择肢。根据选择肢数量的不同,可分为两项选择与多项选择。

b. 效用及效用函数

效用即是某个选择肢具有的令人满意的程度。关于效用有以下两个基本假定,这些假定是基于人们通常的心理选择行为得出的:(a)出行者在每次选择中总选择效用值最大的选择肢,即效用最大化。在出行方式选择中,效用最大即出行成本(阻抗)最小;(b)个人关于每个选择肢的效用值是由个人自身的特性以及选择肢本身的特性共同决定。出行方式的效用值,一般考虑了出行者的性别、年龄等个人因素,出行方式的时间、费用等客观因素,以及个人偏好等主观因素。

效用函数反映了个人在出行活动中获得的效用与自身以及出行方式之间数量关系的函数,以衡量个人在本次出行中所获得满足的程度。效用函数通常表示为线性形式:

$$V_{in} = \sum_{k} \beta_k x_{kin} \tag{3-3-33}$$

式中:x_{kin}——出行者 n 选择出行方式 i 的第 k 个变量值;

β_k——待定系数。

② 常用 Logit 模型类型

a. 多项 Logit 模型(Multinomial Logit Model,MNL)

由于在出行方式划分中,可供选择的出行方式往往多于两项,因此出行方式划分一般都是多项选择问题,因此多项 Logit 模型的应用性较强。

$$P_{in} = \frac{e^{V_{in}}}{\sum_{k \in A_n} e^{V_{kn}}} \tag{3-3-34}$$

式中:P_{in}——出行者 n 选择出行方式 i 的概率;

V_{in}——出行者 n 选择出行方式 i 的效用,与该方式的出行阻抗相关;

A_n——出行者 n 的出行方式选择集合。

多项 Logit 模型数学形式简洁,计算简单,物理意义容易理解,很早就被作为概率模型使用。但在选择肢间出现类似性时,多项 Logit 模型会输出并不合理的结果(这一特性被称为 IIA 特性)。因此,交通专家们开发了一系列的改进模型,其中操作性能最好、最简洁的是 Nested-Logit 模型。

b. 巢式 Logit 模型(Nested Logit Model,NL)

巢式 Logit 模型是在多项 Logit 模型的基础上的一种改进模型,两者的主要区别是巢式 Logit 模型考虑了各选择肢之间的相关性,因此理论上存在一定的优越性。

巢式 Logit 模型各选择肢之间的关系可以描述为树状结构,在树的节点分叉处又可以看作一个独立的 MNL 模型,因此巢式 Logit 模型与多项 Logit 模型可以看作包含和被包含的关系,如图 3-3-9 所示。其中选择肢 A1、A2 之间具有相似的特性,选择肢 B1、B2 之间也具有相似的特性。

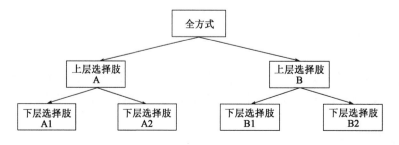

图 3-3-9 两层 NL 模型结构图

以两层 NL 模型为例，设 i 是上层虚拟选择肢，j 为下层选择肢：

$$P_{jin} = P_{j/in} P_{in} = \frac{\exp(\lambda_1 V_{in})}{\sum_{j'} \exp(\lambda_1 V_{j'/in})} \cdot \frac{\exp[\lambda_2 (V_{in} + V_{in}^*)]}{\sum_{i'} \exp[\lambda_2 (V_{i'n} + V_{in}^*)]} \tag{3-3-35}$$

式中：P_{jin}——i 和 j 同时被选择的概率；

$P_{j/in}$——上层选择 i 的条件下，在下层选择 j 的条件概率；

P_{in}——上层选择 i 的概率；

$V_{j/in}$——上层选择 i 的条件下，下层选择 j 的效用；

V_{in}——上层选择 i 的效用；

λ_1——只与下层有关的效用的概率项的方差相对应的参数；

λ_2——同时考虑上、下层的效用的概率项的方差相对应的参数；

V_{in}^*——合成效用，$V_{in}^* = \frac{1}{\lambda_1} \ln \sum_j \exp(\lambda_1 V_{j/in})$。

③效用函数参数的标定

多项 Logit 模型与巢式 Logit 模型的参数标定方法有很多，对多项 Logit 模型的参数标定有最大似然法、最速下降法等，对巢式 Logit 模型的参数标定有同时计算法与阶段计算法等，其参数标定方法较为复杂，限于篇幅不做赘述。

实际建模中，往往将两种方法结合使用：对于选择概率与其他出行方式关联性较弱的选择肢，如步行等，采用转移曲线法进行预划分，之后再在竞争性较强的出行方式建立非集计模型。实际建模中典型的客运交通方式划分架构，如图 3-3-10 所示。

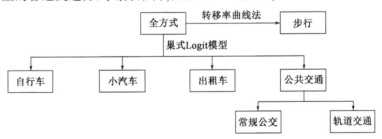

图 3-3-10　典型的客运交通方式划分架构

3.3.6　高峰小时模型

方式划分的结果是各交通方式的全日 PA 出行矩阵，单位为人次/d，而交通分配模型的输入是高峰小时的车辆 OD 或客流 OD，单位为车次/h 或人次/h，因此在分配前需要进行转换。转换包含两个步骤：步骤一将全日 PA 矩阵转换为高峰 OD 矩阵，步骤二将以人次为统计单位的出行量矩阵转换为以标准车为单位的交通量矩阵。

1) 全日 PA 矩阵转高峰 OD 矩阵

PA、PA 出行量及 PA 矩阵的概念在 3.3.4 节已经有所介绍，因此本章节仅介绍 OD、OD 出行量、OD 矩阵的概念及 PA 矩阵转 OD 矩阵的方法。

(1) OD 与 PA 的辨析

①OD 的概念

OD 是出行两端的统称，其中起点也叫作 O 点(Origin)，讫点也叫作 D 点(Destination)。

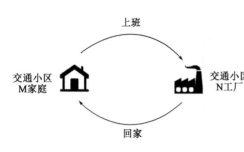

图 3-3-11 交通小区与用地性质图

比较 OD 与 PA 的概念(参照出行生成章节)可以发现,两者概念相近,较难分辨,下面将结合一个简单的例子帮助加深对 PA、OD 两者的概念以及相互关系的了解。

假设有两个交通小区 M、N,如图 3-3-11 所示,有一名工人在位于交通小区 M 的房屋居住,在位于交通小区 N 的工厂上班。某一工作日工人的出行情况,见表 3-3-3。

工人一日出行情况表　　　　　　　表 3-3-3

出行次序	出行是否基于家庭	出发小区	到达小区	出行目的
1	是	M	N	上班
2	是	N	M	回家

a. 出行产生量 P 和出行吸引量 A

第一次出行:从小区 M 前往小区 N 上班。M 是基于家庭出行的家庭端点,N 是基于家庭出行的非家庭端点。本次出行 M 的出行产生量 $P_M=1$,出行吸引量 $A_M=0$;N 的出行产生量 $P_N=0$,出行吸引量 $A_N=1$。

第二次出行:从小区 N 下班返回到小区 M。与第一次出行相同,M 是基于家庭出行的家庭端点,N 是基于家庭出行的非家庭端点。因此本次出行仍然满足 M 的出行产生量 $P_M=1$,出行吸引量 $A_M=0$;N 的出行产生量 $P_N=0$,出行吸引量 $A_N=1$。

因此,一天中小区 M 的出行产生量 $P_M=2$,出行吸引量 $A_M=0$;小区 N 的出行产生量 $P_N=0$,出行吸引量 $A_N=2$。

b. 出行起点量 O 和出行讫点量 D

这里仅关注每一次出行的起讫点。

第一次出行:从小区 M 前往 N 小区,M 是本次出行的起点,N 是本次出行的讫点。小区 M 的起点量 $O_N=1$,讫点量 $D_N=0$;N 的起点量 $O_N=0$,讫点量 $D_N=1$。

第二次出行:从小区 N 前往 M 小区,N 是本次出行的起点,M 是本次出行的讫点。小区 M 的起点量 $O_N=0$,讫点量 $D_N=1$;N 的起点量 $O_N=1$,讫点量 $D_N=0$。

因此,一天中小区 M 的出行起点量 $O_M=1$,出行讫点量 $D_M=1$;小区 N 的出行起点量 $O_N=1$,出行讫点量 $D_N=1$。

可以看出,PA 的产生与确定是根据与出行端点是否为居住地有关;OD 的产生与确定则是根据具体每次出行方向,即该次出行的起点或讫点。PA 是宏观的,不随每次出行而改变;OD 是微观的,会随每次出行改变。当出行目的为 NHB 时,出行的两端均不是居住地,因此 PA 等同于 OD。

②OD 出行分布量

OD 出行分布量是指交通小区 i 和交通小区 j 之间单位时间内的起点量和讫点量。就一对交通小区而言,OD 出行分布量主要由 q_{ij} 和 q_{ji} 两部分组成。

a. q_{ij} 是以交通小区 i 为起点,以交通小区 j 为讫点的出行分布量。

b. q_{ji}是以交通小区j为起点,以交通小区i为讫点的出行分布量。

③OD 分布出行矩阵

与 PA 出行分布矩阵类似,OD 出行分布矩阵也是一个二维表(矩阵),行坐标为起点交通小区编号,列坐标为讫点交通小区编号,其中的各元素为 OD 出行分布量。OD 出行分布矩阵,见表 3-3-4。

OD 出行分布矩阵表 表 3-3-4

O	D						合计
	1	2	...	j	...	n	
1	q_{11}	q_{12}	...	q_{1j}	...	q_{1n}	O_1
2	q_{21}	q_{22}	...	q_{2j}	...	q_{2n}	O_2
...	...	...	...	...	...	...	...
i	q_{i1}	q_{i2}	...	q_{ij}	...	q_{in}	O_i
...	...	...	...	...	...	...	...
n	q_{n1}	q_{n2}	...	q_{nj}	...	q_{nn}	O_n
合计	D_1	D_2	...	D_j	...	D_n	Q

注:表中数据的单位一般为万人次/d 或人次/d。q_{ij}是以交通小区i为起点,交通小区j为讫点的出行分布量;O_i为交通小区i的起点量;D_j为交通小区j的讫点量;Q为规划区域的出行发生量。

(2)PA 矩阵转 OD 矩阵的方法

将不同交通方式的全日 PA 矩阵转换为高峰小时 OD 矩阵,需要借助不同方式的高峰系数表(Peak Hour Factor,PHF)。该表来源于居民出行调查中的时间分布特征,反映了不同时段采用各种交通方式出行的比例。高峰小时系数表,见表 3-3-5。

高峰小时系数表 表 3-3-5

时段	HBW		HBS		HBO		NHB	
类型	去程	回程	去程	回程	去程	回程	去程	回程
0:00—1:00	0.01	0.02	0.005	0.005	0.02	0.05	0.02	0
1:00—2:00	0.015	0.03	0.005	0.005	0.01	0.04	0.02	0
...	...	...	...	...	...	...	...	...
8:00—9:00	0.45	0.04	0.5	0.005	0.1	0.08	0.07	0
...	...	...	...	...	...	...	...	...
17:00—18:00	0.03	0.4	0.005	0.45	0.12	0.1	0.09	0
...	...	...	...	...	...	...	...	...
23:00—0:00	0.02	0.04	0.005	0.005	0.02	0.03	0.02	0.02
合计	1	1	1	1	1	1	1	0

表 3-3-5 将一天的出行划分为 4 类出行目的和 24 个时段,以及去程和回程 2 类。具体数值表示某出行目的的某个小时时段,去程或回程的出行量占该类出行一天 24h 出行总量的比例,如一天内从家出发去上班的这一类出行中,45%的时间集中在 8:00—9:00 之间,而从单位下班回家的这一类出行中,40%的时间集中在 17:00—18:00 之间。特殊的,非基于家的出行与居住地无关,因此只有去程,没有回程。计算时,去程以 PA 矩阵表示,回程以 PA 矩阵的转

置表示。高峰小时模型的公式：

$$Q_{kt} = \frac{T_k \times r_{kt} + T'_k \times r'_{kt}}{2} \tag{3-3-36}$$

式中：Q_{kt}——时段 t 分类 k 的出行 OD 矩阵；

T_k——分类 k 的全日出行 PA 矩阵；

T'_k——分类 k 的全日出行 PA 矩阵的转置；

r_{kt}——分类 k 在时段 t 去程出行量占全天的比例；

r'_{kt}——分类 k 在时段 t 回程出行量占全天的比例。

分类 k 一般表示不同的家庭类型和出行目的，考虑到不同交通方式在出行时间分布的差异，因此也可以按交通方式拆分。

除了早晚高峰外，高峰小时模型可以计算得到任意一个时段的出行 OD。

2) 出行量 OD 矩阵转交通量 OD 矩阵

经过全日 PA 转换而来的高峰 OD 单位为人次/h，而道路交通分配的主体是车辆，因此需要将小汽车、出租车等方式的高峰小时出行 OD 量转换为标准车，其转换公式为：

$$L_k = Q_k \cdot \mu_k \cdot \theta_k \tag{3-3-37}$$

式中：L_k——第 k 类交通方式的高峰小时交通量矩阵（标准车/h）；

Q_k——第 k 类交通方式的高峰小时出行量矩阵（人次/h）；

μ_k——第 k 类交通方式的平均载客率；

θ_k——第 k 类交通方式的标准车转换系数。

常见的交通方式转换系数，见表 3-3-6。

用于道路网分配的交通方式转换系数　　　　表 3-3-6

交通方式	私人小汽车	出租汽车	大型客车
载客率系数	1/1.4	1/1.6	1/40
标准车系数	1	1	2

另一方面，常规公交、轨道交通的车辆一般是按照固定的线路和发车班次运行的，与公共交通的客流无关，因此公共交通分配的主体是公交的出行量，不需要进行从人到车的转换。

因此，最终的交通分配过程是将高峰小时的标准车 OD 分配到道路网上，将高峰小时公共交通的出行 OD 分配到公共交通网上。

3.3.7　交通分配模型

交通分配是城市客运交通需求预测四阶段法的最后一个阶段，是将高峰小时的小汽车交通量 OD 按照一定的原则分配到道路网络上，得到各路段的交通量，以及将高峰小时的公共交通出行量 OD 分配到公共交通网络上，得到各线路的客运量及站点的上下客量等。

考虑到所有的交通分配原则均基于最短路径原则，因此在进行交通分配前，首先应明确最短路径的计算方法。

1) 最短路径问题

最短路径的计算是交通分配的基础，该问题也是图论研究中的一个经典算法问题，旨在寻找图（由节点和有向路段组成的）中两节点之间的最短路径。基本网络示意图，如图 3-3-12 所示。

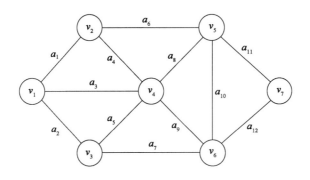

图 3-3-12　基本网络示意图

图 3-3-12 给出了一个由 7 个节点和 12 个有向路段组成的简单网络,记作 $G = (V, A)$,其中 $V = \{v_1, v_2, \cdots, v_7\}$ 为节点的集合,$A = \{a_1, a_2, \cdots, a_{12}\}$ 为有向路段的集合。对于每一条有向路段 $a \in A$,其阻抗为 $\omega(a) = \omega_{ij}$,其中 i、j 分别为 a 的起点 v_i 和终点 v_j。设 P 是网络中以 v_s 为起点、v_t 为终点的一条路径,则 P 的阻抗即为路径经过的所有路段阻抗之和,即 $\omega(P) = \sum_{a \in P} \omega(a)$。最短路径问题即在所有以 v_s 为起点,v_t 为终点的所有路径中,找出一条阻抗最小的路径 P_0,使得 $\omega(P_0) = \min_P \omega(P)$,则 P_0 为 v_s 到 v_t 的最短路径,其阻抗成为从 v_s 到 v_t 的最短距离,记为 $d(v_s, v_t)$。

最短路径的算法包括 Dijkstra 算法、Floyd 算法、A* 算法、双向搜索算法等。Dijkstra 算法又称为标号法,是由荷兰计算机科学家 Dijkstra 于 1959 年提出的,可以计算网络中一个顶点到其余各顶点的最短路径;Floyd 算法又称为插点法,是一种利用动态规划的思想寻找给定的加权图中多源点之间最短路径的算法,由图灵奖获得者、斯坦福大学计算机科学系教授 Robert Floyd 于 1978 年提出;A* 算法是一种启发式搜索算法,其特点在于选择下一个被检查的节点时引入已知的全局信息,对当前节点距终点的距离作出估计,作为评价该节点处于最优路径上的概率,从而提高搜索效率;双向搜索算法通过起点和终点同时开始搜索最短路径以提高效率。

2)阻抗函数

前述章节已经介绍了交通阻抗是出行时间和费用基于时间价值的加权,且全方式和分方式的出行阻抗分别并应用于出行分布、方式划分模型。本节将结合最短路径原则,对小汽车的阻抗函数做进一步分析。

为简化模型,假设小汽车出行者在最短路径选择中不考虑过路费、燃油费、停车费等金钱成本,也不考虑停取车时间,仅考虑车辆行驶过程中的时间消耗,即起、终点间所有路段的行车通过时间。

一般来说,路段的通过时间不是常数,而是随着该路段交通流量的增大而增大,因此路段 a 的通过时间可以表示为该路段流量的函数:

$$t_a = f(q_a) \tag{3-3-38}$$

式中:t_a——路段 a 的通过时间;

q_a——路段 a 的交通流量。

该函数也称为路段的流量延误函数(Volume Delay Function,VDF)。目前应用最广泛的是美国公路局(Bureau of Public Road)开发函数,简称 BPR 函数,该函数形式为:

$$t_a(q_a) = t_a^0 \left[1 + \alpha \left(\frac{q_a}{C_a} \right)^\beta \right] \tag{3-3-39}$$

式中：t_a——路段 a 的通过时间；

t_a^0——交通量为 0 时路段 a 的通过时间，一般用道路长度除以小汽车自由流速度；

q_a——路段 a 的高峰小时标准车交通量；

C_a——路段 a 的通行能力；

α、β——参数，默认取值 $\alpha = 0.15, \beta = 4$。

BPR 函数最早应用于美国高速公路的流量预测，因此也并未考虑交叉口的延误，在城市道路的适用性较低，后续也产生了一系列新的函数形式，如基于 BPR 函数改进的锥形函数，考虑了交叉口延误的 Akcellk 函数等，本书限于篇幅，不再赘述。

对于公共交通的车内时间函数，需要分两类讨论，一类如地铁等有独立路权，因此运行时间是固定值，与客流量无关；另一类如常规公交（无公交专用道），其在道路上与小汽车构成混合交通流，可以简化为小汽车通行时间的 1~1.3 倍。

在四阶段模型运算中，就是基于路段流量反复迭代道路、公交的阻抗值，更新各方式的阻抗矩阵，并反馈到出行分布、方式划分等模型中，直到整个四阶段收敛。

3）交通分配方法

1952 年，著名学者 Wardrop 提出了交通网络平衡定义的第一原理和第二原理，奠定了交通分配的基础。

（1）Wardrop 第一原理

在道路的利用者都确切知道网络的交通状态并试图选择最短径路时，网络将会达到平衡状态。在考虑拥挤对行驶时间影响的网络中，当网络达到平衡状态时，每个 OD 对的各条被使用的路径具有相等而且最小的行驶时间；没有被使用的路径的行驶时间大于或等于最小行驶时间。这种状态称为用户平衡（User Equilibrium, UE），其间每一位出行者均选择自身成本最低的路径，是一种比较符合现实的交通状态，但并不能保证总体的出行成本最低。

（2）Wardrop 第二原理

系统平衡条件下，拥挤的路网上交通流应该按照平均或总的出行成本最小为依据来分配。这种状态称为系统最优（System Optimization, SO），是交通规划管理者希望达到的一种理想状态。

国际上通常将交通分配方法分为非平衡分配方法与平衡分配方法两大类，满足 Wardrop 原理的方法称为平衡分配方法，否则称为非平衡分配方法。

（1）非平衡分配方法

非平衡分配方法根据搜索路径的数量以及是否考虑路段容量的限制，分为 4 种分配方法，见表 3-3-7。

非平衡分配方法分类表　　　　　　　　　　表 3-3-7

分配形态	是否考虑容量限制	
	不考虑	考虑
单路径型	全有全无分配法	容量限制分配法
多路径型	多路径分配法	容量限制多路径分配法

①全有全无分配法

又称为0-1分配法,是一种静态的交通分配方法。在该分配方法中,取路径阻抗为常数,即假设车辆的平均行驶车速不受交通负荷的影响。每一OD点对的OD量被全部分配在连接该OD点对的最短路径上,其他路段上分配不到交通量。全有全无分配法流程,如图3-3-13所示。

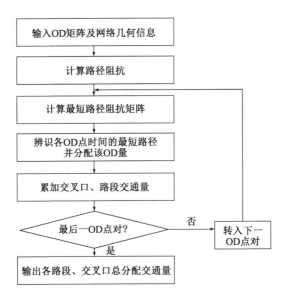

图3-3-13 全有全无分配法流程图

全有全无分配法的优点是计算简便,其缺点是出行量全部集中在最短路上,从而造成出行量分布不均匀,通常用于从宏观上确定交通出行走廊。同时这种分配方法是其他各种交通分配方法的基础。

②容量限制分配方法

容量限制分配方法是一种动态交通分配方法,它考虑了路径阻抗与交通负荷之间的关系,即考虑了道路通行能力的限制,比较符合实际情况,该方法在国际上比较通用。常用的容量限制分配法包括增量分配法（Incremental Assignment Method）、连续平均法（Method of Successive Averages）等。

增量分配法的基本思想是将OD交通量平均分为若干等份,循环地将每一等份的OD交通量分配到网络中。每一次循环分配一等份的OD交通量到相应的最短路径上,每分配一次就重新计算并更新各路段的通过时间,然后按更新后的走行时间重新计算网络中各OD间的最短路径。

连续平均法的基本思想是不断调整已分配到各路段上的交通量而逐渐达到平衡状态。每次循环中,根据已分配到各路段的交通量进行一次全有全无分配而得到一组各路段的附加交通量,然后用上一次循环地分配结果与本次的附加交通量进行加权平均作为本次的分配结果,当两次循环的分配交通量一致时结束循环。

上述两种方法的基本流程,如图3-3-14所示。

③多路径分配方法

Dial于1971年提出了初始的概率分配模型,模型中反映了出行路线被选用的概率随着该线路长度的增加而减少的规律。Florian 和 Fox 于 1976 年对 Dial 模型进行了修正,出行者从连接两交通小区路线的可行子系统中选用路线 k 的概率计算公式:

$$P(k) = \frac{e^{-\sigma T_k}}{\sum_i e^{-\sigma T_i}} \tag{3-3-40}$$

式中:$P(k)$——选用路径 k 的概率;
T_k——路径 k 的阻抗;
σ——待定参数。

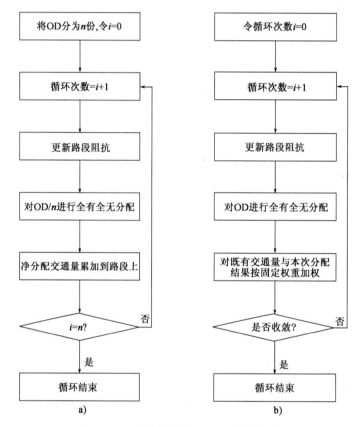

图 3-3-14 增量分配法和连续平均法流程图

该多路径概率分配模型在 20 世纪 70 年代的欧美城市交通规划及区域运输规划中被广泛采用。后续交通规划学者对该公式进行了许多改进。

多路径分配方法的优点主要体现在两个方面:一方面是该方法能够体现出行者之间的差异,即使面对同样的出行起讫点,不同的出行者往往会因个体差异而做出不同的路径选择,这与出行者自身的社会经济条件、出行偏好、对舒适度的敏感性、出行紧迫性等诸多因素有关;另一方面是该方法能够更好地体现实际出行中出行者选择的随机性。

④容量限制多路径分配方法

容量限制多路径分配综合了容量限制分配和多路径分配的优势,既考虑了道路容量的限制,也考虑了路径选择的随机性,使分配结果更加合理,是目前最常用的分配方法之一。

(2)平衡分配方法

在 Wardrop 提出平衡准则之后,很长一段时间里没有一种严格的、可求出满足平衡准则的

分配方法,直到由 Beckmann 提出了一种满足 Wardrop 准则的数学规划模型:

$$\min Z(x) = \sum_a \int_0^{X_a} t_a(\omega) \mathrm{d}\omega \quad (3\text{-}3\text{-}41\mathrm{a})$$

$$\mathrm{s.t.} \begin{cases} \sum_k f_k^{rs} = q_{rs} & \forall r,s \\ f_k^{rs} \geq 0 & \forall r,s \end{cases} \quad (3\text{-}3\text{-}41\mathrm{b})$$

$$X_a = \sum_{r,s} \sum_k f_k^{rs} \delta_{a,k}^{rs} \quad \forall a \quad (3\text{-}3\text{-}41\mathrm{c})$$

式中:X_a——路段 a 上的交通量;
　　t_a——路段 a 上的出行阻抗;
　　f_k^{rs}——点对 (r,s) 之间第 k 条路径的交通量;
　　q_{rs}——点对 (r,s) 之间的 OD 量;
　　$\delta_{a,k}^{rs}$——0 - 1 变量,若路段 a 在点对 (r,s) 的第 k 条路径上,则为 1,否则为 0。

模型中约束条件是"出行量守恒",即任意点之间的出行分布量等于它们之间各路径上流量之和。

Beckmann 用户平衡分配模型反映了用户对路径选择的行为准则。任何系统中有行为选择能力的个体总是以自己利益最大化来决定自己的行为。因此该原理反映了交通网络中用户实际选择出行路径的情况。

在 Beckmann 提出的用户平衡分配模型 20 年后,LeBlanc 等学者才开始使用 Frank-Wolfe 算法(简称 F-W 法)进行求解。F-W 法是一种用线性规划逐渐逼近非线性规划的方法,通过多次的迭代,找到一个最速下降方向,然后再找到一个最优步长,在最速下降方向上截取最优步长,得到下一次迭代的起点,重复迭代,直到找到最优解。F-W 法的计算流程,如图 3-3-15 所示。

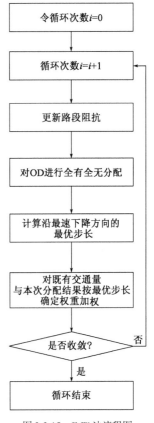

图 3-3-15 F-W 法流程图

3.3.8 常用建模软件

交通模型的核心是数据、算法和参数选择。作为实现交通模型算法功能的工具,目前各款交通模型软件的输入数据基本一致,理论算法也处在同一水平。因此,对各类模型软件的比选更多在于对复杂交通数据管理、计算处理和结果展示等过程的便利性、高效性。面向规划应用的模型软件要求包括以下内容。

统一平台:交通基础数据管理、模型参数标定、模型运算和结果输出能够在统一的软件平台完成。

便捷易用:采用交互友好的图形界面,操作过程直观、便捷,数据兼容性强、交换方便,便于非计算机专业或新毕业的交通规划人员学习和使用。

空间分析:具备 GIS(地理信息系统)功能,能够满足交通规划空间分析和展示的要求。

目前,国内外常用的宏观仿真软件有 TransCAD、Cube、Emme 和 Visum。4 款软件的比较,见表 3-3-8。

常用的宏观仿真软件比较　　　　　　　　　　　　表 3-3-8

软件	TransCAD	Cube	Emme	Visum
生产厂商	美国 Caliper 公司	美国 CitiLabs 公司	加拿大 INRO 公司	德国 PTV 公司
网络表达	可添加或删除节点/路段属性;无法编辑节点交叉口类型;提供3种转弯惩罚	节点/路段属性固定,不能添加或删除属性字段;可选择交叉口类型;不能表现曲线路段;提供节点转弯惩罚,但不提供掉头惩罚	固定属性有额外路段或属性用于扩展表现力	可添加或删除节点/路段属性;可选择交叉口类型;提供多种转弯惩罚
路阻函数	提供常用函数形式,用户需要通过编辑动态链接文件,才能自定义路阻函数	采用数据表形式,由于是离散点的表达方式,函数表现比较粗糙	提供多种常用函数形式,提供专门的函数编辑模块,用户可以方便地设置函数参数	提供多种常用函数形式,用户可以方便地设置函数参数
图形分析功能	提供流量图、期望线、等时线等基本交通规划图形分析功能;整合了GIS功能	提供流量图、期望线、等时线等基本交通规划图形分析功能;整合了GIS功能	提供流量图、期望线、等时线等基本交通规划图形分析功能;整合了GIS功能	提供流量图、期望线、等时线等基本交通规划图形分析功能;整合了GIS功能
出行生成模型	提高了快速反应模型和直接利用ITE数据的方法;能够表达回归模型的参数	应用MVMODL模块中集成的命令语言可以比较灵活地实现各种模型运算。但是不能标定模型参数	应用矩阵运算功能计算出行生成模型,不能标定模型参数	分时段的出行生成模型和日常活动时间表,可标定模型参数
出行分布模型	三维平衡模型,可标定模型参数	提供了标定重力模型参数的工具	三维平衡模型;应用矩阵运算来实现	由日常活动时间表得到出行链模型,可标定模型参数
方式划分模型	多项式 Logit 模型,可标定模型参数	采用命令语言实现各种 Logit 模型	没有专门提供方式分模型,只能间接通过矩阵运算来实现	可通过组件自定义出行方式,可标定模型参数
交通分配模型	基于用户自定义阻抗函数的分配,可方便地设置变量	应用 MVHWAY 模块控制,可控制变量	仅采用平衡分配,可以控制分配中的变量和迭代过程	用于道路收费分析的双层迭代均衡分配,可方便地设置变量
公交分配模型	几乎包含了所有公交分配方法,包括平衡和非平衡方法;可以实现公交拥挤模型	分配方法主要体现在公交选择模型上,针对各种情况应用各种LOGIT选择模型;提供了详细的考虑公交拥挤的模型	只提供了两种公交模型;不能直接完成公交拥挤模型,需要应用宏功能来实现	提供基于发车频率和基于时刻表的两种不同系列的分配算法;支持公交拥挤模型
接口	与 Emme、MINUTP、TRANSPLAN 等有接口,可方便进行数据共享和转换	与其他交通规划软件没有接口	与其他交通规划软件没有接口	与常用交通规划软件 TransCAD、Cube、Emme 都有接口,可方便进行数据共享和转换
灵活性	提供了内置的二次开发语言 GISDK	未提供二次开发语言,但可以通过各功能模块的灵活组合,实现功能扩展	提供宏编辑功能,以便用户进行功能扩展	提供开发的 COM 接口
易用性	全部操作采用对话框方式	界面组织与建模对应	对话框与命令行方式相结合	全部操作采用对话框方式

1)网络表达

TransCAD、Emme、Visum 的网络表现较为灵活,更能满足用户需求,而 Cube 的网络表达能力限制较多。

Emme、Visum 提供了多种路阻函数,并可以方便地进行自定义;而 TransCAD 的自定义功能实现起来比较麻烦,Cube 只能采用离散表达方式,函数表现比较粗糙。

2)图形分析

TransCAD、Cube、Emme、Visum 均提供了流量图、期望线、等时线等基本交通规划图形分析功能,也整合了 GIS 功能。其中 TransCAD 和 Visum 基于自有的 GIS 平台开发,可提供丰富的 GIS 分析功能,而 Cube 和 Emme 是 ESRI 公司的 ArcGIS 平台进行开发的。

3)模型功能

TransCAD、Cube、Emme、Visum 都提供了交通规划"四阶段"模型的功能。其中,TransCAD 和 Visum 在模型方面比较全面,且提供了标定参数的工具;而 Cube 的命令语言实现方式有一定的灵活性,但是要对命令语言有所了解,比起直接应用对话框方式实现要复杂一点,Emme 没有提供专门的方式划分模型。

TransCAD、Cube、Emme、Visum 均提供了专门的公交分配模型功能,能够满足一般的用户需要。TransCAD、Cube 和 Visum 均支持公交拥挤模型,而 Emme 需要应用宏功能进行二次开发来实现。相对而言,Cube 和 Emme 对公交分配模型的实现方式更为灵活,而 TransCAD 和 Visum 的使用更为方便。

4)其他

TransCAD 和 Visum 全部操作采用对话框方式,使用比较方便;而 Cube 界面组织与建模对应,层次比较清晰;Emme 采用对话框与命令行相结合方式,使用比较复杂。

TransCAD 与 Emme、MINUTP 等交通规划有接口,可方便地进行数据共享和转换,并提供了内置的二次开发语言 GISDK,扩展比较方便。Visum 与常用交通规划软件 TransCAD、Cube、Emme 都有接口,可方便地进行数据共享和转换,提供了二次开发的 COM 接口。Cube 和 Emme 没有提供与其他交通规划软件的接口,数据交换比较麻烦。Cube 不提供二次开发接口,而 Emme 通过宏编辑功能,进行功能扩展。

3.3.9 其他预测方法

尽管四阶段模型在交通规划领域广泛应用超过 50 年,它仍然受到来自各方面的激烈抨击。其中最为明显是传统的四阶段模型开发从根本上不是以出行行为为基础的,即它根本就没有从出行行为的核心理论当中探讨出行需求。这就造成了模型开发系统内部的不一致性,例如四阶段模型中每个阶段假定的交通小区间的出行时间存在不一致性。基于此,为改善传统四阶段模型的不足,主要从两个方面进行了新的研究:

一是个人选择模型,也称为随机效用模型。该模型早期应用于经济学、社会学、心理学领域,后逐渐引入生物统计学、市场营销、交通领域等众多领域,成为一种很强且相当复杂的技术手段,并能够大范围模拟出行决策过程。目前,个人选择模型已广泛应用于区域交通需求预测模型中。

二是基于活动的模型,基于行为的需求预测模型。该模型的关注重点是导致出行的活动而非出行本身。该模型的基本思想:出行的需求源于活动的需求,出行选择的决策是基于活动的(Jones,1977);人的行为受时空的限制(Hagerstrand,1970;Jones,1977),要在不同时间和地点进行不同活动,并且去各个活动地点都要花费时间;家庭类型和生活方式都影响个人的活动和出行决策,许多决策都是家庭决策的一部分,并受家庭中其他成员的限制(Chapin,1974;Jones,1983);活动和出行决策是动态的,并且受过去和预期事件的影响(Goodwin,1990)活动和出行决策是动态的,并且受过去和预期事件的影响。基于活动模型也逐渐应用于区域出行研究中,但总体还较少,各种客运交通需求预测模型方法比较,见表3-3-9。

客运交通需求预测模型方法比较　　　　　　　　表3-3-9

方法	四阶段模型	个人选择模型	基于活动模型
技术方法	成熟	成熟	先进
数据基础	基于小区,孤立	基于个人,孤立	基于个人,连续
适用性	广泛应用	多用于方式划分	大多处于理论研究
缺点	忽略个人属性,缺乏考虑连续出行	参数复杂,标定困难	参数复杂,标定困难,难以获取数据

3.4 短时客运交通预测方法

四阶段模型基于城市用地、人口岗位分布和人的出行需求,具有严格的理论基础,适用于长期客运交通需求预测,尤其是城市整体客运交通需求分析、交通政策制定和重大交通基础设施方案评估。然而,四阶段模型同样具有参数众多、建模复杂、运算效率低等缺点,因此当需要快速、准确地预测短时间内局部路段、节点的交通量以及具体公交线路、站点的客流变化时,往往需要采用一些"短平快"的预测技术,我们称之为短期客运交通预测方法,常用的方法包括时间序列法、回归分析法等。

3.4.1 时间序列法

时间序列法是将某种统计指标的数值,按时间次序排列的随机变量序列,X_1、X_2、X_3、…、X_n。在一定时间段内,社会经济发展规律的延续性往往使预测对象的变化趋势呈现很强的趋势性。因此,可以根据预测对象的历史态势推测未来的发展趋势,这也是时间序列预测法的基本依据。

时间序列方法的优点是预测所需的数据信息量较小,预测方法简便易行,只要预测对象在所研究的时间序列上没有大的波动,则预测效果较好;缺点是以时间作为单一的预测因素,无法反映影响对象状态变化的根源。因此适用于仅有历史交通量、客流数据情况下的短时预测,常用的时间序列法包括移动平均法以及指数平滑法。

1)移动平均法

移动平均预测法非常简单,它不管前面的数据,只用最近的 N 个测量值的平均值作为下一个时间点的预测值。设考虑的时间序列为 x_1、x_2、x_3、…、x_t、…、x_N,N 为样本容量,则 n 步的移动平均值:

$$M_t^{(1)} = \frac{x_t + x_{t-1} + \cdots + x_{t-(N-1)}}{n} \quad (t \geq N) \tag{3-4-1}$$

由上式可以得到一个时间序列的移动平均数,移动平均的作用在于消除随机干扰,使长期趋势显露出来,从而可用于趋势分析及预测。

一般情况下,如果时间序列没有明显的周期变化和趋势变化,可用第 t 期的一次稳定平均值作为第 $t+1$ 期的预测值。

$$\hat{x}_{t+1} = M_t^{(1)} \tag{3-4-2}$$

为了运算方便,计算 $M_t^{(1)}$ 时可按递推公式(3-4-3)计算。

$$M_t^{(1)} = M_{t-1}^{(1)} + \frac{x_t - x_{t-N}}{N} \tag{3-4-3}$$

因此预测方程的递推公式按式(3-4-4)计算。

$$\hat{x}_{t+1} = \hat{x}_t + \frac{x_t - x_{t-N}}{N} \tag{3-4-4}$$

当 N 较大时,用递推公式可大大减少计算量。

上述移动平均法为一次移动平均法,除此之外,常用的还有二次移动平均法、加权移动平均法等。对数据变动不大的情况,一次移动平均法应用效果较好;对变动稍微剧烈的情况,可以在一次移动平均的基础上再作一次移动平均,即二次移动平均;同样可以作三次移动平均。在时间序列中,远近不同阶段的历史数据对未来预测的影响是不同的。在预测计算时,给予近期数据以较大的权重、远期数据以较小的权重,然后进行移动平均,这种方法称为加权移动平均法。

移动平均法的优点是计算简单,缺点包括:①移动平均期数 n 的选择将影响到预测结果的精度。如果 n 取得大,那么移动平均值对历史数据的依赖性大,预测值容易滞后于可能的发展趋势;如果 n 取得小,那么对随机因素反应灵敏,过高的灵敏度也容易导致预测失误。n 的大小不易确定。一般情况下,n 取 2~12。②要求时间序列必须具备较好的线性变化趋势,否则其预测误差较大。③一般当时间序列呈上升趋势时,预测值往往偏低;当时间序列呈下降趋势时,预测值往往偏高。

移动平均法只适用于历史数据比较平稳、无大的波动,并且具备较好的线性变化趋势的预测。

2)指数平滑法

移动平均法虽然计算简单,但在计算移动平均值时,只使用近期的 N 个数据,没有充分利用时间序列的全部数据信息。同时,对参与运算的 N 个数据等权看待,往往不符合实际。一般情况下,越近期的数据越能反映当前情况,对今后的预测影响越大,越远期的数据影响越小。加权移动平均法考虑了该问题,但人为选取 N 个权值,仍然具有许多主观因素。

指数平滑法是对时间序列由近及远采取具有逐步衰减性质的加权处理,是移动平均法的改进。指数平滑法,根据平滑次数的不同可分为一次、二次、三次指数平滑法,分别适用于不同类型的时间序列预测。

设时间序列 x_1、x_2、x_3、$\cdots$、x_t、$\cdots$、x_N,由移动平均法的递推公式,可按式(3-4-5)计算。

$$M_t^{(1)} = M_{t-1}^{(1)} + \frac{x_t - x_{t-N}}{N} \tag{3-4-5}$$

进行变换,按式(3-4-6)计算。

$$M_t^{(1)} = M_{t-1}^{(1)} + \frac{x_t - M_{t-1}^{(1)}}{N} = \frac{1}{N}x_t + (1 - \frac{1}{N})M_{t-1}^{(1)} \tag{3-4-6}$$

令 $\alpha = \frac{1}{N}$,以 $S_t^{(1)}$ 替换 $M_t^{(1)}$,则可得到一次指数平滑公式。

$$S_t^{(1)} = \alpha x_t + (1 - \alpha)S_{t-1}^{(1)} \tag{3-4-7}$$

式中:$S_t^{(1)}$——一次指数平滑值;

α——加权系数,$0 < \alpha < 1$。

由此可以看出,$S_t^{(1)}$ 的主要部分为 x_t、x_{t-1}、$\cdots$、x_1 的加权平均,权数由近及远分别为 α、$\alpha(1-\alpha)$、$\alpha(1-\alpha)^2\cdots$,按几何级数衰减,满足近期权值大、远期权值小的要求,而且利用了时间序列的全部数据信息,克服了移动平均法的不足。由于加权系数符合指数规律,又具有平滑数据的作用,故称为指数平滑法。

如果在一次平滑值的基础上再进行一次指数平滑,称为二次指数平滑法。二次指数平滑法可以在一定程度上弥补一次平滑值的不足:当时间序列变化趋势存在明显的线性趋势时,其预测值总是滞后或超前于实际值。

选择合适的 α 值将是得出精确预测结果的关键。一般情况下,若近期影响显著,则取较大的 α 值;若远期影响显著,则取较小的 α 值。通常是给出不同的 α 值,经过试算找出平滑值与实际值误差最小的相应的 α 值,该 α 值即为最合适的平滑系数。指数平滑法的优点是:①计算比移动平均法更简单;②时间序列的线性变化趋势较弱或存在曲线变化趋势时,预测结果比移动平均法准确。缺点是:α 值的选择需要预测者具有丰富的主观经验。

指数平滑法适用于时间序列比较平稳、无大的波动,并且预测对象的相关影响因素变化不大的情况。

3.4.2 回归分析法

回归分析法是通过寻求预测对象和影响预测对象的各种因素之间的统计规律,建立相应的回归方程,并依据该方程进行预测的方法。回归分析法能够具体分析预测对象的主要影响因素,并能对模型的合理性和预测的可信度进行统计检验,是一种比较科学的预测方法,适用于数据较为完备情况下的短时预测。

回归分析模型可以从不同角度进行分类,常用的分类形式如下:

(1)根据自变量的数量,可分为一元回归模型和多元回归模型。一元回归模型是根据某一因变量与一个自变量之间的相关关系建立的模型。多元回归模型则是根据某一因变量与两个或两个以上自变量之间的相关关系建立的模型。

(2)根据模型的形式,可分为线性回归模型和非线性回归模型。在线性回归模型中,因变量与自变量之间呈线性关系。而在非线性回归模型中,因变量与自变量之间呈非线性关系。

最简单的回归模型是一元线性回归。该模型是在两个变量之间建立线性关系,根据自变量的变动来预测因变量的变化趋势。

1)模型建立

设 y 为因变量,x 为自变量,x 和 y 之间存在某种线性关系,则一元线性回归模型如式(3-4-8)所示。

$$y_i = a + b x_i + \varepsilon_i \quad (i=1,2,3\cdots,n) \tag{3-4-8}$$

式中：a、b——回归系数，当 $b>0$ 时，x 和 y 呈正相关；当 $b<0$ 时，x 和 y 呈负相关；

ε_i——随机因素，服从正态分布。

2）参数估计

估计模型的回归系数有许多方法，其中使用最广泛的是最小二乘法。用最小二乘法估计模型的回归系数，其中心思想是通过数学模型，配合一条较为理想的趋势线，这条趋势线必须满足两点要求：一是原数列的观测值与模型估计值的离差平方和最小；二是原数列的观测值与模型估计值的离差总和为 0。根据计算，回归系数的估计值计算公式按式(3-4-9)计算。

$$\hat{b}_i = \frac{n\sum_{i=1}^{n}x_iy_i - \sum_{i=1}^{n}x_i\sum_{i=1}^{n}y_i}{\sum_{i=1}^{n}x_i^2 - (\sum_{i=1}^{n}x_i)^2} \tag{3-4-9a}$$

$$\hat{a}_i = \frac{\sum_{i=1}^{n}y_i}{n} - \hat{b}_i \frac{\sum_{i=1}^{n}x_i}{n} \tag{3-4-9b}$$

3）显著性检验

一元线性回归模型是否符合变量之间的客观规律、两个变量之间是否具有显著的线性相关性，可通过显著性检验来判断。在一元线性回归模型中，常用的显著性检验方法有相关系数检验法、F 检验法和 t 检验法。下面以相关系数检验法为例进行介绍：

相关系数是一元线性回归模型中衡量两个变量之间线性相关关系强弱程度的重要指标。相关系数越大，说明两个变量之间的线性相关关系越强，相关系数的表达式按式(3-4-10)计算。

$$R = \frac{n\sum_{i=1}^{n}x_iy_i - \sum_{i=1}^{n}x_i\sum_{i=1}^{n}y_i}{\sqrt{n\sum_{i=1}^{n}x_i^2 - (\sum_{i=1}^{n}x_i)^2} - \sqrt{n\sum_{i=1}^{n}y_i^2 - (\sum_{i=1}^{n}y_i)^2}} \tag{3-4-10}$$

相关系数检验法步骤：

步骤一，计算相关系数；

步骤二，根据回归模型的自由度 $n-2$ 和给定的显著性水平 α，从相关系数临界值表中查出临界值 $R_\alpha(n-2)$；

步骤三，判别，若 $|R| \geq R_\alpha(n-2)$，表明两变量之间线性相关关系显著，检验通过，这时回归模型可以用来预测；否则，检验不通过，需对回归模型重新调整。

4）预测区间

回归模型通过显著性检验后，就可以用来预测。在一元线性回归模型中，对于自变量 x 的一个给定值 x_0，代入回归模型，就可以求出一个对应的预测值 $\hat{y}_0$，$\hat{y}_0$ 又称为点估计值。在实际工作中，受各种因素影响，预测目标的实际值和预测值之间总会产生或大或小的偏差。因此，在一定的显著水平下，预测往往依据数理统计方法计算出的包含预测目标未来真实值的某一区间范围。

设预测点为 (x_0, y_0)，则预测值为 $\hat{y}_0 = \hat{a} + \hat{b}x_0$，其预测误差为：

$$e_0 = y_0 - \hat{y}_0 \tag{3-4-11}$$

在显著性水平为 α 时，预测值 y_0 的预测区间的上下限为：

$$\hat{y}_0 \pm t_{\alpha/2}(n-2)S_0 \tag{3-4-12}$$

$$S_0 = \sqrt{D(e_0)} \tag{3-4-13}$$

当实际观测值较多时，S_0 的取值近似等于 S，分布 $t_{\alpha/2}(n-2)$ 也近似趋于正态分布 $Z_{\alpha/2}$，因此，预测区间的上下限为：

$$\hat{y}_0 \pm Z_{\alpha/2} * S_{y,n} > 30 \tag{3-4-14}$$

$$S_y = \sqrt{\frac{\sum_{i=1}^{n}(y_i - \hat{y}_i)^2}{n-2}} \tag{3-4-15}$$

3.4.3 其他方法

近年来，随着道路交通流量变化的随机性和非线性加强，一些新的短时客流量预测方法开始涌现。既有对原有现行回归模型进行改进的模型，如卡尔曼滤波模型，也有以非线性系统理论为基础的非线性预测模型，发展较为成熟的预测方法有小波分析、分形预测等。

1) 卡尔曼滤波模型

卡尔曼滤波法是一种先进的控制方法，是以 20 世纪 60 年代卡尔曼提出的滤波理论为基础。在应用短时客流量预测之前，已成功应用在交通需求预测领域，预测精度较高。卡尔曼滤波法是一种基于线性回归分析的成熟预测方法，首先根据现有数据形成对下一个观测值的最佳预测模型，然后再将最新的观测值用更新方程加入预测向量中。

2) 支持向量机回归预测模型

支持向量机是以研究小样本数据的机器学习规律的统计学习理论为理论基础，通过结构风险最小化较好地解决了"小样本""非线性和维数灾难""过学习"和"局部极小点"等问题，已经成为机器学习领域的研究热点，在许多领域得到应用。由于客流变化过程是一个实时、非线性、高维、非平稳随机过程，随着统计时段的缩短，客流变化的随机性和不确定性越来越强。客流短时变化不仅与本路段过去几个时段的交通流有关，还受到上下游客流的影响。短时客流的支持向量机回归预测方法，是支持向量机回归理论在短时客流预测中的一种应用，从带有随机性和不确定性的客流状态变化中，根据采集到的客流状态参数，结合其他影响因素，找出其中的规律性，建立支持向量机回归预测模型和方法，以预测未来几个时段的客流变化情况。

3) 基于神经网络的短时客流预测

神经网络（Neural Network, NN），主要是利用工程技术手段来模拟人脑神经系统的结构和功能，具有识别复杂非线性系统的特点。该方法能从已有数据中自动归纳规则，获得这些数据的内在规律，即使不清楚预测问题的内部机理，只要有大量的输入、输出样本，经神经网络"黑箱"内部自动调整后，可建立良好的输入、输出映射模型，从而实现预测功能。该预测方法以交通网络中相关性较强的局部路网、某条线路相关性较强的客流断面为研究对象，建立基于神经网络的短时客流模型进行预测。

复习思考题

1. 城市客运交通需求预测的主要类型有哪些?
2. 城市客运交通需求预测的一般流程是什么?
3. 如何开展居民出行调查?
4. 城市客运交通长期预测方法(四阶段模型)的基本步骤是什么?
5. PA 与 OD 概念如何辨析?如何转换?
6. 常用的客流交通分配方法有哪些?
7. 短时客运交通预测方法主要有哪些?

第4章
城市客运交通系统规划

4.1 城市客运交通系统规划概述

规划是指进行比较全面长远的发展计划,是对未来整体性、长期性、基本性问题的思考和设计。城市客运交通系统规划是以满足市民出行需求、引导和适应城市发展进程为目标,在城市发展规模、用地布局和道路网规划的基础上,结合客流预测结果,确定合理的城市客运交通系统结构和模式,并分别对线路网络、换乘枢纽和场站设施等各系统组成部分提出相应的规划方案和建议。

城市客运交通系统规划是一项较为复杂的工作,它的复杂性在于它从来就不仅仅是一个单纯的技术问题或技术过程,还涉及社会资源的重新分配,不仅包括设施布局规划,还涵盖政策研究、系统运行与管理等方面。因此,城市客运交通系统规划必须与所有相关的城市规划、城市经济与社会的各个方面相结合,同时还必须符合环境保护以及老年人、残疾人等特殊群体的有关规定。

4.1.1 规划模式及内容

1) 规划模式

客运交通系统规划作为城市综合交通规划的下位规划,在国土空间规划体系建立之前,一般在"城市总体规划-城市综合交通规划-城市客运交通系统规划"的三层规划体系下进行,规划模式包含自上而下的规划模式和相互协调的规划模式两种。自上而下的规划模式如图 4-1-1a)所示,其特点是下层规划无条件接受上层规划的约束,对上层规划无反馈作用。随着机动化和城镇化的发展,该规划模式难以适应日益活跃的各交通系统和不同地域、不同发展阶段的发展要求,由此产生了上层约束下层、下层反馈调节上层的相互协调的规划模式,如图 4-1-1b)所示。

2019 年,为了强化各级各类空间规划在支撑城镇化快速发展、促进国土空间合理利用和有效保护方面的作用,我国提出建立全国统一、责权清晰、科学高效的国土空间规划体系,国土空间规划体系下的城市客运交通规划模式,如图 4-1-1c)所示。在此框架下,城市客运交通系统规划作为专项规划,接受国土空间总体规划约束,与其他各交通专项规划信息共享、统筹协调,最终成果纳入交通详细规划及国土空间详细规划。

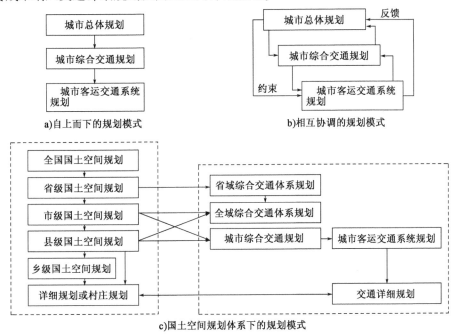

图 4-1-1 城市客运交通系统的规划模式

2) 规划使用主体及需求

客运交通系统的使用与运行涉及政府、运营者(提供客运服务的企业)和使用者(城市居民)三个方面。使用主体不同,对系统的期望也有所不同,进而规划目标也不同。不同主体对客运交通系统规划的需求,见表 4-1-1。

不同主体对客运交通系统规划的需求　　　　表 4-1-1

主体	需求内容	主体	需求内容	主体	需求内容
政府	经济和生产力 系统财政支持 系统可持续性 环境影响 投资效果	运营者	投资回报 资产利用 服务水平 竞争能力	城市居民	票制票价 服务水平 换乘便利性

3) 规划分类

城市客运交通规划从不同的角度可划分为不同类别。

(1) 按规划角度可分为:战略与政策研究、建设规划和管理规划。
(2) 按规划内容可分为:公共交通规划和私人交通规划。
(3) 按交通方式可分为:轨道交通规划、常规公交规划和城市其他客运交通规划(包括出租车、小汽车和非机动车规划等)。
(4) 按规划时限可分为:远景规划(20年)、远期规划(10~15年)和近期规划(3~5年)。

规划从不同角度划分的结果相互对应,一般来说,远景规划注重战略性和方向性,因此规划角度侧重于战略和政策研究;远期规划注重系统性和综合性,规划角度侧重于建设规划;而近期规划则注重操作性和可实施性,规划角度侧重于管理规划。

4) 规划内容

(1) 城市客运交通系统战略规划

城市客运交通系统战略规划的主要目的是全面系统地分析不同的城市客运交通发展模式、方向、政策以及每一比较方案的交通含义,并推荐合适的客运交通发展模式。战略规划中需要考虑较多的城市布局、土地使用与交通的关系,主要内容如下。

① 城市客运交通系统发展模式分析:确定各种交通方式在城市客运交通系统中的地位,以此来确定城市客运交通结构调整及建设策略,以及相对应的政策策略和管理模式。

② 城市客运交通重大项目布局规划:对基础性的重大客运交通项目进行布局规划。一般指城市轨道交通骨干线路规划,规划内容包括轨道交通线网骨干线路和综合客运枢纽布局等。

(2) 城市客运交通系统专项规划

城市客运交通系统专项规划的主要目的是确定城市客运交通系统(特别是公共交通系统)较为系统的规划方案。具体内容如下。

① 公共交通系统网络及设施规划:a. 轨道交通系统规划,包括轨道交通线网总里程确定、轨道交通线网和枢纽布局、轨道线路建设计划、站点规划等;b. 轻轨/有轨电车系统网络与场站设施规划,以及投资、运行与环境影响评估;c. 常规公交发展规划,包括常规公交线网布局与场站设施规划、枢纽选址与用地控制、车辆发展规模、车型与更新等。

② 多模式公共交通系统的整合规划:统筹整合轨道线路、枢纽、公交线路、场站、车辆、专用道、运营模式、票制票价等要素,进行公共交通线路整合规划,客运交通枢纽布局优化,公共交通系统运营模式、票价票制保障规划。

(3) 城市客运交通系统的实施规划

城市客运交通系统的实施规划,主要研究城市客运交通系统规划方案的近期实施计划,目的是尽可能使规划方案在节省资金的同时发挥最大效益。实施规划的主要内容包括:

① 城市客运交通系统的近期实施方案。如线路调整优化、专用道建设、场站建设、车辆购置与更新计划、运行方式与时刻表调整等。

② 城市客运交通系统调整的实施保障方案及时间计划表。包括系统调整的时机和条件、系统调整的实施要求、年度计划、资金需求及投入计划等。

4.1.2 规划思路及流程

1) 规划思路

(1) 根据城市社会经济状况、空间布局和土地使用特点,通过对现状客运交通系统的全面调查研究分析,诊断现状客运交通系统存在的主要问题。

(2)通过建立模型,深入分析现状需求,进行未来客运需求预测及方式分担预测。

(3)在客流预测的基础上,结合城市性质、功能定位和发展目标,确定城市客运交通发展模式和结构调整策略。

(4)根据城市用地布局和道路网规划,制定城市客运交通系统的详细规划方案。

(5)通过客流预测模型对城市客运交通系统规划方案进行总体评价,并根据评价结果,优化调整规划方案,经过政府部门、企业社会公众意见咨询,提出最终规划方案并制订实施计划。

2)规划流程

城市客运交通系统规划一般包括调查分析、战略规划、系统规划及规划实施四个阶段,各阶段主要工作及流程,如图4-1-2所示。

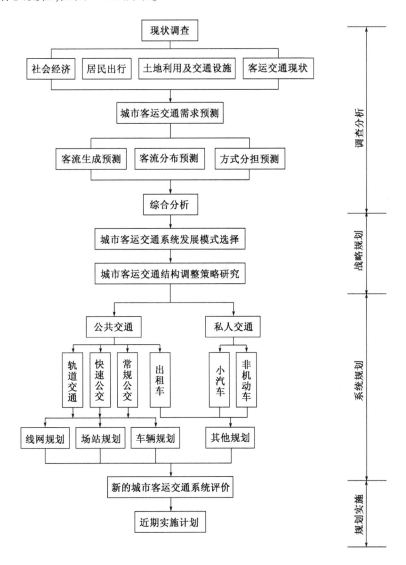

图4-1-2 城市客运交通系统规划流程

4.2 城市轨道交通系统规划

城市轨道交通规划是一项涉及城市规划、交通工程、建筑工程及经济社会等多种学科理论的系统工程。在城市规划中,轨道交通系统的规划与设计非常重要,直接影响城市空间的基本布局和功能定位,对城市空间发展有极强的引导作用,对促进城市结构调整、城市布局整合,对整个城市土地开发、交通结构优化及城市和交通运输系统的可持续发展都有巨大影响。

4.2.1 城市轨道交通系统规划概述

1)规划目标

(1)缓解城市交通供需矛盾

随着我国城市化进程的加快,城市人流、物流负荷不断增大,城市交通需求与路网通行能力的矛盾日益凸显。轨道交通作为大运量、低污染、低能耗、低成本、低噪声、高速度、的出行方式,其规划的核心目标即为缓解城市现阶段的交通供需矛盾,促进城市及其交通可持续发展。

(2)优化城市空间布局

我国城市人口密集,内聚力很强,形成这种状况的一个重要原因就是没有快捷、安全、大容量的交通通道。城市轨道交通作为具有强大运输能力的交通方式,其建设将对人口疏解、城市副中心形成产生强大的刺激作用。为此,城市轨道交通系统规划的另一个目标即为优化城市空间布局,引导城市土地利用沿交通轴变化。

(3)引导城市发展

城市轨道交通的作用不仅仅是大容量的运载工具,其作用的发挥随着规模的扩大将会更加重要。因此,轨道交通规划必须在项目规模与实施时间表上与人口增长、土地使用及城市发展相配合,最终实现适时引导城市发展。

2)规划原则

城市轨道交通系统规划是城市国土空间(总体)规划中的一项专项规划,因此其编制应以城市国土空间(总体)规划为依据,充分考虑城市内诸多因素的约束与支持。规划编制的总原则可以概括为"依据总体规划、支持总体规划、超前总体规划、回归总体规划"。

(1)依据城市国土空间(总体)规划:线网规划的结构形态应当与城市国土空间(总体)规划布局的结构形态相吻合,并随城市规划的发展而发展。

(2)支持城市国土空间(总体)规划:规划应当支持城市国土空间(总体)规划的人口转移和土地开发要求,并推动总体规划实现。轨道交通线路的建设顺序应当与城市建设进度相一致。

(3)超前城市国土空间(总体)规划:规划应当具备超前意识,起到一定的引导城市发展的作用。

(4)回归城市国土空间(总体)规划:轨道交通的线网规划和建设顺序应当反馈调整城市国土空间(总体)规划,即最终回归于城市国土空间(总体)规划。

3) 规划内容

一般来说,城市轨道交通系统规划的主要内容包括以下几个方面:

(1) 城市轨道交通线网规划。主要包括线网合理规模确定、线网构架方案选择、方案评估和实施性规划等,线网规划是城市轨道交通线路设计和建设的基础。

(2) 城市轨道交通车站规划。主要包括车站布局规划、车站规模等级确定、换乘站换乘方式设计等。

(3) 城市轨道交通车辆选型规划。主要包括以单条线路为对象的车辆车型选择和以整体线网为对象的车辆车型选择。

4.2.2 城市轨道交通线网规划

城市轨道交通系统工程项目一般都是庞大而复杂的系统工程,具有不可逆性,线路一旦建成难以改变。因此,线网的布局和规模合理性直接影响着城市交通结构的合理性、工程项目的经济及社会效益。此外,用地规划、市政工程配套等均与线网直接相关,作为前期基础研究之一的线网规划一旦发生失误,后期便很难挽回。

1) 城市轨道交通线网规划概述

(1) 规划任务及原则

①规划任务

a. 根据对轨道交通发展目标、居民出行需求以及城市经济和财政承受能力等方面的分析,确定远景轨道交通网络应达到的适宜规模;

b. 根据城市土地利用规划、客运交通需求走廊及主要交通枢纽布局,剖析网络构架需求,提出不同的网络规划方案,进行网络方案客流测试和网络方案综合评价;

c. 根据各方面协调及公众咨询意见,进行网络方案优化调整,形成推荐方案。

②规划原则

规划城市轨道交通线网时,应充分考虑轨道交通的特点及轨道交通规划的目标,使规划线网能充分发挥其优点,避免其缺点,并能够最大限度地实现线网方案设计的目标。基于此,在进行轨道交通线网规划时必须遵循以下原则。

原则一:轨道交通线网规划应与城市国土空间(总体)规划配合协同发展

大中运量快速轨道交通对引导城市土地利用优化调整有重要的积极作用,因此进行轨道交通线网规划时应贯彻城市国土空间(总体)规划的基本战略及用地发展方向,深入了解城市的结构形态演化过程和趋势,以及城市地理地形、地质因素的作用。不同的城市空间结构形态需要有相应的不同的轨道交通线网结构形式与之相适应。

原则二:轨道交通线网规模应与城市的经济承受能力相适应

线网规模是进行轨道交通线网规划时面临的首要问题,影响城市轨道交通线网合理规模的因素是多方面的,其中城市的经济实力是一项关键因素。经济发达的大城市常采用高密度、相对低负荷强度的轨道线网,而经济实力较弱的大城市采用的多是低密度、高负荷强度的轨道线网。

原则三:轨道交通线路走向应与城市客运交通走廊相一致

将客流量尽可能地转入轨道交通系统,降低地面道路交通流量,既是城市客运交通系统建设的总体目标,也是轨道交通自身的需要。轨道交通客流量越大,其运输效率越高,保证了票务收入;如达不到最低的临界客运量标准,则必然严重亏损。实践证明,轨道交通线路走向与居民的主要出行方向和出行路径一致,线网布局合理、规模大、线路长、交叉换乘点多,吸引客流量就大,轨道交通在客运交通系统中的分担率也高。

原则四:轨道交通线网规划应充分考虑运行上的配合

首先轨道交通换乘站的设置,应保证两条以上线路吸引客流量所需的用地与场站设施容量规模;其次应考虑轨道交通与其他交通方式的配合。在我国,城市轨道交通建设既与常规公交网络有关,又与自行车交通网络有关,还与小汽车交通发展息息相关,因此,必须从客运交通系统出发,综合考虑各种交通方式协调发展的过程。此外,还应考虑城市轨道交通系统与城市对外交通设施的贯通衔接,如将地铁站直接与火车站、轻轨高架与航空港连在一起等。

(2) 规划内容及流程

城市轨道交通线网规划涉及专业面广、综合性强、技术含量高。从规划实践来看,其主要内容包括:前提与基础研究、线网构架研究和实施规划研究。

① 前提与基础研究

该部分主要是对城市的人文背景和自然背景进行研究,从中总结出指导城市轨道交通线网规划的技术政策和规划原则。主要研究依据是城市国土空间(总体)规划和综合交通规划等。具体研究内容包括城市现状与发展规划、城市交通现状和规划、城市工程地质分析、既有铁路利用分析和建设必要性论证等。

② 线网构架研究

线网构架研究是线网规划的核心部分,主要是方案构思、交通模型测试和方案评价3个工序的循环过程,其目的是推荐优化的线网方案。这部分研究主要内容包括:线网合理规模的研究、线网方案的构思、线网方案客流测试、线网方案的综合评价。

③ 实施规划研究

实施规划是轨道交通是否具备可操作性的关键,集中体现轨道交通的专业性,主要研究内容是工程条件、建设顺序、附属设施的规划等。具体内容包括:车辆段及其基地的选址与规模研究、线路敷设方式及主要换乘节点方案研究、修建顺序规划研究、城市轨道交通线网的运营规划、联络线分布研究、城市轨道交通线网与城市的协调发展及环境要求、轨道交通与地面交通的衔接等。

城市轨道交通线网规划具体流程,如图4-2-1所示。

2) 城市轨道交通线网合理规模确定

轨道线网规模与城市人口总量、分布及城市格局有密切关系,合理的城市轨道交通规模不仅是线网规划的宏观控制量,而且是至关重要的投资依据和向决策者提供决策的辅助依据。由于诸多不确定因素的影响,在实践工作中推求合理规模往往缺乏指导,多限于经验性总结,带有较强的主观随意性,从而影响了后续工作的开展,影响了规划的准确性和可靠性,因此有必要采用科学的线网规模确定方法,以期提高城市轨道交通规划的稳定性。

(1) 线网合理规模的含义和指标

规模是从交通运输系统供给的角度来说的,而合理规模具有系统接口的含义。网络规模实质是整个轨道交通系统的总体构成量,它包括网络密度、系统能力和经营管理。其中网络密度、系统能力是规模中硬性的一面,经营管理是其软性的一面。规模是上述三者的统一,从系统能力和路网密度来看,有四种性质的规模度量,如图4-2-2所示。

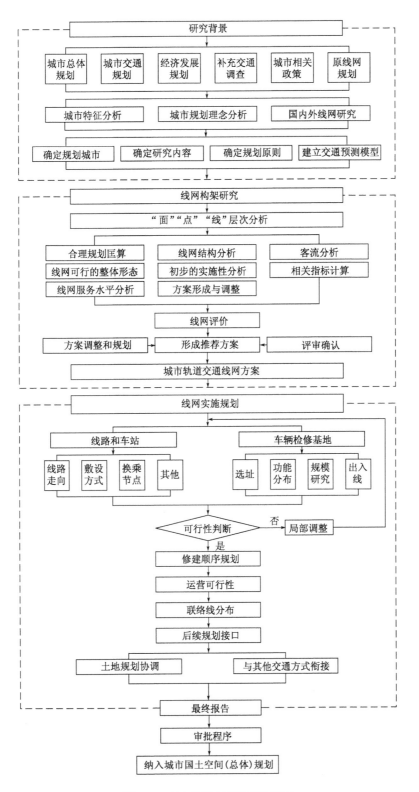

图 4-2-1 城市轨道交通线网规划流程

城市轨道交通线网规模指标主要有线网规模总长度、线网密度和线网日客运周转量。

①城市轨道交通线网规模

$$L = \sum_{i=1}^{n} l_i \qquad (4-2-1)$$

图 4-2-2　城市轨道交通线网规模构成

式中：l_i——城市轨道交通线网第 i 条线路的长度（km）；

L——线网规模，由此可以估算总投资量、总输送能力、总设备需求量、总经营成本、总体效益等，并可据此决定相应的管理体制与运作机制。

②城市轨道交通线网密度

$$\sigma = \frac{L}{S} \quad 或 \quad \sigma = \frac{L}{Q} \qquad (4-2-2)$$

式中：S——城市轨道交通线网规划区面积（km²）；

Q——城市轨道交通线网规划区的总人口（万人）；

σ——总的城市轨道交通线网密度（km/km²或 km/万人）。

城市轨道交通线网密度是指单位人口拥有的线路规模或单位面积上分布的线路规模，它是衡量城市轨道交通服务水平的一个主要因素，同时对形成城市轨道交通车站合理交通区的接运交通组织有影响。

实践中由于城市区域开发强度的不同，对交通的需求也不是均等的，往往呈现市中心区向外围区需求强度逐步递减的特征，因此线网密度也应相应递减。评价城市轨道交通线网的合理程度需按不同区域（城市中心区、城市边缘区、城市郊区）分别求取密度。

③城市轨道交通线网日客运周转量（人·km/d）

$$P = \sum_{i=1}^{n} p_i l_i \qquad (4-2-3)$$

式中：p_i——第 i 条城市轨道交通线路的日客运量（人/d）；

l_i——城市轨道交通线网第 i 条线路的平均运距（km）。

城市轨道交通线网日客运周转量是评估城市轨道交通系统能力输出的指标，表达了城市轨道交通在城市客运交通中的地位与作用、占有的份额与满足交通需求的程度。它涉及城市轨道交通企业的经营管理，是轨道线路长度、电力能源消耗、人力、轨道和车站设备维修及投资等生产投入因子的函数。所以，在一定程度上，城市轨道交通线网的规模还可用能源总消耗量、产业总需求量、人力总需求量等反映生产投入规模的指标来表示，可根据需要选择使用。

（2）线网合理规模的计算方法

城市轨道交通线网的规模在规划实施期内往往要根据城市发展的需求进行适当调整。相对而言，线网规模的调整幅度不应很大。因此，城市轨道交通线网的规模是一个必须确定，也是可以确定的基础数据。

线网合理规模的影响因素有：城市的规模、城市交通需求、城市财力因素、居民出行特征、城市未来交通发展战略与国家相关政策等。其中，城市发展的规模又包含城市人口规模、城市土地利用规模、城市经济规模、城市基础设施规模四个方面。

上述因素对城市快速轨道线网规模的影响作用有的可以量化,有的无法量化,所以确定城市轨道交通线网规模要采用定量计算和定性分析相结合的方法。需要指出的是,轨道交通规模只是一个参考数据,它可以从宏观上判断一个城市大概的轨道交通规模范围,不能作为轨道交通各条线路布线的依据。在目前的规划实践中,主要通过确定线网长度或线网密度来确定线网规模。

① 服务水平法

该方法将规划区分为几类,例如中心区、中心外围区及边缘区,然后或类比其他轨道交通系统发展比较成熟城市的线网密度,或通过线网形状、吸引范围和线路间距确定线网密度,来确定城市的线网规模。服务水平法的分析步骤,如图4-2-3所示。

② 交通需求分析法

该方法先预测规划年限的全方式出行总量,然后根据拟定的线路客运密度确定所需的城市轨道交通线网规模。这种方法是按城市轨道交通承担出行的比例来确定的,故通常称之为分担率法。

$$L = \frac{Q\alpha\beta}{\gamma} \qquad (4\text{-}2\text{-}4)$$

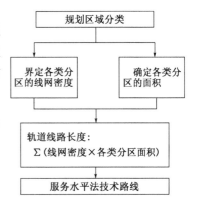

图4-2-3 服务水平法分析步骤

式中:L——线网长度(km);

Q——城市出行总量;

α——公交出行比例;

β——轨道交通出行占公交出行的比例;

γ——轨道交通线路负荷强度[万人次/(km·d)]。

未来居民出行总量 Q:

$$Q = m\tau \qquad (4\text{-}2\text{-}5)$$

式中:m——城市远景人口规模(万人);

τ——人口出行强度[次/(人·d)]。

③ 吸引范围几何分析法

吸引范围几何分析法是根据轨道交通线路或车站的合理吸引范围,在不考虑轨道交通运量并保证合理吸引范围覆盖整个城市用地的前提下,利用几何方法来确定轨道交通线网规模的方法。它是在分析选择合适的轨道线网结构形态和线间距的基础上,将城市规划区简化为较为规则的图形或者规则图形组合后,以合理吸引范围来确定线间距,最后在图形上按线间距布线再计算线网规模。具体流程如下:

a. 确定车站合理吸引范围:根据用地性质、人口、出行特征等因素,将城市划分为核心区、中心区及外围区等不同区域,分析不同区域所适宜的车站类别,在此基础上估算不同区域车站合理吸引范围(一般核心区车站的吸引范围为650~800m,外围区车站的吸引范围在2km以内)。

b. 确定轨道交通线网密度:根据区域客流需求方向确定线网结构形态,由车站的合理吸引范围确定线间距,在此基础上推算城市不同区域的线网密度(一般城市中心区的客流需求是多方向的,线间距取1.5km;而在外围区的轨道交通客流主要考虑向心方向,线间距可取4.0km)。

c.确定线网长度:根据不同区域用地面积和线网密度确定城市轨道交通线网规模。

④回归分析法

该方法首先分析影响城市轨道交通网络规模的主要因素(如人口、面积、国内生产总值、私人交通工具拥有率等),然后利用其他轨道交通系统发展比较成熟城市的有关资料,对线网规模及各主要影响因素进行数据拟合,从中找出线网规模与各主要相关因素的函数关系式,然后根据各相关因素在规划年限的预测值,利用此函数关系式确定本城市到规划年限所需的线网规模。

$$L = b_0 \cdot P^{b_1} \cdot S^{b_2} \quad (4\text{-}2\text{-}6)$$

式中: L——城市轨道交通线路长度(km);

P——城市人口(万人);

S——城市面积(km^2);

b_0、b_1、b_2——回归系数,对世界48个城市轨道交通系统进行回归,$b_0 = 1.839$,$b_1 = 0.64013$,$b_2 = 0.09966$(参考孙有望著《城市轨道交通概论》)。

以上4种方法各有特点且具有一定的局限性。服务水平法的优点是借鉴了其他城市的经验,计算简单,但是存在类比依据不足、让人难以信服的缺陷。交通需求分析法从交通需求满足供给的角度出发匡算线网规模,易于理解,但是计算数据需要进行推算。吸引范围几何分析法的特点是根据城市用地规模和轨道交通服务水平来确定轨道交通线网规模,因此能够保证一定的服务水平,而且由于城市规模比交通流量容易控制,规划线网规模受不确定因素干扰少,可以用来确定规模范围;缺陷是没有考虑轨道交通运量的限制,而且假定将合理吸引范围覆盖整个城市用地也会导致规划线网规模偏大。回归分析法有较强的理论根据,所得结果容易被大家所接受;但在具体应用中存在着难以寻找合适的拟合样本等问题。在实际工作中四种方法可共同使用、相互印证。对各模型的差异性结构应经多方面定性分析及综合协调后加以判定。

3)城市轨道交通线网构架及规划方案形成

(1)线网构架的基本类型

网络的形式主要由城市的地理形态(河流、山川等)、规划年城市用地布局及人口流向分布决定。世界各国任何城市都具有其独特的自然地质条件、地理形态,在一定程度上决定了城市的轨道交通网络具有千差万别的结构形态。网络由初级到高级进行演化,由于规划的控制作用,多为组织性的生长方式。典型的结构形态包括网格式线网、无环放射式线网及有环放射式线网三种。

①网格式线网

网格式线网的各条线路纵横交叉,形成方格网,呈栅格状或棋盘状,如图4-2-4所示。其特点是平行线路多、相互交叉次数少,线路走向比较单一、基本线路关系多为平行与"十"字形。

网格式线网的优点在于:a.线网布线均匀,客流吸引范围比较高,线路按纵横两个走向,多为相互平行或垂直的线路,乘客容易辨识方向;b.换乘节点可分散布置,纵横线路间的换乘方便;c.线路顺直,工程易于实施。缺点在于:a.线路走向比较单一,对角线方向的出行需要绕行,市中心区与郊区之间的出行常需换乘;b.线网平行线间的换乘比较麻烦,一般需要2次及2次以上的换乘。据有关研究表明,网格式线网的运输效率比有环放射式线网低18%。

网格式线网适合于市区呈片状发展,而街道呈方格网式布局的城市。目前采用这种线网形式的城市有北京、大阪和墨西哥城等。

②无环放射式线网

无环放射式线网一般是以城市中心区为核心,呈全方位或扇形放射发展。其基本骨架包括至少3条相互交叉的线路,逐步扩展、加密。线网结构示意图,如图4-2-5所示。

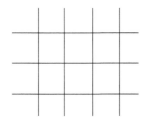 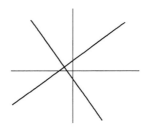

图4-2-4　网格式线网结构示意图　　图4-2-5　无环放射式线网示意图

这种类型的线网的优点在于:a.可使整个区域至中心点的绕弯程度最小,因此线网中心点的可达性很好,市中心与市郊区之间的联系很方便,有利于市中心客流的疏散,也方便了市郊居民到市中心的工作、购物和娱乐出行,有助于保证市中心的活力;b.实现了各条线路之间互相交叉,因此线网连通性很好,任意两条线路均可直接换乘,任意两车站间最多只需换乘一次;c.实现了中心区的土地利用强度最大、向边缘依次递减,符合一般城市由中心区向边缘区土地利用强度递减的特点。缺点在于:a.没有环行线,圆周方向的市郊之间缺少直接的轨道交通联系,市郊之间的居民出行或者需要经过市中心区的换乘站中转、绕行距离长,或者需要通过地面交通方式来实现、交通联系不便,且不便程度随着城市规模的扩大而增大。b.当3条以上轨道交通线路在同一点交会时,其换乘站的设计、施工及营运都很困难。

无环放射式线网适合于有明显的市中心、城市规模中等且市郊周边方向客流量不大的城市。比较有代表性的无环放射式线网是捷克布拉格的轨道交通线网。

③有环放射式线网

有环放射式线网是由穿越市中心区的径向线及环绕市区的环行线构成。线网的布局形态,如图4-2-6所示。

有环放射式线网结构是在无环放射式线网结构的基础上加上环行线形成的,这种形式是对无环放射式线网的改进,因而既具有无环放射式的优点,又克服了其周边方向交通联系不便的缺点,方便了环线上的直达乘客和相邻区域间需要换乘的乘客,并能起到疏解市中心客流的作用。但其也有不可避免的缺点:a.与无环放射式线网一样,当3条以上轨道交通线路在同一点交会时,其换乘站的设计、施工及营运都很困难,可改进为多点交叉;b.轨道交通毕竟是个方向固定的交通系统,受技术条件的

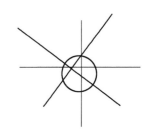

图4-2-6　有环放射式线网基本形态

限制,线路间的转换不能像汽车那样灵活,换乘的时间消耗明显,轨道交通的环线作用受到限制。

有环放射式线网适合于有强大市中心的城市,世界上许多大都市均采用有环放射式轨道

交通线网,如上海、巴黎、莫斯科等。在一些轨道路网规模不是很大或建设时期较短的城市,如新德里等,环线一般只有1条;而在一些轨道交通线网规模较大、轨道交通发展比较成熟的城市,如北京、莫斯科、东京等,会出现2条或2条以上的轨道交通环线。

(2) 线网构架要素确定

在城市轨道交通线网的合理规模确定后,即可进行线网的初始方案架构,合理的线网构思是城市轨道交通线网持续发展的前提。构建初始线网集时考虑要素包括:主要交通走廊、主要客流集散点和线网功能等级。

① 主要交通走廊

主要交通走廊反映城市的主客流方向,其识别有以下几种方法。

方法一:经验判断法。根据城市人口与岗位分布情况,设定影响范围,通过对线网覆盖率的判断来确定线路的走向。此法较为简单,但仅考虑了人口密度的分布情况,忽视了人员出行行为的不同。因此在线网布设时可能与实际客流方向不完全吻合。

方法二:出行期望经路图法。根据规划年出行预测得到远期全人口、全方式OD矩阵;将远期OD矩阵按距离最短路分配到远期道路网上得到出行期望经路图;按出行期望经路图上的交通流量选线,产生初始线网。

方法三:两步聚类识别法。先通过动态聚类,将所有的交通流量对分类成20~30个聚类中心,而后通过模糊聚类法,以不同的截阵选择合适的分类,并进行聚类计算,最后可获得交通的主流向及流量并结合走廊布局原则及方法确定主要交通走廊。

方法四:期望线网法,也称为蜘蛛网分配技术。这里的期望线有别于城市交通规划中通常使用的期望线,更多地考虑了小区之间的路径选择,期望线网可以清晰地表达交通分区较细情况下理想的交通分布状况。它是连接各交通小区的虚拟空间网络,在该网络上才采用全有全无分配法将公交OD矩阵进行分配,从而识别客流主流向确定交通走廊。

② 主要客流集散点

主要客流集散点是在确定轨道交通线网骨架以后确定轨道交通线路具体走向的主要依据。客流集散点按照性质分为交通枢纽、商业服务行政中心、文教设施、体育设施、旅游景点和中小型工业区等。

城市主要客流集散点的识别一般采用定量与定性分析相结合的方法。其中定量分析主要是基于对全方式OD矩阵的分析,一般选取出行量排序前10%的小区作为主要客流集散点;定性分析则主要是依据城市国土空间(总体)规划来分析主要客流集散点的分布特征,对定量分析结果进行补充。

③ 线网功能等级

不同运量等级的客运走廊需要确定中运量或是大运量的轨道交通系统,而且轨道交通在城市不同地区对城市发展与支持社会经济活动中发挥的功能也不同,轨道网络功能层次划分正是根据这一特点确定轨道线路的服务水平与等级。

根据《城市轨道交通线网规划标准》(GB/T 50546—2018),城市轨道线网分快线和普线两个层次,其中快线按照速度等级划分为快线A和快线B,主要服务于市域和空间较大的中心城区;普线按照运量等级划分为大运量、中运量两个层次,主要服务于城区。城市轨道线网的功能分级和所对应的技术特征指标,见表4-2-1。

城市轨道线网的功能分级和所对应的技术特征指标　　　　表 4-2-1

线网分级		运行速度（km/h）	服务功能
快线	快线 A	>65	服务于区域、市域、商务、通勤、旅游等多种目的
	快线 B	45~60	服务于市域城镇连绵地区或部分城市的城区，以通勤为主
普线	大运量系统	30~35	服务于城区重要组团之间联系
	中运量系统	15~25	服务于城区组团内部联系

（3）线网规划方案形成

线网架构受众多因素的影响，对它们进行归纳和系统分析是保证线网构架科学合理的关键。在规划实践中，由于构架研究是一项综合性很强的工作，许多影响因素难以量化，因此，构架研究坚持定性分析与定量分析相结合、以定性分析为主的研究方法。其基本思路为：初始方案集生成—客流测试—方案评价—推荐线网方案的形成。

目前国内形成了两种较成熟的线网架构的方法：一种是"点、线、面要素层次分析法"；另一种是"以规划目标、原则、功能层次划分为前导，以枢纽为纲、线路为目进行编织"的方法。

①点、线、面要素层次分析法

该方法以城市结构形态和客流需求的特征分析为基础，对基本的客流集散点、主要的客流分布、重要的对外辐射方向及线网结构形态进行分层研究。

"点"代表局部、个性的问题，即客流集散点、换乘节点和起始点的分布。在进行轨道交通线网规划时，将主要的客流集散点连接起来，有助于轨道交通吸引客流，便于居民出行。

"线"代表方向性的问题，即轨道交通客运走廊的布局。客运走廊是分析和选择线路的基本因素。而城市道路网络的布局又会影响线路走向和线网构架形式，所以线的研究重点就是寻找客流主方向及交通走廊，并将城市大客流集散点串联起来。轨道交通线路走向与主方向一致，可增加乘客的直达性，既方便乘客，又提高轨道交通经济效益。

"面"代表整体性、全局性的问题，即线网的结构和对外出口的分布形态。其决定因素包括城市地位、规模、形态、对外衔接、自然条件、土地利用格局以及线网作用和用地、交通需求、线网规模等特征。

其具体研究过程大致可分为以下几个阶段。

第一阶段：方案构思。

根据线网规划范围与要求，分析城市结构形态与客流特征，进行"点""线""面"层次分析，通过现场勘探，广泛搜集资料，从宏观入手对线网方案进行初始研究，构思线网方案。这些方案除有各自的特点外，还有许多共性，成为线网构架方案研究的重要基础。

第二阶段：归纳提炼。

对初始构思方案进行分类归纳后，又经内部筛选提炼，推出其中的部分方案，向各有关单位征求意见，并要求提出补充方案。经过以上"筛选—方案补充—再筛选"的提炼过程，形成基础方案。这次筛选中，保留各种有较强个性的方案，合并共性方案，尽量全面听取各种思路和观点，形成代表不同政策倾向、不同线网构架特征和规模的方案。

第三阶段：方案预选。

以基础方案为基础，以线网规划的技术政策和规划原则为指导，根据合理规模和基本构思要求,进一步选择出几个典型的、不同线路走向和不同构架类型的方案,形成初步预选方案。

第四阶段:预选方案分析与交通测试。

前几阶段的方案深化主要以定性分析为主,从这一阶段开始,需要通过定量分析对方案做进一步论证,用交通模型进行测试,进入定性与定量分析相结合的系统分析阶段。

第五阶段:调整补充预选方案并选出候选方案。

通过分析和测试,预选方案均各自存在优点和不足之处,需要对其进行优化完善。在此基础之上可以对方案进行补充。由于补充方案只是通过定性分析进行的优化,其线网整体性能是否真正得到优化还是未知的。因此接下来对补充方案进行同等条件下的交通测试,进一步以定量分析论证,确认补充方案是优化方案,并推荐为候选方案。

第六阶段:推荐最终方案。

在以上定性与定量分析基础上,采用线网方案评价系统,对预选方案分组评价、排序,推选出优化方案。

② "以规划目标、原则、功能层次划分为前导,以枢纽为纲、线路为目进行编织"的方法

该方法也是采用定性分析与定量分析相结合的方式,注重城市轨道交通对城市发展和土地开发的作用,以交通枢纽为节点,以现有和潜在的客运走廊为骨干,综合考虑城市轨道交通线网的功能层次划分,最终建立以枢纽为核心、功能层次分明的城市轨道交通网络。

这种方法突出了枢纽类客运集散点的地位和作用,具体过程为在基本网络基础上,基于城市的主要客流集散点、规划城市副中心和各级区域中心,确定大型换乘枢纽,并以这些枢纽为基础,在枢纽之间、枢纽与其他地区之间规划轨道线路走向,从而形成城市轨道交通网络。通过这种方法规划的轨道交通网络是围绕交通枢纽而形成的,枢纽"锚固"了轨道线网的走向及形态。具体研究过程中所划分的阶段与"点、线、面要素层次分析法"相一致,所不同的是方案构思的依据侧重点不同。

4)城市轨道交通线网规划方案评价

对规划所获得的轨道交通线网规划方案集,决策者必须从中选择最优方案,做出决策。任何规划的决策最终都归结为方案评价,评价是对线网规划过程和结果的鉴定,评价的好坏直接影响决策的正确性。

在实践中,可以采用层次分析法与模糊综合评价法,根据线网规划要求达到的目标,将目标按层次分解为不同因素,并计算各个不同因素的权重,确定不同规划方案的比较值,最终进行轨道交通线网规划方案的优选。一般而言,评价指标包括:

(1)轨道线网的总长度

是指规划轨道交通线网各条线路长度之和,是宏观评价快速轨道交通静态线网的投入性指标,长度在功能和效果相同的条件下越短越好。

(2)轨道线网所承担的日客运总量

指规划年度轨道线网各线客运量之和,它反映了轨道线网的客运效果和作用。在轨道规模相同的情况下,轨道线网承担的客运量越大越好。

(3)轨道线网所承担的客运量占公交总客运量的比例

轨道交通在大城市公共交通结构中起着骨干作用,轨道线网在城市公交总运量中承担的比例是这种骨干作用的体现。若轨道交通承担客运量比例过低,可能是线网规划不合理、线路单一未形成网,致使客流吸引强度不够或发展轨道交通的必要性不足等。一般认为轨道线网

所承担的公交客运比例应不低于30%。

(4) 轨道线网的直达率和一次换乘率

轨道线网的直达率和一次换乘率是衡量乘客直达程度的指标,也是衡量轨道线网布局合理程度的指标。其值分别为利用轨道出行可以直达目的地的人次占轨道交通线网总出行人次的比例、在轨道线网中需中转换乘一次方能到达目的地的人次占轨道交通线网总出行人次的比例,直达率越高的线网越好。

(5) 线路的负荷强度

轨道线路上的客运量要与其运能相适应,这往往以网络上的线路客流负荷强度来衡量,它是反映运营效率和经济效益的一个重要指标。

(6) 轨道线网平均运距

城市快速轨道交通运量大、速度快,主要承担运送城市主客流方向上的中、远程乘客的任务,可以缩短这部分乘客的乘车时间,并有利于尽可能地吸引客流。轨道线网的平均运距定义为乘客利用轨道交通的走行距离的算术平均值。

(7) 轨道网对地面常规公交负荷量的疏散效果

轨道交通实施后的效果如何,可以通过比较轨道交通建成前后常规公交的负荷水平获得,常规公交的负荷水平体现在公交线路承担客流量的大小。对常规公交疏散效果明显且均匀的线网较好。

5) 城市轨道交通线网实施性规划

规划任何一条城市轨道交通线路,首先必须做到工程上可行,从而使整个规划方案具有可操作性。实施性规划是城市轨道交通线网规划的组成内容,也是线网规划作为交通规划中重要内容的集中体现,主要内容包括车场选址方法、线路敷设方式规划、车站站位及换乘点规划、线网联络线规划、线路建设序列的确定、线网运营规划等。本书在此不展开阐述。

4.2.3 城市轨道交通车站规划

城市轨道交通车站是旅客乘降的场所,也是出行的出发、换乘与终止点,其布设是否合理、换乘方式是否便利直接决定了出行者是否选取乘坐轨道交通。因此,进行合理科学的城市轨道交通车站布局规划和换乘方式设计,对于方便乘客、平衡客流、提高整个城市的客运交通服务水平至关重要。

1) 城市轨道交通车站规划概述

(1) 规划原则

规划城市轨道交通车站时,应充分考虑与城市交通网络、结构布局的协调,使规划出的车站能在城市客运整体化、控制居民出行时间消耗以及优化城市布局等方面发挥有效作用。基于此,在进行轨道交通车站规划时必须遵循以下原则。

原则一:轨道交通车站布局应与城市结构调整意图相匹配

城市轨道交通车站分布对引导城市布局结构调整和完善有重要作用,因此进行轨道交通车站布局规划时应与城市结构调整目标、用地发展方向相协调,以推动城市向区域性、多城镇核心方向发展。

原则二:轨道交通车站分布应与大型客流集散点和交通枢纽分布相一致

合理分布轨道交通车站,实现居民出行的社会总成本最低是轨道交通车站布局规划的目标之一。实践证明,轨道交通车站分布与大型客流集散点和交通枢纽分布相一致时,可以为乘客提供较为便捷的乘车条件,控制居民出行时间消耗,降低居民出行成本。

原则三:轨道交通换乘站规划应考虑居民出行的连续性

换乘站是城市轨道交通系统与其他交通方式衔接的纽带,关系到城市轨道交通系统的吸引力和对乘客的服务水平。在进行换乘站规划时,应尽可能减少换乘次数和换乘时间,保证居民出行的连续性。

原则四:轨道交通车站规划应密切结合城市人文、地理条件

城市的地质、地形、地貌等自然条件会限制轨道站点的规划选址以及站点内部设施的布局形态,并对站点的建筑结构形式产生深远的影响。

站点的规划布局必须遵守国家对历史文物、自然风景区等方面的保护性法规,当站点的选址与之相抵触时必须避让。另外,地面标志性建筑物及地下设施等对站点的选址也有一定的影响,在进行站点布设时也要考虑保护城市人文地理环境不被破坏。

(2)规划主要内容

①根据城市规模及布局、线路长度及沿线人口密度、轨道交通与其他交通方式衔接、站间距要求等,进行城市轨道车站布局规划;

②结合枢纽所在地区域土地的开发性质、集散客流量的大小以及相衔接的客运方式种类和线路数等因素,确定轨道车站的规模和等级;

③考虑线路的修建顺序、交织形式等因素,选择经济合理的城市轨道换乘站换乘方式。

2)城市轨道交通车站布局规划

(1)城市轨道交通车站布局影响因素

一般情况下,影响车站分布的因素有城市规模大小、城区人口密度、城市地貌及建筑物布局、大型客流集散点分布、城市轨道交通路网及城市道路网状况、线路长度、出行需求和对站间距的要求等。

①城市规模大小

城市规模大小包括城市建成区和规划区域面积及人口。城区面积大、人口多、线路上客流量大、乘距长时,轨道交通应以长距离乘客为主要服务对象,车站分布宜稀疏一些,以提高地铁乘客的交通速度;反之,车站分布宜密集些。

②线路长度及沿线人口密度

关于轨道交通线路长度尚无统一标准,一般从几千米到几十千米不等,线路长度在一定程度影响车站布设的疏密程度。根据布设经验,通常短线路适合密集布设轨道车站,吸引短距离出行乘客;长线路则适合稀疏布设轨道车站,吸引长距离出行乘客。

受轨道交通线路走向影响,轨道交通沿线人口密度也不尽相同。人口密度大时,同样吸引范围内发生的交通客流量大,因此车站分布宜密集一些;反之,则应稀疏一些。

③城市地貌及建筑物布局

城市中的江、河、湖、山和铁路站场、仓库区等,人口密度低,甚至无人,轨道交通在穿越这些地区时可以不设站,但若有开发公园条件,则应在主出入口处考虑设站。

④城市轨道交通线网及城市道路网状况

两条城市轨道交通线路交叉时,在其交叉点应设置乘客换乘站;在与城市主干道交叉时,

为了让乘坐城市其他交通工具的乘客方便乘坐轨道交通,也宜设车站。

⑤对站间距的要求

在车站分布数量上,除大型枢纽和换乘站外,其他车站的设置主要取决于居民对站间距离要求,站间距越小,车站数量越多。

(2)站间距的确定

如前所述,站间距越小,车站数量越多,轨道交通造价越高,运营费用越高;反之,站间距越大,乘客步行距离越长,轨道交通客流吸引能力越低,在城市中的作用越弱。因此,车站的间距大小会对乘客出行时间、运营费、工程费以及在城市中的作用等多方面产生错综复杂的影响,应综合考虑、合理确定。

目前,我国在站间距的设定方面尚无统一的标准。当前最为基本的确定车站间距的模型是从乘客角度出发,以乘客总出行时间最短为目标,计算得出合理站间距。

其中,乘客总出行时间公式为:

$$\mathrm{TT} = \frac{T}{F} \times 2 + \frac{L}{D} \times S + \left(\frac{L}{D} - 1\right) \times B + \left(\frac{L}{D} - 1\right) \times \frac{D - A}{V} \tag{4-2-7}$$

式中:TT——乘客总出行时间(s);

　　L——平均每位乘客的在线行程(m);

　　D——平均站间距(m);

　　S——停站时间,包括上车、下车和停站等候时间(s);

　　A——列车在启动加速及制动减速过程中行驶距离(m);

　　B——启动及制动总时间(s);

　　V——车辆运行的稳定速度(m/s);

　　F——乘客平均到站速度(m/s);

　　T——乘客平均到站行程(m)。

对于城市轨道交通系统,其最大运行速度、加速度一定,S、A、B、V 可以确定;对某个具体城市,乘客平均出行距离 L 相对稳定,人的步行速度 F 也相对固定;T 与车站的吸引范围有关,一般取 $D/4$。由此,公式可简化为只有平均站间距 D 一个变量的函数,从而可以确定使总出行时间最短的最优站间距。一般来说,合理站间距为 0.8~1.6km(郊区站间距大一些,为 2~3km及以上)。

(3)车站规模、等级确定

轨道交通车站规模是指车站站台外廓尺寸、层数和车站用房面积的大小等。在进行车站总体布局之前,要确定车站规模。根据《地铁设计规范》(GB 50157—2013),车站的站厅、站台、出入口通道、楼梯、自动扶梯及售检票口等部位的通过能力应按该站超高峰设计客流量确定(超高峰设计客流量为该站预测远期高峰小时客流量或客流控制期高峰小时客流量乘以1.1~1.4超高峰系数)。

在车站等级方面,不同的导则和规范有不同分类方式。其中《城市轻轨交通工程设计指南》和《城市轨道交通运营组织》以日均客流乘降量和/或高峰小时客流乘降量划分轨道交通车站等级,而《城市轨道沿线地区规划设计导则》以交通服务范围及服务能级划分车站等级,见表4-2-2。

城市轨道交通车站分级　　　　　表 4-2-2

《城市轻轨交通工程设计指南》			《城市轨道交通运营组织》	
车站等级	日均乘降量(万人次)	高峰小时乘降量(万人次)	车站等级	高峰小时乘降量（万人次）
特大型站	>100	>10	特等站	>3
大型站	20~100	2~10	一等站	2~3
中型站	5~20	0.5~2	二等站	<2
小型站	<5	<0.5		
《城市轨道沿线地区规划设计导则》				
车站等级	交通服务范围及服务能级			
枢纽站	依托高铁站和机场等大型对外交通设施设置的轨道站点,是城市内外交通转换的重要节点,也是城镇群范围内以公共交通支撑和引导城市发展的重要节点			
中心站	承担城市级中心或副中心功能的轨道站点,原则上为多条轨道交通线路的交会站			
组团站	承担组团级公共服务中心功能的轨道站点,为多条轨道交通线路交会站或轨道交通与城市公交枢纽的重要换乘节点			
特殊控制站	是指位于历史街区、风景名胜区、生态敏感区等特殊区域,应采取特殊控制要求的站点			
一般站	是指上述站点以外的轨道站点			
端头站	是指轨道交通线路的起终点站			

在实际应用中,可以综合考虑轨道交通沿线人口分布密度、轨道线网密度、周边用地性质等因素,结合轨道站交通功能定位、车站所衔接的客运交通方式以及车站集散客流量和换乘客流量大小,划分城市轨道交通车站等级。目前我国部分城市轨道交通车站分级概况,见表 4-2-3。

我国部分城市轨道交通车站分级概况　　　　　表 4-2-3

城市	分级指标	分级标准和分级概况
上海	衔接的城市轨道交通线路数	1. 大型换乘枢纽:3条市区级或2条市域级线路衔接的节点; 2. 换乘车站:2条市区级线路衔接的节点; 3. 一般车站:其他城市轨道交通车站
广州	1. 衔接的交通方式种类; 2. 枢纽所在区域的土地开发类型	1. 客运枢纽站:与大型对外交通枢纽衔接的轨道交通枢纽; 2. 公交枢纽站:位于大型常规公交枢纽、线路衔接处或CBD地区的轨道交通枢纽; 3. 公交换乘站:与一般常规公交枢纽衔接的轨道交通枢纽; 4. 一般换乘站:与常规公交站点衔接的轨道交通枢纽
深圳	1. 衔接的交通方式种类; 2. 枢纽所在区域的土地开发类型	1. 综合换乘枢纽:位于大型常规公交及对外交通枢纽的衔接处或对外口岸、城市主次中心的轨道交通枢纽; 2. 大型换乘枢纽:位于常规公交枢纽衔接处或片区中心的轨道交通枢纽; 3. 一般换乘枢纽:与常规公交站点衔接的轨道交通车站
北京	1. 衔接的交通方式种类; 2. 衔接的城市轨道交通线路数	1. 一级枢纽:与大型对外交通枢纽衔接的轨道交通枢纽; 2. 二级枢纽:轨道交通线路之间的换乘枢纽以及轨道交通与多条常规地面公交线路衔接的换乘枢纽; 3. 三级枢纽:与常规公交站点衔接的轨道交通车站

3) 城市轨道交通换乘站规划

轨道交通换乘站是两条及两条以上轨道线路的交织点,是提供乘客转线换乘的重要地点。乘客通过换乘点的车站及其专用(兼用)的换乘通道设施,实现两条线路之间人流沟通,达到换乘的目的。对于换乘站,合理的换乘方式可以缩短换乘距离、避免换乘客流与进出站客流相互交叉干扰,对提高乘客的换乘服务水平至关重要。

(1) 换乘方式的基本类型

根据乘客换乘的客流组织方式,可将换乘方式分为站台直接换乘、站厅换乘、通道换乘及站外换乘四种基本方式以及组合换乘方式。

① 站台直接换乘

站台直接换乘是指两条线路的乘客不经过站厅或出站,而直接通过站台进行换乘。根据两线站台的作业方式,站台直接换乘可分为站台同平面换乘、站台立体换乘以及交叉节点站台换乘。

a. 站台同平面换乘。

站台同平面换乘一般适用于两条或多条平行线路,而且采用岛式站台的车站。乘客换乘时,由岛式站台的一侧下车,到站台另一侧上车,换乘极为方便。但由于这种换乘方式要求两条线具有足够长的重合段,其中一条线路在建设过程中需要把车站预留线及区间交叉预留处理好,工程量大,线路交叉复杂,施工难度大,因此,这种车站往往需要较大的工程投资和极好的线路间施工协调,比较适用于用地资源较好,建设期相近或同步建设的两条线路的换乘站建设。

双线双岛式站台和双线岛侧式站台,分别如图 4-2-7 和图 4-2-8 所示。这种形式的换乘站最多只能实现两对四方向的同站台换乘,而其他方向均需通过站厅层或者通道换乘。

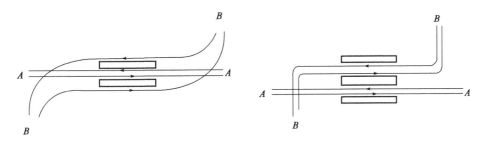

图 4-2-7　同站台同平面双线双岛式换乘站　　图 4-2-8　同站台同平面双线岛侧式换乘站

b. 站台立体换乘(上下平行站台换乘)。

同线路同站台换乘:进入换乘枢纽站的两条线路平行走向,两个车站站台上下重叠设置,一般构成"一"字形组合,站台上下对应,便于布置楼梯和自动扶梯,具体如图 4-2-9 所示。乘客就在同一站台达到换乘目的,或通过楼梯、自动扶梯等到另一车站的站台换乘,两线四个方向均能在上、下层站台完成换乘。

同方向同站台换乘:将两条线路中相同方向的股道布置在同一层面上,保证同方向客流在同一个站台平面内实现换乘,其他方向的客流需通过设处在上下岛式站台之间的梯道或自动扶梯实现换乘,如图 4-2-10 所示。这种形式适用于同方向换乘客流较大而折角换乘客流较小的情况。

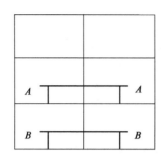
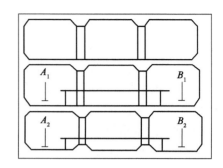

图 4-2-9　同线路同站台换乘　　　　图 4-2-10　同方向同站台换乘

c. 交叉节点站台换乘。

十字换乘：岛式与岛式、岛式与侧式、侧式与侧式呈十字交叉换乘，形成上、下站台一点换乘，后建线路可预留接口，如图 4-2-11 所示。

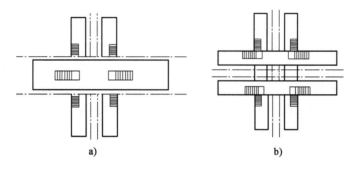

图 4-2-11　十字换乘

T 形换乘：岛式与岛式、岛式与侧式、侧式与侧式呈丁字交叉换乘，一条线路的站台计算长度外延伸段与另一线路的站台计算长度内相交完成换乘，如图 4-2-12 所示。

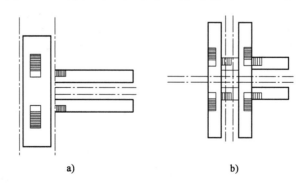

图 4-2-12　T 形换乘

L 形换乘：岛式与岛式、岛式与侧式、侧式与侧式呈 L 字形交叉换乘，如图 4-2-13 所示。

②站厅换乘

站厅换乘是指乘客由一个车站的站台通过楼梯或自动扶梯到达另一个车站的站厅或两站共用的站厅，再由这一站厅通到另一个车站的站台的换乘方式。在站厅换乘方式下，乘客下车后，无论是出站还是换乘，都必须经过站厅，再根据导向标志出站或进入另一站台继续乘车。

由于下车客流只朝一个方向流动,减少了站台上的人流交织,乘客行进速度快,在站台上滞留时间减少,可避免站台拥挤,同时又可减少楼梯等升降设备的总数量,增加站台有效使用面积,有利于控制站台宽度规模。

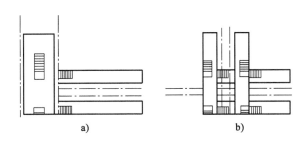

图4-2-13　L形换乘

站厅换乘一般用于相交车站的换乘,它的换乘距离比站台直接换乘要长,在很多情况下,乘客在垂直方向上要往返走行,带来一定的高度损失。站厅换乘方式与站台直接换乘相比,乘客换乘路线通常要先上再下(或先下再上),换乘总高度大。若是站台与站厅之间有自动扶梯连接,可改善换乘条件。

站厅换乘方式是较为普遍的一种换乘方式。站厅换乘站可采用同层并列侧式站台、同层并列岛式站台和下层平行侧式站台形式,如图4-2-14所示。

图4-2-14　站厅换乘

③通道换乘

两个车站之间设置单独的换乘通道供乘客换乘使用称为通道换乘。在两线交叉处的车站结构完全分开,车站站台相距有些距离或受地形条件限制不能直接设计为通过站厅进行换乘时,可以考虑在两个车站之间设置单独的换乘通道来为乘客提供换乘途径。用通道和楼梯将两车站连接起来,供乘客换乘,换乘高差一般为5~6m。连接通道一般设于两站站厅之间,也可以在站台上直接设置。通道换乘站可采用的形式,如图4-2-15所示。

④站外换乘

站外换乘是乘客在车站付费区以外进行换乘,实际上是没有专用换乘设施的换乘方式。一般在以下情况下采用:a.高架线与地下线之间的换乘,因条件所迫,不能采用付费区换乘的方式;b.两线交叉处无车站或两车站相距较远;c.规划不周,已建线未考虑换乘预留,增建换乘设施又十分困难。

站外换乘方式往往是缺少线网规划或其他重大困难无法克服而造成的后遗症。由于乘客增加一次进出站手续,步行距离长,再加上在站外与其他人流混合,因而很不方便。对轨道交通来说,站外换乘方式是一种系统性缺陷,因此在线网规划中应尽量避免。

⑤组合换乘

在现实生活中,往往单一的换乘方式并不能完全解决实际的问题。所以,在换乘方式的实际选择上,往往需要采用两种或者两种以上换乘方式来进行优化配置,合理组合,以更好地实现工程造价低廉、乘客换乘舒适等目标。例如,站厅换乘辅以通道换乘,可以减少预留工程量;同站台换乘辅以站厅或通道换乘,使所有的换乘方向都能实现换乘;等等。典型的组合换乘方式,如图 4-2-16 所示。

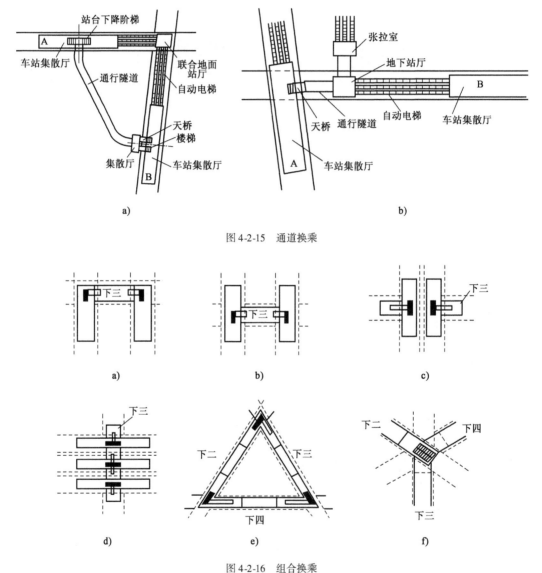

图 4-2-15 通道换乘

图 4-2-16 组合换乘

各种换乘方式的功能特点及优缺点,见表 4-2-4。

轨道交通换乘方式比较   表 4-2-4

换乘形式	功能特点	优缺点
站台换乘	某些方向在同一站台平面内换乘,其他方向需通过通道、楼梯或站厅换乘	换乘直接、换乘量大,部分客流换乘距离较大
站厅换乘	各线共用站厅换乘,或将各站厅相互连通换乘,乘客需各上下一次楼梯	客流组织简单,换乘速度快,但引导标志设置重要

续上表

换乘形式	功能特点	优缺点
通道换乘	通过专用的通道进行换乘	换乘间接,步行距离长,换乘能力有限,但布置灵活
站外换乘	没有设置专用换乘设施,在付费区以外进行的换乘,乘客需增加一次进出站手续	步行距离长,各种客流混合,是由路网规划的系统缺陷造成
组合换乘	同站台换乘、节点换乘、站厅换乘以及通道换乘中两种或两种以上方式的组合	保证所有方向的换乘得以实现

(2)换乘方式的选择

任何换乘站的换乘方式选择都应以满足换乘客流功能需要为第一位,同时还要考虑:
①换乘点上两条线的修建顺序;
②换乘点上两条线路的交织形式和车站位置;
③换乘点的换乘客流量和客流组织方式;
④换乘点的线路和车站的结构形式、施工方法;
⑤换乘点的周围地形条件、地质条件以及城市规划的地面和地下空间开发要求等。
综合考虑上述因素,因地制宜地选择既能充分满足换乘需求,又经济合理的方式。

4.2.4 城市轨道交通车辆选型规划

城市轨道交通车辆选型是界定线路技术标准和线路土建工程量的基础,决定着线路的设计能力和设置配备数量;合理的车辆配备不仅可以控制项目投资,还可以提高企业经济效益和运营服务能力。

1)车辆选型原则

车辆选型需要根据城市的经济状况、客流量、行车密度、线路工程条件、维修保障能力等多因素综合考虑,经过比选得出最优方案,一般应遵循以下几个原则:

(1)满足线路远期高峰客流的运营要求,符合《城市快速轨道交通工程项目建设标准》(建标104—2008)中"各级线路相关技术特征"的规定;

(2)适用于工程线路特征和气候环境条件,减少对沿线环境和景观的影响;

(3)在考虑技术成熟的同时兼顾技术进步,采用一些新技术,并结合我国的国情,选用经济实用、安全可靠和方便维修的车辆;

(4)统筹兼顾,尽可能减少车辆类型,实现线网中车辆、维修设备以及人力资源等的资源共享;

(5)综合功能需求、建设投资和运营成本,选择全寿命周期成本低的车辆;

(6)应符合国家关于城市轨道交通车辆国产化的政策,选择利于实现国产化并且能满足国产化率的车辆。

2)车辆选型方法

目前国内地铁车辆的选配工作思路大致可分为两类。一类是以单条线路为对象进行车辆选型,重点考虑高峰小时最高断面客流量;另一类是以整体轨道线网为对象进行车辆选型,重点考虑车辆选型的一致性。

(1)线路车辆选型

线路车辆选型一般将高峰小时最高断面客流量作为决策因素,兼顾其余辅助因素,综合考虑,决策最终车辆选择方案。具体流程如下:

①按照《城市轨道交通工程项目建设标准》(建标104—2008)的要求,计算各种类型系统运能的参考值。一般采用较多的列车编组下线路输送能力,见表4-2-5。

②根据远期高峰小时最高断面客流量,考虑预留部分运能余量,确定远期系统运能,从表4-2-5中找出与运能匹配的列车车型及编组数量。

③统筹考虑车辆采购价格、供货周期、与轨道交通检修设备的适应性以及资源共享程度等因素,确定车辆选型备选方案。

列车编组、定员与运能参考表　　　　　　　　　　　表4-2-5

车型		列车编组(辆/列)						运量级 (万人次/h)
		2辆	3辆	4辆	5辆	6辆	7辆	8辆	
A	长度(m)			92.0	114.8	137.60	160.4	183.2	高运量4.5~7
	定员(人)			1240	1550	1860	2170	2480	
	运能(人次/h)		27900	37200	46500	55800	65100	74400	
B	长度(m)		58.10	77.65	97.20	116.75	136.30	155.85	
	定员(人)		710	940	1210	1460	1710	1960	
	运能(人次/h)		21300	28200	36300	43800	51300	58800	
Lb	长度(m)	34.04	50.88	67.72	84.56	101.40			大运量2.5~5
	定员(人)	459	701	943	1185	1427			
	运能(人次/h)	13770	21030	28290	35550	42810			
单轨	长度(m)	28.7	42.6	56.5	70.4	84.3			中运量1~3
	定员(人)	316	467	632	797	962			
	运能(人次/h)	7584	11208	15168	19128	23088			
D	长度(m)	28.76		57.52					
	定员(人)	238		476					
	运能(人次/h)	7140		14280					

(2)线网车辆选型

线网车辆选型以整体轨道线网为对象,重点考虑车辆段资源共享线路的车辆编组一致性,目的是为线网内的车辆资源共享提供先决条件。

具体思路为在分析既有及在建线路车辆选型的基础上,以各系统制式设置相同、能相互兼容为原则,考虑地铁服务水平、运能储备合理性以及系统一致性,选择规划线路的车辆类型。

4.3　城市常规公交规划

常规公交具有很强的灵活性和机动性,作为我国城市公共交通系统的中最普遍、最为基础的出行方式,是大部分中小城市公共交通的主体以及大城市、特大城市公共交通的基础。城市常规公交规划是城市综合交通规划的重要组成部分,是解决城市常规公交现状问题和指导未来发展的指导文件,对城市综合功能提升、城市经济、文化事业的发展起着重要的推动作用。

4.3.1 城市常规公交规划概述

1) 规划内容

城市常规公交规划的总体目标是在城市交通发展战略规划的框架下,就常规公交发展的现状问题和未来趋势,系统提出未来的发展策略、规划方案,构建与城市发展相契合、与用地布局相适应、与综合交通系统相协调的公共交通系统。规划主要内容包括:

(1) 城市常规公交线网规划。主要包括客运需求走廊分析、线网功能层次、公交线网布局方案等。

(2) 城市常规公交场站规划。主要包括首末站、中途站、枢纽站和停保场等布局规划。

(3) 城市常规公交车辆规划。主要包括车辆发展规模确定、线路配车数量确定和车辆选型规划。

2) 规划流程

城市常规公交规划可以分为四个阶段,即现状调研阶段、发展定位与需求预测阶段、规划方案制定阶段和近期实施方案制定阶段。

第一阶段:现状调研阶段。根据城市发展规模、用地布局和道路网规划,通过对现状公交的全面调查研究分析,掌握城市常规公交系统各方面既有特征,识别现状存在的问题。

第二阶段:发展定位与需求预测阶段。分析常规公交在城市交通体系中的功能定位,提出城市常规公交的发展目标、发展方向和基本策略;建立客运需求预测模型,进行客运需求分析与预测。

第三阶段:规划方案制定阶段。结合现状存在问题,在客流预测的基础上,根据规划前景、发展阶段及政策环境等,研究制定常规公交线网规划方案、场站规划方案和车辆发展规划,并进行方案评价和优化调整。

第四阶段:近期实施方案制定阶段。考虑土地利用规划等实际情况,确定城市常规公交近期行动目标与重点,拟定近期实施方案。城市常规公共交通系统规划流程,如图4-3-1所示。

4.3.2 城市常规公交线网规划

1) 城市常规公交线网规划概述

城市常规公共交通系统线网规划旨在为城市居民提供安全、高效、经济、方便、舒适的服务,提高公交营运效率,促进公共交通发展。线网规划方案是在多个备选方案的设计、模拟、优化和评价的基础上得到的,核心内容是公交网络的布设。

(1) 规划原则

规划常规公交线网时,应充分考虑以人为本、服务为本的思想,使规划出的线网能够最大程度地满足居民出行需求。基于此,在进行城市常规公交线网规划时应遵循以下原则:

①线路的走向应与主要客流方向相一致,以满足乘客乘车的需要;
②应与城市规划用地布局相协调,与城市道路功能等级和布置形式相适应;
③应综合考虑与其他交通方式的合理衔接,最大限度地减少换乘,使城市居民的公交出行

总耗时最小;

④应考虑公交发展历史和线路的延续性,兼顾、利用现有线路,协调新老线路之间的关系。

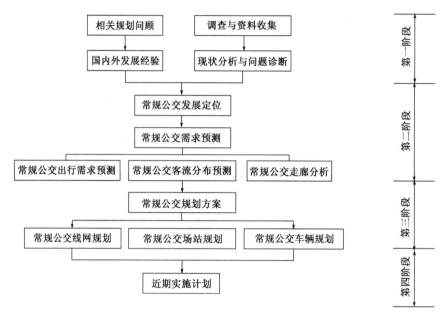

图 4-3-1　城市常规公共交通系统规划流程

(2) 规划影响因素

影响城市常规公交布局的因素是多方面的。一般情况下,在进行城市公交线网布局规划时,主要考虑以下几个方面的因素:

①城市客运交通需求

城市客运交通需求包括数量、分布和出行路径的选择,是影响公交线网规划的首要因素。在一定的服务水平要求下,客运需求量大的区域,要求布置的公交线网客运能力较大。理想的公交线网布局应满足大多数交通需求的要求,具有服务范围广、非直线系数小、出行时间短、换乘率低、可达性高、步行距离短等特点。

②道路条件

对于常规公交线网来说,道路网是公共交通网络的基础,但并非所有的道路都适合公交车辆行驶,要综合考虑道路几何线形、路面条件和容量限制因素。如果道路条件较差,如转弯半径过小、坡度陡长或宽度不足,则不适合公交车辆行驶。可以将所有适合公交车辆行驶的道路定义为公交线网规划的"基础道路网"。当"基础道路网"中有较大空白区时,应对道路网规划提出反馈意见,以确保满足常规公交网络的布设要求。

③场站条件

起(终)点站的位置可作为公交线网布设的约束条件,也可在路线规划后,根据线路配置的车辆数确定起(终)点站及规模;中间站的设置则可根据最优站距和车站间距的限制等情况确定。

④车辆条件

影响线网规划的车辆条件包括车辆物理特征、操作性能、载客指标和车辆数等。考虑其中物理特征和操作性能与道路条件的协调,可以确定公交线网规划的"基础道路网";由车辆总数、车辆的载客能力和线路的配车数可以确定线路总数。车辆总数可作为线网布设的限制条件,也可先布设线网,根据线路配置车辆,得到所需的总车辆数,再考虑数量的限制。

⑤效率因素

效率因素是指公共交通线网单位投入所获得的服务效益,常用的反映服务效益的指标有:每日行驶次数、每次载客人数、每车公里载客人数、每车公里收入、每车次收入、营运成本效益等。它不仅反映线路的运营状况,还反映线路经过地区的客运需求量和路线的服务吸引能力。

⑥政策因素

主要包括交通管理政策、社会公平保障政策和土地发展政策。

(3)规划内容

①常规公交需求预测

获取常规公交需求分布量(OD 矩阵)一般有两种方法:一是根据居民出行调查和城市土地利用状况按"四阶段法"进行预测(详见第 3 章相关内容);二是以线路客流统计为基础,结合公交车 GPS 数据和公交卡刷卡数据进行推算的方法。由于居民出行调查工作量较大,公交系统内部规划和近期规划常常采用后一种方法。

②线网布设

公交线网布设是一个典型的数学优化或网络优化问题。在我国,由于城市发展等原因,常规公交线网的规划和优化一般分开进行。前者旨在建立一个全新的公交线网系统;后者重点在于对现状公交网络的优化调整。以下本节将对这两种模式下的线网布设方法进行具体介绍。

③线网客流预测与评价

城市公交线网客流预测是指将前面预测的城市公共交通需求分布量(OD 矩阵)分配到拟采用的公共交通网络上,确定公共交通网络中每一条公共交通线路的断面客流量及站点上下客流量。城市公交线网评价则是指根据城市的形态及预测的线网客流量,对设计的公共交通网络布局方案进行网络形态及交通质量等多方面的评价。

2)城市常规公交线网规划方法

如前文所述,我国常规公交线网的规划和优化一般是分开进行的。对于线网规划,理论上的研究方法很多,但大多难以在实际工程中操作。在实际应用中,线网规划一般通过两种方法实现,分别为全网最优的规划方法和"逐条布设、优化成网"的规划方法。

(1)全网最优的规划方法

全网最优的规划方法将公交线网布设归结为一个纯线性优化问题,以公交网络客流效益最优为目标,结合众多约束条件,求得最优解即为线网布设方案。由于目标函数复杂、约束条件众多,该方法在实际中应用较为困难,尤其当网络较为庞大时往往难以求解。此外,由于该方法仅从纯数学角度出发,未考虑现状公交线网,因此仅适用于小规模新型城市的常规公交线网规划。

①目标函数

城市常规公交线网规划是一个多目标问题,通常考虑的目标包括:一是为更多的乘客提供服务;二是使全体乘客的总出行时间最小;三是线路/线网的效率最大;四是保证适当的公交线网密度;五是保证线网的服务面积率,减少公交盲区。在这种情况下,确定目标函数有多种方

法,常用的有:

a. 将多个目标合并成为一个目标函数

如采用费用最小的目标函数,一个典型目标形式是在已知固定需求条件下所有乘客的乘车、等车时间费用和车辆运营费用之和最小,即:

$$\min C_R = C_B \sum_{l \in R} \frac{Q_l}{C} l_l + \frac{C_P}{V_r} \sum_{j \in A_l} q_{ij} \cdot l_{ij}^l \cdot \delta_{ij}^l + \frac{1}{2} C_w \sum_{j \in A_l} \left(q_{ij} \cdot \delta_{ij}^l \cdot \frac{C}{Q_l} \right) \quad (4\text{-}3\text{-}1)$$

式中:C_R——公交线网系统的总费用(元/h);

C_B——运营费用单价(元/h);

C_P——乘车时间单价(元/h);

C_w——等车时间单价(元/h);

Q_l——路线 l 的最大断面流量(人);

q_{ij}——节点 i,j 间的公交需求 OD 量;

C——车辆的平均载客能力(人);

V_r——车辆的平均运行速度(km/h);

l_l——线路 l 的长度(km);

l_{ij}^l——线路 l 站点 i,j 间的距离(km);

δ_{ij}^l——经过节点 i,j 的客运 OD 需求量在线路 l 上分配的比例;

R——线路集合;

A_l——线路 l 的节点(站点)集合。

b. 先对一个核心目标求最优解

该方法指先对一个核心目标求最优解,对其他目标以约束条件形式获得可行解,或保留多个最优解,进行多目标决策分析。

c. 对所有目标采用多目标综合决策方法

该方法的思路是对总出行时间、直达率、道路覆盖率、通车密度、OD 客流完成率和公交公司效益最大等六项目标进行规范化,用加权求和的方法评价方案的优劣。

通过对各种形式的目标函数进行分析,并研究相应的规划实例,可知前述各种规划目标是相关的。例如,目标三(线路/线网的效率最大)采用每车公里运送的人公里来表示,意味着:

a. 在需求决定供给的规划模式下(可不考虑目标一),总出行需求量是已知的,提高运营效率意味着必须缩短线路长度(目标二)。

b. 在改变需求的情况下,提高运营效率意味着必须缩短乘客出行时间(即目标二),保证一定的线网密度(目标四),以增大公交竞争力,吸引更多的乘客(目标一)。

目标五可作为约束条件,加入约束集。

可见,线路/线网效率最大是合理的规划目标,则目标函数为:

$$\max E_R = \frac{B_R}{C_R} \quad (4\text{-}3\text{-}2)$$

$$B_R = \sum_{\substack{l \in R \\ i,j \in A}} q_{ij}^l \cdot l_{ij}^l \cdot \delta_{ij}^l \quad (4\text{-}3\text{-}3)$$

或

$$B_R = \sum_{\substack{l \in R \\ i,j \in A}} q_{ij}^l \cdot \delta_{ij}^l \quad (4\text{-}3\text{-}4)$$

$$C_R = \sum_{l \in R} l_l \qquad (4\text{-}3\text{-}5)$$

或

$$C_R = \sum_{l \in R} l_l \cdot \frac{Q_l}{c} \qquad (4\text{-}3\text{-}6)$$

式中：E_R——线网 R 的线路效率；

C_R——线网 R 的系统效益；

B_R——线网 R 的系统费用；

q_{ij}^l——线路 l 上从站点 i 到站点 j 的 OD 客流(通过)量。

②约束条件

公交线网规划的约束条件较多。一般来说，约束条件可分单条线路的约束条件和线网整体的约束条件两类。

a. 单条线路的约束条件

(a) 线路长度约束

公交线路的长度应适中，过长会导致线路客流分布不均匀、运输效率低以及非直线性系数大；线路过短则相应增大了公交车辆的调车转向总时间，降低了公交车辆的使用率和公交车的运营车速，使居民的平均换乘次数增多。据研究表明，公交线路长度与城市的规模、城市居民的平均乘距等因素有关。对特大城市，公交线路长度一般按下式之一确定：

$$L \approx \sqrt{\frac{S}{\pi}} \qquad (4\text{-}3\text{-}7)$$

$$L \approx 2 L_{\text{bus}} \qquad (4\text{-}3\text{-}8)$$

式中：L——公交线路长度(km)；

S——城市市区面积(km^2)；

L_{bus}——城市居民的平均乘距(km)。

对中等城市，一般按下式之一确定：

$$L \approx 2\sqrt{\frac{S}{p}} \qquad (4\text{-}3\text{-}9)$$

$$L \approx 2 L_{\text{bus}} \qquad (4\text{-}3\text{-}10)$$

一般地，取公交线路的线长约束为 5km≤L≤10km。对中小城市而言，下限可适当放宽；对特大城市及明显的带状城市，上限可适当放宽。

(b) 非直线性约束

公交线路的实际长度与空间直线距离之比，为线路非直线性系数。线路的非直线性系数以小为佳，理想值为 1。对一般城市，整体取值以 1.15～1.20 为宜。对单条公交线，应不大于 1.4。

(c) 中转换乘次数约束

乘客的中转换乘次数越少越好，这样可以提高乘客的直达率，减少乘客的公交出行时间；但在实际的公交线网上无法满足任两点之间的公交出行均可直达，换乘是必然的。一般我们考虑单个乘客的换乘次数少于 3 次，整个城市的平均换乘次数小于 1.5。

(d) 单线载客容量约束

$$M_v = \frac{60 C_x M_{xl} X_{cr}}{T_j}, \quad 即 X_{cr} = f(X_c) \qquad (4\text{-}3\text{-}11)$$

式中:M_v——单线载客容量最大值(人次);
C_x——不同车型的客容量,按表4-3-1取值;
T_j——线路的发车间隔(min);
M_{xl}——线路的客流满载率,高峰小时一般取0.85,平峰时取0.6,或根据城市的具体调查和规划要求而定;
X_c——与某条线路重复的最大线路条数;
X_{cr}——线路重复影响系数,当X_c取值0或1时,X_{cr}取1;当X_c取值2或3时,X_{cr}取0.85;X_c取值大于或等于4时,X_{cr}取0.7。

不同车型的客容量值,见表4-3-1。

不同车型的客容量值　　　　　　　表4-3-1

车型	中巴	单节公交车	铰接公交车	中巴+单节公交车	中巴+铰接公交车
客容量(人次)	26	72	129	58	98
备注	—	—	—	30%的中巴 70%的公交	30%的中巴 70%的铰接公交

(e)线路断面满载率修正与断面客流不均衡系数约束

满载率为实际断面客流与线路最大客流容量之比。单条公交线路的满载率限制,一般情况下以0.65~0.85为宜,线路的两端可适当降低。线路断面客流不均衡系数定义为该线路最大断面的客流量与线路平均断面客流量的比值,即:

$$b_n = \frac{\max V_k}{V_v} \quad (k=1,2,3,\cdots,m) \tag{4-3-12}$$

$$V_v = \sum_{k}^{m} L_k V_k / \sum_{k=1}^{m} L_k \quad (k=1,2,3,\cdots,m)$$

式中:b_n——线路断面客流不均衡系数;
V_k——线路的第k个断面的客流量(人次);
V_v——线路的平均断面客流量(人次);
L_k——第k个断面的长度(km)。

一般情况下,取$b_n < 1.5$。

(f)线路站距约束

公交线路的站距不宜过长或过短:过长,乘客步行到站、步行离站到目的地的时间增加,换乘不方便;过短,停站多,会导致车速下降,延长公交出行时间,浪费车辆动力。

公交站距的大小受到道路类型、交叉口类型及间距、交通管制措施等的影响。因此,站距的大小不是绝对的,即使一条公交线上,站距的大小也是不同的。根据《城市道路公共交通站、场、厂工程设计规范》(CJJ/T 15—2011),公交车站的间距宜在500~800m,其中,城市中心区站距宜取下限值,外围地区站距宜取上限值。

b.线网整体的约束条件

公交线网的约束条件除考虑对单条线路的综合约束外,还应考虑线网密度、乘客换乘系数、线网的车站服务面积率、居民出行时耗、车辆保有量等指标。

(a)线网密度

公交线网的密度是指城市有公交线路服务的每平方公里用地面积上有公交线路经过的道路中心线的长度,它反映了居民接近线路的程度。常规公交保有量一定时,公交线网密度过高或过低,都会造成非车内出行时间(候车时间与步行时间)的增加,公交线网密度在2.5km/km²左右时,非车内时间最短,如图4-3-2所示;当线路发车间隔固定时,候车时间接近常数,线网密度可增至4km/km²,但增加线网密度必须增加常规公交保有量,否则候车时间增大。

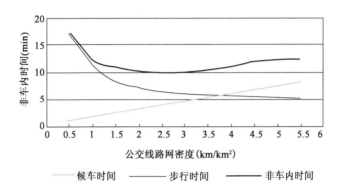

图4-3-2 公交线网密度和非车内出行时间

一般来说,线网密度宜符合:

$$\beta_{\min} = \begin{cases} 3 \sim 4 \text{km/km}^2 & (\text{市中心区}) \\ 2 \sim 2.5 \text{km/km}^2 & (\text{市边缘区}) \end{cases} \quad (4\text{-}3\text{-}13)$$

(b)乘客换乘系数

一般情况下,城市居民单程出行的换乘次数不超过3次。对于不同规模的城市,换乘次数宜符合以下要求:

$$\bar{X} \leq \begin{cases} 1.5 & (\text{大中城市}) \\ 1.3 & (\text{中,小城市}) \end{cases} \quad (4\text{-}3\text{-}14)$$

(c)线网的车站服务面积率

$$\gamma_R = \frac{S_R}{S} \geq \gamma_{\min} \quad (4\text{-}3\text{-}15)$$

式中:γ_R、$\gamma_{\min}$——线网 R 的车站服务面积率和最小允许服务面积率;

S_R——线网 R 的常规公交站服务面积(km²);

S——城市用地面积(km²)。

常规公交站的服务范围一般是指车站合理步行区范围,与居民出行点的分布和通向车站的道路路径有关,一种简化的考虑方法是:以车站为圆心,以合理步行距离(服务半径 R_s)画圆,圆面积即为车站的服务面积。《城市综合交通体系规划标准》(GB/T 51328—2018)规定,对于规划城市人口50万人及以上的城市,城市公共汽(电)车站点服务覆盖范围,以300m 半径计算,不应小于规划城市建设用地面积的50%。

(d)公交出行时耗

$$T \leq T_{max} \tag{4-3-16}$$

式中:T——城市中85%的公交出行时间最大值;

T_{max}——城市中85%的公交出行时间上限。

根据《城市综合交通体系规划标准》(GB/T 51328—2018),不同城市人口规模与公交出行时间最大值的对应关系,见表4-3-2。

不同规模城市公共交通单程出行时间控制要求 表4-3-2

规划城市人口规模(万人)	85%的全目的公交出行时间最大值(min)	85%的通勤公交出行时间最大值(min)
≥1000	50	60
500~1000	45	50
300~500	40	45
100~300	35	40
50~100	30	30
≤50	25	

(e)常规公交车辆保有量

按《城市综合交通体系规划标准》(GB/T 51328—2018)的要求,对于规划城市人口规模100万人及以上的城市,单位标准车万人拥有量不应小于12标台/万人;规划城市人口规模50万~100万人的城市不应小于10标台/万人;规划城市人口规模小于50万人的城市不宜小于8标台/万人。对于旅游城市和其他流动人口较多的城市,此标准可适当提高。

总之,线网规划中需考虑的约束条件很多,其中对单条线路的约束一般在逐条布线的过程中对每一线路考虑,对线网整体的约束则需在线网形成或线网客流预测后(即在评价过程中)考虑。

(2)"逐条布设、优化成网"的规划方法

"逐条布设、优化成网"是一种简便实用的公交线网优化方法,在工程实践中应用最为广泛,且在此之后的学者大多以此方法为基础进行研究。该方法的原则是以直达乘客量最大为主要目标(即换乘次数最少、运送量最大),通过分析备选线路的起终站点位置及客流分布,确定线路的最佳配对及各线路的最佳走向。"逐条布设、优化成网"法总流程,如图4-3-3所示。

具体规划步骤如下。

步骤一:确定规划目标及约束条件

在"逐条布设、优化成网"方法中,规划的主要目标为以直达乘客量最大(即换乘次数最少、运送量最大),同时兼顾线路分布均匀、客流分布均匀等原则;约束条件的考虑则与"全网最优"的规划方法相一致,诸多约束条件在线网布设过程中或在最后的流量检验、线网调整过程中考虑。

步骤二:确定备选线路起终站点

在"逐条布设、优化成网"法中,备选线路起终点站的确定非常重要,主要包括各交通小区设线路起终点站的需求分析和备选线路起终点站的位置确定两部分。

城市中交通小区内是否有必要设起终站点要看区内总的发生量或吸引量是否大于某一个设站标准。一般交通小区内的发生量、吸引量超过该交通小区内公交线路中间站点的运载能力时,仅靠中间站点不能运载这些发生量、吸引量,则应在对应交通小区设置线路的起终点站,以增加运载能力。因此,可取交通区中间站点的运载能力大小为起终点站的设站标准,当某交通小区的发生量或吸引量超过该值时,需设起终点站。

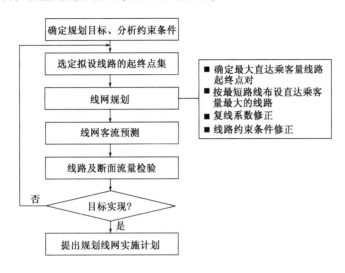

图4-3-3 "逐条布设、优化成网"法总流程图

一个中间站点的运载能力为:

$$C_0 = 60 \frac{B}{t_i} \tag{4-3-17}$$

式中:C_0——一个中间站的运载能力(人次/高峰小时);

B——高峰小时平均每车从中间站点搭载的乘客数;

t_i——高峰小时发车间隔(min),取 $2 \sim 5$min。

若某城市高峰小时单向一个中间站点的每车上(下)乘客数平均为10人,一个中间站点双向的上下乘客数为20人,即一个中间站点每车能送走20人或运进20人,$B = 20$人。考虑一定的服务水平储备,可取 $B = 15$ 人,故 $C_0 = 180 \sim 450$ 人次/高峰小时。交通小区中间站点的总运载能力(或设站标准)为:

$$C = C_0 N \tag{4-3-18}$$

式中:C——交通小区中间站点的运载能力;

N——交通小区内中间站点个数。

交通小区的中间站点个数可根据公交线网密度及各交通区的出行量相对大小确定。

全规划区的站点个数为:

$$N_0 = \frac{\rho S}{d} \tag{4-3-19}$$

式中:N_0——全规划区的站点数;

ρ——公交线网密度(km/km²);

S——规划区面积(km²);

d——平均站点间距(km)。

在实际工程实践中,城市公交线网密度一般取 $\rho = 2.5 \sim 3$km/km², $d = 0.55 \sim 0.65$km。

公交线路的站点在规划区内各交通小区的分布是不均匀的,根据各交通小区的出行量大小、交通小区面积及线路分布情况而定。在公交线路尚未确定之前,可根据出行量的大小确定各交通小区的公交线路站点个数。

$$N_i = \frac{N_0 T_i Z_i}{T \bar{Z}} \tag{4-3-20}$$

式中:N_i——交通小区的站点个数;

T_i——交通小区的总公交乘客发生量或吸引量;

Z_i——交通小区的面积(km^2);

T——全规划区的总公交乘客发生量或吸引量;

$\bar{Z}$——全规划区中小区的平均面积。

公交中间站点个数还可以根据每个小区的线网密度和站距大小来设置,即:

$$N_i = \frac{\rho_i Z_i}{D_i} \tag{4-3-21}$$

式中:ρ_i——第 i 个交通小区的公交线网密度,市中心商业区可取 $\rho=4\sim5km/km^2$,近郊地区可取 $\rho=2\sim3km/km^2$,一般地区可取 $\rho=3\sim4km/km^2$;

Z_i——第 i 个交通小区的面积(km^2);

D_i——第 i 个交通小区公交线路平均站距,市中心商业区可取 $d=0.3\sim0.5km$,近郊地区可取 $d=0.6\sim0.8km$,一般地区可取 $d=0.5\sim0.6km$。

当某交通小区的总发生(吸引)量 T_i 超过它的中间站点运载能力 C 时,需设置起终站点,一个起终站点的运载能力为:

$$C_{od} = \frac{60Rr}{t_i k} \tag{4-3-22}$$

式中:C_{od}——一个起终站点的运载能力;

R——公交车额定乘客数;

r——高峰小时满载率,取 $r=0.8$;

k——线路上最大断面流量与起点站后断面或终点站前断面的流量之比,$k=1.5\sim2.0$。

由上式可得,一个起终站点每小时的运载能力在 750 人左右。设某区的总发生量(或吸引量)T_i 与它的中间站点运载能力 C 之差为 T',则当 $(k-0.5)C_{od} < T' \leq (k+0.5)C_{od}$ 时,该交通区需设立 k 个起终点站。

除上述根据客流量设站之外,起终站点还应根据实际要求确定。对于某些特殊地区,如车站、码头、风景区、居民生活小区等,为满足乘客的出行需要,方便居民生活,即使总发生(吸引)量未达到设站标准,也可考虑设公共交通线路的起终点站。此外,由于公交线路通常为双向线路,某点为某线路的起终点站,则它必为另一方向该线路的终点站,故起终点站的个数应为双数,以便形成双向线路,而双向线路的条数为起终点站个数的一半。

步骤三:构成公交优化网络

确定了拟设线路的起终站点后,即可对起终站点进行配对,以构成公交线网。不同的起终点站配对,能构成不同的公交线路,不同的线路能运送不同的直达乘客量 Z_{ij}(不需要换乘的公交乘客量)。为了使全服务区总的换乘次数最少,在设置公交线路时,应以直达乘客量最大为目标。

各起终点对的直达乘客量 Z_{ij}，在线路的设计中起着关键性的作用。直达乘客量 Z_{ij} 与线路的走向有关。为了使全服务区内乘客总乘行时间(或距离)最短，在确定各备选线路的最佳走向时，以两点间线路最短为目标，即每一起终点对之间的最短路线均被作为拟设线路的备选方案。这里的最短路线是广义的，不一定是长度最短，通常采用的是行驶时间最短。

若全规划区有 n 个起点与终点站，则备选的线路有 $n \times n$ 条，每条备选线路均取最短路线作为最佳走向。走向确定后，将 O 点、D 点均在该线路上的乘客 OD 量，作为该备选线路不需换乘的直达乘客量 Z_{ij}，每一备选线路均有与其相对应的直达乘客量。

公交网络中的线路按以上原则逐条设立。在 n 条备选线路中，取直达乘客量最大的那一条为公交优化网络中的线路，并按其最短路线布设该线路。

某一条优化线路确定以后，应从原来的乘客 OD 矩阵中减去该线路所能运送的乘客 OD 量，并从起终点集中除去已设线路的起终点号，对已设线路上的行驶时间进行复线修正，以避免在以后设线时多次重复该线路。对留下的起终点集及修正后的乘客 OD 矩阵，重复上述过程，即重新确定直达乘客量最大的线路并布设，直至把 n 条优化线路全部布设在网络上为止。

按"逐条布设、优化成网"的方法确定的公交优化线网，其线路走向与客流方法基本一致，并能保证全服务区的换乘次数最少。在定线过程中，通过采取一系列的限制、修正措施，基本上能满足前面提到的全部目标。

下面以图 4-3-4、表 4-3-3 所示网络为例说明该方法的具体执行过程。某区域的交通分区及道路网络，如图 4-3-4 所示。网络中数据为公交车行驶时间，乘客 OD 量，见表 4-3-3。

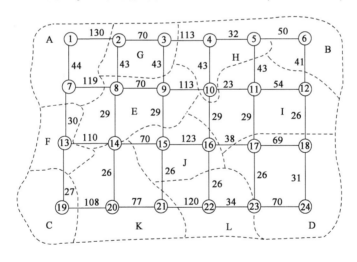

图 4-3-4 某区域交通分区与道路网络示意图

公交乘客 OD 量表 表 4-3-3

OD	A	B	C	D	E	F	G	H	I	J	K	L	Σ
A		81	347	501	763	347	201	39	112	31	142	23	59	2646
B	357		32	491	801	377	108	51	67	39	80	28	77	2508
C	511	501		81	691	401	111	62	73	62	96	33	41	2663
D	758	799	701		34	701	231	128	141	72	121	39	103	3828
E	350	381	421	684		38	111	38	47	62	58	41	80	2311

续上表

OD	A	B	C	D	E	F	G	H	I	J	K	L	Σ
F	202	108	123	241	128	21	41	32	16	81	34	56	1083
G	41	50	52	132	40	39	18	28	13	16	21	60	510
H	108	70	67	150	41	36	27	16	14	18	28	30	605
I	38	40	61	61	58	18	14	15	16	21	28	29	399
J	150	79	101	128	73	79	15	19	20	17	29	41	751
K	28	30	23	42	39	41	20	28	25	28	19	21	344
L	61	80	39	113	79	50	51	25	27	39	24	19	607
Σ	2685	2517	2661	3840	2322	1046	504	603	397	717	347	616	18255

① 备选线路的最佳走向及直达乘客量

要确定起终点之间的最佳配对，关键在于确定各起终点之间配对后的直达乘客量 Z_{ij}，而 Z_{ij} 与线路走向有关。

在设置第一条线路时，由于网络中尚无其他线路，无须进行行驶时间的复线修正，路段行驶时间可取长度除设计公交运行车速的比值，各起终点对之间的最佳走向取其行驶时间最短的线路。其起终点间的线路走向确定后，将 O 点、D 点均在该线路上的乘客 OD 量作为该起终点对不需换乘的直达乘客量 Z_{ij}。

本例中，各备选线路起终点间的最短路线，见表4-3-4。各备选线路直达乘客量矩阵 Z_{ij}，见表4-3-5。

各备选线路起终点间的最短路线 表4-3-4

起终点交通区号	最短线路节点号	起终点交通区号	最短线路节点号
A—B	1-2-3-4-5-6	B—D	6-45-18-24
C—D	1-7-13-19	B—E	6-5-4-3-2-8
A—D	1-7-13-14-15-21-22-23-24	C—D	19-20-21-22-23-24
A—E	1-7-8	C—E	19-20-14-8
B—C	6-5-4-3-2-8-14-20-19	D—E	24-18-12-11-10-9-8

各备选线路直达乘客量矩阵 Z_{ij} 表4-3-5

起点区号	终点区号				
	A	B	C	D	E
A	81	646	825	1825	347
B	651	32	1775	801	603
C	824	1801	81	941	473
D	1794	799	929	34	831
E	347	614	482	807	38

② 直达乘客量矩阵的修正

a. 线路长度限制修正。

如前文所述，公交线路不宜过长或过短。根据城市实际情况，对所确定的各备选线路进行筛选。若备选线路的长度大于最长限制距离或小于最短限制距离,则该起终点间不设线路,取 $Z_{ij}=0$ 或 $Z_{ij}=-M$,M 为一正数。

本例中,交通小区 A 和 E 的作用点很近,其距离小于最短限制距离,故 A 和 E 之间不设线路,取 $Z_{AE}=Z_{EA}=0$。

b. 避免自相配对修正。

同一交通节点不能成为同一条单向线路的起点终点(暂不考虑环线),即应避免同一交通节点的自相配对。因此,必须令 $Z_{ii}=0$ 或 $Z_{ii}=-M(i=1,2,\cdots,n)$,其中 M 为正数。

c. 一区设多站修正。

当某些区的出行量特别大时,往往需设置多个起终点站,此时,直达乘客量矩阵中,相应区的起点行、终点列要重写,重写次数等于该区起终点个数。如在上面例子中,由于 D 区需设两个起终点站,即需有两条线路始于 D 区,故直达乘客量表中 D 区所对应的行与列需双写。

经过上述修正后,得到修正后的直达乘客量矩阵,见表 4-3-6。

修正后的直达乘客量矩阵 表 4-3-6

起点区号	终点区号				
	A	B	C	D	E
A	0	646	825	1825	0
B	651	0	1775	801	603
C	824	1801	0	941	473
D	1794	799	929	0	831
E	0	614	482	807	0

③规划线路的布设

在经过各种修正的直达乘客量矩阵中,计算各备选线路中的最大直达乘客量 $Z_{ij}+Z_{ji}$ 值,并确定最大值 $[Z_{ij}+Z_{ji}]_{max}$,取该最大直达乘客量所对应的备选线路为公交网络中的线路,在线网中按其最短路线布设该线路。

在本例中,$Z_{AD}+Z_{DA}=3619$,为各备选线路中的最大直达乘客量,故取 A→D、D→A 为公交线路,并按其最短路线 1-7-13-14-15-21-22-23-24 布线。

④乘客 OD 矩阵的修正

根据 $[Z_{ij}+Z_{ji}]_{max}$ 设置公交线路 $[i,j]$ 后,该线路可运送一部分客流 OD 量,故原乘客 OD 矩阵中应减去被该线路运送的 OD 量。乘客 OD 矩阵的修正按以下方法进行。先将 O 点、D 点均在该线路上的 OD 量全部分配在该线路上,并计算每一断面的总流量(包括已存在的流量)及每一断面的运载能力。若每一断面的运载能力均大于断面流量,则起终点均在该线路上的 OD 量全部被该线路运送,从 OD 矩阵中减去各 OD 量。若某些断面的运载能力小于断面总流量,则该线路只能运送部分 OD 量,需先计算 OD 量留剩量,然后从原 OD 矩阵中减去被运送部分的乘客 OD 量。

a. 线路运载能力计算。

公交线路的运载能力取决于公交线路的停靠能力,可按下式计算:

$$C_1 = R \cdot r \cdot N_i \cdot i \cdot K_i \tag{4-3-23}$$

式中:C_1——路段运载能力(人次/高峰小时);

R——公交车额定乘客数；

r——公交车辆满载率,取 $r=0.8$；

N_i——只设一个同名站点的设计停靠能力(单节车:110 辆/h;铰接车:75 辆/h)；

i——同名站点的个数；

K_i——同名车站点的利用系数($i=1$ 时,$K_i=1.0$;$i=2$ 时,$K_i=0.8$;$i=3$ 时,$K_i=0.7$)。

在"逐条布设、优化成网"的公交优化算法中,公交线路是逐条布设的,一条线路只能有一个同名站点,即 $i=1$,$K_i=1$。

由上式计算的线路运载能力,包括了一部分换乘乘客,不全是直达乘客。因此,线路运载直达乘客量的能力,应从上式中扣除换乘乘客量,即乘以不换乘比 B_w。因此,仅包括直达乘客的单条公交线路的运载能力为：

$$C = R \cdot r \cdot N_i \cdot i \cdot K_i \cdot B_w \tag{4-3-24}$$

式中：B_w——不换乘比；

其他符号意义同前。

在计算直达乘客的线路运载能力时,需先确定不换乘比,而不换乘比与公交网络有关。在网络尚未确定前,不换乘比是未知的,此时,可根据现状的调查结果代替,待网络确定后,重新计算不换乘比,若两者相差很大,则采用计算的不换乘比重新进行线网规划,直至两者比较接近。

b. 线路断面流量计算。

设在网络中已有若干条线路存在,V_{kl} 为断面 $[k,l]$ 上已存在的乘客断面流量。在第一次设线时,网络中尚无线路,$V_{kl}=0$。根据 $[Z_{ij}+Z_{ji}]_{max}$ 设立了一条公交线路后,可将 O 点、D 点均在该线路上的 OD 量分配在该线路上,并计算新增加的断面流量 Q_{kl}。

c. OD 留剩量的确定。

由于断面的流量是由经过该断面的所有 OD 量所产生的,故当该断面超载时,经过该断面的所有 OD 量均有留剩。

在各个站点,每一个乘客都有相同的上车权利,同时也有相同的可能被留剩,所以通过超载断面 $[k,l]$ 的 OD 点对在该断面上的留剩量可按下式计算：

$$T_{ij}^{1kl} = \frac{\Delta C_{kl} \cdot T_{ij}}{\sum T} \tag{4-3-25}$$

式中：T_{ij}——OD 点对 (i,j) 的 OD 量；

$\sum T$——通过超载断面的所有 OD 点对的 OD 量之和；

ΔC_{kl}——超载断面 $[k,j]$ 上的超载量。

$$\Delta C_{kl} = V_{kl} + Q_{kl} - C_2 \tag{4-3-26}$$

式中：V_{kl}——超载断面 (k,l) 上已存的流量；

Q_{kl}——超载断面 (k,l) 上新加的流量；

C_2——线路运载能力。

每一 OD 点对在它所经过的每一超载断面上均有相应的留剩量,为了保证全线路各断面均不超载,每一 OD 点对的留剩量取它在线路上各断面留剩量的最大值,即：

$$T_{ij}^1 = \max[T_{ij}^{1kl}] \tag{4-3-27}$$

式中：T_{ij}^1——OD 点对 $[i,j]$ 在线路上的留剩量。

那么，被该线路运送的 OD 量 T_{ij}^2 为：

$$T_{ij}^2 = T_{ij} - T_{ij}^1 \tag{4-3-28}$$

不经过超截断面的 OD 留剩量为零。在本例中，各断面流量均小于断面运载能力，故各 OD 量的留剩量均为零。

d. 乘客 OD 矩阵的修正。

每一 OD 点对的留剩量确定后，便可用上述两式计算被该线路运送的及留剩的 OD 量。在原乘客 OD 矩阵中，减去被该线路运送的 OD 量，并将被运送的 OD 量分配在该线路上，重新计算断面新增加流量 Q_{kl}。此时，各断面的总流量 $V_{kl} + Q_{kl}$ 均小于相应的运载能力，将新增流量 Q_{kl} 加入原断面流量 V_{kl}，并储存，作为下一条线路设置时的已有断面流量值。

e. 复线系数及运行时间修正。

一条公交线路设立后，为尽可能避免在以后设立线路时与此重复，应引进复线系数 K_0。研究表明，公交线路在主干路断面上的复线条数最大不宜多于 8 条，最好不多于 5 条。复线条数过大，会造成线路过分集中，出现公交空白区，并使得线路断面流量超过线路的断面停靠能力。因此，在已设有线路的断面上，应对行驶时间进行修正，通常的做法是乘上复线系数 K_0（$K_0 > 1$）。复线系数 K_0 与已设的断面复线条数 m 有关，复线系数选取过小仍有可能出现线路过分集中的现象，起不到复线控制作用；复线系数选取过大可能会出现线路过分曲折，增加乘客的乘行距离。在实际工作中，可根据实际的布线情况进行调整。复线系数建议值，见表 4-3-7。

复线系数建议值 表 4-3-7

复线条数 m	0	1	2	3	4	5	6
复线系数 K_0	1	1.25	1.56	1.95	2.44	3.05	3.81

f. 全规划区乘客不换乘比的确定。

公交线网确定后，便可确定该网络的实际不换乘比。公交网络乘客不换乘比按下式计算：

$$\text{不换乘比} = \frac{\text{各线路直达乘客量总和}}{\text{全规划区乘客 OD 量总和}} \tag{4-3-29}$$

若计算的不换乘比与采用的不换乘比相差较大，则应以计算的不换乘比重新进行前述网络设计，直至采用的不换乘比与计算的不换乘比接近为止。

步骤四：断面流量检验

在前述的线网规划方法中，线路是逐条布设的，不可能考虑各条线路的客流相互吸引问题。公交线网确定以后，各交通小区之间的公交乘客 OD 量将按已确定的公交线网出行，分配到每一条公交线路上，且各条线路间相互吸引。因此，网络确定后各条线路的实际吸引客流量与之前逐条计算的线路断面流量有差异，需重新对全网乘客 OD 量进行分配及对线路各断面的流量进行检验。

常用的检验指标包括路段不均匀系数和方向不均匀系数。对于路段不均匀系数 K_1，一般要求 $0.5 \sim 0.7 < K_1 < 1.3 \sim 1.5$；对于方向不均匀系数 K_2，一般要求 $K_2 < 1.2 \sim 1.4$。如果路段不均匀系数、方向不均匀系数远远不能满足要求，则应重新调整方案；若满足要求，则可根据实际情况进行公交线网规划方案的调整，输出规划的公交线网。

3) 城市常规公交线网优化方法

采用前述的公交线网规划方法,能建立一个全新的公交线网系统,这对于新建城市的公交规划来说,无疑是合理的。但在进行旧城市的交通规划时,一般已有一个初具规模的公交线网系统,否定原有网络中的所有线路而建立一个全新网络,不易实现。在这种情况下,采用公交线网优化方法可以通过部分改变现状线网实现对现有公交线网的提升,促使整个城市的公交线网分布均匀、客流分布均匀、线路负载率大,减少城市中的公交盲区,从而达到整个交通系统高效率、低成本、可持续发展的效果。

(1) 线网优化思路

城市常规公交线网优化调整一般采用"由主及次、分层优化;关联调整、衔接成网"的策略,其基本流程是线路分级—线路筛选—逐步优化,如图 4-3-5 所示。其主要步骤包括:

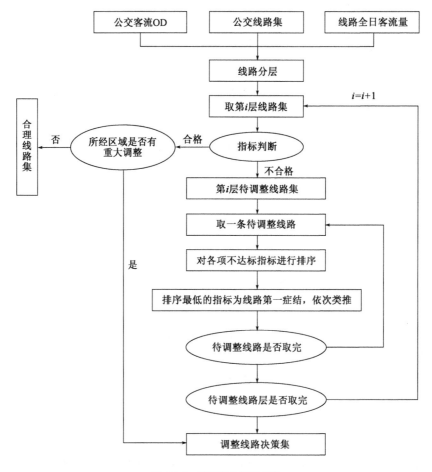

图 4-3-5 线网优化调整思路

① 对现状公交线网进行合理分级(一般分为主干线、次干线和支线),在此基础上对每条线路就相关指标(详见公交线路约束条件)进行现状诊断分析;

② 根据现状评价结果,结合线路等级,采取相应的单条线路调整方法,然后在此基础上进行线网调整优化;

③ 从线网和线路两个层面对优化方案进行评价,并根据评价结果对方案进行调整。

(2)线路调整方法

在进行现有公交线网的优化调整时,对于走向与客流方向基本一致、能运送较大直达乘客量的线路一般予以保留,对客流过小、运营效益较差的线路予以取消,并对其他存在线路重叠、绕行过多、效益不佳、过于拥挤、线路过长、运行不可靠等问题的线路进行调整,常用的调整方法有以下几种。

①调整通道、降低重复

对于重叠较长的两条线路,在两条线路重叠路段均不饱和的情况下,可以考虑对其中一条线路进行走向调整,一方面降低重复系数,提高线网服务范围,另一方面改善线路运营效益,如图4-3-6所示。

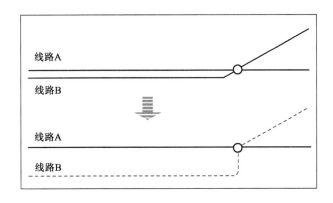

图4-3-6 公交线路常用优化方法1——调整通道、降低重复

②裁弯取直、配套支线

该方法适用于非直线系数较高的线路。通常对于非直线系数高于评价标准的线路,局部路段上下客流量较少时,可以考虑对线路进行取直,减少线路的不合理绕行,提高运行效率和效益。同时,需要考虑原有线路经地区的公交出行,尽可能利用其他线路代替,或者新建支线来代替,如图4-3-7所示。

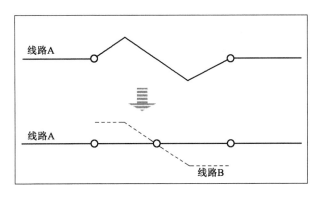

图4-3-7 公交线路常用优化方法2——裁弯取直、配套支线

③线路延伸、服务新区

对于新建地区,可以通过适当延伸周边已有的线路不长、客流较少的线路,提升其通达性,提高公交服务范围。此外,对于两条公交线路,如线路A长度适中,可考虑将线路A适

当延伸,进一步强化其功能,同时调整第二条公交线路,加大线网覆盖范围,如图4-3-8所示。

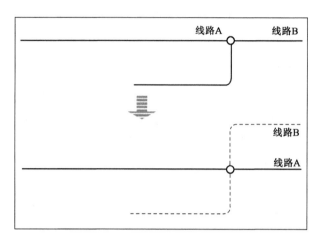

图4-3-8 公交线路常用优化方法3——线路延伸、服务新区

④取消线路、节约运力

当公交线路稳定后客流过小、运营效益较差时,以及走廊内两公交线路重叠比例过高,而两条线路平均满载率又较低时,可以将客流小、效益不佳的线路取消,通过采取其他线路换乘或者设置支线的方式满足出行服务,如图4-3-9所示。

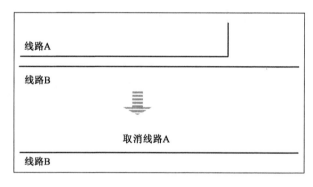

图4-3-9 公交线路优化方法4——取消线路、节约运力

在实际应用中,一般运用上述方法对既有公交线路进行优化,优化完成后对优化结果进行评析,对于仍未解决的问题或仍存在的公交盲区布设新的公交线路,以提升公交覆盖面、引导及培育客流、适应城市发展。

4.3.3 城市常规公交场站规划

城市常规公共交通系统场站是城市的重要基础设施,属于城市公用事业的重大投资建设项目,对于城市各方面的影响较大。城市常规公共交通系统场站规划是城市常规公共交通系统规划的重要组成部分,决定着常规公共交通系统的协调性。规划主要包括对公交首末站、中途站、枢纽站及停保场四种类型场站的规划,规划过程应当与城市公共交通发展规模相匹配、与城市土地利用相协调。

1) 城市常规公交首末站规划

常规公交首末站的主要功能是为线路上的公交车辆在开始和结束营运、等候调度以及下班后提供合理的停放场地。它既是公交站点的一部分,也可以兼具车辆停放和小规模保养的用途。常规公交首末站规划主要包括首末站的位置选择、规模确定以及设置形式选择等几方面内容。

(1) 首末站布局规划

常规公交首末站的选址是公交线网规划的重要约束条件,可在公交路线确定后根据线网规划方案确定。

①布局原则

a. 应与城市道路网的建设及发展相协调,选择在紧靠客流集散点和道路客流主要方向的同侧;

b. 宜靠近人口比较集中、客流集散量较大而且周围留有一定空地的位置,如居住区、火车站、码头、公园、文化体育中心等,使大部分乘客处在以该站点为中心的服务半径范围内(一般350m,最大距离不超过700~800m)。

c. 应充分考虑现有首末站用地、设施,以节省投资,易于实施,并要根据城市土地的开发逐步完善,以体现规划的稳定性和延续性。

②布局方法

常规公交首末站布局规划的重点在于确定哪些区域需要设置公交首末站,即需要确定公交首末站的设置条件。因此,布局方法研究的重点在于研究公交首末站设置条件的确定方法。现有的布局方法主要有两种,一是按客流量设置首末站的方法,二是按建筑规模配建首末站的方法。两种方法均以公交需求为出发点,具有较强的借鉴意义。

a. 按客流量设置首末站的方法。

这一方法在前文介绍"逐条布设、优化成网"的公交线网规划方法时曾叙述过,该方法的核心内容即认为当某一交通小区高峰小时的总发生量或总吸引量大于某一设站标准时,该区必须设置公交首末站。

对于公交客流集散,一般由经过交通小区的公交线路中间站点运送该交通区发生或吸引的公交乘客量。当该交通小区高峰小时的发生量或吸引量超过该交通区内线路中间站点的运载能力时,仅靠中间站点不能运载这些乘客量,则该交通区必须设置首末站,以增加公交线路的运载能力。因此,可取交通小区中间站点的运载能力大小为首末站的设站标准,当某交通小区的发生量或吸引量超过该值时,需设置首末站。

一个中间站点的运载能力为:

$$C_0 = \frac{60B}{t_i} \tag{4-3-30}$$

式中:C_0——一个中间站的运载能力(人次/高峰小时);

B——高峰小时平均每车从中间站点搭载的乘客数;

t_i——高峰小时发车间隔,取 2~5min。

交通小区中间站点的总运载能力(或设站标准)为:

$$C = C_0 N \tag{4-3-31}$$

式中:C——交通小区中间站点的运载能力;

N——交通小区内中间站点个数。

交通小区的中间站点个数可根据公交线网密度及各交通区的出行量相对大小确定。

当某交通小区的总发生(吸引)量超过它的中间站点运载能力 C 时,需设置首末站,一个首末站的运载能力为:

$$C_{od} = \frac{60Rr}{t_i k} \tag{4-3-32}$$

式中:C_{od}——一个首末站的运载能力;

R——公交车额定乘客数;

r——高峰小时满载率,取 $r=0.8$;

k——线路上最大断面流量与起点站后断面或终点站前断面的流量之比,$k=1.5\sim2.0$。

设某区的总发生量(或吸引量)T_i 与它的中间站点运载能力 C 之差为 T',则当 $(k-0.5)C_{od} < T' \leq (k+0.5)C_{od}$ 时,该交通区需设立 k 个首末站。

b. 按建筑规模配建首末站的方法。

深圳市在研究大型建筑公交场站配建指引的过程中,对于新建项目提出了需配置公交首末站的建筑规模阈值计算方法。

该方法首先建立新建项目建筑开发量、规划人口(岗位)与公交出行需求之间的关系,然后基于公交供需平衡,测算多大开发规模的建筑应配置一条公交线路的首末站。具体测算思路,如图 4-3-10 所示。

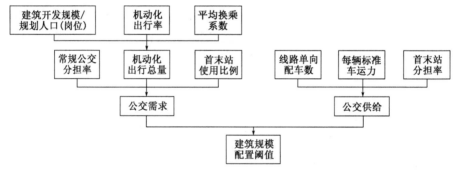

图 4-3-10 建筑规模阈值测算思路

具体计算公式如下。

公式一:公交需求 = 建筑开发量/人均居住、岗位面积 × 人均机动化出行率 × 常规公交分担率 × 平均换乘系数 × 首末站使用比例

公式二:公交供给 = 线路单向配车数 × 每辆标准车运力 × 首末站分担率

公式三:需配建首末站的建筑规模阈值 = 线路单向配车数 × 每辆标准车运力 × 首末站分担率/(人均机动化出行率 × 常规公交分担率 × 平均换乘系数 × 首末站使用比例) × 人均居住、岗位面积

(2)首末站规模确定

首末站的规模可根据此站公交线路的条数、线路配备车辆数以及每标准车的占地面积确定,具体计算公式为:

$$S_{首末站} = \sum_{i=1}^{m} b_i \cdot S_{首末站标准车} \tag{4-3-33}$$

式中：$S_{首末站}$——公交首末站的规模(m^2)；

m——在此首末站的公交线路条数(条)；

b_i——计算第 i 条公交线路的首末站面积时应考虑的公交车辆数(标台)；

$S_{首末站标准车}$——每标准车在首末站中的占地面积(m^2/标准车)。

在上述公式中，首末站的公交线路条数可由线网规划确定；服务公交线路的公交车辆数可由车辆规划确定；而每标准车在首末站中的占地面积则可由国家或地方标准获得。根据《城市综合交通体系规划标准》(GB/T 51328—2018)，首末站的用地面积应在 70～100m^2/标台。

(3) 首末站设置形式选择

鉴于公交首末站的重要性，为优先保障其用地的落实与站台设施的建设，首末站选址用地均落实在城市远期公交枢纽用地、社会停车用地及公共交通用地上。通过结合不同类型用地设置不同类型的首末站，保证公交首末站的实施建设，为公交线路的稳定运行提供有力的支持，确保公交优先落到实处。

设置形式一：首末站结合枢纽站建设

公交枢纽站作为城市公共交通系统重要的整合点，首末站应以公交枢纽站规划为基础，与公交枢纽站进行资源整合，实现城市公交系统的集约化发展，并充分发挥枢纽站的客流集散与衔接的能力。

设置形式二：首末站结合社会停车场用地

在城市土地资源紧张的情况下，可以考虑将首末站与社会车辆停车场结合设置，其设置方式主要包括对时间及空间资源的分配。时间上主要遵循错时共享原则：公交车运营时段为小汽车提供停车服务；而夜间公交车收车时段，则为公交车提供停放服务；空间上遵循立体分离原则：一般可通过建设综合停车楼实现，地面作为公交首末站用地，而社会车辆则利用立体设施停放。

设置形式三：利用公共交通用地进行设置

在远期城市公共交通用地上设置公交首末站，以按需布局为原则，满足近期线网布设需求。

设置形式四：根据需要暂设简易首末站

在线路延伸具备必要性，但用地资源紧张，或近期改扩建困难的情况下，暂时通过设置公交调度室，利用次路或支路形成简易首末站。待未来城市路网进一步完善，通过优化公交线路尾端实现首末站资源的配置。首末站设置形式，如图 4-3-11 所示。

2) 城市常规公交中途站规划

常规公共交通系统中途站规划在首末站及线路走向确定之后进行，规划内容主要包括中途站布局规划和设置形式优化两方面。

(1) 中途站布局规划

①规划原则

a. 中途站应设置在公共交通线路沿途所经过的各主要客流集散点上。

b. 中途站应沿街布置，站址宜选择在能按要求完成车辆的停和行的两项任务的地方。

c. 交叉口附近设置中途站时，一般设在过交叉口 50m 以外，在大城市车辆较多的主干道上，宜设在 100m 以外。

a) 设置形式一：结合枢纽站

b) 设置形式二：综合停车楼

c) 设置形式三：一般首末站

d) 设置形式四：简易首末站

图 4-3-11　首末站设置形式

d. 中途站的站距受乘客出行需求、常规公交车辆的运营管理、道路系统、交叉口间距和安全等多种因素的影响，应合理选择，平均站距在 500～800m 之间，市中心区站距宜选择下限值，城市边缘地区和郊区的站距宜选择上限值；百万人口以上的特大城市，站距可大于上限值。不同的车辆类型和区域条件下站间距范围，见表 4-3-8。

典型的车型与站间距分类表　　　　　　　　　　　表 4-3-8

常规公交车辆与服务类型	最大设计速度（km/h）	站台速度（km/h）	站间距(直线距离)(m)		
			CBD 地区	非 CBD 地区	
				传统系统	现代系统
市内常规公交	80～105	13～23	150～300	150～200	300～460
区域性常规公交	80～105	20～30	150～300	360～900	600～1500
快速常规公交	80～105	25～50	*	1200～9000	1500～4500

注：*通常只有 1～2 个首末站在 CBD 或与 CBD 相连。

②中途站布局规划方法

中途站的规划主要是对中间站间距的研究。一般而言，较长的车站间距可提高常规公交的平均运营速率，并减少乘客因停车造成的不适，但乘客从出行起点（终点）到上（下）车站的步行距离增大，并给换乘出行带来不便；站间距缩短，则反之。最优站间距规划的目标是使所有乘客的"门到门"出行时间最小。

中途站间距的规划主要考虑乘客总出行时间的影响,并与车辆性能和运营要求有关。同时,进行中途站间距规划还应考虑站间距对需求的影响和各种客运交通方式之间的协调,因为从长期的影响来看,站间距的增大会使乘客短途出行量减少,吸引长距离的乘行。

a. 最优站距目标函数。

进行公交中途站最优站距的规划是以线路上乘客总出行时间最小化为目标,模型可表达为:

$$\min T_A = \sum_P T \tag{4-3-34}$$

式中:T_A——线路上所有乘客的总出行时间(min);
  T——单个乘客的总出行时间(min);
  P——线路上所有乘客的集合。

如考虑与站距有关的主要出行时间,则有:

$$T = T_1 + T_2 + T_R + T_S \tag{4-3-35}$$

式中:T_1——由出行起点到上车站的步行时间(min);
  T_2——由下车站到出行终点的步行时间(min);
  T_R——出行途中常规公交的行驶时间(min);
  T_S——出行途中常规公交的停车时间(min)。

b. 模型约束变量分析。

(a)常规公交的行驶时间。

常规公交行驶时间可由下式表达:

$$T_R = K\left(T_P + T_{IN} + \frac{D_S + L_A + L_D}{V_N}\right) \tag{4-3-36}$$

式中:K——常规公交途中经过的车站数;
  T_P——乘客上、下车完成后,常规公交司机的操作反应时间及车辆启动时间(s);
  T_{IN}——车辆进出站受干扰的延误时间(s),与道路交通状况、车站类型和使用车站线路数量有关;
  D_S——公交路线的站间距(m);
  L_A——车辆加速到正常速度所需行驶的距离(m);
  L_D——车辆由正常速度减速至静止所需行驶的距离(m);
  V_N——常规公交的正常行驶速度(m/s)。

(b)常规公交的停车时间。

常规公交的停车时间T_S受车辆上、下乘客数和乘客上、下车时间的影响较大,计算公式可表达为:

$$T_S = \sum T^U + \sum T^D = \overline{T}^U \cdot \sum_{i=n}^{m} P_i^U + \overline{T}^D \cdot \sum_{i=n}^{m} P_i^D \tag{4-3-37}$$

式中:$\overline{T}^U$、$\overline{T}^D$——一个乘客的上下车时间(min);
  P_i^U、P_i^D——站点i的上、下乘客数(人);
  n、m——乘客出行的起点、终点站,$m > n$;

$\overline{T}^U$、$\overline{T}^D$——乘客上、下车的平均时间(min)，与站台的高低、车门大小、售票方式等有关，取值见表4-3-9和表4-3-10。

典型的上/下车时间　　　　　　　　　　　　　表4-3-9

上/下车	站台条件	售票条件	上车时间(每通道乘客)
上车	高站台	站台入口处售票	1.0
		站台出口处售票	2.0
	低站台	单个硬币或代用券	3.0
		多硬币	>4.0+
		预付车费，上车时检票	4.0~6.0
		上车买票	6.0~>8.0
下车	高站台	车门处不检票	1.0
		车门处检票	1.7
	低站台	检票或办理转车手续	2.5~4.0

注：每一通道宽55~60cm，假设每一通道被平等地利用。

多车门上/下车时间统计值　　　　　　　　　　表4-3-10

车门数(上/下车)	每车门乘客上/下车时间(s)	车门数(上/下车)	每车门乘客上/下车时间(s)
一个车门	1.5	三个车门	0.7
二个车门	0.9		

(c)乘客到/离站时间。

乘客按出行时间最小选取上、下车站，如图4-3-12所示。

图4-3-12　乘客的上、下车站示意图

注：n、$n+1$为与乘客出行起点相邻的连续两公交站点序列；m、$m+1$为与乘客出行终点相邻的连续公交站点序列，$m>n+1$

乘客到、离公交站点的最短出行时间为：

$$T_1 = \min\left(\frac{D_S - x}{V_M}, \frac{x}{V_M} + T_P + T_{IN} + \frac{D_S + L_A + L_D}{V_N}\right) \tag{4-3-38}$$

$$T_2 = \min\left(\frac{y}{V_M}, \frac{D_S - y}{V_M} + T_P + T_{IN} + \frac{D_S + L_A + L_D}{V_N}\right) \tag{4-3-39}$$

式中：T_1、T_2——乘客到、离公交站点的最短出行时间(s)；
　　　　x——乘客出行起点到终点 n 的距离(m)；
　　　　y——乘客出行终点到站点 m 的距离(m)；
　　　　V_M——乘客的步行速度(m/s)。

(d)总时间计算。

总时间为乘客到离公交站点的与常规公交行驶时间之和，可表达为：

$$T = \min\left(\frac{D_S - x}{V_M}, \frac{x}{V_M} + T_P + T_{IN} + \frac{D_S + L_A + L_D}{V_N}\right) + (m - n - 1)\left(T_P + T_{IN} + \frac{D_S + L_A + L_D}{V_N}\right) +$$
$$\min\left(\frac{y}{V_M}, \frac{D_S - y}{V_M} + T_P + T_{IN} + \frac{D_S + L_A + L_D}{V_N}\right) \tag{4-3-40}$$

c. 决策变量 D_S 的约束条件。

实际计算中,公交站点间距 D_S 有上下限的约束:
$$D_{S_{\min}} \leq D_S \leq D_{S_{\max}} \tag{4-3-41}$$

其中,考虑乘客到常规公交站的最大容忍步行距离,令:
$$D_{S_{\max}} = 2 R_S \tag{4-3-42}$$

式中:R_S——公交中途站的服务半径(m)。

另外,站距不应小于车辆加速达到正常运营速度再减速停止所需的最小行驶距离,假定加速度与减速度相同,则 $D_{S_{\min}}$ 可表达为:
$$D_{S\min} = V_N\left(\frac{V_N}{a} + T_P + T_{IN}\right) \tag{4-3-43}$$

式中:a——加速度(m/s^2),设车辆尽快加速,考虑站立乘客的安全与舒适的要求,通常有 $a \leq 1.52 m/s^2$。

d. 中途站布局规划实例计算。

公交路线站间距的规划常用模拟搜索的方法确定。假设乘客沿路线均匀分布,$V_M = 1.22 m/s$,$T_P = 3.7s$,线路总长度为10km,计算得到的最优站距,见表4-3-11。

最优站距计算表　　　　　　　　表4-3-11

序　号	$V_N(km/h)$	$T_{IN}(s)$	$D_S(m)$	停车情形假设
1	40	0	500	公交专用道
2	40	5	500	港湾式停车
3	40	8	560	港湾式停车
4	40	10	600	路边停车
5	40	12	640	路边停车
6	40	15	680	路边停车
7	40	20	800	路边停车
8	40	40	1050	路边停车
9	40	60	1150	路边停车
10	25	20	650	混行、干扰较多
11	25	30	800	混行、干扰较多
12	80	5	700	公交专用道

可见,车辆速度越快,站间距越大;停车干扰较多时,站间距也将增大。若考虑停车成本(如轮胎磨损、耗油等)与空气污染等因素,站距还会增大。此外,具体规划是还需根据道路条件、交叉口位置调整站点的具体位置。

以上结论可知,公交路线站距过大,会使非车内时间增加,反之则车内时间增加。以所有乘客的出行时间最小为目标,可求得最优站距值。

(2)中途站设置形式优化

中途站的设置形式有直线式和港湾式两种,如图 4-3-13 所示。两者优缺点及适用情况见表 4-3-12,可根据城市实际情况选择合适的中途站设置形式。

a)直线式停靠站

b)港湾式停靠站

图 4-3-13 中途站设置形式

直线式和港湾式公交站点的优缺点比较 表 4-3-12

分类	优　　点	缺　　点	适用条件
直线式	1. 公交车辆进出站点容易,能减少公交车辆的站点延误; 2. 设计简单,建造费用较低,容易改造	1. 停靠占用一条车道形成倒立瓶颈,降低路段通行能力,高峰期间容易造成交通堵塞; 2. 公交停靠时,尾随车必须减速行驶和变换车道,驾驶员容易采取不安全操作,存在安全隐患	居民出行公交需求、机动车交通量较小,且规划红线内空间不足
港湾式	1. 公交上下客在道路之外完成,很大程度上减少了交通运行延误; 2. 为公交车停靠和乘客上下车提供了一个安全场所,很大程度避免了不安全因素; 3. 最大限度地减少了直行交通延误	1. 公交进出站不便,尤其是在道路交通流量大时,公交出站困难,增大了公交车辆的站点延误; 2. 相比只显示停靠站,占用空间大,建设费用高,不易改造	居民出行公交需求、机动车交通量较大,断面条件较好

3)城市常规公交枢纽站规划

枢纽站是常规公交线路之间、常规公交与其他交通方式之间客流转换的场所,是联结城市对外和市内客运、私人交通和公共交通以及公共交通内部转换的重要环节,其合理布设、规划是提高整个常规公交系统运营效益和解决城市出行换乘问题的重要步骤。规划内容包括枢纽站布局规划和枢纽站规模确定两部分。

(1)枢纽站布局规划

①规划原则

a.应与城市国土空间(总体)规划及交通战略规划充分协调,支撑总体规划及战略规划对于城市空间结构、用地布局的发展思路;

b.应与城市客流分布相一致,并充分发挥交通对城市的导向作用,通过合理的常规公交枢纽站设置引导城市新区的发展,改善新区的交通条件,引导城市向多中心组团空间结构转变;

c.应充分考虑常规公交枢纽站与城市组团及功能片区的关系,实现所有组团及片区均有公交枢纽站服务;

d.应与公交线网紧密衔接,即应当将三条以上的公交线路共用的首末站设置为常规公交枢纽站。

②布局规划方法

目前常用的规划方法大致可分为三类:经验(专家咨询)选址法,连续型选址模型,如重心模型,以及离散型选址模型,如(混合)整数规划法、运输规划模型等。

在这三种方法中,经验选址法是依据专家凭经验和专业知识对相关指标量化后综合分析得到的选址方案,决策结果受专家知识结构、经验及所处时代和社会环境等多方面因素的影响,由于选址分析取决于主观分析,在规划时更适用于对有限备选站点的优化选址;连续型选址模型不限于对特定备选集合的选择,自由度较大,但规划时难以考虑实际的土地约束条件,结果往往并不实用;而离散型选址模型所需基础数据较多,计算量很大。因此在规划实践中三种方法经常结合起来应用。

a.公交枢纽站选址优化的目标函数。

假设规划区域内有 n 个备选公交枢纽站位置,拟选择 m 个进行建设,则公交枢纽选址优化的目标函数可表达为:

$$Z = \max\{E_a | E_i\} \tag{4-3-44}$$

式中:Z——规划公交枢纽站的备选集合;

E_a、E_i——备选枢纽的客流集散强度指标,$a=1,2,\cdots,m, i=1,2,\cdots,n$。

由此可见,枢纽站选址的关键因素是枢纽客流集散强度。在不同的条件下,备选枢纽的客流集散强度可用不同的指标反映。

(a)已知城市公交线网的线路客流量。

城市公交线网的线路客流量已知时,可以较为方便地求得各备选站址的客流集散强度量,其中:

$$E_a = \varepsilon_1 \cdot \sum_{l_i, l_j \in R_a} e(l_i, l_j) + \varepsilon_2 \cdot \sum_{l_i \in R_a} e(l_i, b_i) + \varepsilon_3 \cdot \sum_{l_i \in R_a} e(l_i, \omega a) + \varepsilon_4 \cdot \sum_{l_i \in R_a} e(l_i, ou)$$

(4-3-45)

式中:R_a——经过 a 的公交路线集合;

$e(l_i, l_j)$——公交路线 l_i、l_j 间的换乘量(人);

$e(l_i, b_i)$——公交路线 l_i 与自行车方式 b_i 间的换乘量(人);

$e(l_i, \omega a)$——公交路线 l_i 与步行方式 ωa 间的换乘量(人);

$e(l_i, ou)$——公交路线 l_i 与其他(如对外等)交通方式 ou 间的换乘量(人);

ε_1、ε_2、ε_3、ε_4——各种客流转换类型的权重系数,与规划的枢纽类型有关。

若令 $\varepsilon_i = 1(i=1,2,3,4)$,则有:

$$E_a = \sum_{l_i \in R_i} [u_{li}(i) + d_{li}(i)] \tag{4-3-46}$$

式中:$u_{li}(i)$、$d_{li}(i)$——路线 l_i 在站点 i 的上/下客流量(人)。

(b)已知城市客流 OD 分布,规划线网不确定。

当未知规划线网,但已知城市客流 OD 分布时,可按以下公式估算客流集散强度:

$$E_a = \sum_{j,k \in Q} q_{jk} \cdot \delta_{jk}^i \tag{4-3-47}$$

式中:q_{jk}——OD 点 j,k 间的 OD 客流量(人);

δ_{jk}^i——当 j,k 间的最短路径经过 i 时,取 1;否则取 0。

(c)城市客流 OD 和规划线网均不确定。

当未知 OD 客流和规划线网时,依据经过备选枢纽点的道路网节点或 OD 对间最(次)短路条数来选取枢纽点。计算方法:

$$E_i = \sum_{j,k \in Q} \delta_{jk}^i + \delta_{jk}^{'i} \quad \text{或} \quad E_i = \sum_{j,k \in N} \delta_{jk}^i + \delta_{jk}^{'i} \tag{4-3-48}$$

式中:δ_{jk}^i——当 j,k 间的最短路径经过 i 时,取 1;否则取 0;

Q——道路网节点集合,节点个数为 q;

N——OD 点集合,OD 点个数为 n。

当 $E_i \geq 0.20 \times 2q(q-1)$ 且 $E_i \geq 0.20 \times 2n(n-1)$ 时,备选枢纽点入选。

b. 选址模型算法

公交枢纽站选址方法通常有逐个选址法和枢纽推荐法两种,两种算法流程分别如图 4-3-14、图 4-3-15 所示。

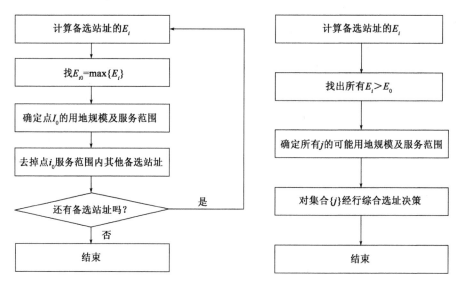

图 4-3-14 逐个选址法流程图　　图 4-3-15 枢纽推荐法流程图

备选枢纽可根据经验和用地的限制进行选取,也可将所有路网节点列入备选址集,在选址过程中考虑用地的可实现性。

(2)枢纽站规模确定

常规公交枢纽站用地要满足常规公交车辆运行与调度,考虑到枢纽站公交车的夜间停放,一辆标准公交车在枢纽站中的占地面积按 $100 \sim 150 \text{m}^2$ 计算。

①枢纽站总量用地规模

$$S = \alpha \cdot S_i \cdot N \tag{4-3-49}$$

式中:S——常规公交枢纽站用地面积(m^2);

S_i——一辆标准公交车的占地面积(m^2);

α——系数;

N——公交车数量(辆)。

②分区公交枢纽站用地规模

分区公交枢纽站用地规模可以根据分区经过枢纽站总公交线路数和公交车辆数计算:

$$S_{分} = \alpha \cdot S_i \cdot \left(\frac{2L}{v} + t\right) \cdot \lambda \cdot b \quad (4\text{-}3\text{-}50)$$

式中:$S_{分}$——分区枢纽站用地面积(m^2);

b——经过枢纽站的公交线路数(条);

t——该线路枢纽站中转时间(h);

v——公交车辆运营速度(km/h);

L——公交线路长度(km);

λ——发车频率(车次/h);

S_i——一辆标准公交车的占地面积(m^2);

α——系数。

4)城市常规公交停保场规划

停保场是为线路营运车辆下班后提供合理停放空间的必要设施,并按规定对车辆进行低级保养和重点小修作业,同时承担车辆的高级保养和检修任务及相应的配件加工、材料和燃料的储存、分发等工作,用来保证公交车辆高效、安全运行。公共交通车辆停保场布局规划,主要涉及合理规模的确定和场址的正确选择。

(1)停保场的布局规划

①规划原则

一是停保场应做到统一规划,远近结合,根据城市土地的开发,逐步完善场站的建设,被选地块的用地面积要既能为其后续发展留有余地,又不至于阻碍附近街区未来的发展,正确处理好现状与远景的关系;

二是为保障城市公共交通的畅通安全,停车保养场要避免建在城市中心区、闹市区、居民区和交通流量大的主干道旁,应尽量选择在交通情况较好,且进出方便的次干道;

三是停保场布局要新旧兼容,充分考虑利用现有公交场站用地、设施,以节省投资,方便实施;

四是停保场应分片区均匀布置,以减少公交车辆的空驶距离和公交司乘人员的通勤距离,保证公交停车保养的使用方便、经济合理。

②布局规划方法

停保场一般设置在所辖线网的中心处,因此布局规划方法往往采用重心法。设有 n 个需求点 r,它们各自的坐标是(x_j, y_j),其中 $j = 1, 2, \cdots, n$,公交枢纽的坐标为(x_0, y_0)。用重心法求得的最适合的$(x_1^\Lambda, y_1^\Lambda)$:

$$x_1^\Lambda = \frac{\sum_{j=1}^{n} r_j w_j x_j / d_j}{\sum_{j=1}^{n} r_j w_j / d_j} \quad (4\text{-}3\text{-}51)$$

$$y_1^A = \frac{\sum_{j=1}^{n} r_j w_j y_j / d_j}{\sum_{j=1}^{n} r_j w_j / d_j} \qquad (4\text{-}3\text{-}52)$$

式中：w_j——公交枢纽和各交通小区间的客流量（人）；

d_j——从公交枢纽到各交通小区的直线距离（km）；

r_j——从备选公交枢纽到各交通小区的平均速率（km/h）。

由于重心法的算法比较复杂，可采用迭代法计算，其关键是给出枢纽的初始位置。一般可以将整个交通区域的重心作为初始地点，在实际应用中也可以采取任选初始地点的方法，还可以根据各交通小区的位置和客流分布情况选取初始地点。尽管初始地点的确定方法并没有统一规则，但根据地理重心来确定初始地点还是相对比较合理的，以减少计算量、降低盲目性。具体步骤如下：

一是列出符合条件的公交OD矩阵；

二是选取地理图形任何一点（常选地理重心）为备选枢纽地点(x_0, y_0)；

三是确定从公交枢纽到各交通小区的直线距离；

四是确定从备选公交枢纽到各交通小区的平均速率（速度的倒数，即单位距离所需要的时间）；

五是将上述各量带入式（4-59），求得(x_1^A, y_1^A)；

六是反复迭代，直到(x_i^A, y_i^A)与(x_{i-1}^A, y_{i-1}^A)的坐标值相差很小（在一个交通小区内）为止。

(2) 停保场规模确定

公交停保场的用地规模主要取决于营运车辆数、保养率和故障率，计算公式为：

$$d_2 = w_1 \cdot r_2 \cdot D_2 \cdot r \qquad (4\text{-}3\text{-}53)$$

式中：d_2——公交停保场的用地规模（km²）；

w_1——公交服务线路运营车辆数（标准车）；

r_2——公交停放比例、保养率和故障率之和（%）；

D_2——每标准公交车对停保场的用地需求（km²/标准车）；

r——用地规模修正系数。

4.3.4 城市常规公交车辆规划

公交车辆是实现公交优先发展和确保公交主体地位的重要设施，公交车辆规模直接关系到公交出行分担率、公交车万人保有量、公交车平均发车间距等考核指标，公交车辆发展应当适应城市居民公交出行需求。城市常规公共交通系统车辆规划内容包括车辆发展规模的确定、线路配车以及车辆选型。

1) 车辆发展规模确定

城市常规公交车辆发展规模指城市在规划年的公交车拥有量，其确定一般有三种方法，分别为基于客流量的确定方法、基于规范标准的确定方法和基于公交核定运能指标的确定方法。

(1) 根据公交客运量确定

基于客流量的确定方法主要考虑乘客的实际乘车需求，其计算公式为：

$$W_{运营} = \frac{M \cdot L \cdot P \cdot \beta \cdot \gamma}{m \cdot v \cdot k \cdot \eta} \qquad (4\text{-}3\text{-}54)$$

式中：M——公共汽车的日客运量；

L——公共汽车的平均运距；

P——高峰小时客运量占全日客运量比重；

β——客流方向不均衡系数；

γ——客流季节不均衡系数；

m——车辆平均定员；

v——平均运营速度；

k——高峰小时运营速度修正系数；

η——高峰小时车辆平均满载系数。

（2）参考相关标准，类比其他城市确定

按《城市综合交通体系规划标准》（GB/T 51328—2018）的要求，对于规划城市人口规模100万人及以上的城市，单位标准车万人拥有量不应小于12标台/万人；对于规划城市人口规模50万~100万人的城市，不应小于10标台/万人；对于规划城市人口规模小于50万人的城市，不宜小于8标台/万人。因此，公交车发展规模可使用规划年城市居民人口法进行确定。

（3）采用公交车核定运能指标计算法推算

该方法指通过预测规划城市远期平均日客运量，参考其他城市的公交核定运能指标，结合城市常规公交系统运营水平，推算远期公交车辆发展规模。部分城市的公交核定运能指标可参考表4-3-13。

部分城市公交核定运能指标 表4-3-13

城市	北京	深圳	南京	大连	武汉	杭州	广州	香港
公交核定运能[人次/(车·d)]	约700	696	1067	786	412	783	约700	850~1000

2）公交线路车辆配置

一条线路应配置的车辆数 W，按下式计算：

$$W = \left(\frac{2L}{v_y} + t\right)n \tag{4-3-55}$$

式中：L——公交线路长度（km）；

t——该线路首末站中转休息时间（h）；

v_y——公交车辆运营速度（km/h）；

n——发车频率（车次/h）。

线路的配车多少，应以完成运送乘客为准，因此应满足：

$$U \geq Q \tag{4-3-56}$$

式中：U——运送能力（人/h），$U = m \times n$；

n——发车频率（车次/h）；

m——车辆的额定载客数，为座位数加规定的站立人数；

Q——高峰小时线路的最大客流量（人/h）。

3）公交选型规划

（1）车型选择

合理进行公交线路的车型配置，不仅使居民出行尽可能舒适便捷、提高公交运输的效率，而且可使公交线路的效益得到最好发挥，对提高整个公交网络的运输效益具有十分重要的意义。

公交车型选择应综合考虑城市的经济发展水平和居民的消费水平，并与城市特色、线路的服务功能相对应。现有的公交车辆类型、长度及适用条件，见表4-3-14。

现有的公交车辆类型、长度及适用条件　　　　　表4-3-14

车辆类型	长度(m)	宽度(m)	可容纳人数(人)	适用条件
小型公交车	6~8	1.9~2.25	45~70	客流量较小的郊区长距离路线、市区客运量小到中等的路线以及通宵服务的夜班车
标准型公交车	10~12	≤2.5	65~95	除适用其他三类车型外的其他情况
链接式公交车	14~18	≤2.5	140~190	客流量大的特大城市
双层公交车	9~11	≤2.5	100~120	城市观光旅游车

（2）能源类型选择

随着社会经济发展以及城市居民生活水平的进一步提高，城市公交车辆配置向着高档化、新技术化、新能源化方向发展，新能源公交车逐步取代传统公交车。目前新能源公交车分为纯电动、天然气、混合动力和双源无轨四种，其中纯电动公交车以其使用环节污染零排放的优势得到重点推广和广泛应用。常见的新能源车辆类型及优缺点，见表4-3-15。

新能源车辆类型及优缺点　　　　　表4-3-15

新能源车辆类型	能源类型	优点	缺点
电动汽车	电力	1. 噪声小； 2. 行驶稳定性高； 3. 实现零排放	依赖电力供应
天然气汽车	天然气	1. 经济效益较高； 2. 污染少； 3. 减少对汽油依赖、技术成熟	依赖天然气供应
混合动力汽车	传统燃料 电力	1. 油耗低、污染少； 2. 灵活使用两种能源； 3. 电池使用寿命长	不适合长距离高速行驶
新型双源无轨电车	电力	1. 使用灵活； 2. 运行平稳无噪声； 3. 运行成本低	影响城市美观

复习思考题

1. 城市客运交通系统规划的主要内容有哪些？规划基本流程？
2. 城市轨道交通线网规模如何确定？
3. 城市轨道交通线网构架的基本类型有哪些？各自特点、优缺点、适用条件是什么？
4. 城市轨道交通线网构架方法有哪些？基本思路是什么？
5. 城市轨道交通车站换乘的基本方式有哪些？各自功能特点和优缺点是什么？
6. 影响常规公交布局规划的因素有哪些？
7. 常规公交线网优化思路是什么？常用的线路调整方法有哪些？

第5章
城市客运交通系统运营管理

5.1 城市客运交通系统运营管理概述

1）客运交通系统运营管理的概念

城市客运交通系统运营管理是对车辆运行时刻表、人员排班计划等与运营组织相关的工作进行统筹管理,通过人员集中管理、车辆集中停放、计划统一编制、调度统一指挥,实现客运交通系统运行高效、有序和乘客出行安全、便捷、舒适等目标。

2）客运交通系统运营管理的分类

从管理对象出发,城市客运交通运营管理可以分为城市轨道交通运营管理、公交[包括常规公交和快速公交(BRT)]运营管理、出租车(包括网约车)运营管理、私人交通(包括机动交通和非机动交通)管理等。

从管理内容出发,城市客运交通运营管理可以分为运营模式管理、车辆调度管理、车辆运行组织管理、技术管理、制度管理、服务质量管理、票务管理等。

3）客运交通系统运营管理的流程

城市客运交通运营管理的总体技术流程包括编制运营计划、下达运营计划和执行运营计划。

(1)编制运营计划。由运营部门按规定统一编制所辖线路的行车时刻表、行车计划、人员配班计划。

(2)下达运营计划。将运营计划下达给调度部门,公布行车计划,司售人员提前确认自己的工作任务,按计划出勤。

(3)执行运营计划。调度员按运营计划组织线路运营,进行实时调度,司售人员按调度指令行车。具体运营作业模式,如图5-1-1所示。

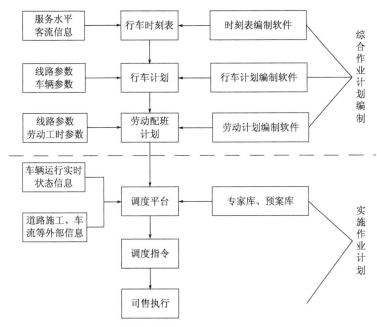

图 5-1-1 运营作业模式

4) 客运交通系统运营管理的核心

客运交通系统运营管理的核心是综合计划的制定,这个综合计划在城市轨道交通系统中指的是列车运行图,在常规公交系统中指的是运行时刻表。综合计划是城市客运交通系统各部门协同工作,维持车辆运行与旅客组织的秩序,保证系统运行安全和旅客服务质量的前提和基础。

一方面,城市客运交通系统运营管理中对客流量、客流时空特性、车站组织、车辆人员配置、车辆运行等要素分析均是以综合计划为核心,围绕着综合计划而进行;另一方面,作为运营管理核心的综合计划也为车辆调度、人员配置、系统运行安全、服务水平和各项运营管理工作的有序协调运作提供重要的支撑和保障。

5.2 城市轨道交通系统运营管理

5.2.1 城市轨道交通客流特性分析

客流是规划轨道交通线网及线路走向、选择轨道交通制式及车辆类型、安排轨道交通项目建设顺序、设计车站规模和确定车站设备容量、进行项目经济评价的依据,也是轨道交通系统安排运力、编制开行计划、组织日常行车和分析运营效果的基础。

1）客流指标

客流是指在单位时间内，轨道交通线路上乘客流动人数和流动方向。客流的概念既表明了乘客在空间上的位移及其数量，又强调了这种位移带有方向性和具有起讫位置。客流可以是预测客流，也可以是实际客流。客流主要包括车站客流、线路客流和线网客流。

（1）车站客流

包括了进站客流量、出站客流量、换乘客流量和车站客流量。其中，车站客流量是指在轨道交通车站上、下车和换乘的客流量，包括全日车站客流量、高峰小时车站客流量和超高峰期车站客流量。超高峰期是指在高峰小时内存在一个为 15~20min 的上、下车客流特别集中的时间段。车站高峰小时和超高峰期客流量决定了车站设计规模，是确定站台宽度、楼梯与通道宽度、售检票设备数量、自动扶梯数量、出入口数量等车站设备容量或能力的基本依据。

（2）线路与线网客流

线路与线网客流主要用断面客流量来表达，并利用不均衡系数和满载率等客流指标来统计分析客流特征以及评价乘客服务水平的尺度。其他相关指标还包括线路进出线客流量、线路换乘客流量、线路客流量等。

①断面客流量

是指在单位时间内，通过城市轨道交通线路某一地点的客流量。这里的单位时间可以是一昼夜、1h 或其他时间单位。显然，通过某一断面的客流量就是通过该断面所在区间的客流量。断面客流量可分为上行断面客流量和下行断面客流量：

$$p_{i+1} = p_i - p_下 + p_上 \tag{5-2-1}$$

式中：p_{i+1}——第 $i+1$ 个断面的客流量（人）；

p_i——第 i 个断面的客流量（人）；

$p_下$——在车站下车人数（人）；

$p_上$——在车站上车人数（人）。

②最大断面客流量

在单位时间内，通过轨道交通线路各个断面的客流量一般是不相等的。最大断面客流量是指最大客流断面的客流量。上下行方向的最大客流断面一般不在同一断面。

最大断面客流量通常按高峰小时最大断面客流量和全日最大断面客流量计算。高峰小时最大客流断面和全日最大客流断面一般也不在同一断面。

③高峰小时最大断面客流量

在以小时为单位计算断面客流量的情况下，全日分时最大断面客流量一般不相等。其中的峰值称为高峰小时最大断面客流量。轨道交通线路的高峰小时一般出现在早晨和傍晚，称为早高峰小时和晚高峰小时。高峰小时最大断面客流量是决策是否需要修建轨道交通，修建轨道交通类型，确定车辆形式、列车编组、行车密度、运用车配置数、车站设备容量和站台长度等的基本依据。

④不均衡系数

刻画客流在时间或空间分布上的不均衡性。

a. 方向不均衡系数：是指某线路单向最大断面客流量与双向最大断面客流量平均值之比，常用的有高峰期最大断面客流不均衡系数。方向不均衡系数常用来刻画客流的潮汐特征。

b.断面不均衡系数:是指统计时段某线路单向最大断面客流量与该时段该方向所有断面客流量平均值之比。断面不均衡系数常用来刻画客流的空间特性。

c.时间不均衡系数:是指某条线路上,单向高峰小时断面客流量与该方向所有时段分时最大断面客流量平均值之比。该指标主要用来刻画最大客流断面在时间上的不均衡性。

⑤满载率

满载率是载客量与能力之比值,也是评价服务质量的重要指标。常用的概念有断面满载率与列车满载率。

a.断面满载率:运营线路某统计断面单向客流量与该断面运输能力的比值。

b.线路列车平均满载率:在统计时间内运营线路列车载客数与能力之比值。

$$线路列车平均满载率 = \frac{线路客运量 \times 线路平均运距}{线路长度 \times 开行列车数 \times 列车定员}$$

若同一线路存在大小交路或不同编组辆数列车,公式中分母按加权和计算。

c.高峰小时最大断面满载率:高峰小时线路单向最大断面客流量与该断面运力的比值。

d.路网列车平均满载率:统计期内,路网各线路列车的平均满载情况。

$$路网列车平均满载率 = \frac{路网进站量 \times 路网平均运距}{线路长度 \times 开行列车数 \times 列车定员}$$

2)客流特征分析

客流形态受外界因素影响而经常变动,在一定的时间和范围内,其变异程度具有某些规律性。掌握客流动态的变化规律,是轨道交通企业进行组织运营计划的基础。

(1)客流时间的分布特征

①线路客流时间分布特征

a.一日内小时客流分布特征。

轨道交通一日内小时客流随人们的生活节奏和出行特点而变化。通常是夜间少,早晨渐增,上班和上学时达到高峰,午间稍减,傍晚因下班和放学又是高峰,此后逐渐减少,午夜最少。因此,轨道交通一日小时客流通常是双峰型,这种规律在国内外的轨道交通线路上几乎都是一样,只是程度不同而已。反映轨道交通线路分时客流不均衡程度的系数可按下式计算:

$$\alpha_1 = \frac{p_{\max}}{\sum_{t=1}^{H} p_t / H} \tag{5-2-2}$$

式中: α_1 ——单向分时客流不均衡系数;

$p_{\max}$ ——单向高峰小时最大断面客流量(人);

p_t ——单向分时最大断面客流量(人);

H ——全日营业小时数(个)。

分时客流不均衡系数值大于1。α_1 趋向于1,表明分时客流分布比较均衡;α_1 越大,表明分时客流分布越不均衡。当 $\alpha_1 \geq 2$ 时,表明分时客流的不均衡程度比较大。位于市区范围内地铁和轻轨线路的 α_1 值通常为2左右,而通往远郊区市域轨道交通线路的 α_1 值通常大于3。

b.一周内全日客流分布特征。

以通勤、通学客流为主的轨道交通线路,双休日的客流会有所减少;而连接商业网点、旅游景点的城市轨道交通线路,双休日客流会有所增加。双休日的早高峰出现时间往往比工作日推迟,而晚高峰的出现时间又往往提前。此外,星期一与节假日后的早高峰小时客流以及星期五与节假日前的晚高峰小时客流,都会比其他工作日的早高峰小时和晚高峰小时客流要大。

根据全日客流在一周内分布的不均衡和有规律的变化,轨道交通常在一周内实行不同的全日行车计划和列车运行图,以适应不同的客运需求和提高运营经济性。

c. 季节性或短期性客流变化。

在一年内,客流还存在季节性的变化。如南方梅雨季节,居民出行率较低,轨道交通的客流会随之减少;但在客流旺季,城市中流动人口的增加又会使轨道交通线路的客流增加。南京地铁根据不同季节变化规律,编制了与之适应的季节性运行图,实现运能与运量的匹配。

② 车站客流时间分布特征

一昼夜内各个单位时间的客流动态是不相同的。纵观不同运能轨道交通的不同类型的车站,根据客流量在一昼夜不同时间内的分布情况,可以划分为以下五种分布形式。

a. 单向峰型:轨道交通的线路所处的交通走廊具有明显的潮汐特征,或车站周边地区用地功能性质单一时,车站客流分布集中,有早晚错开的一个上车高峰和一个下车高峰,如图 5-2-1a) 所示。

b. 双向峰型:公共交通的基本客流主要是由工作性客流而构成,在一天的运营时间内出现早、晚两个客运高峰,这种类型客流形态在许多大城市都是很典型的,如图 5-2-1b) 所示。

c. 全峰型:轨道交通线路位于用地已高度开发的交通走廊,或车站位于公共建筑和公用设施高度集中的地区时,客流分布无明显的低谷,双向上下车客流全天都很大,如图 5-2-1c) 所示。

d. 突峰型:车站位于体育场、影剧院等大型公用设施附近,演出节目或体育比赛结束时,有一个持续时间较短的突变的上车高峰,一段时间后,其他部分车站可能有一个突变的下车高峰,如图 5-2-1d) 所示。

e. 无峰型:当轨道交通本身的运能比较小或车站位于用地还没有完全开发的地区时,客流无明显的上下车高峰,双向上下车客流全天都较小,如图 5-2-1e) 所示。

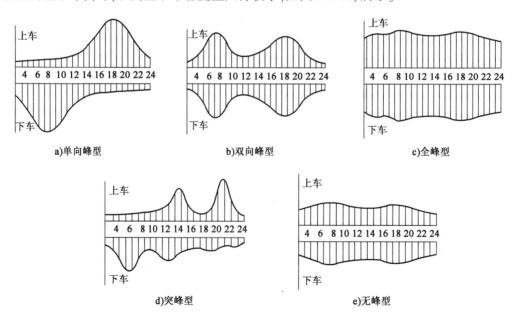

图 5-2-1 轨道交通客流时间分布特征

此外，车站高峰小时客流是确定车站设备容量或能力的基本依据。研究表明，轨道交通车站高峰小时客流具有以下特征：

a. 车站客流的进、出站高峰小时出现时间与断面客流的高峰小时出现时间通常不相同；

b. 各个车站或同一车站客流的进、出站高峰小时出现时间通常不相同；

c. 同一车站工作日客流与双休日客流的进、出站高峰小时出现时间通常也不相同；

d. 工作日高峰小时进、出站客流通常大于双休日高峰小时进、出站客流。

（2）客流空间的分布特征

①线路客流空间分布特征

a. 上下行方向客流分布特征。

由于客流的流向原因，轨道交通线路上下行方向的最大断面客流通常是不均衡的。在放射状的轨道交通线路上，早高峰小时和晚高峰小时上下行方向的最大断面客流不均衡尤为明显。空间客流分布在方向上有双向型和单向型两种形式。

（a）双向型：单位时段（一般为1h）内上下行的运量数值接近相等。一般市区线路属于双向型的较多。

（b）单向型：单位时段（一般为1h）内上下行的运量数值差异很大。特别是通向郊区或工业区的线路，属于单向型的较多。

对于客流分布在方向上的不均衡性一般用上下行方向不均衡系数 α_d 表示，其计算方法是：

$$\alpha_d = 2\frac{A_d}{A_d + A'_d} \tag{5-2-3}$$

式中：A_d——单向高峰小时最大断面客流量（人/h）；

A'_d——对应 A_d 的另一方向最大断面客流量（人/h）。

上下行方向不均衡系数值大于1。一般线路的 α_d 为 1.1～1.2，工业区线路为 1.4～1.5。位于市区范围内地铁线路和轻轨线路的 α_d 值通常小于 1.5；而通往远郊区市或轨道交通线路的 α_d 值有可能大于3。

b. 线路断面客流分布特征。

在轨道交通线路上，断面客流分布特征通常是阶梯形和凸字形两种，前者是指线路上各区间的断面客流为一头大、一头小；后者是指中间大、两头小。这是由于各个车站乘降人数的不同，致使线路上各区间的断面客流通常各不相同，甚至相差悬殊。反映断面客流不均衡规律用断面客流不均衡系数 α_h 表示。其计算方法是：

$$\alpha_h = \frac{NA_{max}}{\sum A_i} \tag{5-2-4}$$

式中：A_{max}——单向最大断面客流量（人）；

A_i——单向断面客流量（人）；

N——单向线路断面数（个）。

断面客流不均衡系数值大于1。当 $\alpha_h \geq 1.5$ 时，表明断面客流的不均衡程度比较大。位于市区范围内地铁、轻轨线路的 α_h 值通常小于1.5；而通往远郊区市城轨道交通线路的 α_h 值通常为2左右。

②线网客流空间分布特征

轨道交通线网客流分布的主要特征表现为在整体网络层面的客流分布不均衡状态，包括现状客流分布的不均衡和客流增长的不均衡两个方面。具体体现在以下三个方面：一是，城市轨道交通网络中，由于各线路的网络结构位置、辐射范围和沿线交通走廊等方面各不相同，不同线路的客流量不同，甚至差异很大；二是，在网络化运营情况下，同一始发和终到站间通常有多条乘车路径可供乘客出行选择，再加上轨道交通实行"一票换乘"的便利性，使线网客流的空间分布状态发生一定的变化；三是，如果某条线路或某个线路区段因故障而中断运营，由于乘客可以选择其他乘车路径，也会使客流发生流向变化、增长不均等情况。

5.2.2 城市轨道交通运输计划

运输计划是保证城市轨道交通运营各部门相互配合和协调的基础。一般情况下，城市轨道交通系统的运输计划包括客流计划、全日行车计划、列车运行计划和车辆配备与运用计划等。

1) 客流计划

客流计划是指运输计划执行期间城市轨道交通系统线路客流的计划，也是其他运输计划的基础和编制依据。其主要包括站间到发客流量、各站分方向到发人数、全日高峰小时和低谷小时的断面客流量、分时最大断面客流量等。

（1）基础资料

客流计划以站间客流量资料作为编制基础。在建成新线投入运营的情况下，客流计划可根据客流预测资料进行编制；在既有运营线路的情况下，客流计划根据客流统计资料和客流调查资料进行分析加工后编制。表 5-2-1 是一个 8 座车站地铁线路的站间客流 OD 数据。

早高峰小时站间客流 OD（单位：人） 表 5-2-1

O	D							
	A	B	C	D	E	F	G	H
A	—	2314	2033	2518	1626	2104	3245	4232
B	2314	—	575	1540	1320	2282	2603	3112
C	1887	524	—	187	281	761	959	1587
D	2575	1376	199	—	153	665	940	1638
E	1556	1253	322	158	—	143	426	1040
F	3100	2337	662	691	162	—	280	1895
G	4191	3109	816	956	448	388	—	711
H	3560	2918	1569	1728	967	1752	671	—

(2)数据处理

①根据站间客流 OD 资料,计算出各站上下车人数,见表5-2-2。

早高峰小时各站上下车人数(单位:人)　　　表5-2-2

下 行		车　站	上 行	
上客数	下客数		上客数	下客数
18099	0	A	19183	0
11432	2341	B	11517	2341
3775	2608	C	3568	2411
3396	4245	D	3533	4150
1609	3380	E	1577	3289
2175	5955	F	2140	6952
711	8453	G	671	9908
0	14215	H	0	13165

②根据各站上下车人数,可计算出各断面客流量,结果见表5-2-3。

$$P_{i+1} = P_i - P_{off} + P_{on} \tag{5-2-5}$$

式中:P_{i+1}——第 $i+1$ 个断面的客流量(人);

P_i——第 i 个断面的客流量(人);

P_{off}——在车站下车人数(人);

P_{on}——在车站上车人数(人)。

早高峰小时各区间断面客流量(单位:人)　　　表5-2-3

下 行	区　间	上 行
18099	A-B	19183
27190	B-C	28386
28357	C-D	29543
27508	D-E	28926
25737	E-F	27214
21957	F-G	22402
14215	G-H	13165

2)全日行车计划

全日行车计划是营业时间内各个小时开行的列车对数计划,它规定了轨道交通线路的日常作业任务,决定着城市轨道交通系统的输送能力和设备(列车)使用计划。同时,也是编制列车运行图、计算运营工作量和确定车辆配备数的基础资料。全日行车计划是根据营业时间内各个小时的最大断面客流量、列车定员人数、车辆满载率以及希望达到的服务水平综合考虑编制的。

(1) 全日行车计划编制依据

①营业时间

即城市轨道交通系统全日营业时间范围，也称首末班车时间计划。营业时间的安排主要考虑两个因素：一是城市居民出行特点、出行习惯和文化背景；二是满足轨道交通各项设备检修施工的需要。目前，世界上大多数城市轨道交通系统营业时间都在 18~20h，个别城市是 24h 运营，如美国的纽约和芝加哥。

②全日分时客流断面分布及最大断面

全日分时客流断面分布是指客流在一日内不同时间段的空间(区段)分布，最大的区段称为最大断面。客流断面是确定不同区间列车交路方案和开行对数编组方案的基础。站间 OD 客流数据是计算最大断面客流量的原始资料。

③列车运载能力

列车运载能力是指一列车满载时能够运送的乘客数量，是列车编组辆数和每辆车定员数的乘积。列车编组辆数的确定以高峰小时最大断面客流量作为基本依据。在客流量一定的情况下，为达到一定的运能，除可采用增加列车编组辆数措施外，也可以采用缩短发车间隔时间的措施。车辆定员数的多少取决于车辆的尺寸、车厢内座位布置方式和车门设置数。

④线路断面满载率

线路断面满载率一般通过满载率来简单描述，即列车实际载客量与设计载客容量之比，它反映系统的服务水平。一般情况下，满载率可取 0.75~0.90。

(2) 编制步骤

①计算分时开行列车数

全日行车计划的编制一般要在分时行车计划编制完成的基础上汇总后完成。分时行车计划的列车开行对数计算式为：

$$n_i = \frac{p_{\max,i}}{c_p \times \beta} \tag{5-2-6}$$

式中：n_i——某小时 i 内应开行的列车对数；

$p_{\max,i}$——该小时最大客流断面旅客数量；

c_p——列车的设计载客能力(人)；

β——列车满载率。

全日列车开行对数为：

$$N = \sum n_i \tag{5-2-7}$$

②计算分时发车间隔

在实际运营中，经常需要用到另一个指标来评价行车计划，即发车间隔 I_i；

$$I_i = \frac{60}{n_i} \quad (\min) \tag{5-2-8}$$

③确定全日行车计划

确定全日行车计划时还需注意，在高峰时段各小时应开行的列车对数要大于所需列车对数；在非高峰时段，要在综合考虑所需列车对数及保持一定的服务水平两方面来确定各小时应开行的列车对数。此外,提高服务水平和方便乘客是编制轨道交通系统全日行车计划时重点考虑的因素,因此,还应检查是否存在某段时间内发车间隔过长的情形,城市轨道交通系统一般发车间隔实际不宜大于10min。

3) 列车运行计划

列车运行计划包括列车编组方案、列车交路方案和列车停站方案三部分内容。其中,列车编组方案规定了列车是固定编组还是非固定编组,以及列车的编组辆数;列车交路方案规定了列车的运行区段与折返车站;列车停站方案规定了列车是站站停车还是非站站停车的方式。

(1) 列车编组方案

①列车编组种类

a. 大编组:大编组是指在运营时间内列车编组辆数固定且相对较多,如地铁列车采用的6辆或8辆编组的情形。

b. 小编组:小编组是指在运营时间内列车编组辆数固定且相对较少,如地铁列车采用的3辆或4辆编组的情形。

c. 大小编组:大小编组是指在运营时间内列车编组辆数不固定。大小编组有两种情形:一种是在客流非高峰时段编组辆数相对较少,在客流高峰时段编组辆数相对较多,如在客流非高峰和高峰时段,地铁列车分别采用3/6辆编组、4/6辆编组或4/8辆编组的情形;另一种是在全日运营时间内采用大小编组,如地铁列车采用3/6辆编组或4/6辆编组的情形。采用大小编组方案时,与4/6辆编组方案相比,3/6辆编组方案更具有乘客服务水平较高、可根据客流量灵活编组以及车辆检修周期一致等优点。

②影响列车编组方案比选的因素

影响列车编组方案选用的主要因素是客流、通过能力和车辆选型。因为要满足一定的客流需求,轨道交通必须提供一定的列车运能。小时列车运能既与小时内开行的列车数有关,也与列车编组辆数和车辆定员有关。假设小时列车运能应达到18000人,在车辆选型一定时,列车编组与列车间隔成正比关系;在列车间隔一定时,列车编组与车辆定员成反比关系,见表5-2-4。此外,在进行列车编组方案比选时,通常还应考虑如列车间隔、乘客服务水平、车辆运用经济性、运营组织复杂性等因素。

列车编组与车辆选型、通过能力的关系　　　　表5-2-4

序号	一	二	三	四
编组辆数(辆)	3	6	4	6
车辆定员(人)	300	300	300	200
列车间隔(min)	3	6	4	4
列车运能(人/h)	18000			

(2) 列车交路方案

列车交路计划规定了列车的运行区段、折返车站和按不同列车交路运行的列车对数。当城市轨道交通线路较长,客流分布不均衡时,通过合理可行的交路组合来安排列车输送能力是一种充分利用有限资源、避免运能虚靡、降低运输成本的常见方法,这种规定列车交路的方法与过程就是编制列车交路计划。

由于城市轨道交通系统车站站线少,绝大多数车站都没有侧线,列车要利用正线停车,采用不同交路要受到列车折返条件的限制。

①列车交路的种类

根据轨道交通的特点,列车交路可分为长交路、短交路及混合交路三种类型。其中,短交路和混合交路又称为特殊交路。不同类型的列车交路,如图 5-2-2 所示。

图 5-2-2　不同类型的列车交路

a.长交路列车交路:又称为常规交路,是指列车在线路的两个终点站间运行,为全线提供运输服务,列车到达线路终点站后返回,如图 5-2-2a)所示。长交路行车组织方式简单,乘客无须换乘,也不要求中间站具有折返条件;但全线各区间能力相同,无法兼顾区段客流量的不均衡性,如果线路各区段断面客流不均衡程度较大,则会产生部分区段列车运能的浪费,故该类型在合理运用运能方面有所欠缺。

b.短交路列车交路:是指列车在某一区段内运行,在指定的中间站折返。如图 5-2-2b)所示。它可为某一区段旅客提供服务,提高断面客流较小区段的列车满载率,在一定程度可以促进能力与客流的匹配,但会增加乘客换乘,以及需要设置中间折返站。与混合交路方案相比,短交路列车在中间站是双向折返,增加了折返作业的复杂性,除特殊情况外一般不采用。

c.混合交路列车交路:是指线路上长短交路并存的情形。长交路列车到达线路终点站后折返,短交路列车在指定的中间站单向折返,如图 5-2-2c)所示。该类型行车组织方式是一种比较经济合理的运行方案,一方面可以显著缓解区段客流不均衡问题,提高长交路列车满载率、加快短交路列车周转;另一方面对长途乘客等待时间或换乘的影响可能也不严重,尤其是在区段客流不均程度高以及长交路难以平衡高断面运能与车底保有数之间的矛盾时。但是,这种方式的行车组织相对复杂,对车站客运组织管理工作也有较高要求。

②列车交路计划的确定

列车交路计划的确定应建立在对线路各区段客流量进行统计分析的基础上,充分考虑行车组织与客运组织的条件,进行可行性研究后加以确定。

a.客流的空间分布特征。

区段客流分析是列车交路计划确定的主要因素之一,客流的空间分布特征是选择列车交路方案的基本依据,只有在线路各区段断面客流分布不均衡程度较大时,才有必要对常规交路和特殊交路方案进行比选。

b.乘客服务水平。

采用特殊交路会使部分乘客增加出行时间,从而引起乘客服务水平的下降。如果乘客出行时间增加较大,一般不宜采用特殊交路方案。但应指出,在特殊交路与非站站停车方案结合选用时,乘客服务水平下降的情况可以得到改善。

c.线路折返条件。

行车条件决定了交路计划的可行性,城市轨道交通的线路设置由于其运营特点,不可能采取每个车站设置具备调车作业功能的线路,交路计划的实现只能在两个设有调车或折返线路的车站之间进行,同时还必须注意列车交路是否会影响行车组织的其他环节,例如,是否会影响发车间隔和车站后续列车的接车等。

d.客运组织的复杂性。

客运组织是列车交路计划确定的必要客观条件,列车交路计划的实现可能导致列车终到站的变化,相关车站的乘客乘降作业、列车清客、客运服务工作都会随之不断调整,对客运组织水平的要求较高,客运组织的不力可能会直接影响列车运行图的执行。

③列车折返方式

由于大多数城市轨道交通系统的车站没有侧线,列车折返是设置列车交路需要考虑的一个重要任务。一般来说,列车折返方式可根据折返线位置情况分为站前折返和站后折返两种。

a.站前折返方式。

列车在中间站或终点站经由站前渡线进行折返作业,如图5-2-3所示。站前折返方式由于渡线设置在站前,可以在一定程度上减少项目建设的投资,缩短列车走行距离。但列车折返会占用区间线路,从而影响后续列车闭塞,并且对行车安全保障要求较高。城市轨道交通行车组织中较少采用这种折返模式,特别是当行车密度高、列车运行间隔短的条件下,一般不会采用站前折返方式。

b.站后折返方式。

列车在中间站、终点站利用站后渡线进行折返作业。站后折返方式车站发车采用平行作业,不存在进路交叉,行车安全,有利于提高列车的旅行速度,为国内外城市轨道交通通常采用的折返方式。此外,列车还采用经站后环线折返的方法,环形线折返设备可保证最大的通过能力,但施工量大,钢轨在曲线上的磨损消耗也大。站后折返的主要不足是列车折返时间较长。站后尽端折返线,如图5-2-4所示。

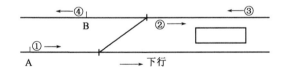

图5-2-3 站前单渡线折返线

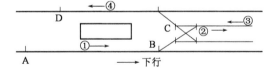

图5-2-4 站后尽端折返线

(3)列车停站方案

①列车停站种类

传统的城市轨道交通列车停站设计,总是安排列车站站停车,但从优化列车运行组织,提高列车旅行速度和节约乘客出行时间出发,根据具体线路的客流特点,可对下面三种列车运行方案进行比选。

a.站站停车列车运行方案。

列车在全线所有站均停车,如图5-2-5所示。与非站站停车相比,线路上开行列车种类简单,不存在列车越行,乘客无须换乘也无须关注站台上的列车信息显示。在跨区段和长距离出行乘客比例较大时,站站停车在车辆运用与服务水平方面均未达到最佳状态。

b.跨站停车列车运行方案。

该方案将全线车站分成A、B、C三类,如图5-2-6所示。A、B两类车站按相邻分布原则确定,C类车站按每隔若干个车站(图中是每隔4个)选择1站原则确定。所有列车均应在C类车站停车作业,但在A、B两类车站则分别停车作业。

图5-2-5 站站停车列车运行方案停车示意

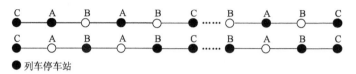

图5-2-6 跨站停车列车运行方案停车示意

跨站停车列车运行方案减少了列车停站次数,因而能压缩列车旅行时间和乘客乘车时间,提高旅行速度。同时,由于车辆周转加快,能够减少车辆使用,降低运营成本。该方案的问题是,由于A、B两类车站的列车到达间隔加大,乘客候车时间有所增加;此外,在A、B两类车站间乘车的乘客需在C类车站换乘,带来不便。因此,该方案比较适用于C类车站客流较大,而A、B两类车站客流较小,并且乘客平均乘车距离较远的情况。

c. 分段停车列车运行方案。

该方案在长短列车交路的基础上,规定长交路运行列车在短交路区段外每站停车作业,在短交路区段内不停车通过;而短交路运行列车则在短交路区段内每站停车作业,短交路列车的中间折返点作为换乘站。分段停车列车运行方案停车示意如图5-2-7所示。

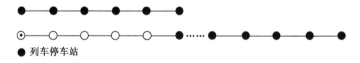

图5-2-7 分段停车列车运行方案停车示意

分段停车列车运行方案减少了长交路列车的停站次数,因而能压缩长途乘客在列车上消耗的时间,列车旅行速度的提高也有利于加快长交路运行车辆的周转。该方案的主要问题是,上下车不在同一交路区段的乘客需要换乘,增加了在车站内消耗的时间。因此,采用分段停车列车运行方案的基本依据是乘客时间得到的总节约应大于增加的总消耗。

②影响列车停站方案比选的因素

影响列车停站方案比选的主要因素为站间OD客流特征、乘客服务水平、列车越行、运营经济性和运营组织复杂性等。

a. 站间OD客流特征。

在长距离出行乘客比例较大及某些发到站间的直达客流也较大时,采用非站站停车方案通常是有利的。在线路上以同一区段内发到的短途客流为主时,不宜采用非站站停车方案。

b. 乘客服务水平。

采用非站站停车方案是否可行,应根据站间OD客流,定量分析计算长途乘客节约的出行时间与部分乘客增加的换乘与候车时间。

c. 列车越行问题。

在采用列车非站站停车方案时,存在后行列车越行前行列车的可能性。因此,必须对列车越行相关问题,如列车越行判定条件、越行站设置数量及位置等问题做进一步分析。

d. 运营经济性。

与站站停车方案相比,非站站停车方案能加快列车周转、减少运用车数,从而降低运营成本。但采用非站站停车方案时,通常要在部分中间站增设越行线,车站土建与轨道等费用的增加会引起车站造价上升。

e. 运营组织复杂性。

由于各类列车的停站安排不同以及列车在中间站越行,控制中心、车站控制室对列车运行的监控以及站台上的乘车导向服务均应加强。因此,非站站停车方案的运营组织要比站站停车更为复杂。

4) 车辆配备计划与车辆运用

车辆配备计划是指为完成全线全日行车计划所需要的车辆保有数量计划。车辆保有数量计划包括运用车辆数、在修车辆数和备用车辆数三部分。

(1) 车辆配备计划

① 运用车辆数

运用车辆数是指为完成日常运输任务所必须配备的技术状态良好的可用车辆数。它与高峰小时开行的最大列车对数、列车旅行速度及折返站停留时间等因素有关,计算公式为:

$$n = \frac{n_{\text{高峰}} \theta_{\text{列}} m}{60} \tag{5-2-9}$$

式中: $n_{\text{高峰}}$ ——高峰小时开行的列车对数;

$\theta_{\text{列}}$ ——列车周转时间(min);

m ——平均每列车编成辆数。

考虑到地铁车辆有时是以动车组形式编组,此时动车组运用车辆数可用下式计算:

$$n = \frac{n_{\text{高峰}} \theta_{\text{列}} L}{60} \tag{5-2-10}$$

式中: L ——每列车内动车组组数。

列车周转时间是指列车在线路上往返一次所消耗的全部时间。它包括列车在区间运行时间、列车在中间站停留时间以及列车在折返站作业停留时间。

$$\theta_{\text{列}} = \sum t_{\text{运}} + \sum t_{\text{站}} + \sum t_{\text{折停}} \tag{5-2-11}$$

式中: $t_{\text{运}}$ ——列车在线路上折返一次各区间运行时间之和(min);

$t_{\text{站}}$ ——列车在线路上往返一次各中间站停站时间之和(min);

$t_{\text{折停}}$ ——列车在折返站停留时间之和(min)。

② 在修车辆数

在修车辆是指处于定期检修状态的那部分车辆。车辆的定期检修是一项有计划的预防性的维修制度。车辆检修概念包括车辆检修级别和车辆检修周期。它们是根据车辆设计的技术性能、各部件在正常情况下的使用寿命、车辆运用的环境以及运用指标(如走行公里数)等因素进行确定的。轨道交通的检修级别通常分为日检、双周检、双月检、定修、架修和大修6种,见表5-2-5。

上海地铁车辆检修级别、周期及停时　　　　　表 5-2-5

检修级别	运用时间	走行公里数(万 km)	检修停时(d)
日检	1 日	—	—
双周检	2 周	0.4	0.5
双月检	2 月	2	2
定修	1 年	10	10
架修	5 年	50	25
大修	10 年	100	40

轨道交通车辆检修的发展趋势是优化车辆检修制度。例如,2009 年,南京地铁对车辆维修制度进行改革,推进"全效修",即列车的年度维护总量不变,将原计划修的作业内容(如双周检、三月检、定修等)按月度均分(南京地铁分为 12 个全效修程),充分利用车辆运营高峰回库的窗口时间完成维修作业。此外,还包括上海地铁利用非运营与非高峰时间进行较小修程的"均衡修",采用直接更换车辆零部件的方式进行"换件修"等。传统的维修制度需要一列车的平均每年检修库停时间 39d 左右,通过上述途径与措施,每列车实质上的库停时间可减少至 19d 或 20d,从而极大提高了车辆检修效率,提升车辆运用水平。

③备用车辆数

备用车辆数是轨道交通系统为了适应客流变化,确保完成临时紧急的运输任务以及预防运用车辆发生故障而储备的若干技术状态良好的车辆数。备用车辆数一般控制在运用车辆数的 10% 左右。

(2) 车辆运用

城市轨道交通系统是一个复杂且技术密集的公共交通系统,而车辆运用组织系统又是这个大系统中重要的组成部分之一,它在上级运营指挥部门的统一指挥下,按运行图制定的行车计划完成日常车辆运用工作。

列车运转流程指的是每日列车运用过程,包括四个环节,即列车出车、列车正线运营、列车回库收车、列车场内检修及整备作业。这些作业由车辆运用部门各个岗位协同配合共同来完成。

①列车出车:工作流程分为制定发车计划、出乘作业及发车作业。其中制定发车计划可分为编制发车计划、下达发车计划、确认发车计划等环节。出乘作业可细分为司机出勤,出车前检查和列车出库这三个环节。

②列车正线运营:主要由乘务员(电动列车驾驶员)来完成。主要工作内容为正线运行中的交接班作业以及列车故障的记录和通报等。

③列车回库收车:分为接车及回库作业,其中回库作业可细分为列车入库、回库检查和收车以及驾驶员退勤这三个环节。

④列车场内检修及整备作业:包括车辆正常运用的整备、检查和保养作业。

5.2.3　城市轨道交通列车运行图

列车运行图又称为时距图(Distance-Time Diagram),是运用坐标原理对列车运行时间关系和空间关系的二维图解表示。编制城市轨道交通列车运行图的过程就是以满足列车开行计划为目标铺画列车运行线的过程。列车运行图规定了各次列车占用区间的次序,列车在区间的运行时分,在车站的到达和出发(或通过)时刻,在车站的停站时间和在折返站的折返时间,以及列车交路和列车出入车辆段时刻等。它能直观显示出列车在各区间运行及在各车站停车或通过的状态。

列车运行图既是城市轨道交通系统的综合计划,也是城市轨道交通各部门协同工作,维持全线列车与旅客组织的秩序,保证系统运行安全和旅客服务质量的前提和基础。

1) 列车运行图的作用

(1) 列车运行图是组织列车运行组织的基础

列车运行是一个很复杂的环节,只有各部门、各工种、各作业之间互相协调配合,才能保证列车安全和提高运输效率。在运营企业内部,列车运行图不但规定了线路、车站、车辆等技术设备的运用,同时也规定了与列车运行有关各部门和各工种的工作要求,列车运行图在保证城市轨道交通运营各部门的相互配合和协调运作上起到重要的组织作用。

(2) 列车运行图是运行组织的一个综合性计划

运营生产是一个统一的整体,涉及城市轨道交通运营的各业务部门都需要根据列车运行图所规定的要求来安排工作。例如,控制中心应按照列车运行图指挥列车运行;车站应按照列车运行图组织行车和客运工作;车辆运转部门要根据列车运行图的要求确定列车的派出时刻和乘务员的作息计划;车辆维修部门每天运营前要整备好运营需求的列车数;工务、通信、信号、供电、机电等部门也要求根据列车运行图的规定来安排施工计划和维修计划。因此,列车运行图是城市轨道交通运行组织的一个综合性计划。

2) 列车运行图的格式

列车运行图实际上是为运营调度部门提供一种组织列车在各站和区间运行的一种图解形式。传统的列车运行图还可以用列车时刻表的形式来表示,列车运行图上的列车运行线与车站中心线的交点,即为列车到发或通过车站的时刻。根据列车运行图格式不同的表示方法,这些表示时刻的数字或符号,一般填写在列车运行线与横线相交的钝角处,如图5-2-8所示。

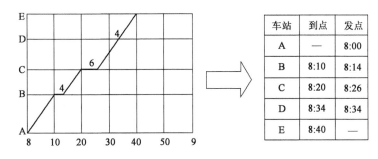

图 5-2-8 列车运行图与列车时刻表的关系

需要注意的是,城市轨道交通系统列车运行间隔小,最短可以达到2min以内且停站时间短,一般在15~30s。城市轨道交通系统一般不采用时刻表形式对旅客发布列车运行信息,这也是城市轨道交通列车运行组织工作的重要特征。即列车运行组织以列车间隔主导,而不同于传统铁路以列车车次及其对应的到发时刻为主导。列车运行图,如图5-2-9所示;列车运行图表示要素,如图5-2-10所示。

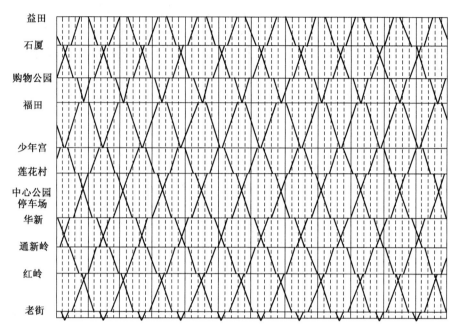

图 5-2-9 列车运行图(横轴表示时间,纵轴表示站点)

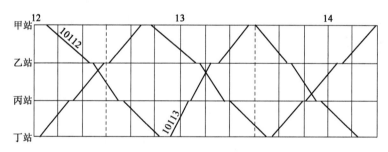

图 5-2-10 列车运行图表示要素

(1)横坐标:表示时间变量,按要求用一定的比例进行时间划分,一般城市轨道交通列车运行图采用 1 分格或 2 分格,即每一分格表示 1min 或 2min 时间。

(2)纵坐标:表示距离分割,根据区间实际里程,采用规定的比例,以车站中心线所在位置进行距离定点。

(3)垂直线:是一族平行的等分线,表示时间等分段。将横轴按一定的时间单位进行等分,代表一昼夜的小时和分钟。

(4)水平线:是一族平行的不等分线,表示各个车站中心线所在的位置。通常中间站的车站中心线可以较细线条表示,换乘站、折返站和终点站则以较粗线条表示。

(5)斜线:列车运行(轨迹)线,一般用上斜线表示上行列车,下斜线表示下行列车。列车运行线与车站中心线的交点就是列车在车站的到达、出发或通过时刻。

(6)在列车运行图上,每个列车均有不同的车号和车次。对于不同种类的列车,采用不同的列车运行线、车号和车次范围加以区别。一般按不同的列车类别规定代号与列车号,如专运列车、客运列车、施工列车等;按发车顺序编列车车次,上行采用双数,下行采用单数。不同城市、不同线路列车车次的表示方法也不同。

①以上海市轨道交通某线路为例,列车车次由5位数组成:前3位为列车识别符号;后2位为目的地符号,目的地代表列车的运行终点站。如11296次表示1号线开往莘庄站的112次列车。

②以北京市轨道交通某线路为例,列车车次由4位数组成:首位表示列车开行方向("1"为下行,"2"为上行);第3和第4位表示列车运行顺序号;第2位表示列车性质,其中"0~4"表示计划客运列车,"5"表示临时加开列车,"6"表示调试列车,"7"表示救援列车,"8"表示回空列车,"9"表示施工列车。

(7)列车运行图的部分符号及其含义,如图5-2-11所示。

图5-2-11 列车运行图的部分符号及其含义

3) 列车运行图的分类

根据区间正线数目、列车运行速度、上下行方向列车数和同方向列车运行方式等条件,分别对列车运行图进行分类。

(1) 按时间轴的刻度分类

列车运行图是一种二维图,其横轴是时间,一般可根据其刻度仔细程度分为一分格运行图、二分格运行图和十分格运行图,特殊情况下可以采用小时格运行图。地铁和轻轨通常采用一分格运行图和二分格运行图,市郊铁路编制新图时通常采用二分格运行图,市郊铁路日常使用的列车运行图通常采用十分格运行图。

①一分格运行图

它的横轴以1min为单位用细竖线加以划分,10min格和小时格用较粗的竖线表示。这种一分格图适用于发车间隔较小的城市轨道交通系统,主要在编制新运行图和调度指挥时使用。

②二分格运行图

它的横轴以2min为单位,用细竖线加以划分,常用于市郊铁路运行图的编制。

③十分格运行图

它的横轴以10min为单位用细竖线加以划分,半小时格用虚线表示,小时格用较粗的竖线表示。适用于市郊铁路和城际铁路等发车间隔较大的城市轨道交通系统,也多用于描述运行图轮廓或在日常指挥调度中绘制实际运行图使用。

④小时格运行图

它的横轴以小时为单位,用竖线加以划分。这种小时格运行图主要在编制旅客列车方案图和机车周转图时使用,城市轨道交通系统一般不使用。

(2) 按区间正线数分类

①单线运行图:在单线区段,上下行方向的列车都在同一正线上运行,因此,两个方向的列车必须在车站上进行交会。单线运行图一般应用在距离短、运量不大的市郊地区线路或在非正常情况下的列车运行调整期间使用,如图5-2-12所示。

②双线运行图:在双线区段,上下行列车在各自的正线上运行。因此,上、下行列车的运行互不干扰,可在区间内或车站上交会,列车越行只能在有侧线的车站上进行,如图5-2-13所示。

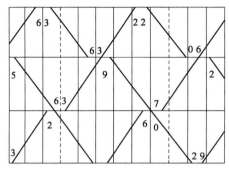
图 5-2-12 单线成对平行运行图

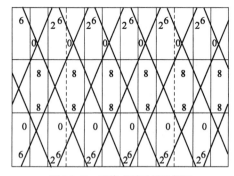
图 5-2-13 双线成对平行运行图

③单双线运行图:在既有单线区间,也有双线区间的线路上,按单线运行图和双线运行图的特点铺面列车运行图,a—b 区间单线运行,b—c 区间双线运行,如图 5-2-14 所示。这种运行图一般只在非正常情况下的列车运行调整期间或线路有维修作业时使用。

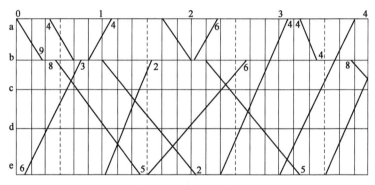
图 5-2-14 单双线运行图

(3) 按列车运行速度差异分类

①平行运行图:在同一区间内,同方向列车的运行速度相同,且列车在区间两端站的到、发或通过的运行方式也相同,区段内列车没有越行,因而列车运行线相互平行,如图 5-2-12 及图 5-2-13 所示。

②非平行运行图:在运行图上铺有各种不同速度的列车,且列车在区间两端站的到、发或通过的方式不同,因而列车运行线不平行铺画,如图 5-2-14 所示。

(4) 按照同方向列车运行方式的不同分类

①连发运行图:在这种运行图上,同方向列车的运行以站间区间为间隔。在单线区段采用这种运行图时,在连发的一组列车之间不能铺画对向列车。

②追踪运行图:在这种运行图上,同方向列车的运行以闭塞分区为间隔,一个站间区间内允许几列同向列车同时运行。在装有自动闭塞设备的单线或双线区段上使用。

此外,还可以按上、下行方向的列车数目分类,分为成对运行图和不成对运行图;按使用范围的不同分类,分为双休日、节假日运行图等;按列车运行图生成方式分类,分为计划运行图和实际运行图。

4) 列车运行图的编制方法

(1) 列车运行图的编制原则

①在保证安全可靠的条件下,提高列车的运行速度,缩小列车的运行时分。列车运行速度

高是城市轨道交通系统的主要优势,在安全得到保证的前提下,通过提高列车运行旅行速度,压缩折返时间,减少出入库作业时间等方式,提高系统的运行效率和服务水平。

②尽量方便乘客。城市轨道交通系统是城市公共交通的重要组成部分,编制运行图时主要考虑列车发车间隔在满足运行技术前提下尽量选择最小值,从而减少乘客的候车时间。在安排低谷运行时,最大的列车运行图间隔不宜过大。如能改变列车编组,保持较小列车间隔,不失为一种节省运能并减少乘客候车时间的良策。

③充分利用线路的能力和车辆的能力。通常情况下,折返站的折返能力是限制全线能力的关键,因此必须对折返线的折返作业时间进行精确计算,尽可能安排平行作业。当车辆周转达不到运营要求时,要合理安排车辆进行高峰客流组织。

④在保证运量需求的条件下,运营车数达到最少。在保证运量需求的条件下,综合考虑高峰时段列车运行速度、折返时间、列车开行方式等要素,使运营列车数量达到最少,从而降低系统的车辆保有量与运营成本。

(2)列车运行图的编制步骤

城市轨道交通列车运行图编制与线路条件、折返站布置形式、列车运行方式、列车开行交路类型、车场位置、客流时空分布特征等因素有关,包含数据收集、方案编制、铺画优化等阶段。在新线开通或线路客流量、技术设备和行车组织方式发生变化时都需编制列车运行图。城市轨道交通列车运行图编制过程中的组成部分,如图5-2-15所示。

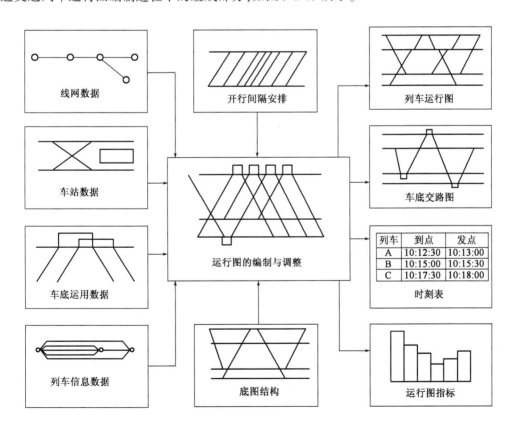

图 5-2-15 城市轨道列车运行图编制过程中的组成部分

①确定全日行车计划:a.计算分时开行列车数;b.计算分时发车间隔;c.确定全日行车计划。

②编制车底周转计划,并计算需要的运用车底数量。

③根据列车运行方案铺画详细的列车运行图、编制列车运行时刻表和撰写列车运行图编制说明。

④对列车运行图的编制质量进行全面的检查,并计算列车运行图的指标。

5) 列车运行图的编制说明

(1) 运行图车站中心线的确定方法

车站中心线有按区间实际里程比例和按区间运行时分比例两种确定方法。

①按区间实际里程比例确定:即按整个区段内各车站同实际里程的比例来确定车站中心线。采用这种方法时,列车运行图上的站间距能反映实际情况,能明显表示出站间距离的大小。但由于各区间的线路和纵断面不一样,列车在各区间的运行速度有所不同,这样列车在整个区段的运行线往往是一条斜折线,既不整齐,也不易发现列车在区间运行时分上的差错。

②按区间运行时分比例确定:即按整个区段内各车站间列车运行时分的比例来确定车站中心线。采用这种方法时,可以解决按区间实际里程比例确定的问题。

例:假设某城市轨道交通线路下行列车全程运行时间为170min,首先在运行图纵轴确定始发站 A 至终到站 B 的位置,在代表终到站 B 的横线上向右截取代表 170min 的线段,得分割点 E,连接 A、E 两点。然后自始发站开始,根据各区间下行列车的纯运行时分,在表示终到站 B 的横线上向右依次截取相应的线段,得到相应的各分割点;接着以各分割点作为基点作横轴的垂直线,得到垂直线与斜直线的各交点;最后通过各交点画横轴的平行线,得到该线路 AB 间 a、b、c、d 各站的车站中心线,如图5-2-16所示。

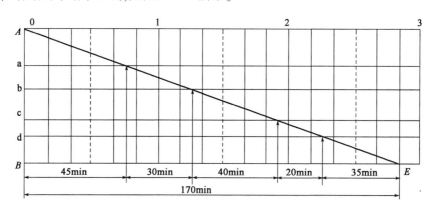

图5-2-16 区间运行时分比例确定车站中心线位置示意图

(2) 计算上、下行列车单程旅行时间

列车单程旅行时间等于单程各区间列车运行时分加沿途各车站停站时间的总和。由于上下行单程旅行时间不一定相同,须根据上下行分别计算,以此作为在列车运行图上铺画上下行列车运行线的依据。

(3) 计算列车运行图的运行周期

列车运行图的运行周期就是列车在正线区段往返运行一个运行交路所需的时间,它等于上下行列车旅行时间以及折返时间之和。

(4) 计算平均列车运行间隔时间

平均列车运行间隔为列车运行图周期与投入正线运行的电动列车数之比。

5.2.4 城市轨道交通调度指挥与列车运行控制

城市轨道交通系统中,客流的动态变化、突发事件及设备故障等外部不确定性因素可能导致列车晚点和运营秩序紊乱,影响城市轨道交通系统的正常运营。为满足运输需求,确保运输生产秩序,充分发挥运输生产能力,必须对线路上的列车采取有效的调度指挥和控制措施,两者协调运用,双管齐下,保证行车安全。

随着列车速度、密度和安全要求的逐步提高,列车运行控制技术经历了地面人工信号、地面自动信号、机车信号、自动停车装置、列车自动防护系统和列车自动驾驶系统等几个发展阶段,以满足不同时期各种不同轨道交通系统的运营和安全需求。同时,合理发挥列车运行调度指挥的作用,使列车尽可能按事前制定的运行图行车,也可以最大限度地发挥城市轨道交通系统设备设施的潜能,进一步保障系统的服务水平。

1)运行调度指挥技术

城市轨道交通系统运营过程是一个以计划运行图为依据,实时应对各类干扰冲突事件,最大限度满足乘客运输服务的动态变化过程。为应对日常运营过程中影响列车运行秩序的干扰,需要运用调度指挥相关理论与技术,建立运营调度指挥系统,以指挥、协调、监控系统的可靠安全运营。

(1)城市轨道交通调度指挥的任务

运营调度指挥工作是城市轨道交通运营的中心工作,运营调度控制中心(Operation Control Center,OCC)是城市轨道交通系统的中枢,担负着组织行车提高运营服务质量确保运输安全、完成乘客运输计划、实现列车运行图的重要职责,对城市轨道交通日常工作的开展起着决定性的作用。

行车调度工作的具体任务包括:组织和监督各站及有关行车部门,按列车运行计划行车(组织运行);负责编制及组织线路施工维修的作业计划(编制计划);负责工程车试验列车等上线车辆的调度指挥工作(车辆调度);遭遇列车晚点等突发事件时,采取运行调整措施,尽快恢复列车正常运行(应急调整);遭遇行车事故时,积极参与指挥救援工作(事故救援);建立健全运营生产、调度指挥等各项原始记录台账以及统计分析报表(分析记录);密切注意客流动态,协同有关部门根据客流变化采取相应的组织方案(动态组织)。

(2)城市轨道交通调度指挥的组织形式

为了对运输生产活动进行集中领导,统一指挥和实行有效监控,城市轨道交通系统必须设立行车组织的指挥中心。城市轨道交通系统规模较大时,行车指挥中心一般分为线网指挥中心和线路运营控制中心。

①线网指挥中心

作为中央运营协调与应急指挥中心,负责统筹协调各线路运营控制中心。在各相关单位特别在发生影响两条及以上线路的紧急情况时,实现运营资源的统筹协调和联动,提升应急突发事件的处置能力。线网指挥中心须实时监督城市轨道交通网络客流变化列车运行和设施设备运行状态;在发生紧急情况时,迅速做出反应,指挥和协调各单位进行应急处置;承担运营生产信息采集、信息核实以及报告发布的任务。

②线路运营控制中心

线路运营控制中心是城市轨道交通日常运输工作的指挥中枢,基本任务是组织指挥线路与列车运行有关的各部门、各工种协调作业,确保列车运行图实现,组织完成客运生产任务,保证行车和乘客安全,努力提高运输效率和发挥经济效益。

为全面指挥和监督复杂的运输生产活动,控制中心实行分级管理和分工管理双重原则。分级管理是指将调度指挥机构分为两个指挥层级。一级指挥一般包括行车调度(简称行调)、电力调度(简称电调)、环控调度(简称环调)、客运调度(简称客调)和设修调度(简称设调);二级指挥为值班班长、行车值班员和车场调度员等。二级服从一级指挥,且各部门在根据职责独立开展工作的同时,要坚决服从运营控制中心值班主任的总体协调和指挥。线路运营控制中心指挥体系,如图5-2-17所示。

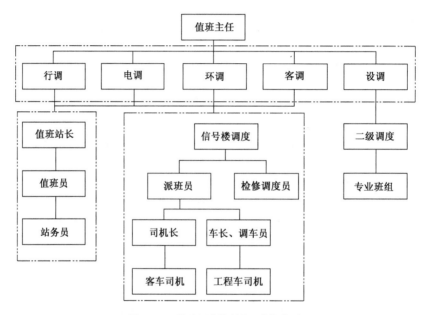

图5-2-17 线路运营控制中心指挥体系

一般情况下,城市轨道交通调度指挥采用以城市轨道交通指挥中心(Traffic Control Center,TCC)为主,车站和车辆基地为辅的全网集中控制模式。城市轨道交通系统的各条运营线路对应一个列车调度指挥中心(OCC),构成一线一中心的行车指挥体系。列车调度指挥中心(OCC)负责组织列车按图运行和列车秩序紊乱时的调整,其基本职责包括运营行车的调度指挥、运营供电和环控监控、行车信息的发布和施工管理等。

(3)城市轨道交通调度指挥系统

随着技术的进步城市轨道交通系系统运行控制设备正逐步向自动化、远程化、计算机化发展,行车调度工作逐步由人工控制方式向电子调度集中和行车指挥自动化控制系统发展。城市轨道交通行车调度指挥系统主要有人工调度指挥系统、电子调度集中系统和列车自动控制系统。

①人工调度指挥系统(电话闭塞法)

该系统主要由行车调度员通过调度电话向车站值班员直接发布指令,又称为电话闭塞法。人工调度指挥系统的主要设备包括调度控制中心设备、车站设备和列车设备。其中,调度控制中心设备有调度电话、无线调度电话、传输线路;车站设备有调度电话、传输线路;列车设备主要是指无线调度电话。目前,这种方式通常在线路开通初期、设施设备尚未到位等特殊情况下才使用。其调度指挥模式,如图5-2-18所示。

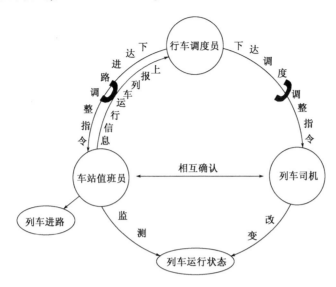

图5-2-18 人工调度指挥系统下的调度指挥模式

②电子调度集中系统(自动闭塞法)

人工调度指挥系统在办理交接路票和确认区间状态指令时需人工完成,难以避免人为的失误,同时由于复杂的办理手续,降低了列车运行速度且浪费了运能。20世纪中期,以电气集中系统总机为核心的电气集中系统逐步形成,并在城市轨道交通领域得到了较为广泛的运用。该种闭塞方法弥补了人工调度指挥系统过度依赖人工调度的不足。它可自动确认列车到达、自动办理闭塞手续、自动恢复闭塞;自动变换通过信号机的显示,并且实现列车追踪。

电子调度集中系统中,指挥中心行车调度员可通过电子显示屏监控列车运行情况,利用调度集中总机直接安排线路各处列车进路,能实现运行调度指挥的遥信和遥控两大远程控制功能。该系统的特点是区间采用自动闭塞,车站采用电气集中联锁,并利用电缆引接到指挥控制中心。控制中心的行车调度员通过中央列车自动监控系统(ATS)工作站对各车站进行集中控制,可直接排列进路和指挥列车的运行调整,并通过运行显示屏监控列车到达、列车出发及列车途中运行情况,掌握线路上列车运行及分布情况,各信号机的显示状态和道岔开通位置,确保列车运行秩序正常。电子调度集中系统的构成,见表5-2-6。

电子调度集中系统的构成　　　　　　　　　　　表5-2-6

位 置	设 备 种 类
调度指挥中心	调度集中总机、运行显示屏、运行图绘图仪、传输线路、无线调度电话等
车站	调度集中分机、传输线路等
列车	无线调度电话、信息接收装置等

③列车自动控制系统(ATC系统)

近年来,列车自动控制系统已被越来越多的城市轨道交通系统采用。列车自动控制系统包括三个子系统:列车自动保护(Automatic Train Protection,ATP)系统,列车自动驾驶(Automatic Train Operation,ATO)系统和列车自动监控(Automatic Train Supervision,ATS)

系统。

在列车自动控制系统下,安排进路和下达调度指令等调度指挥工作由系统自动完成,这样既减少了调度指挥人员的工作量,又增强了整个城轨系统的稳定性。集中化、信息化、系统化和自动化已经成为城市轨道交通调度指挥系统的发展趋势。列车自动控制系统下的调度指挥模式,如图5-2-19所示。

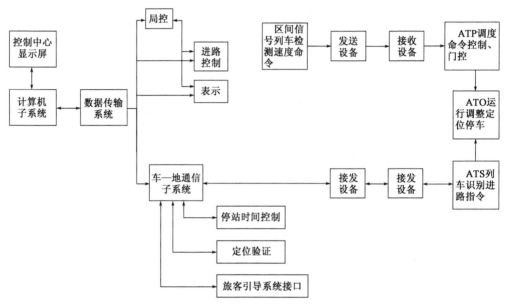

图5-2-19　列车自动控制系统下的调度指挥模式

(4)城市轨道交通调度指挥

①正常情况下的调度指挥

行车调度日常运行组织工作主要包括运营调度前的准备工作和运营服务期间的运营调度指挥两个方面。

②列车运行秩序紊乱下的调度指挥

较为常用的列车运行调整方法包括:始发站提前或推迟发出列车;组织列车赶点;压缩中间站的停站时间;组织列车不停车通过某些站;变更列车运行交路(组织列车在有条件的中间站折返);组织列车反向运行;扣车;调整列车运行发车间隔;抽线停运列车等。

综上所述,列车运行调整的目标一般包括减少列车实际运行图与计划运行图的偏差使所有列车的总延迟最短,保证运输服务的均衡性,减少旅客平均等待时间,调整的列车运行时间尽量短,实施运行调整的范围尽量小以及尽快恢复交通系统正常运营等。

③特殊情况下的调度指挥

非正常情况下的行车组织主要是指由于设备故障、超大客流、火灾等原因不能采用正常情况下的行车组织时组织轨道交通行车的方法,包括列车自动控制系统故障时的行车、改为车站控制时的行车、改用时间间隔法时的行车以及夜间施工时的行车等。以列车自动控制系统故障时的行车为例。

a.ATS子系统发生故障,改为调度集中控制,由行车调度员人工控制全线的信号与道岔、办理列车进路和调整运行秩序。

b. ATP 地面设备发生故障,因 ATO 车载设备接收不到限速命令,无法按自动闭塞法行车。此时,如是小范围的设备故障可由行车调度员确认故障区间空闲后,向司机发布命令,列车在故障区间限速运行;如是大范围的设备故障,须停止使用自动闭塞法,改为车站控制,实行电话闭塞法行车。

c. ATP 车载设备发生故障,因故障列车无法接收限速命令,该列车司机应按调度命令,人工驾驶限速运行。

d. ATP 子系统和车站通信设备同时发生故障,采用时间间隔法行车。

e. ATO 子系统发生故障,列车改为人工驾驶,在 ATP 车载设备的监护下,按车内速度信号显示运行。

2)列车运行控制

(1)列车自动控制系统的组成及其功能

目前,世界各国的城市轨道交通的信号系统大都采用列车自动控制(Automatic Train Control,ATC)系统。列车自动控制系统包括列车自动防护 ATP 系统、列车自动运行 ATO 系统和列车自动监控 ATS 系统。列车自动控制系统结构图,如图 5-2-20 所示。

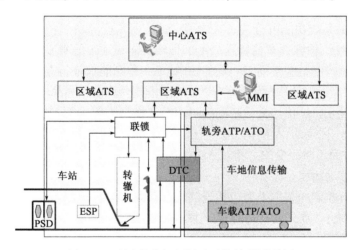

图 5-2-20 城市轨道交通列车自动控制系统结构图

①列车自动防护系统

由于城市轨道交通列车间隔时间短的特点愈发显著,许多城市轨道交通列车的最短间隔已达到 2min 甚至更短。在如此短的列车间隔条件下,已不能以地面信号显示作为控制行车速度的主要依据。必须有一个高度可靠,能连续不断地实现速度显示(机车信号)和速度监督、防护的系统,以确保行车安全。

ATP 系统便是保证行车安全,防止列车进入前方列车占用区段和防止超速运行的设备。负责全部的列车运行保护,是列车安全运行的保障,也是 ATC 系统中最关键的一环。

a. ATP 系统的组成及工作原理。

ATP 系统组成方面,当采用轨道电路传送 ATP 信息时,ATP 系统由设于控制站的轨旁单元、设于线路上各轨道电路分界点的调谐单元以及车载 ATP 设备组成,并包括与 ATS、ATO、联锁设备的接口设备。其中,轨道旁的轨道电路连接箱内(发送、接收端各一个),仅有电路调谐用的无源元件,包括轨道耦合单元及长环线。车载 ATP 设备包括两套 ATP 模块(信号处理器和速度处理器)、两个速度传感器和两个接收天线、车辆接口、驾驶室内的操作和控制单元(MMI)等。

ATP系统的工作原理是将信息(包括来自联锁设备和操作层面上的信息、地形信息、前方目标点信息和容许速度信息等)不断从地面传至车上,进而得到列车当前容许的安全速度,依此来对列车实现速度监督及管理。

连续式ATP系统是利用数字音频轨道电路向列车连续地发送数据,允许连续监督和控制列车运行。由轨道电路反映轨道状态,传输ATP信息,在轨旁无需其他传输设备。当轨道电路区段空闲时,发送轨道电路检测电码,当列车占用时,向轨道电路发送ATP信息。车载ATP设备完成命令解码、速度检测、超速下的紧急制动、特征显示、车门操作等任务。车载ATP设备根据地面传来的数据(由ATP天线接收)与预先储存的列车数据,计算出列车实时最大允许速度。将此速度与来自速度传感器测得的列车实际运行速度相比较,超过允许速度时,报警后启动制动器。

b. ATP系统的功能。

ATP系统主要是对列车驾驶进行防护,对与安全有关的设备或系统实行监控以及实现列车间隔保护超速防护等。具有下列主要功能:检测列车位置、停车点防护、超速防护、列车间隔控制(移动闭塞)、临时限速、测速测距、车门控制、记录司机操作。在数字音频轨道电路方式的ATP系统中,ATP系统功能可分为ATP轨旁功能、列车检测功能(负责根据各轨道区段的"空闲"或"占用"情况,检测列车的位置)、ATP传输功能和ATP车载功能。

其中,列车间隔控制是基于列车间隔的控制,是一种既能保证行车安全(防止两列车发生尾追事故),又能提高运行效率(使两列车的时间间隔最短)的信号概念。移动闭塞与过去的以划分闭塞分区、设立防护信号机为基础的自动闭塞概念有很大的不同。移动闭塞的闭塞分区长度与位置均是不固定的,是随前方目标点(前行列车)的位置、后续列车的实际速度以及线路参数(如坡度)而不断改变的。相对于过去的固定闭塞分区而言,这里的"闭塞分区"是移动的,所以称之为移动闭塞。

此外,列车运行控制的基本类型包括连续式自动列车运行控制系统和点式列车超速防护系统(点式ATP系统)。点式ATP系统的速度监控曲线,如图5-2-21所示。

v_0是最高列车速度(km/h)。当列车车速达到v_2时,车载中央控制单元给出音响报警,如果此时司机警惕降速,使车速低于v_0,则一切趋于正常。当列车车速达到v_3时,车载中央控制单元给出启动常用制动(通常为启动最大常用制动)的信息,列车自动降速至v_0以下。当列车车速达到v_5时,车载中央控制单元给出启动紧急制动的信息,确保列车在危险点的前方停住。为了提高行车效率,有的行车部门要求在红灯信号机前方留出一段低速滑行区段(图5-2-21中的v_f段),其目的是防止当列车行驶在信号机之间时红灯信号变为允许信号。在留出低速滑行段后,列车可以以低速(例如20km/h)驶过第二个地面应答器,如果列车被告知信号仍是红灯,通过紧急制动还来得及停在危险点前方;如果列车被告知信号已改为允许信号,则司机可在v_f基础上加速,从而提高了行车效率。

②列车自动运行系统

列车自动驾驶系统(ATO系统)主要用于实现"地对车控制",即用地面信息实现对列车驱动、制动的控制。由于使用ATO系统,列车可以经常处于最佳运行状态,避免了不必要的和过于剧烈的加速和减速,因此可显著提高旅客舒适度,提高列车准点率及减少轮轨磨损。通过与列车再生制动配合还可以节约列车能耗。

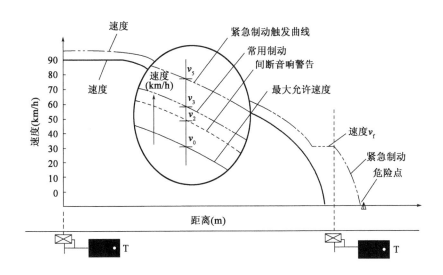

图 5-2-21　点式列车超速防护系统的速度监控曲线
注：图中黑色方块，是指地面应答器（Transponder in Ground），用字母 T 来表示

a. ATO 系统的组成。

ATO 系统由轨旁设备和车载设备组成，接收与列车自动运行有关的信息。其中，ATO 轨旁设备通常兼用 ATP 轨旁设备；ATO 车载设备由设在列车每一端司机室内的 ATO 控制器（包括司机控制台）及安装在列车每端司机室车体下的两个 ATO 接收天线和两个 ATO 发送天线组成，还包括 ATO 附件，这些附件用于速度测量、定位和司机接口。

ATO 具有一个双向通信系统，通过车载 ATO 天线和地面 ATO 环线允许列车直接与车站内的 ATS 连接，可以实现最佳的运营控制。

b. ATO 系统的功能。

ATO 系统可以控制列车在允许速度下运行，并自动调整列车的速度，列车在区间或站外停车后，一旦信号开放，即可自动启动。系统还可控制列车到达站台的最佳制动，使列车停于预定目标点，在停站结束并保证车门关闭后，列车能自动启动。当列车到达折返站时，自动准备折返。ATO 子系统是中心 ATS 系统对列车实现自动调整的前提。

ATO 系统的功能分为基本控制功能和服务功能。

基本控制功能指的是自动驾驶（包括自动调整列车运行速度、停车点的目标制动、从车站自动发车、区间内临时停车、限速区间等）、无人自动折返和车门打开这三个控制功能，三者相互之间独立地运行。

服务功能包括列车位置、允许速度、巡航/惰行、PTI 支持功能（是指传输和接收各种数据，在特定的位置传给 ATS，以优化列车运行）。

c. ATO 与 ATP 的关系。

ATP 系统主要负责"超速防护"，起保证安全的作用；ATO 系统主要负责正常情况下列车高质量地运行。在 ATP 系统的基础上安装了 ATO 系统，列车就可采用手动方式或自动方式进行驾驶。在选择自动驾驶方式时，ATO 系统代替司机操纵，诸如列车启动加速、匀速惰行、制动等基本驾驶功能均能自动进行。

因此,ATP 是 ATO 的基础,ATO 不能脱离 ATP 单独工作,必须从 ATP 系统获得基础信息。而且,只有在 ATP 的基础上才能实现 ATO,列车安全运行才有保证。ATO 是 ATP 的发展和技术延伸,ATO 在 ATP 的基础上实现自动驾驶。

③列车自动监控系统

列车自动监控系统主要是实现对列车运行的监督,辅助行车调度人员对全线列车运行进行管理。它可以显示全线列车运行状态,监督和记录运行图的执行情况,为行车调度人员的调度指挥和运行调整提供依据。ATS 还可以向旅客提供运行信息通报,包括列车到达出发时间、列车运行方向、中途停靠点信息等。

a. ATS 系统的结构组成。

ATS 系统由控制中心设备、车站设备、车辆段设备、列车识别系统及列车发车计时器等组成;采用集中管理,分散控制的多层体系结构;由调度中心 ATS 系统、车站 ATS 系统以及车辆段 ATS 系统组成,如图 5-2-22 所示。

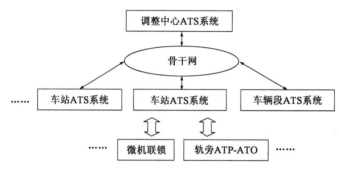

图 5-2-22 ATS 系统结构图

b. ATS 系统的功能。

(a)列车识别和列车追踪。

ATS 系统通过利用列车位置、ATS 用户请求和 ATS 列车自动管理请求,完成车次的建立、删除及移动操作。ATS 会保持列车固定标识(PVID)及追踪标识(TID)在当前的位置,以便显示和报告,所有有效的列车固定标识都在系统数据库文件中列出。

(b)进路控制。

ATS 系统对进路的控制包括自动控制和手动控制两种方式。通常情况下,系统按照列车的接近条件自动设置进路,自动生成前方区段的道岔控制指令。当列车需要通过常规运行的反向渡线时,通过人机交互监控界面对进路、信号机、道岔实现能动地集中控制,包括建立及取消各种进路等。

(c)铺画站场图,动态显示监控画面。

ATS 系统在大屏幕显示盘或显示器上显示铺画好的轨道线路及所有信号设备,包括:列车位置,车次号,信号显示,道岔位置等。方便调度员更好的查看设备占用情况及站内列车运行情况,以及安排好调车及接发车作业。

(d)列车运行自动调整。

ATS 系统通过以下两种方式的调整确保所有自动运行的列车遵循时刻表或保持运行间隔:一是调整列车运行等级;二是自动调整停站时间。

(e)列车运行图/时刻表的编辑、管理。

ATS系统提供列车运行图/时刻表编辑、管理工具,用于运营管理人员对列车运行图/时刻表的编辑及管理。

(f)事件记录,报告与报警。

(g)培训和运行模拟。

c. ATS系统的特点。

(a)ATS系统通常自动执行其功能,而无需操作人员的干预。该系统可根据调度增加列车,不间断地监督每列车的运行,并移出预期结束运营的列车。

(b)ATS子系统收到区域控制器和车载控制器的运行状况信息后,能协同其他子系统对出现的问题做出远程诊断,解决故障。

(c)ATS系统中的所有计算机都有自检测试功能,在其启动时能够检测系统是否正常。在供电故障时ATS系统能够命令关闭,在电源恢复时,系统可以自动重新启动和运行系统软件。

(d)设备冗余且相互隔离,从而保障和防护非正常操作对系统造成的影响。当发生故障时,主用设备会无扰切换到备用设备工作,并产生告警信号。

(e)ATS系统具有若干控制等级,可将异常情况或设备故障而产生的不良影响降至最低。通常情况下由调度中心ATS系统控制全线,当控制中心ATS故障发生(如通信中断),则由车站ATS系统来进行全线线路设备监控。如果车站ATS系统也出现故障,则联锁系统还可以建立自动进路及自动折返进路。

(2)固定闭塞系统和移动闭塞系统

闭塞是为了防止列车在区间发生冲突或追尾事故,使列车按照空间间隔或时间间隔安全运行的技术方法。闭塞原则是保证同一区间或闭塞分区内,同时只允许一个列车占用。闭塞从技术上可分为人工闭塞、半自动闭塞、自动闭塞。电话闭塞属于人工闭塞的一种,人工闭塞与半自动闭塞在城市轨道交通中已很少应用。自动闭塞是目前应用最广泛的闭塞技术,按照列车定位技术可分为固定自动闭塞、准移动闭塞和移动自动闭塞。

城市轨道交通各线路考虑到站间距离、行车密度等因素的需要,采用不同的行车设备,各线路在基本设备正常时采用的闭塞方式也不同。

①固定闭塞系统

固定闭塞系统是采用地面固定信号机将线路分成若干个闭塞分区,每个闭塞分区只能被一列车占用,而且闭塞分区的长度不得小于驾驶员确认信号和制动停车所需要的距离之和。在所有的固定闭塞系统中,列车位置是通过它所占用的闭塞分区的长度来确定的,因此闭塞分区的长度和数量决定了线路的能力。

a. 实现方式和基本目的。

固定闭塞的实现主要是靠地面信号系统实施的。在通常情况下,地面信号机显示为路灯,列车才能占用,某些情况当地面信号机显示为黄灯时,也可以占用,但是在地面信号机显示为红灯时是绝对不能再前进而占用该闭塞分区的。

总的来看,铁路地面信号系统的基本目的:一是维持同一股道上续行列车间的安全发车间隔;二是保证列车在枢纽地区交叉点上其他列车占用时的行车安全;三是按照服务密度和速度要求,调整列车通过能力。此外,信号系统设计时还应考虑到设备出现故障时列车运行的安全性。

b. 多相位信号系统。

最简单的二显示固定闭塞系统中,信号机只给出"行进"(绿)及"禁止"(红)信息。两列车间的最短间隔是两个空闲的闭塞分区,这些闭塞分区的长度应大于一个制动距离及一个安全距离。二相位信号系统不能提供繁忙线路所需要的能力。多相位信号提供了一些中间显示,它为司机提供了更多的关于前方列车的信息,可以容许列车以速度递减的方式来逐步接近禁止信号,从而增加能力。闭塞分区的长度与速度有关,速度越低,长度越短,能力越大。不过,闭塞分区数量的增加及其所导致的继电器和信号机数量的增加,将导致信号系统造价的增加。图 5-2-23 描述了信号相位数与列车线路能力的关系。

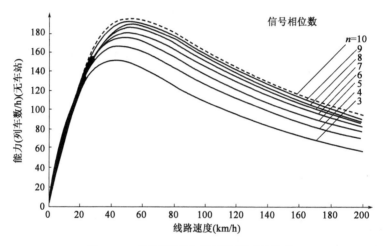

图 5-2-23　信号相位数与列车线路能力的关系

可以看出,图 5-2-23 有一个最优的速度值,它对应最大能力。十相位条件下,车站之间的线路能力一般在列车最大速度 40~55km/h 之间时达到最大。在进站时,最大间隔的临界点即最优进站速度在 25~35km/h 之间。

c. 机车信号。

固定闭塞系统的优化是一个复杂的问题,它需要考虑闭塞分区的长度和边界。闭塞分区长度还受坡度的影响。按照多相位信号原理,要求列车司机控制列车速度并使用制动。考虑到相位增加将导致系统投资的增加,对三相位信号系统的一种改善就应运而生,这就是机车信号。

机车信号是通过在交流轨道电路中插入编码的方法将信息通过每列车上的天线传输过去。这些编码规定了列车在各闭塞分区内的最大容许速度,可称为参照速度或允许速度。它们显示在机车司机座舱内的仪表上。机车信号很大程度上避免了多相位条件下投资的增大及运营维护的困难。当然,对每一车站来说,列车的出入还是要谨慎,并增设信号连锁设备。在某些场合,还需要采用矮的色灯信号机。这样,没有装备机车信号或不能检测到机车信号的列车也可以继续运行,虽然运行能力略低一些。

d. 固定闭塞系统的缺点。

固定闭塞系统在多年的应用中取得了良好效果,但和更先进的系统相比还存在以下缺点。

(a)相邻列车之间的间隔距离通常是多个闭塞分区的长度,这样就造成了铁路线路设备的空闲程度很大。

(b)确定闭塞分区长度须按照最不利的列车来考虑,这对许多性能好的列车是一种浪费。

(c)随着科技的发展,列车牵引重量增加和机车车辆性能改善,闭塞分区的长度可以相应缩小,但是闭塞分区长度的调整比较困难。

(d)运行调整弹性小。尤其在繁忙干线,线路能力利用率较高,而司机无法确定其前行列车的工况速度和位置等数据,驾驶完全根据地面信号的显示,运行调整较为困难。

②移动闭塞系统

移动闭塞信号系统(Moving-block Signaling System),或移动闭塞,也可称为基于传输的(Transmission-based)或基于通信的(Communication-based)信号系统。

a. 移动闭塞系统的优势

移动闭塞是目前线路能力利用效率更高的列车闭塞方式。与固定闭塞方式相比,移动闭塞相当于将区间分成了无数个细小的、连续的闭塞分区,它使列车间的安全信息传递变得更为频繁、及时和详细。因为移动闭塞系统能够比固定闭塞系统更优地确定列车的位置和传输列车信息,所以移动闭塞系统可以根据列车的动态运行确定更小的列车间隙。同样,取消固定闭塞所需的轨道设备也可以减少维修费用,并且利用列车和路边设备的传输信息通道也可以传输与列车实时运行有关的操纵信息,以提高管理能力和诊断故障设备。

b. 移动闭塞系统的列车速度限制

移动闭塞系统中前行车对后行车的速度限制成为一个连续函数:

$$v_{d,\max} = f(d, v_{i,\text{forward}}) \tag{5-2-12}$$

即前行车对后行车的限速是前后行列车间距 d 及前行列车速度 $v_{i,\text{forward}}$ 的函数。前行车速度越高,后行车的限速值也越大;前后行列车间距越大,后行车的限速也就越大。这种闭塞制度最大程度地利用了列车间的时间和空间资源,使得线路能力可得到充分利用。

不难看出移动闭塞中列车速度限制主要取决于两列车间的距离及速度。从前后行列车的速度组合来看,可以有以下两种情况。

(a)前行列车速度 v_F 不小于后行车速度 v_B。此时,两列车间的(时间)距离原则上越来越大,理论上前行车对后行车应无约束。但从安全角度来看,要保证万一前行列车发生事故(如颠覆等)或闭塞设备发生故障时,后行车能及时停车并不至于与前行车相撞。换言之,当 $v_F \geq v_B$ 时,列车间的最小间距为:

$$L_{\text{Headway}} = L_B^{\text{common}} + L_{\text{action}} + L_{\text{Safe}} + L_l \tag{5-2-13}$$

式中:L_B^{common}——后行车常用制动距离(m);

L_{action}——紧急情况出现时司机采取制动所需的反应时间内列车的走行距离(m);

L_{Safe}——制动停车后后行车头与前行车尾部的安全距离(m);

L_l——列车长度(m)。

$v_F \geq v_B$ 时,移动闭塞示意图,如图 5-2-24 所示。

(b)前行列车速度 v_F 小于后行车速度 v_B。当前行车速度低于后行车时,两车的距离将越来越短。此时,列车相距越远,速度限制越弱;具体的速度限制变化曲线目前还没有统一的模型。尽管如此,在后行车前方存在一个常用制动曲线,目前大部分移动闭塞均采用这一制动曲线作为后行车的速度限制依据;即当后行车在空间上闯入这一曲线时,闭塞要求后行列车采用常用制动,以保证行车安全。

不难看出,当前行车速度不小于后行车时,移动闭塞主要控制列车间隔,当后行车满足此间隔时,前行车对后行车无影响;当前行车速度小于后行车时,为防止列车不必要地采用常用制动,移动闭塞在控制最小间隔的同时还要根据常用制动曲线控制后行列车的速度,即保证后行的速度不闯入其常用制动曲线。因此,移动闭塞方式下列车间隔的约束包括两个方面:一是前行车速度大于或等于后行车时的最小间隔要求,这种情况下后行车主要受线路限速限制;二是前行车速度小于后行车时由常用制动曲线限速确定的限速,距离越近,限速越低。

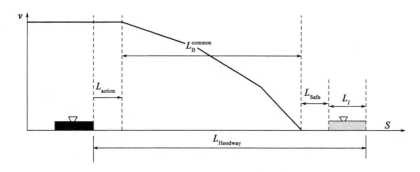

图 5-2-24　$v_F \geq v_B$ 时,移动闭塞示意图

理论上,只要后行车速度不大于前行车,两车间隔可缩小至很短。不过,实际工作中,要保证列车在前行车在当前点发生意外时后行车不至于追尾,一般移动闭塞制度下列车间隔仍应保证一个常用制动间隔,即要求后行列车在任何时候均能停于前行车后方安全距离以外。这就要求后行车不进入由前行车尾部安全点决定的常用制动曲线范围,如图 5-2-25 所示。

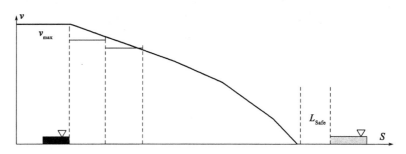

图 5-2-25　$v_F \leq v_B$ 时列车移动闭塞示意图

c. 移动闭塞系统的关键问题

移动闭塞系统的关键问题有三个:一是数据传输的方式,可通过有线或无线来实施;从数据传输的方式来看,它又可分连续式与间隔式两种。有线方式大多通过路旁的计算机设备对列车运动数据进行取样,发送给相关的调度计算机处理然后再将反馈的信息传送到列车。二是关于列车位置的检测方法,主要有轨道电路方式、GPS 方式、累计车轮旋转数加应答器方式等。三是关于列车运行的综合控制模式,包括速度控制间隔控制、列车操纵及进路控制等。目前各国的情况有所不同,还没有一致的模式。

5.2.5　城市轨道交通车站客运组织

城市轨道交通车站是列车停靠点,是提供并实现客运服务的地点,也是城市轨道交通运营管理与服务的基本单位。车站管理工作内容繁多、涉及面广、意义重大,而车站管理的核心工作是组织乘客安全、迅速、便捷的乘降和换乘,为乘客提供优质的客运服务。

1) 车站客运组织的主要内容和基本原则

(1) 车站客运组织的主要内容

客运组织是通过合理布置客运有关设备、设施以及对客流采取有效的分流或引导措施来组织客流运送的过程。主要内容包括：车站售检票位置的设置、车站导向的设置、车站自动扶梯的设置、隔离栏杆等设施的设置以及车站广播的导向、售检票数量的配置、工作人员的配备、应急措施等。核心是流线的设计与实施（流线指车站内乘客的流动过程和流动路线）。

车站客流组织的工作内容按流线界面可划分为进站客流组织、出站客流组织和换乘客流组织三部分。进站客流最基本的流线是：进站—安检—购票—检票—楼梯或通道—站台—乘车。进站和出站流程基本是两个对称的逆向过程，如图5-2-26所示。换乘客流流线的前部分与出站客流流线一致，后部分与进站客流流线一致。

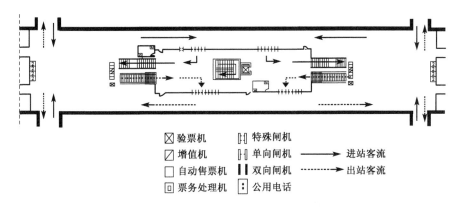

图 5-2-26 车站客流进站、出站流线

(2) 车站客运组织的基本原则

轨道交通客运工作的特点决定客流组织应以保证客流运送的安全，保持客流运送过程的畅通，尽量减少乘客出行的时间，避免拥挤，便于大客流发生时的及时疏散为目的。

①避免各种流线相互交叉干扰。合理安排售检票位置，出入口和楼梯，行人流动线简单、明确，尽量减少客流交叉和对流。

②乘客换乘其他交通工具之间顺利衔接。人流与车流的形式路线严格分开，以保证行人的安全和车辆行驶不受干扰。

③完善诱导系统。使乘客快速分流，减少客流集聚和过于拥挤的现象。

④满足换乘客流的方便性、安全性、舒适性等一些基本要求。如妥善安排步行流线，形成恶劣天气下的应急方案，合理运用无障碍通道，保证站内照明与视野，以及具备突发事件应急系统等。

这些客运设计的基本原则也是评价客流交通组织合理性的重要方面。

2) 车站客流组织方法

(1) 车站出入口组织方法

车站往往是乘客出行链中的重要节点，车站地区客流可以有多种交通方式进行接续和疏散，包括步行方式、自行车方式、常规公交方式、出租车方式以及其他方式（主要是自备车，包括私家小车及摩托车，还包括其他轨道交通方式）等。针对车站种类不同，其复杂程度也不同,下面主要针对集中多种方式的换乘枢纽车站来说明。

针对车站出入口地区的客流接续和疏散,应特别考虑几个方面的原则:一是行人流动线简单、明确;二是行人流动线尽量与车辆流动线分离,保证行人安全;三是交通工具之间互相顺利衔接;四是不同换乘工具之间的冲突最低;五是完善诱导系统,快速分流;六是周边道路与内部道路相协调。

落实在具体的设计中,这几方面主要体现在静态的交通组织,动态的人流组织、车流组织以及相关的控制性管理措施。

①静态交通组织:主要是结合枢纽车站的设计和换乘客流方式,做好各类停车场(自行车、出租车、自备车等)的规划布局,合理布置常规公交站点。

②人流组织:行人组织主要是提供明确的通行空间,设置良好的诱导标志,引导行人通向指定的目的地,设置齐全的无障碍人行系统。在地铁各出入口设立明显的导向标志,方便乘客识别并根据导向指引进站乘车,在一些轨道交通比较发达的城市,几乎每隔500m即有一个明显的导向标志,便于乘客选择各出入口进站。

③车流组织:车站出入口地区周边道路交通需求不同,在周边道路数量多而布置复杂、交通压力大的情况下,可以对道路通行进行管制降低区域内的冲突点,比如采用单行措施,甚至可以封闭入口,将道路改为步行街。另外,常规公交电车、汽车往往是接驳城市轨道交通客流的一种重要方式,在运营调度和发车时刻安排方面可以加以调整,与城市轨道交通协调起来。

(2)站内客流组织方法

轨道交通的选址、规模在轨道交通建设时已经确定,一般不能再改变,出入口及通道宽度、站厅及站台的规模一般在建设时根据预测客流量确定,在运营管理中如何正确设置售检票位置、合理布置付费区、进行合理的导向对客流组织起着很重要的作用。在布置时一般要以符合运营时最大客流量,保持客流的畅通为原则,因此一般按以下要求进行布置。

①售检票位置,出入口和楼梯应保持一定距离。售检票位置一般不设置在出入口和通道内,尽量保证出入口和楼梯的畅通。

②保持售检票位置前通道宽敞。售检票一般设置在站厅内的宽敞位置,以便疏导售检票位置前的客流。售检票位置应适当保持一定距离,避免排队时拥挤。

③售检票位置根据出入口数量相对集中布置。因城市轨道交通车站一般有多个出入口,为了减少乘客进入车站后的走行距离,一般设置多处售检票位置,但过多设置售检票的位置容易造成设备使用的不平衡,降低设备使用效率,并且不利于管理,因而售检票位置应根据车站客流的大小相对集中布置。

④应尽量避免客流的对流。客流的对流减缓了乘客出行的速度,同时也不利于车站的管理。因此车站一般对进出客流须进行分流,进出车站检票位置分开设置,保持乘客经过出入口和售检票位置的线路不至于发生对流。

此外,换乘站客流一般比较大,同时客流流线复杂,客流组织相对于其他车站较为复杂。换乘站根据不同的换乘方式在客流组织管理上应注意采用不同的换乘方法,总的原则在于应组织好换乘客流,缩短换乘路径,减少换乘客流与进出站客流的交叉和干扰。

①站内直接换乘:车站一般是两条线路平行交织,而且采用岛式站台。这种情况下要求站台能够满足换乘高峰客流量的要求,换乘楼梯或自动扶梯应有足够的宽度,以免发生乘客堆积和拥挤。

②站厅换乘：乘客在换乘过程中，须通过另一个车站的站厅或者两站共用的站厅达到另一个车站的站台。这种情况下下车客流朝一个方向流动，应减少站台上人流的交织，乘客行进速度快。

③通道换乘：这种换乘方式下两个车站通过设置单独的换乘通道为乘客提供换乘。换乘通道设计应注意上下行客流的组织，更应避免双方向的换乘客流与进出站客流的交叉紊乱。

④组合式换乘：在这种条件下一定要确保换乘旅客客流顺畅，特别要做好客流的诱导工作。

（3）案例——西安地铁北大街站换乘客流组织优化

①北大街站换乘现状

西安地铁北大街车站是2号线和1号线的换乘站，车站主体呈"十"字形，为地下三层车站，包含A、B、C1、C2、D共5个出入口。地下一层为站厅层，地下二层为1号线站台层与换乘平台层，地下三层为2号线站台层。车站结构，如图5-2-27所示。

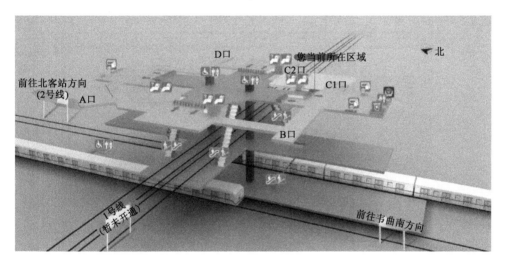

图 5-2-27　北大街站结构图

车站客流情况为：换乘客流占车站总客流比例较大，约为75%左右。高峰小时各乘车方向的换乘客流不均衡。工作日早高峰进站客流较多，晚高峰出站客流较多，节假日换乘客流增幅较大。随着时间的推移，客流仍在持续增长，目前已经和远期客流水平基本持平。

②影响站点换乘组织的主要影响因素

a.客流流线交叉严重。整个站点在多个能力关键点处存在客流交叉，同时站厅层客流拥堵点主要集中在楼扶梯入口处。b.能力节点客流量大。站台扶梯处通道狭窄，客流拥堵严重。c.站内面积利用率不均衡。以2号线站台为例，客流在站台中部难以向站台两端疏散，导致站台中部产生大量客流拥堵。优化前2号线站台流线示意图，如图5-2-28所示。

③优化方法

a.加强客流疏导，降低扶梯对侧的客流数量，减少客流冲突，降低能力节点处的客流量。具体措施如下：在站台处楼扶梯对侧区域及楼扶梯口等区域，增加禁止乘客候车引导标识，防止双向客流与等待客流产生冲突发生拥堵，如图5-2-29所示。b.加强客流疏导。尤其是楼扶梯对侧及楼梯口等区域，增加引导岗位或标识，使客流由密集拥堵区域向宽松顺畅区域疏散。

c. 增设铁马栏杆,改变客流流线,减少流线交叉。客流流线改进,如图 5-2-30 所示。

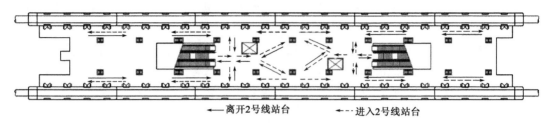

图 5-2-28　优化前 2 号线站台流线示意图

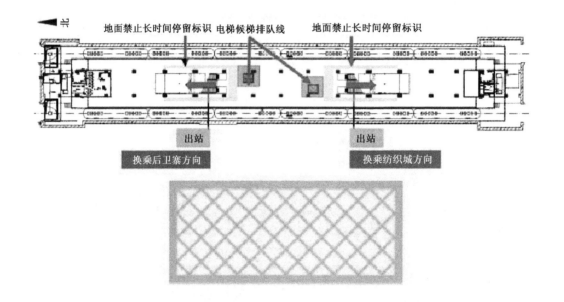

图 5-2-29　2 号线站台设置禁止长时间停留标识

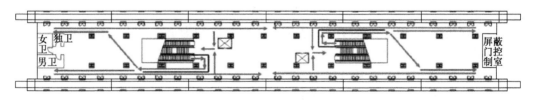

图 5-2-30　2 号线站台客流流线改进图示

④优化效果

优化后,不仅解决了楼扶梯对侧客流拥堵的问题,而且使站台两端与中间的利用率更加均衡,保证了整体设施的充分利用,此时乘客的平均行走距离可延长 8~25m。优化前、后 2 号线站台客流密度,分别如图 5-2-31 和图 5-2-32 所示。

3)大客流的组织方法

(1)大客流的概念与类别

①大客流的概念与界定

大客流是指城市轨道交通系统建设与运营中客流预测工作未预期到的和显著超过正

常运营状态客流水平的较大客流。部分城市将车站大客流定义为：当客流量超过车站容纳量的70%时，认为车站发生大客流。一般来说，早晚高峰和季节性的客流波动不能统计为大客流，由于运力配置不当形成的经常性的局部交通流聚集或拥挤一般也不能称为大客流。

图5-2-31　优化前2号线站台客流密度

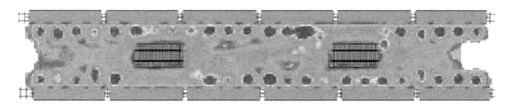

图5-2-32　改进后2号线站台的客流密度

大客流的出现一般源于节假日、地区性大型活动、极端天气突发事件以及交通管制等。根据大客流对车站可能造成的危害程度、波及范围影响、行车中断时间人员伤亡及财产损失等，将车站大客流分为一般、较大、重大三个等级。

②大客流的类别

按客流的时效性，可将大客流分为可预见性大客流和突发性大客流。按客流产生原因可将大客流分为高峰时段大客流、节假日大客流、大型活动大客流、恶劣天气大客流、突发性大客流，其中高峰时段、节假日、大型活动和恶劣天气的大客流为可预见性大客流。不同原因产生的大客流呈现不同的特点。

a. 高峰时段大客流是最普遍的大客流，这种大客流由上下班引起，主要集中在高峰时段，出现的时间、地点和人数基本都是可以预见的。

b. 节假日大客流主要发生在国家法定的元旦、春节、清明节、劳动节、中秋节和国庆节等假期内，因乘客集中出行而产生。这种大客流主要集中在假期开始和结束时段。

c. 大型活动大客流是在大型活动开始前或结束后时段客流明显增加而产生。大客流所发生的时间和规模大多可预见，且持续时间较短，影响范围有限，通常只对该活动地点附近的车站影响较大。

d. 恶劣天气大客流是指在出现酷暑、大雨、暴风雪、台风等恶劣天气时，地面交通受到较大影响，市民为躲避恶劣天气影响而改乘城市轨道交通，造成车站客流明显增加，对车站的客流组织带来一定困难。随着天气预报准确性日益提高，气象部门和交通部门联动，恶劣天气大客流多数是可以预见的。

e. 突发性大客流是指超出常规、无法事先预见的客流激增情况。这种客流一般无规律可循，客流量的上升呈无序和突发的特点。发生原因一般为天气突变、地铁延误或车站发生大面积停电、车站附近举行临时性大型活动等。

(2) 大客流的组织方法

按采取的客流组织手段的不同,大客流组织的措施可以分为疏导客流(疏流)和限制客流(限流)两类。这两类客流组织措施相辅相成,所以在实际工作中通常需要综合运用疏流和限流措施,以达到安全快速地运送乘客的目的。

① 疏流

大客流组织的目的是保证乘客安全的前提下,尽快地疏散客流。要实现这个目的,运营公司就必须把握好几个关键节点:列车运能、车站售检票能力、车站客流疏散能力、车站导向标志以及客运服务设施设备。

a. 增加列车运能。

根据大客流的方向,在大客流发生时,利用就近的折返线和存车线组织列车运行方案,增加列车运能,从而保证大客流的疏散。列车的运能是大客流组织的关键。

b. 增加车站售检票能力。

车站售检票能力是大客流疏散的主要障碍,车站在设置售检票位置时应考虑提供疏散大客流的通道。在大客流疏散时,可采取事先准备足够的车票,在地面、通道、站厅增设售票点,增设临时检票位置的措施来疏散大客流。

c. 保证车站疏导能力。

一是对站台和站厅的主要疏散设施如电梯或楼梯等进行定期保养。二是采取临时疏导措施。在大客流组织中,临时合理的疏导对客流方向进行限制是一项很重要的组织措施。主要包括出入口、站厅的疏导,站厅、站台扶梯以及站台的疏导,出入口、站厅的疏导主要根据临时售检票位置的设置,限制客流的方向,来保持通道的畅通和出入口、站厅客流的秩序。站厅、站台扶梯以及站台疏导主要是为了尽量保证客流均匀上下扶梯和尽快上下列车,保证站台候车的安全。疏导措施主要包括设置临时导向、设置警戒绳或隔离栅栏、进行人工引导以及广播宣传引导等。

d. 客运服务设备设施的准备。

大客流发生前,车站应该准备人工语音广播和语言合成广播词、乘客咨询系统发布信息以及急救药品、担架等,并根据车站工作人员的情况,相应增加手提广播、对讲机等客运服务设备。

② 限流

限流是使客流与车站能力和运力相匹配的客流控制措施,其本质是改变客流的时间分布,使高峰时段延长,峰值降低,甚至使客流向其他交通方式转移。现在常用的限流方法主要有减缓进站速度、分批放行、进出站单向组织、封闭出入口等。

限流不仅是本站客流接近车站瓶颈能力或本站客流需求超出列车运载能力时的措施,当本线路其他车站能力不足,甚至其他线路能力不足时,也需要进行异地限流,即路网限流,使客流量在客流发生地得到控制,减少在重点时段进入重点区段的数量,从而起到路网均衡的作用。

由于大客流往往是难以预测的,因此为了保证大客流发生时疏散客流的安全,在难以采用有效的措施及时疏散客流时,可采用关闭出入口或对某部分出入口限制乘客的措施,来阻止一部分客流或延长大客流进站的时间。

③应用案例

案例一:图 5-2-33 所示是某市地铁运营公司根据某次大型体育赛事期间大客流情况下,为避免换乘通道处客流对冲现象严重而采取的一种限时段的换乘客流组织方式。在赛事结束前 1h,将原来南北两条双向换乘通道改为单向通道,形成"顺时针"单向换乘的客流组织方式,减少不同方向的客流对冲。

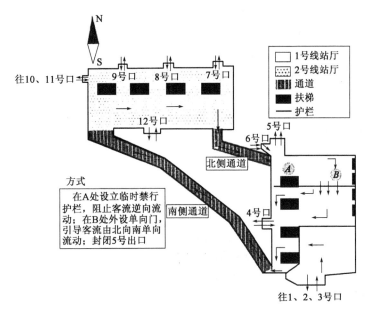

图 5-2-33　城市轨道交通车站大客流组织示意图(顺时针换乘)

案例二:2018 年 1 月 25 日,南京市遭遇暴雪、冰冻等恶劣天气,市民大多选择地铁出行。当天,南京地铁又遇油坊桥站和明故宫站列车故障、运行间隔延长等突发情况,早晚高峰时段地铁站内瞬时积压了大量客流。

应对措施:

a. 南京地铁警方在站台区,人工引导客流"先下后上"有序流动(疏流);

b. 关闭部分安检机来限制进站客流(限流);

c. 关闭部分换乘通道来减缓客流流速,降低客流对站台的冲击程度;

d. 为防止踩踏事件,楼梯采取单向通行方式;

e. 采取广播语音引导,并准备御寒、防滑物品和急救药品等。

(3)与公交应急联动策略

为了有效利用公交的机动运能,降低运营成本,应划分基于轨道交通网络的公交应急联动责任区(以下简称责任区),以责任区为单元组织公交机动车应急联动。

在轨道交通突发事件状态下,公交应急联动调度属于轨道交通应急处置方案的一部分,需服从整体指挥,及时调派运力疏散滞留乘客。调度方案的实施信息流程,如图 5-2-34 所示。

系统的信息共享是联动调度的基础和前提。轨道交通突发事件发生后,需要及时向公交调度指挥中心通报突发事件基本情况,其包括:事件性质、事发地点、列车延误情况及车站影响范围、滞留乘客数量等。

公交调度指挥中心启动轨道交通应急处置联动预案,根据掌握的备用车分布状态信息,在决策支持系统帮助下快速生成公交应急联动调度方案。方案中需要明确临时线路的走向、站位、车辆来源、车辆运行方案、司乘配班方案,并将可支援的公交运力情况、车辆到达事发站点时间、停靠场地要求及时通报轨道交通系统。

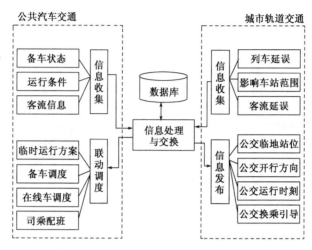

图 5-2-34 公交应急联动调度实施信息流程

轨道交通应急指挥中心收到公交应急联动运输方案后,指示车站客运部门根据该方案有序组织站内客流疏导、及时发布公交应急运输服务信息,并配合做好公交应急联动车辆的停靠和出发组织工作。

5.3 常规公交运营调度管理

城市常规公交运营调度是公共汽电车从事营运生产的组织方式和手段,是指城市公交企业根据客流的需要和企业运输生产计划要求,通过制定运营车辆的行车作业计划和发布调度命令,协调运营生产的各环节、各部门的工作,合理安排、组织、指挥、控制和监督运营车辆的运行和有关人员的工作,使企业的生产达到预期的经济目标和良好的社会服务效益。运营调度管理的主要工作内容可分两个阶段:运营调度计划编制阶段和运营调度计划实施阶段。

5.3.1 常规公交行车作业计划

运营组织管理的任务是依据客流规律、线路的运营条件、企业运输能力和公交企业社会效益、经济效益等指标要求编制行车作业计划,并通过执行行车作业计划,使公共交通线路运营工作有计划、有节奏地进行。因此,编制公共汽电车的行车作业计划,不仅是运营调度管理的起始阶段,也是至关重要的阶段。

1)行车作业计划的概念

行车作业计划是指公交企业结合现行运营管理模式的特点,全面分析运营生产条件、生产能力、乘客出行需求和道路状况等,在确定出合理的运营服务水平的基础上编制的指导线路运输作业的计划。

行车作业计划的主要内容包括在给定客流需求条件下发车间隔的确定,司售人员以及车辆的调配计划以及时刻表的编制等。具体规定了包括:每条公交线路各自的首末车时间、每天运营的车辆(车次)数、里程、发车间隔、司乘人员数量以及人员的作息安排等基本运营计划和信息。

行车作业计划是城市公共交通企业管理的重要基础工作之一,是线路运营的调度依据,也是公交企业生产计划落实的最终环节和公共汽电车企业营运计划的具体反映。其组织和指导公交车辆运营生产的全过程,从而保证城市公交系统的功能得以充分实现。

2)行车作业计划的分类

根据行车作业组织的基本特征,行车作业计划可以分为以下三种。

(1)根据客流动态在不同时期的规律变化

可分为季节、月度、平日(周一至周五)、节日、假日行车作业计划。

(2)根据平面上客流动态

可分为市区线路行车作业计划、市郊线路行车作业计划和郊区线路行车作业计划。

(3)根据线路营业服务的时间段

可分为全日线行车作业计划、高峰线行车作业计划和夜班线行车作业计划。

需要注意的是,行车作业计划根据具体情况可以有不同的行车作业计划分类,并且很多时候都需要综合使用多种行车作业计划。例如针对冬季的某个星期日,就要综合考虑冬运计划和假日行车作业计划。总的来说,行车作业计划的分类,要根据客流量的差异来确定。

3)行车作业计划的主要内容

行车作业计划的主要内容包括:在给定客流需求条件下发车间隔的确定,司售人员以及车辆的调配计划以及时刻表的编制等。

(1)发车间隔

发车间隔 h 是指某一方向上相邻两个运行的公交车通过某一固定点的时间间隔,是制订公交时刻表和行车计划的最重要的环节,也是计算车队车辆数、车种、人员配置、车辆维修与保养、票价等参数和制定合理的发车时刻表的前提。发车间隔的确定决定了公交车的合理时空搭配、公交公司的运营成本及乘客的满意程度。

①发车间隔的计算

a.满足一定公交服务水平的发车间隔。

在满足一定的公交服务水平的情况下,发车间隔是由客流量、车型定员、满载率决定的,其计算方法为:

$$h_1 = \frac{I}{f} = \frac{I}{Q_{\max}/(q \times \eta)} \quad (5\text{-}3\text{-}1)$$

式中:h_1——发车间隔;

I——统计时间周期;

f——统计时间周期内的发车次数;

$Q_{\max}$——统计时间周期内最大断面客流量;

q——额定车容量;

η——满载率。

当包括区间车、快车等调度形式时,应分别计算统计时间周期内全程车、区间车、快车的发车间隔,然后进行合理的排列。

全程车的发车间隔:

$$h_{t1} = \frac{I}{\bar{Q}/(q \times \eta)} \qquad (5\text{-}3\text{-}2)$$

区间车或快车的发车间隔:

$$h_{c1} = \frac{I}{(Q_s - \bar{Q})/(q \times \eta)} \qquad (5\text{-}3\text{-}3)$$

式中:$\bar{Q}$——平均路段客流量;

Q_s——高路段或高站点的客流量。

b. 线路配车数有限制的发车间隔。

线路车辆数有一定限制时:

$$h_2 = \frac{t_0}{n} \qquad (5\text{-}3\text{-}4)$$

式中:h_2——发车间隔;

t_0——线路周转时间;

n——配车数。

一般线路发车间隔的计算根据客流量与线路配车数的实际情况,取:

$$h = \max(h_1, h_2) \qquad (5\text{-}3\text{-}5)$$

发车间隔的最小值 $h_{\min}$ 应满足下列条件:

$$h_{\min} \geq \bar{t}_{ns} + \bar{t}_y \qquad (5\text{-}3\text{-}6)$$

式中:$\bar{t}_{ns}$——线路沿线中间站平均停站时间;

$\bar{t}_y$——交通信号平均延误时间。

②实际发车间隔的分配与排列

a. 发车间隔分配。

发车间隔分配指对呈现小数的发车间隔值进行取值处理,使之确定为适当数值以便掌握的过程。计算值为整数时,在统计时间内,h 的排列为等间隔排列。h 计算值为小数时,为便于掌握,可对之进行取整处理。令 $h = E.n$(E 为 h 的整数部分,n 为 h 的小数部分),对 h 取整,即:

$$\text{int}h = \text{int}(E, n) = E \qquad (5\text{-}3\text{-}7)$$

$$h = \begin{cases} h_b = E + 1 \\ h_c = E \end{cases} \qquad (5\text{-}3\text{-}8)$$

则较大的发车间隔 h_b 的车辆数 f_b 和较小发车间隔 h_c 的车辆数 f_c 为:

$$f_b = I - f h_c \qquad (5\text{-}3\text{-}9)$$

$$f_c = f - f_b \qquad (5\text{-}3\text{-}10)$$

一般将其综合记为：

$$I = f_b \times h_b + f_c \times h_c \tag{5-3-11}$$

b. 发车间隔排列。

发车间隔排列，指计算值为不同大小的发车间隔在计算时间内的排列次序与方法，通常包括下列三种形式。

（a）从小到大顺序排列：主要用于高峰至平峰的过渡时间。

（b）从大到小顺序排列：主要用于平峰至高峰的过渡时间。

（c）大小相间排列：主要用于高峰或平峰期间，使发车间隔镶嵌均匀。

（2）车辆计划

车辆计划是为每条线路分配相应的车辆，车辆配置合理与否直接影响到公交系统的整体效益。即确定每辆车出场时间、承运车次、回场时间等，并根据客流特点采用不同调度方式减少车辆空驶时间和停站时间，最终实现在保证一定服务质量的前提下，以最小车辆数完成任务，减少车辆运营成本。

①配车数量

确定合理的发车间隔是公交线路车辆配置工作的关键。一般来说，线路配车数应以高峰高断面通过量需求车数为标准。平峰时段配车数应以线路区段单方向小时断面通过量及车辆定员确定，根据线路周转系数、车型、企业能力来计算需要的配车数，做到高峰时段高断面通过车辆平均满载率为90%左右，平峰满载率60%左右，低峰定点发车，保证基本服务水平。

在对乘客利益和企业效益分析的基础上，建立了以企业效益满意度最高、乘客等待抱怨度最低和乘客拥挤抱怨度最低为目标的公交车辆发车频率的多目标优化模型，兼顾了乘客利益和企业效益。在得到优化的发车间隔后，利用式（5-3-12）可计线路的线路配车数量。

$$N_i = \frac{2 \times 60 \times L_i}{v_i} f_i \tag{5-3-12}$$

式中：N_i——公交线路 i 的配车数量（辆）；

L_i——公交线路 i 的长度（km）；

f_i——公交线路 i 的发车频率；

v_i——公交线路 i 的车辆技术车速（km/h）。

计算得到的车辆数结果可能不是一个整数，由于车辆数必须是整数，因此需要对其进行修正。一般可以按照一定的原则（4舍5入原则、去尾原则等）取整数；也可以适当考虑线路实际支配的运力情况、工作班制以及服务水平等因素，尽量取一个与"计算值"相接近的整数。

②发车类型

合理进行公交线路的车型配置，不仅使居民出行尽可能舒适、便捷和提高公交运输的效率，还可以使公交线路的效益得到较好发挥，并对提高整个公交网络的运输效益有十分重要的意义。从不同角度划分车次，有不同发车类型。按车辆运行与停站方式划分，见表5-3-1；按车辆运行时段划分，见表5-3-2。

按车辆运行与停站方式划分的发车类型　　　　　　　　　　　　　　表 5-3-1

发车类型	特　点
全程车	又称为慢车或全程车,车辆从线路起点发出沿途依次停靠各站直至终点
空驶发车	车辆只在运营线路上时载客,驶出车场及驶回车场时不载客
区间车	车辆只在线路客流量较大的部分区段载客运营
定班车	有关单位为职工或学校为学生包的车,仅为他们服务
快车	只在线路客流集散量较大站点停靠的跨站快速运行的调度形式
跨线车	相邻线路客流高峰不同但高峰时间相邻,为更好满足邻线客流需要,车辆在特定时段跨线运行

按车辆运行时段划分的发车类型　　　　　　　　　　　　　　表 5-3-2

发车类型	特　点
正班车	又称为双班车、大班车,车辆在区间运营连续工作,相当于两个工作班的一种基本调度形式
加班车	又称为单班车,车辆仅在特定情况、特定时段上线工作,并且每日内累计工作时间相当于一个工作班的一种辅助调度形式
夜班车	车辆在夜间上线工作的调度形式

③发车形式

a. 大站快车。

大站快车是指公交车在运行区间内公交站台选择性停靠。适用于高峰时间客流量大而集中,交通比较通畅且沿途信号交叉口比较少的公交线路上,主要连接新区与主城区或者枢纽站。对于长距离公交线路,大站快车是主要的选择。

b. 加班快车。

一般通过计算时间不均匀系数,确定是否开设高峰加班快车。此外,也应考虑道路及交通条件,以及有关运输服务质量要求等因素。

(3)常规公交时刻表

①行车时刻表的概念

行车时刻表是运营者所需的图形化的发车间隔数据表和提供给乘客的时刻表;是通过计算发车间隔、所需车辆数量、车辆开行时间及其他运营要素编制而成;是行车作业计划中最重要的内容和进行公交车辆调度的基本方式,可保证城市公交系统的基本功能(完成人们在城市范围内的位移)得以充分实现。

②行车时刻表的基本种类

a. 不同季节的行车时刻表。

按一年中客流季节性波动,可大致区分为春季、夏季、秋季、冬季行车时刻表等类型。这主要是由于居民在不同季节其生活习惯,生产与工作制度以及交通方式选用情况变化,引起客流量及其沿线路营运时间及空间分布变化,使行车时刻表需按不同季节进行相应调整所致。

b. 不同日期的行车时刻表。

按客流日间波动性,可区分为节日、假日及平日行车时刻表等三种类型。这主要是由于节假日及平日乘客出行目的与出行时间变化,引起客运服务区域内各线路间客流量分布及客流量沿线路运营时间与空间分布变化所致。

c. 不同岗位的行车时刻表。

首末站行车时刻表是行车时刻表的主体。它确定了在某首末站始发(或停发)的所有公交车辆的发车时刻、到站时刻、停留时间、发车间隔、发车类型以及调度方案等。公交首末站行车时刻表结构,见表5-3-3。

公交首末站行车时刻表结构 表5-3-3

时刻表ID	班组号	地点	发车类型	发车方案	到站时间	停站时间	发车时刻	发车间隔	到站车辆单程时间	发出车辆单程时间	工作状态
3101	1	1	0	101	—	—	06:30	5	—	35	1
3101	2	1	0	101	—	—	06:35	5	—	35	1
3101	3	1	0	101	—	—	06:39	4	—	38	1
3101	4	1	0	101	06:30	14	06:44	5	30	40	1
3101	5	1	0	101	06:30	18	06:48	4	30	42	1
3101	6	1	0	101	06:30	24	06:54	6	30	42	1
3101	7	1	0	101	06:45	13	06:58	3	30	45	1
3101	8	1	0	101	06:45	16	07:01	3	30	45	1

依据线路首末站行车时刻表,可以推算出相应的其他行车时刻表。其他不同岗位行车时刻表还包括线路车辆进出场时刻表、车辆中途站行车时刻表、车组行车时刻表等类型。

③行车时刻表编制的依据

公交时刻表的编制质量对公交系统可靠性是非常重要的。行车时刻表是公交企业能否稳定运营的关键,只有提高公交时刻表的合理性科学性,才能保证公交运营的可靠性。掌握客流规律,指标要求,车辆行驶特性,道路运行环境和经济利益等是编制发车时刻表的重要依据。

a. 客流规律。

客流在时间上不均衡规律决定了行车时刻表各时段的配车数和车次。断面上的不均衡规律和方向上的不均衡规律决定了行车调度方法。只有与配车数、配班数、指标数综合平衡,才能确定行车调度方法和行车时刻表的编制内容。行车时刻表是基于以上几个依据,综合平衡的产物。

b. 指标要求。

编制行车时刻表需考虑的指标要求包括:(a)总行驶里程,包括营业里程和非营业里程;(b)满载率;(c)发车间隔;(d)停站时间;(e)行车次数;(f)工时利用率,即运营线路的平均班工时与标准班工时之比;(g)单程行驶时间;(h)平均班公里,指运行线路上的车辆,在整个运营日中,平均每一个劳动班所行驶的里程。

c. 车辆条件。

客流信息的采集对于确定公交调度方案具有重要作用,而这些信息的获取主要依赖于公交车辆的技术条件,如车辆自动定位技术、乘客自动计数技术以及公交IC卡技术等。因此,公交车辆的技术条件直接影响和决定公交发车时刻表所需的客流信息的准确性。

d. 道路运行环境。

道路运行环境对公交时刻表编制的影响也较大。例如区间车组合调度中,在考虑选择合理的公交折返点的位置时,要考虑该地点所在路段是否适合车辆掉头,有无交叉口和立交桥等。对于区间车折返方式,主要有绕道折返和原地折返两种。采用哪种折返方式,需要考虑道路条件、交通管制条件等因素。

e.经济效益。

包括经济效益和社会效益。时刻表方案既要充分考虑乘客的时间效益、乘客的舒适性等,又要协调考虑到公交公司的运营成本,即实现投资的最小化和利益的最大化,最终目的还是为了提高公交系统的可靠性。

④行车时刻表的编制方法

a.主要运行参数的确定。

包括配置车辆数的确定、发车间隔的计算、实际发车间隔的分配与排列等。

b.行车次序排列的确定。

(a)确定发车时刻。

这里的发车时刻是指行车计划预先安排好的车辆从一个既定起始站发出的时刻。一般第一个车次第一个班组的发车时刻由公交企业的营运时间决定。

发车时刻的排定方法为:按照已经设计好的各时间段内的"发车间隔分配与排列方案",从该时间段开始的时刻依次列出各个车次的发车时刻。

(b)确定到站时刻。

这里的到站时刻是指车辆在经过前一个运行周转后可以进行下一个周转的最早时刻,即上一个运行周转的结束时刻就是到站时刻。

(c)排定行车次序。

在列出各时段车次的发车时刻和到站时刻后,就可以开始排定行车次序了。排定行车次序的方法一般有两种,一是从头班车开始排定,另一种是从最高峰的起始时段开始排定。

(d)确定发车类型。

指线路运营行车中所采用的运输组织形式,又叫作车辆调度类型。线路基础行车时刻表的编制需要以正线车和全程车作为基本的发车形式,并根据线路客流的每日时段分布等情况辅以采用其他形式:当某一时段客流断面不均衡性评价值达到相应规模时,应考虑在该时段运用加班车或区间车等形式。

c.编制基础行车时刻表。

进行基础行车时刻表的编制,主要是确定关键站点和主要时刻。

(a)关键站点的确定。

基础行车时刻表的编制过程中,考虑最多的就是入线站点和离线站点:入线站点是指在运营车辆投放入线路运行时的第一个车次的对应站点,即车辆进入线路的第一个发车站点;离线站点是指在运营车辆退出运行线路时的站点,即车辆从那个站点返回车场的。

选定车辆的入线站点和离线站点时,一般需要综合考虑多个因素,如:所在时间段的上、下行的客流量大小;车辆所在停车场(库)和入线站点之间的距离;运营线路沿线乘客对服务时间的要求;线路投放运力是否方便和经济;等等。通常的入线、离线站点都被固定在公交首末站上,但是对于非常规调度形式(其区别于基础时刻表上的正班、全程车的其他调度形式)来说,由于存在多次进出线路运行的情况,所以根据实际需要,其入线、离线站点可能会不设置在首末站上。

(b)主要时刻的确定。

车辆运行的关键时刻主要有计划的出场时刻 t_{out}、入线时刻 t_{up}、离线时刻 t_{down}、入场时刻 t_{in} 以及各车次的到站时刻与发车时刻。

出场时刻是指车辆从停车场(保养厂)进入运营线路时在停车场(保养厂)的发车时刻。入线时刻是指车辆进入运行线路时到达第一个发车站点的时刻。离线时刻是指车辆从线路退出运营时离开线路的时刻。回场时刻是指车辆从线路返回并到达停车场(保养厂)的时刻。基础行车时刻表中主要时刻的运转时间图,如图5-3-1所示。

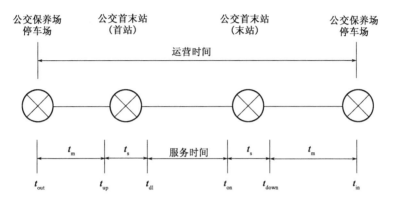

图5-3-1　主要时刻的运转时间示意图

d. 汇总统计表单。

基础时刻表表单编制的最后一个步骤,是将各调查统计数据及相应计算结果汇总到统计表格中,以形成具体的线路、车站时刻表单。其主要包括以下三种类型。

(a)线路数据计算汇总表。

具体形式,见表5-3-4。

线路数据计算汇总表样例　　　　　　　　　　　　　　　　　表5-3-4

周转序号	项目时段	高单面 高断面 通过量 人次/时段	满载率 定额 %	车型 车厢 容量 人/台	周转时间 定额 min	单程时间 定额 min	首末站停站时间 定额 min	周转系数	线路车		行车频率		周转时间内的行车间隔	
									计算值	调整值	计算值	平均值	分配与排列方案	
									辆数/台		车次/时段	min/时段		
1	6:00—7:00	242	50	72	60	24	6	1.0	6.7	6	6.0	10.0	60min = 10min×6	
2	7:00—8:00	680	90	72	60	28	7	0.9	12.2	12	10.3	5.8	70min = 5min×2 + 6min×10	
3	8:00—9:00	676	90	72	60	28	7	0.9	12.2	12	10.3	5.8	70min = 5min×2 + 6min×10	
4	9:00—10:00	410	80	72	60	28	7	0.9	8.3	8	6.9	8.8	70min = 8min×2 + 9min×6	
5	11:00—12:00	230	50	72	60	24	6	1.0	6.4	6	6.0	10.0	60min = 10min×6	
6	12:00—13:00	225	50	72	60	24	6	1.0	6.3	6	6.0	10.0	60min = 10min×6	
7	13:00—14:00	218	50	72	60	24	6	1.0	6.1	6	6.0	10.0	60min = 10min×6	
...														

(b)线路行车次序排列表。

通过将发车间隔分配结果与周转时间相结合,可以实现对线路行车次序的排列,具体排列表,见表5-3-5。

线路行车次序排列表　　　　表5-3-5

周转车次	起排参照的站点:始发站				起排参照的基准时间:7:00			
	第1周转		第2周转		第3周转		第4周转	
			7:00—8:00					
	发车时刻	到站时刻	发车时刻	到站时刻	发车时刻	到站时刻	发车时刻	到站时刻
1			7:05	8:15				
2			7:10	8:20				
3			7:16	8:26				
4			7:22	8:32				
5			7:28	8:38				
6			7:34	8:44				
……								

(c)车站发车时刻车序表。

首末站行车时刻表中除了要确定行车次序之外,还要确定整个车站的发车时刻车序。车站的发车时刻车序就是将周转车次与从事实际运营的公交车辆结合在一起,形成一个车序表。车站发车时刻车序的确定过程,是行车作业计划中的车辆计划与公交时刻表相结合的过程。车站发车时刻车序的样表,见表5-3-6。

车站发车时刻车序表　　　　表5-3-6

周转	0	1	2	3	4	5	6	7	8
车组		发车时刻	发车时刻	发车时刻	发车时刻	发车时刻	发车时刻	发车时刻	发车时刻
加班1	入线	6:10	7:10	8:20	退线				
正班1	入线	6:20	7:22	8:32	9:45	11:00	12:00	13:00	14:00
正班2	入线	6:30	7:34	8:44	9:54	11:10	12:10	13:10	14:10
正班3	入线	6:40	7:40	8:50	10:03	11:20	12:20	13:20	14:20
正班4	入线	6:50	7:52	9:02	10:12	11:30	12:30	13:30	14:30
加班2	入线	7:00	8:04	9:14	退线				
正班5		入线	7:05	8:15	9:28	11:40	11:40	12:40	13:40
正班6		入线	7:16	8:26	9:36	11:50	11:50	12:50	13:50
加班3		入线	7:28	8:38	退线				

5.3.2 常规公交运营调度

运营调度是常规公交从事营运生产的组织方式和手段,是指在公交系统运行的过程中,根据行车作业计划和客流变化情况,通过控制和协调车辆、人员等公交系统内的各要素,灵活机动地采取调度措施,包括组织车辆均衡运行、加快车辆周转、提高营运效率、控制车厢满载率等,从而保证营运活动的正常进行和既定目标(营运计划)的顺利完成。

运营调度可使得公交系统高效、稳定运行,为乘客提供安全、方便、迅速、准点、舒适的乘车服务,同时完成企业的营运计划和各项经济技术指标,节省运营管理者的成本。

1)公交运营调度模式及方法

(1)运营调度模式

从调度组织范围角度出发,传统的公交调度方式可以分为两种:线路调度和区域调度。

①公交线路调度

公交线路调度是在单线调度的基础上,对相应的公交线路上的运营车辆、驾驶人员、乘务人员、相关设备等按照固定的线路进行划分和配置的调度模式。其开行计划的制定根据线路的具体情况,可以以某条确定线路的断面最大流量作为该线路的配车依据,并在该线路的两端配备调度人员。

线路调度的适用范围较为广泛,在我国普遍应用于城市规模不大、线路组成单一、人口密度较小、出行目的较为单一的中小型城市。此类调度模式的工作流程较为简单,不相干的线路控制中心之间并不会存在信息的交流和调度的协调。线路调度的具体工作模式,如图5-3-2所示。线路调度流程,如图5-3-3所示。

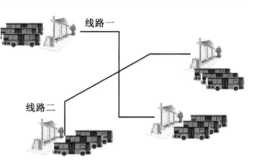

图5-3-2 线路调度工作模式示意图

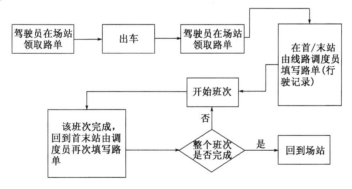

图5-3-3 线路调度流程示意图

线路调度的实际操作方法包括静态调度方法和动态调度方法。静态调度是指完全按照事先编制好的调度策略,采用固定发车时间和首末班车时间,即"定点发车、两头卡点"的调度方法。动态调度方法主要包括:滞站调度、跳站调度、短掉头调度、实时放车调度、区间车调度、变更行驶线路等。

②公交区域调度

区域调度对管辖范围内的人员、车辆等公共交通资源同时组织运营,有助于实现公交资源的高效率配置,极大程度上发挥运输潜能和缩短乘客候车、换车时间。

a.区域调度范围的确定。

区域公交调度具体范围的确定是由公交线路的长度以及整个区域的运营效率来确定,主要方法有以下三种：

（a）根据区域内的客流需求进行划分，将公交的服务半径作为划分的基础，保证各区域之间的客流量尽可能大；

（b）在现有的大型公交枢纽的基础上确定核心控制点，进而确定各控制点负责的相应的区域；

（c）不考虑实际的地理位置、调度条件等因素的限制，只根据各公交运营企业的管辖范围来进行划分。

b. 区域调度的组织调度模式。

区域调度的工作是在单线调度的基础上进行展开的，但强调高度集中的调度模式，目标是整个区域内公交系统运行服务水平的优化。因此，其在组织形式上与单线路调度模式有所不同，删去了一级的车辆调度。其组织调度形式主要有两种。

（a）二级调度组织形式。这种组织形式的思路是将调度工作分两步进行，分别由两个层面的调度中心负责，即"总调度中心＋区域调度中心"的模式，比较适合于大型城市的公交运营或是规模较大的公交企业使用，如图5-3-4所示。

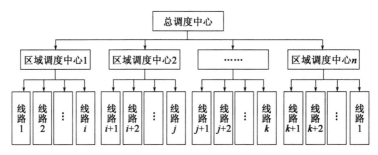

图5-3-4 二级调度组织结构图

（b）集中调度组织形式。这种组织形式更适合于小型城市和某些单独的区域（如工业园区、旅游景区、卫星城镇等）或是由规模较小的公交企业进行运营，其调度指挥流程为"总调度中心—调度命令—城市/区域/企业内的所有运营车辆"。

区域调度的工作模式，如图5-3-5所示。

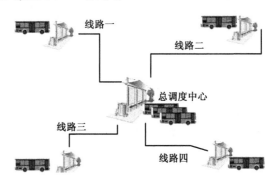

图5-3-5 区域调度工作模式示意图

c. 区域调度模型。

区域公交调度问题可描述为：在一个特定的时间段内，以实现满足乘客利益的同时，将公交公司综合运营成本最小化为统一目标的某一区域多线路的车辆时序指派问题。

（a）调度目标：一是公交公司的效益最优，即各条线路的平均每辆车的总载客量之和达到最大；二是各条线路一天内乘客的平均等待时间最短；三是使得区域内总的使用车辆数最少。

（b）约束条件：各个时段的发车间隔须在规定的最大发车间隔和最小发车间隔之间。最大发车间隔和最小发车间隔是由当地的交通部门和公交公司所规定的。

（c）总发车车次：M 为车场内所有线路总的发车车次数目，当各条线路的发车间隔确定，则各条线路的发车次数即可确定。

$$M = \sum_{n=1}^{N} \sum_{K=1}^{K_n} \frac{T_{kn}}{\Delta t_{kn}} \quad (5\text{-}3\text{-}13)$$

式中：N——车场内的线路条数；

K_n——第 n 条线路的时段总数，将第 n 条线路一天划分为 K_n 个时段；

Δt_{kn}——第 n 条线路第 k 时段的发车间隔；

T_{kn}——第 n 条线路第 k 时段的时段长度。

此外，还有学者从以人为本的角度，考虑使公交网络中乘客的换乘达到最大的同步性且乘客可以在最短的等待时间内完成换乘。模型具体目标为多个车辆的总相遇次数最大和总相遇点数最小，约束条件为：一是各线路首末发车在相应时间范围内；二是发车时刻满足最大和最小的发车间隔要求；三是各站同时到达的车辆数不超过站点容量。最终建立了公交区域调度的最大同步换乘模型。

③两种调度模式对比

目前，我国总体还是以线路调度为主。单线调度由于实施成本较低且实施方法更具有针对性，被广泛应用于我国大多数城市的日常调度工作模式，是整个调度系统的基础。

区域调度模式特点在于相关信息的集中性。可将运力富余线路上的部分车辆调至客流需求超过线路承载力的线路上；同时，在协调各条公交线路、优化乘客换乘方面也有较大的优势。

但需注意的是，区域调度对车辆运行状态的精确性要求更高，车辆运行安排出现偏差会对整个区域内的公交网络造成影响；且其资源配置需要的成本也更高，调度工作更为复杂。因此，在理论的研究和实际的运营中，单线调度模式下的调度工作同样需要得到足够的重视。区域调度与线路调度相比的优点，见表 5-3-7。

区域调度的相对优点 表 5-3-7

	线路调度	区域调度	相对优点
基本单位	单条线路	某片区域	调度范围大，组织策略齐全
行车计划	以单条线路为主	倾向于统一编制	综合优化配置所有运输资源，可以实现线路之间的快速支援
配套设施	分散	集中	集中人力、财力、物力，高水准调度
实时监控	单点监控	集中监控	有助于调度员工作，提高工作效率
驻车方式	首末站驻车	集中场站	车辆集中调度，集中管理，节约成本
车载设备	部分安装	集中安装	实现定位、测速、信息传输与发布等功能
线路套跑	不允许	允许	资源整合，实现车辆资源的高效率运用
电子站牌	信息较全面	信息全面	降低乘客候车的盲目性

(2)运营调度方法

传统公交运营调度方法主要是指人工调度方法,就是调度人员按照行车作业计划控制车辆运行,合理分布车辆行车间距,尽快恢复营运秩序,保证车辆均衡载客营运的方法。主要包括两方面的内容:一是运营行车计划以及人员排班的编制,即常说的静态调度;二是行车计划的实时执行和监控,对公交运营过程中遇到的突发情况进行车辆的调整调度,即车辆运营的异常调度。

①常规调度

行车作业计划编制完成后,公交系统的运营管理工作就从运营组织阶段进入了调度指挥阶段。当全线行车情况基本上符合行车作业计划方案,车辆处于正常运行时,此时的调度工作为静态调度阶段,也称为常规调度。

a. 全程车调度。

(a)基本方法。

全程车调度是指公交从始发站(首站)到达终点站(末站),必须在公交线路上按所有的固定停车站依次停靠,并行驶完全程的一种调度形式。全程车调度是公交运营的基础,是城市常规公交的基本调度形式,按照客流走向,能到达各站点,可达性高。全程车调度停靠方式,如图5-3-6所示。图中方形黑点表示常规公交首末站,圆黑点表示常规公交中途停靠站。

图5-3-6 全程车调度示意图

(b)调度形式的确定。

全程车调度的适用条件为当公交线路上客流量比较平稳,客流分布较均匀且波动较小时(即路段不均匀系数小于1.5,站点不均匀系数小于2.0)。全程车调度能完全保障公交线路沿线通达性,适用于绝大多数线路。但当客流分布不均匀、客流波动很大时,仅用全程车调度易产生超载与空载不均现象,极大浪费了公交企业运力资源,造成企业运营成本高,降低了公交服务水平。此时,通常需要采用区间车和大站快车来进行辅助优化调度,以满足乘客出行需求。全程车调度与线路客流量的关系,如图5-3-7所示。

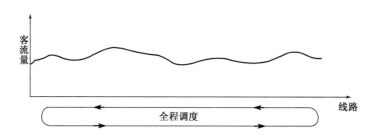

图5-3-7 全程车调度与线路客流量的关系

b. 区间车调度。

(a)基本方法。

区间车调度是指受调度的公交车仅在线路中某一客流量较高路段或区段运行一种调度形式,常与全程车调度配合使用。实际中的公交线路客流量分布往往是不均匀的,当路段(断面)客流的不均匀程度达到或超过某一临界条件时,就应采用区间车调度来分散客流,使各路段(断面)客流量趋于均衡。区间车调度的基本情形有三种情形:情形一是公交车从起点发车,在中途某站点掉头,如图 5-3-8a)所示;情形二是公交车只在中间路段循环行驶,如图5-3-8b)所示;情形三是公交车仅靠终点端的路段循环行驶,如图 5-3-8c)所示。图中方形表示常规公交首末站,圆形表示中途站点,黑点表示停靠,白点表示不停车。

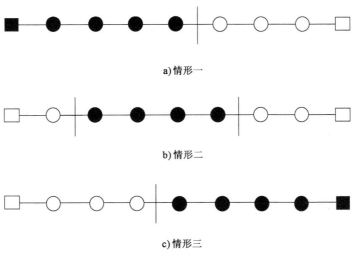

图 5-3-8　区间车调度图

(b)调度形式的确定。

区间车调度的适用条件是客流量较大连续路段或区段。具体而言,一般通过计算路段客流不均匀系数或路段(断面)客流量差的方法来判别某一公交线路是否采用区间调度,当客流断面不均衡系数达到 1.5 左右时,应该采用发区间车的调度方法。

区间车调度折返点的选择在区间车调度中至关重要,其选择是否正确直接影响乘客和企业的利益。其中,折返点位置一般设置在恰好小于或等于路段不均匀系数的阈值附近的站点,但同时也应兼顾道路实际条件,在不影响道路现状交通的前提下,选择具备良好道路条件的折返位置。常见区间车调度与线路客流量关系,如图 5-3-9 所示。

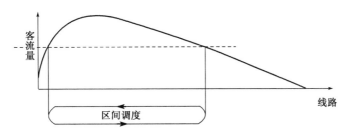

图 5-3-9　区间车调度与线路客流量的关系

c.大站快车调度。

a)基本方法。

大站快车调度是指一种在某一公交线路上,仅在一些客流较大站点停靠的跨站运营调度形式。此调度形式常用于某条线路有几个间隔的较大客流站点,从而疏导直达性要求较高或距离较远的客流。大站快车的灵活调度优点主要反映在与其他调度形式的组合上,它能缩短大站间的公交运行时间。大站快车调度基本情形有两种:情形一是公交车以均匀间隔站点形式停靠,如图 5-3-10a)所示;情形二以不均匀间隔站点形式停靠,如图 5-3-10b)所示。图中方形表示常规公交首末站,圆形表示中途站点,黑点表示停靠,白点表示不停车。

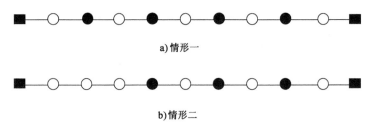

图 5-3-10 大站快车调度

b) 调度形式的确定。

大站快车调度适用条件为客流量集中且间隔的站点。具体而言,一般采用计算站点客流集散量不均匀系数或方向不均匀系数来判断(即站点不均匀系数大于 2.0,方向不均匀系数大于 1.4)。采取"大站"快车的调度方法,应考虑以下条件和设置原则:

(a)实行大站调度的公交线路长度一般要大于 15km,且原线路站点数应大于 20 个。

(b)若线路各站上下车人数不均衡,变动幅度较大,应选择客流量为同方向同时间每站平均上下车人数的 1.4 ~ 1.5 倍左右的车站作为"大站"。

(c)停车站数应比班车停车站数少 1/2 以上,全程行驶时间以减少 1/4 为宜。

(d)为满足出行者的需要,保证一定的客流承担比例,实行大站快车调度的间隔时间应短一些。从整体载运客流量角度看,大站快车所运载的客流量只占整个常规公交运载总量的一小部分,故调度还是应以全程车为主,以大站快车为辅。

(e)当因线路上下行客流不均衡时,在客流量小且差数很大的方向(上行或下行),可以采用单方向大站快车,以加快车辆周转。

常见的大站快车调度与线路客流量关系,如图 5-3-11 所示。

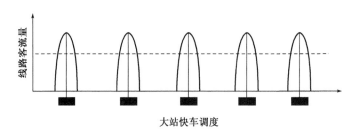

图 5-3-11 大站快车调度与线路客流量的关系

d. 密集小间隔的调度方法。

客流在时间上的分布是不均衡的,即使是在高峰时间段的 2h 内也存在不均衡,其中重点时间段(或称尖峰时段,一般 20min 左右)的客流量,一般要大于高峰小时段的平均客流量。若在重点时间段机械地执行高峰小时段运营要求,将平均分配运力,不但不能适应客流需要,还会造成该时段车辆满载率过高且运营不均衡等问题。此时应根据客流变化情况,采取密集小间隔的调度方法,科学安排运力,力求每个车次都能发挥其应有的效用。

e.跨线调度方法。

跨线调度方法即将 A 线路运营车辆调配到 B 线路运营,具体又分为两种,一种是在本线路中途载客跨入顺行的某线运营,另一种是载客跨出本线首末站进入某线路运营。跨线调度的效果是减少乘客的换乘次数,充分发挥运输潜力,并为开辟和调整线路提供依据。跨线调度范围:

(a)客流同方向的线路。如果两条线路客流方向相同但终点站不同,并在部分区段有衔接,可采取跨线调度的方法,以满足乘客换乘或直达目的地的需要。

(b)高峰时间不同的线路。乘客作息时间不同或乘距不同,使不同公交线路的高峰时间存在前后差异。采取跨线运营方法,可使公交运力投放在正值客流高峰的路段上。

(c)客流最大断面及客流高峰结束时间不同的线路。公交线路走向由于受企事业单位、居民区、商业区布局和道路铺设等因素影响,在客流最大断面和客流高峰结束时间等方面存在差异。采取跨线运营方法,可使本线路宽裕下来的运力投放在客运高峰尚未结束的线路上。

(d)上下行客流量不同的线路。可以根据客流情况采取跨线联运方式。

②异常调度

在日常线路运营中,经常出现道路通行受阻、计划配备的司售人员短缺、运营车辆发生故障等情况。这些临时发生的,影响运行的因素在行车时刻表的编制中是很难预料和解决的,需要现场调度人员采取临时调度措施。临时调度措施是针对客观环境突然发生的变化,通过调整行车作业计划等手段,以保证公交运营秩序正常的应急性措施。采取临时调度措施,必须符合客流规律和线路运营的实际,有效提高运输效率,实现车辆的均衡运行。按照公交运营过程中出现的异常问题,公交运营异常调度的基本处理方法如下。

a.恢复作业计划。

(a)调整行车顺序(倒当)。

即调整前后车的发车时间。需要调回原车次顺序时,可推迟发车时间的班次,要在车辆到站时间加最小停站时间,等于或早于原班次的发车时间时,可以恢复原发车时间。

(b)调整发车间隔(调点)。

即调整有关班次的发车时间。可采取在所少车次之前(或大的发车间隔之前)的班次推迟发车时间,在所少车次之后(或大的发车间隔之后)的班次提前发车时间的办法,使发车间隔比较均匀,维持线路正常运营。

(c)调整车辆中途停站次数。

其包括三种调整的类型:

一是空车发出中途载客(放车)。线路出现较大的发车间隔,若干车辆同时到达首站(或末站),此时车辆到站时间已超过计划发车时间,此时必须将其中部分车辆在本站不载客发出。用放车的调度措施,迅速疏散车辆,尽快恢复线路中途的计划发车间隔,均衡中途各站待运乘客的候车时间,避免发车间隔过大,车辆堆积现象循环出现。

二是本站载客越站停车。车辆晚点、多车到站时,可采取将其中部分车辆在本站载客、邻近数站不停车的办法,以疏散本站待运乘客并减少停站次数,缩短晚点时间。

三是临时大站快车。行车晚点时,待运乘客量大,将班车改为在中途上、下乘客较多的大站停车,可以疏散客流,缩短车辆行驶时间。

(d)调整车辆行驶区段(区间车)。

缩短在本线路行驶的里程,在线路的某个区段间行车,可以缩短车辆的全程行驶时间,有利于疏散客流,减少空车不载客发生的运力浪费,弥补已损失的时间,也便于恢复下次车的正常发车时间。

(e)安排备用公交车辆加入。

当线路行驶公交车辆突然发生停驶,使行车计划在规定时间内缺少车次较多时,区域调度安排备用车辆("抽车"或机动车)投入运营。

b.调整运力。

当实际客流量较计划客流量增减幅度较大时,可采取措施:

(a)调整运营车数。增加或减少运行车辆;

(b)车辆跨线行驶。区域"抽车"加入异常线路运营。

c.变动行车路线。

当公交运营过程中受道路阻塞等因素的影响,局部线路或全线车辆不能正常通行时,为尽量满足乘客需求,可采用绕道行驶、分段行驶、缩短行驶路线等调度措施。

(a)绕道行驶。临时变更路线,绕过阻塞地段。采用绕道行驶时,行程长度和行驶时间必然有所增减,需要根据周转时间和车辆条件,安排临时行车计划。

(b)缩短行驶路线。阻塞的路段无其他道路可绕行,则采取临时缩短行驶路线的调度方法,行车计划也应另作安排。

d.其他调度措施。

(a)临时拟定行车计划。当线路运营偏离行车计划过大,根据实有车数、单程行驶时间、停站时间、断面客流量和其他指标要求,临时拟定行车计划。

(b)放大发车时间间隔。在因天气原因造成客流量减小时,可将计划发车时间间隔加大10%、15%、20%、25%、30%,使车辆接近或基本达到满载率指标。

(c)延长单程点。在雨、雪天延长车辆单程行驶时间。

2)公交智能调度

智能化调度是将依据历史数据的静态调度和应对实时变化的运营状况的动态调度结合起来,借助智能化技术进行实时调度,进而促进城市公共交通的信息化建设,提升运营的稳定性、经济性和服务水平,改善公共交通出行用户的出行体验,增强公交出行的吸引力。

(1)智能调度的基本概念

智能公交调度指的是在现有公交车辆实时调度理论和方法的基础上,综合运用通信、信息、控制、计算机网络、GPS/GIS等现代高新技术,根据实时的客流信息、车辆位置信息、交通状态信息等,通过对公交车辆的实时监控、调度指挥,实现对公交车辆的智能化管理。进行智能实时调度的大前提是建立完善的智能公交调度系统。

(2)智能调度系统的架构

智能公交调度系统是一项涉及众多组织协调合作,共同研究开发、实时调控的综合调度系统,通过各种先进技术手段对公交运营车辆调度的相关信息进行采集、传输、处理和输出显示。智能调度系统组成,如图5-3-12所示;系统物理架构,如图5-3-13所示。

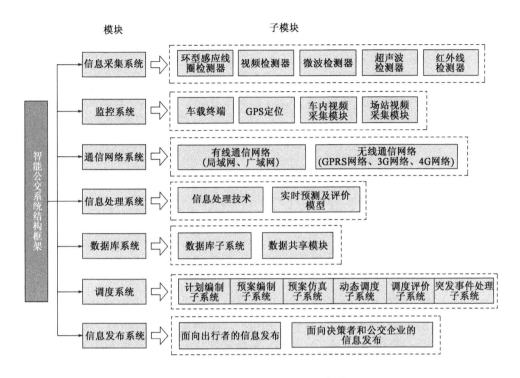

图 5-3-12　智能调度系统组成示意图

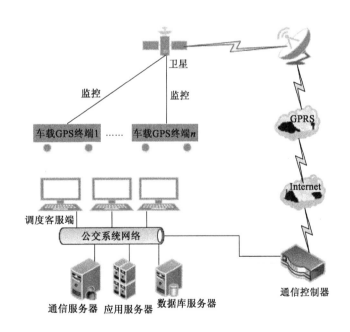

图 5-3-13　系统物理架构图

①信息采集系统

信息采集是智能公交系统中的重要环节之一,是其他应用功能的信息源和基础,从信息类型上分为静态信息和动态信息。两类信息的采集内容和主要采集方式,见表 5-3-8。

信息采集内容及方式　　　　表 5-3-8

信息类型	采 集 内 容	采 集 方 式
静态信息	城市内部基础道路网络数据、GIS 地图数据、公交车辆/场站/相关设施属性数据、调度管理人员/司乘人员/维修人员基本信息、相关交通附属设施数据以及交通属性数据等	通过信息共享从有关系统/部门已有的数据库中处理、转换得到；不足或缺失信息，通过基于地面数字化、智能化的技术来采集；还有部分数据需要人工整理录入
动态信息	主要采集道路、交通、车辆、出行者、司乘人员、天气等实时状态信息	直接信息采集：采用传感设备获取相应的信息；间接信息采集：主要包括人工式、网络式等

②监控系统

监控系统主要包括车载终端系统、GPS 定位模块、车内视频采集模块和场站视频采集模块，实现公交信息的采集、传输、处理和显示功能。车载终端能实时接收并处理调度系统发出的信息，还可以对车辆的速度、烟度、温度、平稳度等进行实时监测和报警。GPS 定位模块可以清晰地了解到各个公交车辆的当前位置、行驶速度、行驶方向以及线路编号、车牌号码、车辆保修状况、驾驶员信息等。车内和场站视频采集模块可用于车辆运行状况及公交场站状况。

③通信网络系统

通信网络为公交调度系统提供一个完善的业务通信平台，满足各模块对信息传输的要求。通信网络包括无线通信和有线通信两部分。通过无线通信网络系统，车载单元可以及时将自身的位置和客流信息上报给调度中心，遇到突发事件及时汇报情况，接受监控调度中心的调度命令等。无线通信网络系统构成，如图 5-3-14 所示。

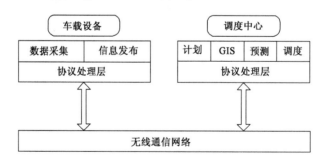

图 5-3-14　无线通信网络示意图

④信息处理系统

信息处理系统主要为调度员实施调度决策提供依据。当实时运营信息传到调度中心时，有关车辆运行速度、时间以及客流等数据将被筛选出来，传送到信息处理模块，结合部分历史运营数据，利用事件检测判别，得到车辆运营状态以及乘客到达情况。信息处理过程，如图 5-3-15 所示。

⑤信息发布系统

信息发布系统采集与出行相关的交通运行信息,公交运营信息,公交实时调度信息以及天气信息等,使公交出行者获得实时、准确、可靠的信息,既便于驾驶员判断车辆在线路的行驶情况,也方便出行者做出出行规划,确定是否出行以及出行的方式、出行时间、出行路线等。信息服务的提供方式主要包括电子站牌、Internet 网络、电话热线查询、多媒体查询等。

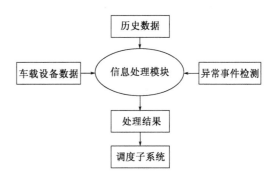

图 5-3-15　信息处理过程示意图

⑥调度系统

通过编制公交车辆行车计划和发布调度指令,协调日常运营各个环节,合理组织和监督车辆运行和人员工作。对车辆位置信息、客流量数据、调度员经验进行综合处理,实现对车辆的智能化现场调度和辅助决策支持。主要实现计划排班、实时调度、专家辅助决策、运营数据分析和统计及预案仿真等业务功能。具体调度流程,如图 5-3-16 所示。

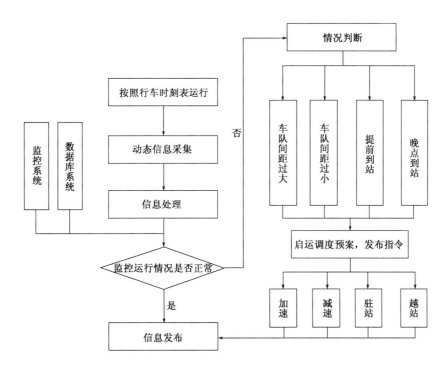

图 5-3-16　调度流程

⑦数据库系统

数据库系统可以实现数据共享、数据独立性、数据集中控制、故障恢复、数据一致性和可维护性,以确保数据的安全性和可靠性。其中,数据库子系统实现对 GIS 地图数据、运营信息、调度计划、系统错误日志、数据备份等数据的分类存储,便于调度人员查询、调用;数据共享模块用于实现与交警、市政、气象、公安等部门的数据共享。

(3) 智能调度系统的主要功能

①监控线路运营情况

智能调度系统包括：全部运营车辆的 GPS 实时定位（车号、线路号、行驶位置和时间等）；车内外视频图像上传，实现车辆运行数据的实时采集与传输，掌握正点率、载客数量等实时信息；车辆运行数据的实时采集与传输，及时掌握车辆技术状况；对车辆超速、早点、晚点、滞站、越站及超越行驶轨迹等情况实施动态监控，及时处理各种违章违规现象，提高安全行车系数。

②乘客信息服务

通过实时调度与监控系统获取车辆位置、行车计划、路况信息等相关运营数据，实现与信息服务系统的对接，及时向乘客提供必要的交通服务信息，包括静态信息和动态信息。

静态信息是采用可变信息板 LED 显示，传输首末站时间、天气预报、主要换乘引导；动态信息是为车辆预计到站情况、车次、路况信息、运行方向、车内拥挤状况等，车载多媒体信息终端还具有的自动语音报站和车载信息屏文字显示功能，方便乘客出行。

③数据实时统计分析

一是分析实时客流数据。实现公交票务数据的实时收集和处理，分析实时客流数据掌握各线路满载变化情况。二是数据对接交互。通过与各相关专业部门系统的数据对接和智能调度系统的数据反馈和共享，实现各种业务数据的实时交互。三是运营数据的实时统计汇总。运营数据可实时生成、实时统计，可实现运营数据的自动化、综合化分析及统计结果的生成。

④全流程信息化管理

一是强化行车计划的信息化管理，实现行车计划从审批、执行到优化改进的全过程监管，打破目前传统行车计划单靠人为经验的管理机制。二是信息指令传达。利用智能系统实现调度指令逐级自动下达，将突发情况、特殊天气、重大活动等动态信息及方案措施同时传达给各级调度系统，便于各分中心、线路车队及时掌握具体情况，快速部署落实各项调度措施。

(4) 智能调度系统的关键技术

主要技术包括定位技术、数据采集与处理技术、通信技术、地理信息技术和智能公共交通调度技术等。

①定位技术

是智能公交调度控制系统的核心技术之一，也是实现智能公交调度系统的先决条件。定位技术主要有独立定位技术、地面无线电定位技术和卫星定位技术三种类型。其中，卫星定位技术（Global Position System，GPS）是当前应用最为广泛的定位技术，可以对运行车辆实行全程监控，实时、动态显示当前监控车辆的运行位置，并能随时查看车辆的运行轨迹。

②数据采集与处理技术

获得大量的准确、实时静态和动态交通数据是应用交通状态判别和车辆动态导航技术的基础条件。这些数据包括：公交站点间距、居民出行量、客流量、发车间隔、GPS 定位数据、电子地图上的矢量数据以及动态交通数据站点间的行程时间数据等。对于由实测统计和先进网络技术等手段获得的数据，需要采用数据融合技术、云计算、大数据、物联网（典型应用车联网）、数据仓库等技术进行处理。此外，智能公交调度系统在运行过程中形成的大量数据，还需要可以支持海量数据存储的数据库和先进的管理技术。

③通信技术

智能公交调度控制系统的核心实际上是快速、准确、及时、高效地获取和处理相关信息。而各种数据的获取和传输都离不开通信技术。所以,通信技术是整个智能公交调度控制系统实施的一个必不可少的支撑平台。

④地理信息技术(GIS)

地理信息系统能够收集、存储、分析及处理相关交通信息的空间属性,从而实现相关信息与电子地图对应的映射关系。智能公交调度系统利用 GIS 技术来构建基于位置的信息平台,使公共交通信息更加直观,还能为基于位置的信息为后续服务进行更深层次的分析、数据挖掘和大数据处理提供的技术支持。

⑤智能公共交通调度技术

智能公交调度技术的核心为公交调度的模型及方法,具体指的是基于公交线路调度以及公交区域调度的实际操作方法和理论调度模型,包括线路静态调度方法、动态调度方法和公交区域调度模型等。

5.4 城市公共交通票制票价

城市公共交通在减轻交通压力、疏散城市人口、改善城市环境等方面有积极作用,同时也存在建设和经营成本高等经济性问题。合理制定公交票制票价,科学分析公交系统运营成本构成和补贴机制是保证城市公交可持续发展的关键。

票价的制定是否能够体现经济发展状况,是否能满足公益性需求,是否能够有利于企业的经营发展,是涉及社会效益、居民利益和企业利益的重要环节。科学、合理的票价管理机制能够充分发挥价格杠杆的作用,实现公交优先的发展策略,推动公共交通事业迅猛发展。

5.4.1 城市公共交通票制

公交票制是针对城市客运状况,在单位价格基础上,对应乘车距离变化而确定的票价制式,是制定城市公交价格的基础。

城市公共交通的票制类型在很大程度上影响着其客流规模以及运营管理模式。目前国内外比较常见的城市公共交通票制类型主要包括固定票制、多级票制、联合票制、优惠票制。公共交通票制类型,如图 5-4-1 所示。

(1)固定票制

固定票制主要是指单一票制,不分乘坐距离和乘坐时间,全网实行单一票价车票的票制。纽约、莫斯科、北京等城市轨道交通系统曾采用过固定票制。在常规公交系统中适用于乘客的乘车距离差异不大的情形。

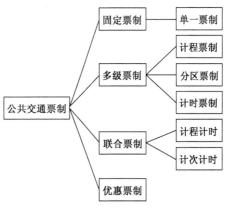

图 5-4-1 公共交通票制类型

(2) 多级票制

多级票制主要包括计程票制、分区票制和计时票制三种。

计程票制主要是指按照乘客的乘坐距离进行计价，包括里程计程和分段计程。里程计程即全程是单一费率，以公里作为基本计价单位；分段计程是以规定里程作为基本计价单位，累计加价，费率一般采用递远递减的原则。世界上多数城市轨道交通系统采用计程票制。

分区票制是指按运营区间计费，将轨道交通线网分成若干区，在同一区内出行，只需支付该区的票价，跨区则需支付各区段内的费用。适用于网络较为发达和完善的城市轨道交通系统。

计时票制是按照乘客在城市公共交通系统中停留时间进行计费的票制。

(3) 联合票制

联合票制是指将多种计费模式叠加来计算票价的一种计费方式，主要有计程计时和计次计时两种模式。计程计时和计次计时模式是对计程票制和单一票制的乘客在付费区停留的时间加以限制，乘客一旦超过规定的停留时间，需支付额外费用。

(4) 优惠票制

优惠票制一般包括换乘优惠、多次多人折扣票以及特殊群体的优惠票。

① 换乘优惠

单一公交线路的可达性十分有限，众多线路形成网络能大大提高公交的可达性。但是每次换乘重新购买车票，乘客出行成本将会增加，大大降低了公交的吸引力。换乘优惠的政策减少了公众使公交网络服务的费用障碍，使大量潜在客流转化为市场客流。这种出行需求的改变，将促使公交线网布局更加合理。这里的换乘包括常规公交之间、常规公交和轨道交通之间、常规公交与快速公交之间的换乘。在具体执行时一般以时间间隔判定是否换乘。

② 多次多人折扣票

为了吸引乘客乘车，设计了多次票和多人票。包括一日票、三日票、周票、旬票、半月票、月票、季票、年票；多人票包括双人票、三人票、家庭票等。与单次使用的普通车票相比，可给予不同程度的优惠。

③ 特殊群体的优惠票（折扣票或免费票）

对于老龄人、学生、残疾人等群体给予比以上更低的优惠价格或直接采取免票措施。

5.4.2 城市公共交通票价

公交票价是平衡出行者、公交企业、政府三方利益的重要经济杠杆，车票价值的设定与变动将对公交客流承担率、公交服务水平、宏观交通发展战略的实现产生重要影响。科学、合理的票价能够充分发挥价格杠杆的作用，实现公交优先的发展策略，推动公共交通事业迅猛发展。

1) 定价目标

与一般商品只有简单的满足企业经营目标的定价不同，公交定价目标可以分为两大类。

(1) 社会目标

由于城市公交的公益特性、自然垄断特性，要求城市公交定价要满足两个基本的社会目标：一是公益性要求，消费者出行成本对交通出行行为选择的影响到关重要，公交票价结构的变化会影响乘客的出行方式、出行时间和出行路径等选择行为。票价制定要满足城市所有居民的出行需要,特别要满足中低收入人群的出行需要;二是合理票价可引导公众以公交方式出行来提高公交的出行分担率,充分利用现存道路设施的资源,最大限度地提高道路设施的通行能力,缓解城市交通问题。

为了实现这两项社会目标,大部分国家都由政府投资建设城市公交基础设施、进行城市公交的价格管制,并给予城市常规公交运营企业以巨额财政补贴以维持公交优惠及运营企业经营。

(2)企业目标

虽然很多的城市公交基础设施由国家建设,但是目前国内外大部分城市的公交运营基本上是由企业经营,合理的定价有利于公交企业提高经营效率和供给能力。企业定价需要满足两个基本要求:一是为了企业生存,要保本;二是为了企业发展,要有合理的盈利水平,盈利水平受到政府控制和民众监督。

2) 定价原则

由于城市公共交通的基础行业、自然垄断、公益性及外部性的特征,大部分城市公共交通服务的价格受到政府管制。考虑到城市公共交通票价的诸多影响因素,如运营成本、乘客需求、经营企业定价目标、竞争因素和政府价格规制等,为了保证定价的科学性和有效性,在制定公交票价的过程中需要遵循三大基本原则。

(1) 坚持社会效益为主、企业经济效益为辅的原则

公交票价既调节乘客与公交企业的双方经济利益平衡点,又是企业生存和发展的前提条件。企业为了生存和发展的空间需要,根据市场的供需状况和运用价值规律来制定票价,以追求合理的利润率来维持企业的运营。但城市公共交通作为准公共物品,与城市居民的日常生活紧密相关,是大众化的交通工具,在制定价格时必须考虑到消费者的经济、心理承受能力。与此同时,只有切实提高公共交通的出行分担率,才能获得应有的效益。因此,在城市公交定价问题上,政府必须权衡企业利益和社会利益的关系。不仅要依据同行业的社会平均成本,采用合理的财政政策补偿来维持企业的再生产,还需要考虑不能因企业经营不善对国有资产造成损失,企业的生产运营活动带来的投资回报利润不比资本市场平均利润低。

(2) 企业定价服从于宏观调控的原则

城市公交行业的性质和社会主义市场经济的性质决定了公交票价的制定必须置于国家的宏观调控之下,必须符合国家各项价格法律规范。在制定公交票价时,一方面公交企业在享有自主权利的同时,必须履行和承担相应的定价义务;另一方面公交企业也要严格依据国家相关价格政策规定进行价格活动,使公交票价与国家限价统一起来。公交票价事关国计民生、社会稳定,不容许出现擅自提价的现象。

(3) 价格决策服从市场竞争需要的原则

在市场经济环境下,所有企业的经营动机和主观愿望都是追求利润最大化,科学的价格决策应当适应市场竞争的需要,尊重市场的价值规律和供需状况。这就要求在制定公交票价的过程中对市场进行可行性研究,尽可能准确进行价格预测,以防止价格制定太过随意。尤其是当前城市公共交通行业开始出现了多家参与经营,客运市场竞争日趋激烈的势头,这就更加要求公交票价政策的制定要与客运市场竞争的客观实际相适应。注意比价合理原则,包括同种交通方式内部的比价关系和不同交通方式之间的比价关系。

3) 城市公共交通定价影响因素

(1) 运输成本

成本是影响票价制定的主要因素之一,城市公共交通的全成本包括:建设成本和运输成本。

(2) 运输需求

运输需求是由四个要素构成的,即流量(客运量)、流时(运输时间)、流向(运输方向和目的地)、流程(运输距离)。运输需求是乘客购买运输产品的前提条件,是研究票价变化的核心内容,也是公共交通社会效益的最直接体现。与其他商品需求相比较,公共交通运输需求有派生性、多样性、时空特定性的特征。

(3) 居民出行支付能力和选择

分析与预测居民出行支付能力是拟定客运市场营销战略,制定票价方案的重要基础与手段。居民的经济承受能力不同,对出行条件包括交通工具、服务项目、服务质量、服务水平、出行条件等的需求也各异。为满足不同居民出行的需求,有必要分析和预测居民对出行的经济承受能力,据此提供不同层次的运输服务和制定不同层次的票价方案。居民出行支付能力的影响因素有:出行目的;乘客的收入、消费水平和消费结构;地区社会经济发展程度与人民物质文化生活水平。

4) 定价方法

随着交通经济学理论的不断发展,公共交通定价理论也日趋成熟。票价制定方法具体包括成本定价(包括边际成本定价和平均成本定价)、合理收益率定价、价格上限定价和差别定价等。

(1) 成本导向定价

成本导向定价是指企业在提供运输服务的整个过程所耗费的成本,与预期利润的总和来确定价格的一种方法。和其他定价方法相比,成本导向定价能首先保证企业的利润,减少不必要的损失,其更容易被企业所接受。但是在市场化竞争日益激烈的今天,成本导向定价的缺点日渐显现出来,其没有考虑市场竞争状况及需求变动等因素。例如,当企业成本定价高出市场竞争价格时,成本导向定价没有考虑竞争问题,会使企业出现亏损现象。常见的成本导向定价有边际成本定价、成本加成定价、盈亏平衡点定价、平均成本定价、完全成本定价等。下面仅介绍前两种方法。

① 边际成本定价

在经济学和金融学中,边际成本指的是每一单位新增生产的产品(或者购买的产品)带来总成本的增量。这个概念表明每一单位的产品的成本与总产品量有关。根据福利经济学的基本理论,只有当价格等于边际成本时社会的总福利才是最大的,消费者将获得全部消费者剩余。如图5-4-2所示,其中 MC 表示边际成本曲线,AC 表示平均成本曲线,AR 表示平均收益曲线(需求曲线),依据边际成本定价法的定义可知,在图中若按此方法定价,其

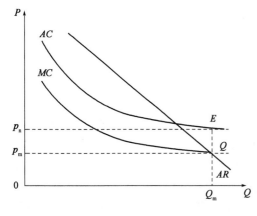

图 5-4-2 边际成本定价方法

中 AR 与 MC 的交点 O 点处 P_m 即为所确定的价格,Q_m 为此时的客运量。

边际成本定价是一种能综合考虑经济效益的模型,定价原理源自厂商理论。在运输规模一定的情况下,边际成本是随着客运量的增加或减少而变化的,当企业边际成本大于企业的成本时,就可以增加企业的收益。

$$X(Q) = R(Q) - C(Q) \tag{5-4-1}$$

当边际收益和边际成本相等时,利润 X 最大,即:

$$\frac{\mathrm{d}R(Q)}{\mathrm{d}(Q)} = \frac{\mathrm{d}C(Q)}{\mathrm{d}(Q)} \tag{5-4-2}$$

式中:R——运输企业的收益;
  C——运输企业的成本;
  Q——运输方式的客流量。

当运价与边际成本相等时,才可以实现消费者剩余最大化以及社会福利的最大化,用公式表示为:

$$P = \frac{\mathrm{d}C(Q)}{\mathrm{d}(Q)} \tag{5-4-3}$$

由此可知,边际成本定价法是以边际成本的大小来制定价格的。如果用在固定成本比较大的企业,由于其边际成本较小,用该方法定价则不利于企业维持正常的运营。同时,该方法也不适用于公共事业,公共事业因为其巨额固定成本要远远高于边际成本,导致固定成本无法完全收回。投入的成本长期得不到补偿,依靠政府长期的补贴会加大政府的财政负担,或者增加对其他行业的税收,进而不利于这些行业以及社会经济的健康发展。所以该方法只有用于企业特定较短时期内定价,才能发挥应有的作用。

②成本加成定价

成本加成定价是在企业为了追求更多的利润,在企业成本的基础上,选定一定比例的利润,两者加成在一起。显然这种定价的要经过两个步骤来确定价格:步骤一,应根据企业运营状况确定使用成本;步骤二,应确定一定比例且符合实际的利润。目前较为常用的一种成本加成定价法是平均成本加成定价法,其定价原理与成本加成定价是类似的,其应用公式为:

$$P = c(1 + r) \tag{5-4-4}$$

式中:P——不含税运价;
  c——单位产品平均成本;
  r——利润率。

平均成本加成定价法考虑了在付出一定税金及弥补成本后企业仍可以获取一定的收益,因此可以大大提高经营者的积极性。它一般适用于长期有一定客流量,由少数企业经营以及客运市场不那么活跃的运输线路。任何时期都依据成本来定价是不可能实现的,但是从长远来看,对于运营企业来说,运价至少要能弥补支出并可获取一定利润,才能保证正常经营,否则会对运输经济产生不利影响。

(2)需求导向定价

需求导向是以市场需求状况为依据来制定价格的,完全是以需求者的角度出发,根据乘客对产品的需求和承受能力制定价格,容易得到乘客的认可。这种定价在运输市场供不应求情况下尤其适用。拉姆齐定价和理解价值定价是常见的需求导向定价。

①拉姆齐定价法

拉姆齐定价是一种次优定价,又称为逆弹性定价,是在企业不亏损的情况下实现消费者剩余最大化的一种途径,它以企业获得正常利润为约束,以谋取社会福利最大化为目标。在边际成本定价不适用的情况下,运用拉姆齐定价法既可以实现资源的优化配置,又可以保证企业获取一定利润。

固定成本比较高的这类企业,由于边际成本是处于递减趋势的,所以各运输企业运用边际成本定价会出现亏损的局面或者容易出现交通拥堵现象;而这时平均成本比边际成本要大得多,用平均成本定价则大大超过人们的经济承受能力,进而难以体现其社会公益性的特点。因此为了缓解交通压力,真正达到疏散客流的目的,拉姆齐定价法是一种比较理想的定价法,在国外的很多国家在运输行业、电力行业等应用拉姆齐定价法已经取得了明显的效果。其公式的数学推导如下:

$$\pi = \int_0^{Q_S} P_S(Q_S) \mathrm{d}Q_S - C_S(Q_S) + \lambda \{P_S(Q_S)Q_S - C_S(Q_S)\} \quad (5\text{-}4\text{-}5)$$

式中:λ——拉格朗日乘数;
Q_S——需求量;
C_S——运输成本;
P_S——价格。

求得目标函数最大,根据极值原理,对上式Q_S求偏导,得:

$$\frac{\mathrm{d}\pi}{\mathrm{d}Q_S} = P_S - \mathrm{MC}_S + \lambda P_S - \lambda \mathrm{MC}_S + \lambda \times Q_S \times \frac{\mathrm{d}P_S}{\mathrm{d}Q_S} \quad (5\text{-}4\text{-}6)$$

式中:MC_S——边际成本。

整理上式得到:

$$\frac{P_S - \mathrm{MC}_S}{P_S} = -\frac{\lambda}{1+\lambda} \times \frac{Q_S}{P_S} \frac{\mathrm{d}P_S}{\mathrm{d}Q_S} \quad (5\text{-}4\text{-}7)$$

设E_S为需求价格弹性指数,同时令$E_S = \frac{P_S}{Q_S}\frac{\mathrm{d}Q_S}{\mathrm{d}P_S}$,$\frac{\lambda}{1+\lambda} = R$($R$为拉姆齐系数),整理得到:

$$P_S = \frac{\mathrm{MC}_S}{1 - R/|E_S|} \quad (5\text{-}4\text{-}8)$$

拉姆齐模型的优点是保证企业不亏损的条件下可以刺激企业经营的积极性,同时可以使交通资源得到最大限度的合理分配。同时因为了回收成本,企业必须制定高于边际成本的价格,这样才能保证企业的正常运营。虽然拉姆齐定价法兼顾企业和乘客的利益,但是在定价时要确定各种公共交通的需求弹性是很困难的,难以实现完全的公平。

②理解价值定价法

理解价值定价法是企业在制定价格时,不仅要分析需求弹性价格,还要考虑消费者对商品的认知因素。若公交企业采用此方法定价时的依据就是要考虑乘客的感知因素,乘客在进行选择出行方式时,首先要比较实际票价和自身的认知价值。如果公交企业对乘客的理解价值估计过高而导致制定的实际票价高于乘客认知价值时,乘客在会放弃此种出行方式选用其他方式;反之乘客会选择此种出行方式。采用理解价值定价法能够全面考虑乘客对出行方式的感知因素,能够制定使乘客满意的票价。因此,理解价值定价法备受乘客的理解和推崇。

(3)竞争导向定价

运输企业制定价格时,不仅受到运输成本、乘客需求的影响,还与竞争对手的相关定价决策有关。企业之间的竞争已不仅是价格竞争,而且更多的是运输时间和服务质量等因素。竞争导向定价法是指企业通过充分了解竞争对手运营状况以及自身的经济实力后,制定的使企业利润最大化的合理化价格。常见的竞争导向定价法有通行价格定价法、排他型定价法和博弈定价法等。

通行价格定价法是根据市场通行的价格水平确定自身服务价格方法,因而,可以避免企业之间过度竞争情况的发生。排他型定价法顾名思义就是把价格当作竞争的手段,通过低价竞争,排挤对手从而扩大市场份额,使得获得利益最大。

竞争导向定价虽然考虑竞争对手的定价决策使得企业在竞争市场中处于有利地位,但是需要收集对手的相关信息,并且在收集困难时此定价方法有一定的难度。

(4)利润导向定价

利润导向定价即是以获得一定利润为基础,从而确定具体价格。常用的方法有最大利润定价、合理报酬定价等。

(5)政府管制定价

所谓政府管制定价就是政府通过各种手段来控制经营者的价格等决策,以达到控制整个经济活动的目的。常用的方法有上下限定价、高低峰定价等。

以上几种定价方法的优缺点对比,见表 5-4-1。

主要定价方法的优缺点对比　　　　　　　　　　表 5-4-1

名　称	优　点	缺　点
边际成本定价法	1. 可以实现兼顾效率和公平,是公共交通资源得到高效利用,以低价增加上座率,从而增加企业收益; 2. 兼顾运营成本和市场供需关系	1. 小于平均成本,用于固定成本较大的领域,企业会出现亏损; 2. 其他方面费用变化会使得边际成本 i 随之变化,影响价格稳定性
成本加成定价法	1. 计算简便,思路清晰; 2. 企业运营收支关系明了,防止过高收益,便于政府监督	1. 没有考虑需求价格弹性,不能适应市场的变化; 2. 运营者为更多利益,可能会谎报成本; 3. 没有考虑固定投资,将影响经营者的积极性
拉姆齐定价法	1. 定价充分考虑了乘客的运输需求和经济可接受能力; 2. 兼顾企业和乘客利益,能提高运营企业积极性	1. 按照公共交通的需求弹性确定价格,可能导致定价公益性不强; 2. 在定价时要确定各种公共交通的需求弹性很困难,会使信息不对称定价困难,难以实现完全的公平
理解价值定价法	适用于与其他方法结合应用,了解消费者的观点和态度,有利于形成合理的市场价格,易使乘客满意	以乘客感知利益来确定价格,具有明显的主观性色彩

为了激活市场,促进经济社会的可持续发展,应该寻求一种可以保证企业保本经营又能实现乘客利益最大化的方法,执行灵活的、保证多方利益的价格,故需要在综合考虑多种影响因素的基础上,总结上述各方法的特点,最终确定合理的票价。

5)城市客运交通补贴

(1)常规公交补贴

常规公交作为城市的基础设施,在经济建设和人民生活中均起着举足轻重的作用,其发展可带来一定的外部经济。因此,发展常规公交具有一定的特殊性。一方面,公交企业必须注重社会效益,不可能完全按照市场原则运转;另一方面,作为企业,常规公交企业也要盈利。常规公交企业具有二重性的特点,许多国家都制定相应的政策扶持公交企业的发展。

①补贴目标

城市常规公交产品公共特性的价格要求与市场经济的价格要求之间的内在冲突,需要政府对公交价格实行严格的价格规制。公交补贴的目标可以从维系公交企业的可持续发展和保障公交公益性服务的社会福利最大化两个方面来确定,即我国公交补贴的总体目标就是要通过公交财政补贴,保障公交企业获得合理的投资回报,促进公交行业持续健康发展,为公交使用者提供高效、低价、便捷和舒适的公交服务,促进政府政策整体目标的实现。

a.体现公益性。

发展城市常规公交的主要目的就是为了满足广大市民日常出行的需要,这种特有的公共性要求企业在经营过程中必须贯彻公平优先的原则,为所有人服务,尤其要满足低收入人群的需要。对于一些无经营利润的线路,政府在定价时要综合考虑这些服务的公益性,通过财政手段或者其他手段,给予某种形式的补贴,以满足普遍服务的要求。

b.体现激励机制。

财政补贴常规公交企业的目的是,为了保证城市公共交通的经营者可以向居民提供一种相对廉价的、有一定服务质量的出行服务。政府通过价格补贴政策,建立了一种鼓励竞争的激励机制,刺激城市公共交通运营企业提高运营效率。因此,通过价格规制,不仅可以制定最高管制价格,以保护消费者利益,实现资源的合理分配,而且可以刺激运营企业充分利用规模经济,进行技术改造与管理创新,以便优化生产要素组合,不断提高运营效率。

②补贴原则

城市公共交通价格补贴是政府为体现城市公共交通服务的公益性,为保证城市公共交通运营企业的正常经营和服务质量而采取的措施。由于补贴需要由政府财政支付,为了保证补贴的合理及到位,政府在制定和实施补贴计划时需要遵循以下基本原则。

a.正确区分政策性亏损和经营性亏损。

城市公共交通属公用事业,承担普遍服务的职能。政府对公交企业要加强管理和调控,由财政给予政策性支持。要正确区分城市公共交通企业的政策性亏损和经营性亏损,前者由财政补贴,后者由价格补偿。公交票价的政策取向也不应以减少乃至取消政府财政补贴为目的,而应通过企业体制改革增强企业活力,使政府财政补贴效益发挥到最佳状态,为社会提供更优质便捷的公共交通服务。要建立科学的财政补贴评估制度,制定补贴评估办法,使财政补贴真正补给政策性亏损。

b.普遍性与特殊性相结合。

综合考虑影响公共交通运营的因素,考虑公交线路等级、当地经济发展水平、区位、国家宏观战略等因素为亏损公共交通企业制定不同的补贴政策。

c.以效率为导向,兼顾公平。

制定常规公交运营专项补贴政策,一方面,要保证社会效益显著但受资金约束存在运营困境的公交企业能够维持运营,国家给予一定补贴以实现这些企业正的社会外部经济效益;另一方面,要限定补贴的范围,提高补贴效率,充分促进公共交通在发展中求生存。

③补贴范围

城市公共交通补贴主要有针对公交企业进行补贴,以及对特殊乘客群体的公交补贴。对城市公交企业的补贴范围主要分为以下三类。

a.低票价补贴。

低票价政策是政府为最大限度吸引客流、提高城市公交分担率所采取的措施。为了维持公交行业的持续经营,城市人民政府对公交企业实施低票价补贴。然而,如何分清经营性亏损和政策性亏损,是目前公交补贴机制中的世界性难题。

b.燃油补助及其他各项补贴。

政府文件规定成品油价格调整以影响城市公交增加的指出由中央财政予以补贴。另外,其他补贴包括购车补贴、低碳交通补贴、冷僻线路补贴等。

c.专项经济补贴。

对于合理界定为社会公益性服务的项目,城市公共交通企业有责任承担政府指令性公益任务,所增加的支出经有关部门审定核实后进行定期专项经济补偿。

④补贴方式

一般而言,政府对公共交通补贴的方式可分为现金补贴和非现金补贴两大类。公共交通补贴方式的分类,如图5-4-3所示。

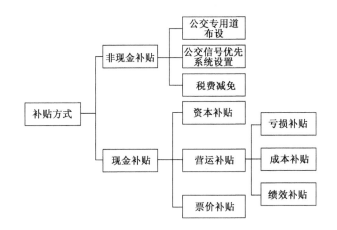

图5-4-3 公共交通补贴方式分类

a.非现金补贴。

指的是政府不采用直接给予现金的方式,而是以行政上的管制或奖励措施,以提供公交企业最佳的营运环境,如:税费减免、公交车专用道布设、公交优先信号系统设置以及对其他交通方式的需求管理(如小汽车尾号限行)等。

b.现金补贴。

现金补贴是政府以直接或间接的方式提供资金协助公交企业改善经营环境,根据不同的补贴对象区分为不同的补贴方式,对乘客的补贴方式包括票价补贴,对企业的补贴方式包括资本补贴、营运补贴和票价补贴。其中营运补贴又分为亏损补贴、成本补贴和绩效补贴。

a)资本补贴。

政府以无息贷款、低利贷款或提供开发基金的方式,资助公交企业进行大规模的投资,如车辆淘汰更新、停车站场建设、公交智能管理信息系统建设。

b）营运补贴。

（a）亏损补贴。

在会计审查制度下，对公交企业总营业收入与总营业成本的赤字差额，给予全部或部分的现金补贴。

（b）成本补贴。

是指政府以公交企业的特定成本项目，给予定额或百分比的补贴金额，补贴项目有：燃料成本、特定路线的营运成本、营业税、燃料税等。

（c）绩效补贴。

是指政府以公交企业产出或营运绩效值，作为补贴分配金额的依据。常见的产出及营运绩效值有：每月载客人数、行驶车公里数、行驶班次数、行驶车小时数、服务路线数、服务路线公里数、成本效率、成本效果和服务效率。

c）票价补贴。

是指公交企业根据政府管制的票价提供运输服务，而票价水平与营运成本的差额由政府按载客人数给予现金补贴，最极端的是免费公共交通。票价补贴另外也可针对特定对象给予补贴，如学生票、老年人票。

各种补贴方式的优缺点，见表5-4-2。

各种补贴方式的优缺点 表5-4-2

补贴方式	优 点	缺 点
非现金补贴	1. 政府可同时进行多种补贴； 2. 无须筹措补贴资金来源； 3. 乘客较易感受到政府的补贴措施； 4. 主管部门直接执行，不须经立法	1. 主管部门必须协调相关部门进行管制措施； 2. 无法督促公交企业加强成本控制及改善营运绩效； 3. 对服务质量无法产生直接管制效果； 4. 会干扰到其他私人交通的运行
资本补贴	1. 鼓励公交企业投资硬件设施，提高营运效率，降低营运成本； 2. 促使公交企业服务新路线； 3. 较其他营运补贴易于控制	1. 偏向改善硬件设施； 2. 易造成投资过度、资源浪费、设备闲置； 3. 可能促使公交企业重视营收高的路线而不愿发展新路线的服务
绩效补贴	1. 直接与绩效有关； 2. 促使企业努力吸引更多的乘客； 3. 以实际营运绩效作为补贴标准，较具公平性	1. 需要评估数据较多； 2. 合理评价绩效指标，难以建立与说明
成本补贴	1. 分配方式简单，但要良好会计制度； 2. 可实现政府政策性目标； 3. 可针对特殊的服务补贴	1. 成本确定较难； 2. 造成鼓励高成本的现象； 3. 金额分配与公交企业绩效无直接关联； 4. 对服务品质无法产生直接的管制效果
亏损补贴	1. 与企业财务需要直接相关； 2. 分配方式简单但需要良好会计制度； 3. 可维持营收较差的服务； 4. 可维持较低的票价	1. 没有效率的企业，将获得较多的金额，不公平； 2. 对公交企业没有促进效率的动机； 3. 过大的亏损造成政府沉重负担
票价补贴	1. 可达到照顾乘客的目的； 2. 可吸引更多人使用公共交通； 3. 补贴资金分配方式简单； 4. 政府可彻底实施低票价政策	1. 对服务品质无法产生直接管制效果； 2. 无法督促企业加强成本控制及改善营运绩效； 3. 必须建立复杂的补贴计算公式及办法

5.4.3 轨道交通与常规公交票务一体化

城市公共交通的票价是城市居民出行方式选择的重要依据,实现轨道交通与常规公交票务一体化是促进轨道交通与常规公交相互衔接的重要一环。轨道交通与常规公交作为城市公共交通的骨架和核心,厘清两者之间相互协调的关系并着力推进票务一体化具有重要意义。

促进轨道交通和常规公交票价协调,推进票务一体化主要通过研究两者间的比价关系、调节票价水平和换乘收费等途径予以实现。

1) 比价关系

合理的比价关系,将通过客运价格的导向和杠杆作用,调节城市轨道交通和常规公交的客流比例,形成两者之间的适度平衡。从而达到合理分配客流的目的。有利于运输资源在各种公共交通方式之间合理配置。

比价关系对于公共交通体系内各方式客流分配的影响是巨大的,总体来说,轨道交通与常规公交客流之比与两者间票价之比呈负相关。通过分析目前全国各大开通轨道交通的城市的票价方案可以发现,绝大多数城市轨道交通起步价在 2 元左右,最高票价基本不超过 10 元。而 4 元即可保证轨道交通 10km 出行距离,6 元即可保证至少 25km 的出行距离,在同等距离上常规公交的出行票价成本在 2~4 元,两者比价关系保持在 3:2~2:1 之间,保证了绝大多数居民各取所需,反映了出行方式上的合理选择。

2) 票价水平及换乘优惠

票价水平是影响乘客出行是否选择公共交通方式的重要因素,而换乘费用水平则是影响乘客选择是否换乘的重要因素。目前许多大城市,为了鼓励居民选择公共交通方式,都制定了比较低廉的票价,并在换乘方面实行折扣甚至免费来吸引居民选择公共交通方式,并避免使居民因为换乘费用问题而放弃换乘,使得公共交通客流分布更加均衡,同时也提高了公共交通方式的客流量。一般来说,在轨道交通与常规公交换乘时,往往对于采取在限制时间内换乘者,享受后续车程票价减免的优惠。部分城市公共交通票价水平及换乘优惠政策,见表5-4-3。

部分城市公共交通票价水平及换乘优惠政策　　　　　表5-4-3

城市	票价水平	换乘优惠政策
南京	常规公交票价基本为 2 元(刷卡 8 折)。地铁起步价为 2 元/4km,超过起步里程后按照递远递减的原则分段计价(刷卡 95 折)	乘坐公共汽(电)车以乘客刷卡扣费时间起算、乘坐轨道交通以进站闸机刷卡时间起算,90min 内可享受换乘优惠,且不限次数。比如:乘坐公交换乘地铁时,以公交车刷卡上车时间起算,至地铁出站闸机刷卡时间,90min 内享受 1 元/人次优惠;乘坐地铁换乘公交时,以地铁进站闸机刷卡时间起算,至公交刷卡上车时间,享受 1.6 元/人次优惠
宁波	常规公交票价基本为 2 元(刷卡 6 折)。地铁起步价 2 元/4km;4~8km,每增加 1 元可乘 4km;8~13km,每增加 1 元可乘 5km;13~20km,每增加 1 元可乘 7km;20km 以上,每增加 1 元可乘 9km	凡持有甬城通、市民卡、交通部一卡通 IC 卡及手机市民卡消费乘车的乘客,在 90min(含)换乘优惠范围内公交、轨道线路,享受 1 次换乘优惠。对于从高票价换乘到低票价的,换乘免费;对于从低票价换乘到高票价的,换乘时按规定收取两者享受票价间差额

续上表

城市	票价水平	换乘优惠政策
重庆	常规公交票价基本为2元。地铁起步价2元[0~6km(含)];3元[6~11km(含)];4元[11~17km(含)];5元[17~24km(含)];6元[24~32km(含)];7元[32~41km(含)];8元[41~51km(含)];9元[51~63km(含)];10元[63km以上]	1. 公交至轨道交通换乘。在实施优惠线路的常规公交范围内,乘客从公交车上车刷卡时间起,在60min以内进入轨道车站闸机,可享受一次按轨道交通起步价5折的优惠; 2. 轨道交通至公交换乘。乘客持同一张交通卡乘坐轨道交通,在换乘实施优惠线路范围内的常规公交车,出站刷卡时间距公交车上车刷卡时间在60min内的,可享受公交票价5折优惠
杭州	常规公交票价主要为2~3元。地铁票价2元/4km,4~12km,每加一元乘4km;12~24km每1元可乘6km;24km以上每1元乘8km	乘客持杭州通系列卡、各类公交IC卡或开通公交功能的市民卡,在3~90min内使用同一张公交卡刷卡换乘地面公交和地铁,在享受现有优惠幅度的基础上,可享受1次换乘优惠
深圳	常规公交使用"深圳通"刷卡,票价3元以下(含3元)部分8折优惠,3元以上6元以下(含6元)部分7.5折优惠,6元以上部分6.5折优惠。地铁起步价2元/4km;4~12km,每加一元乘4km;12~24km每1元可乘6km;24km以上每1元可乘8km	使用"深圳通"的乘客,在刷卡后90min内,在不同的公交线路间、在公交线路与地铁间、在地铁与公交线路间换乘,在刷卡优惠的基础上,给予0.4元/人次的换乘优惠

3) 统一票务系统

统一票务系统是将常规公交服务和地铁票务服务进行整合,旨在协调轨道交通和常规公交运营方的利益关系,同时从需求管理的角度解决各种交通方式客流量的分配问题。我国目前实践较少,在韩国首尔及新加坡取得了成功。

首尔市为了减轻市民换乘车时的经济负担,新的票务系统将公交服务和地铁服务进行整合,统一收费,使用综合费用制。规定乘客选择公交车(包括市内小巴车)和地铁出行,无论换乘多少次,在10km距离内只需支付1000韩元(交通卡支付900韩元),之后每增加5km加收100韩元。一体化带来的便捷乘车体验,大幅提高了居民公交出行比例,推动了公交系统的快速发展。

4) 智能卡技术的应用

从技术层面和实践角度,智能卡的应用为轨道交通与常规公交票务一体化起到极大的促进作用。一方面,减少了乘客上下车时间,提高了公交的运行效率,方便乘客公交出行;另一方面,也为公共交通系统管理者提供便利,提高票务管理效率。同时,公共交通研究者也可以从智能卡中获得大量的居民出行信息,为公共交通研究提供可靠的依据。

复习思考题

1. 简述城市客运交通系统运营管理的主要内容。
2. 反映城市轨道交通客流特性的客流指标主要有哪些?
3. 简述城市轨道交通运输计划的主要内容。
4. 简述城市轨道交通列车运行图的基本要素。
5. 简述城市轨道交通列车运行自动控制系统。
6. 简述城市轨道交通车站客运组织的主要内容。
7. 简述常规公交行车作业计划的主要内容。
8. 简述常规公交运营调度的主要模式和方法。
9. 简述城市公共交通票制的主要形式及定价方法。

第6章
城市公共交通优先系统

6.1 公交优先的内涵与意义

6.1.1 公交优先的内涵

公共交通、小汽车、非机动车及步行等多种交通方式共同构成了现代城市的综合客运交通系统。从公共交通与其他交通方式之间的关系来看,公共交通与小汽车交通由于机动特点相近,两者之间存在很强的竞争关系;步行是联系出行起讫点与公交站台的主要方式,优化联系公交站点的步行环境有利于提高公交服务水平;非机动车与公交的接驳,也是提高公交服务水平的有效方式。因此,公交发展面临的最主要问题是与小汽车的竞争,公共交通要优先于、也仅仅优先于小汽车的发展。

广义的公交优先(Public Transport Priority),是指所有有利于公交优先发展的政策和措施,如财政、税收等的产业倾斜政策,公交场站等优先用地规划,公交企业职工的优惠待遇等。狭义的公交优先,是指在交通工程范围内,采用适当的交通管理和道路工程等措施,使公共汽、电车在道路上优先通行。公共交通优先包含两个基本方面:一是对公交的扶持;二是对其他交通方式(主要是小汽车)的限制。扶持就是通过各种手段发展公共交通,提高运行速度,改善服务质量,确保其经济投入;限制就是对其他方式在购置、使用等不同环节加以控制,以减少对公共交通的冲击。

在公交优先认识的基础上,"公交都市"的概念应运而生。"公交都市"是指公共交通服务与城市形态和谐发展的城市模式,也是我国很多大城市的发展目标之一,而贯彻公交优先是实现公交都市的必由之路。公交优先的主体是政府,只有政府才能在公交优先中发挥主导作用。政府通过在法律法规、经济政策、城市规划、道路使用等多个方面制定和实行一切有利于公共交通优先发展的政策和措施,促进公共交通竞争力的提升,从而实现城市的运行高效、资源节约、环境优美、社会公平等可持续发展目标。

6.1.2 公交优先的现实意义

交通供给与需求间失衡的矛盾,从城市交通机动化初期就开始困扰着人类社会,成为城市发展面临的主要问题之一。私人交通的过度发展,使得有限的道路资源无法更大限度地提供交通供给,交通需求总是趋于超过交通供给,带来了交通拥堵这一普遍现象,更导致了能耗增加、排放增多、交通资源使用不公平等问题,给城市交通的发展带来了巨大压力。面对诸多现状问题,公交优先的现实意义更加突出,成为缓解甚至解决交通供需矛盾的有效手段。

1)效率优势

(1)更低的时间消耗

从运送单位人数需要的时间来看,以同样的空间运送1000人,不考虑运送速度及舒适度,常规公共汽车消耗的平均时间是小汽车的1/5,轻轨消耗的时间是小汽车的1/32,地铁消耗的时间是小汽车的1/42。

在同一车道截面上,单位时间(如1h)内采用公共交通方式所能运送的旅客数量相比小汽车交通方式具有极大的效率优势,见表6-1-1。

各交通方式单位时间运送旅客数比较   表6-1-1

类型	小汽车	公共汽车	轻轨	地铁
单位时间(1h)运送旅客数(万人)	0.1~0.15	0.8~1.2	1.0~3.0	3.0~7.0

(2)更少的空间占用

公共交通在城市空间资源方面的效率优势同样明显。相同运量,公共交通所占用的道路空间资源是小汽车的1/50~1/20,是自行车的1/10~1/3;所占用的停车空间资源是小汽车的1/4~1/3,与自行车相当。

以同一时间内运送300位乘客为例,采用小汽车方式约需占用城市道路面积14000~20000 m^2;而采用地铁只约占用城市道路面积80 m^2;采用轻轨约占面积120~160 m^2;采用常规公交约需面积530 m^2。

2)节能减排优势

(1)减少行车能耗,降低尾气排放

以每人每公里通行所需能耗计算,小汽车需要消耗54g标准煤,摩托车需要消耗27g标准煤,普通公共交通需要消耗11g标准煤。若采用大运量的轨道交通作为公共交通工具,其所需要消耗的能源量还将大幅降低。

更少的能源消耗量意味着更低的排放量。公共交通在减少温室气体、污染微粒等多种污染方面,与其他机动化出行方式相比,具有十分明显的优势。

(2)比小汽车更易推广清洁能源

政府对公共交通行业的管理模式,决定了其可以更快速响应清洁能源推广政策。通过对公交公司采取适当的财政补贴政策或类似的相应手段,政府可以对公共交通工具进行系统性的、可持续的改进,推广使用清洁能源。相比而言,针对小汽车推广使用清洁能源时,除了需要财政补贴和政策调控等手段以外,还需要兼顾市场的多元性、不确定性和使用者驾乘的便捷性、舒适性,推广使用难度要大得多。

3)公平优势

(1)保障不同群体出行需求,实现交通公平

交通公平是指人的出行应当获得均等的条件,是社会公平的一种基本要求。目前全球城市在交通公平性方面的存在的普遍问题主要表现为私人机动化水平提升带来的不公平,包括社会弱势群体出行困难、慢行交通方式受到冲击,影响空间公平;交通运输对环境污染严重,影响代际公平。

公共交通在体现交通公平方面主要具有以下优势:首先,与私人小汽车相比,公共交通在节约道路资源方面具有巨大优势,将优先的资金投入到公共交通建设中会使更多人受益。其次,无论是生理性弱势群体或是社会性弱势群体,先进的公共交通基础设施可以在成本低廉的前提下,满足他们的出行需求。

(2)提供更多就业机会

公共交通的发展还可以促进增加城市就业机会。数据显示,在城市失业率不断上升的时期,公共交通每人公里提供的就业机会是小汽车的2倍,每桶油耗提供的就业机会则是小汽车的4倍多。由于城市失业人口大部分是低学历者,有公共交通提供的就业机会往往更加符合他们的实际需求。

4)安全优势

公共交通工具的安全性同样很高。有关统计表明,以每人公里交通安全度为指标,公共汽车的安全性是小汽车的4倍、自行车的5倍、摩托车的16倍。而拥有相对独立行驶空间的地铁(轻轨)、有专用道的公共汽车,其安全性又分别是公共汽车的13倍和4倍。

6.2 公交优先政策

就政策的内涵而言,"公交优先"本身就是为促进公共交通事业发展而确立的一项基本政策,是各类公交优先发展政策的集中表述,时至今日,其包含的内容已十分广泛。

6.2.1 政策体系框架

根据政策的目标导向、实施层面、作用对象、政策效力等因素的区别。公交优先政策大致可以分为四个类型:强制性政策、激励性政策、鼓励性政策和保障性政策。各类政策根据公交

优先的具体要求可以进一步细化分项,从而形成公交优先政策体系框架。

1) 强制性政策

强制性政策主要包括两个方面:一是在法律层面确定的保护公交优先发展的法定化政策条款。二是落实公交优先不可或缺的基础性政策措施,例如用地、财政、路权政策等,对于不落实甚至未被强制性公交优先政策的相关责任主体,应从法律或行政层面追究其责任。

2) 激励性政策

激励性政策主要是从公交发展的内部机制与外部因素入手,构建有利于实现公交优先发展的良性环境。内部机制主要引导公共交通有序竞争的市场化政策,外部因素则主要指为公交发展塑造环境的交通需求管理政策。激励性政策作用明显,是实现公交优先发展目标及其重要的动力之一。

3) 鼓励性政策

鼓励性政策具有较大的灵活性,同时涵盖的内容也更广。将公交优先发展的众多相关要素和条件纳入政策优先的范畴,不仅有涉及公交本身的社会化公交、换乘优惠政策,也有通过鼓励小汽车合乘,从而减少汽车出行量的政策。鼓励性政策促进政策优先的多样化,形成公交优先发展合力,是公交发展中应该积极倡导的措施或方法,应结合不同城市、不同分区、不同阶段的公交优先发展要求,做出针对性选择。

4) 保障性政策

保障性政策主要针对公交发展中的弱势群体或欠发达地区,通过制定合理的优惠性或引导性措施,保障弱势群体及偏远地区居民选择公交方式出行的权利,促进公交优先的普惠性与公平性,实现全民共享公交优先发展成果。保障性政策是公共交通公益性与全民性的重要体现,在我国当前公交发展水平参差不齐、社会贫富差距客观存在的国情下,具有重要的现实意义。

公交优先政策体系框架,如图 6-2-1 所示。

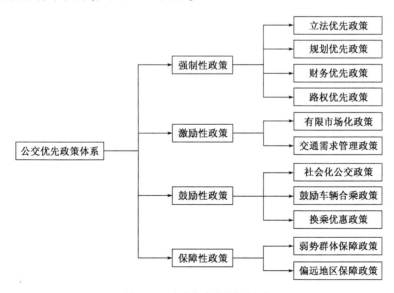

图 6-2-1　公交优先政策体系框架

在这其中,立法优先、规划优先、路权优先是公交优先政策最主要的组成部分,与城市客运交通系统的联系也最为紧密。

6.2.2 立法优先政策

公交优先立法指引了公交事业发展的正确方向,是确立公交优先战略、规范公交优先制度、保障公交优先实施的前提。当前,我国的交通法规体系框架虽已初步形成,但作为交通发展的一个重要方面,公共交通法规体系却迟迟没有实质性突破,与公交优先相适应的法规体系还有待进一步构建。

在交通运输领域,我国现行的法律主要有《公路法》《铁路法》《海运法》《内河运输法》《道路交通安全法》等,但尚没有一部独立和完整的公共交通法,仅有各部门出台的部门规章。各地为促进公交发展,制定了地方性的管理条例、管理办法作为补充。

这些情况说明,虽然我国的公共交通法规研究与制定正逐步走向科学与规范,但总体而言,公共交通法规体系不完善的问题还相当突出。现有公交相关法规层次较低、对于核心问题、关键定义缺乏规范,也缺少其他相关法律法规的配合,公共交通的发展还是过度依赖于政府的行政手段。

因此,公交优先立法的主要目的,就是要以国家立法的形式,对公交行业的性质与定位、公交、运营、监管与考核各环节中核心问题与基本准则进行明确的规定。而公交优先立法的内容,也将围绕着这些关键问题进行展开。

1) 公共交通的性质与定位法规

公共交通与人民群众的生活息息相关,是城市发展中具有全局性影响的产业,是政府应当向社会公众提供的基本公共服务,具有很强的社会公益性。这决定了公交企业不允许以利润最大化为目标而布设线路、调整票价等,也不允许以利润不足为原因而不提供基本的公交服务。

公共交通的公益性作用的落实和实现,需要立法中明确公共交通在城市交通发展中的优先地位,以及其在城市客运交通中的主体地位,保证公交行业的价值取向不变,一如既往地提供公平、优质、高效、廉价的出行服务。

2) 公共交通运营法规

(1) 运营主体的权利和义务规定

城市公共交通行业虽然定位为公益性事业,但作为独立运营主体的单个公交企业,公益性不可能、也不应该作为企业的基本价值取向。企业作为经济实体,必须以效益为核心,才能保证其生存和发展,才能谋求更高的社会价值,实现行业整体的公益性目标。因此,就单个公交运营主体的自身发展而言,其一般企业经济体的权利不可剥夺,需要相关法规保障其基本权利,包括自主经营权、向市场提供产品权、享受政府和有关部门保护权,以及追求合理利润、发展壮大企业规模等权利。公交运营主体在享受基本权利的同时,也应依法履行被政府管制的义务,以保障整个公交行业发展的基本方向。

(2) 公交乘客的权利和义务规定

公交企业收取一定费用提供交通服务,公交乘客与公交运营者之间就形成了一种权利义务关系,并应受到法律的约束和保护。享受公交企业的优质服务是乘客的基本权利,包括时间要求、空间要求与服务质量要求。同时，每一位乘客还拥有监督公交企业服务水平与服务质量的权力，当自身的正当权益受到损害时，有权提出合理的赔偿要求。

另一方面，每一位公交乘客作为城市公共交通的受益者，也应承担起自己的法定义务，包括：坚守诚信，主动按规定支付公交票款；友爱互助，为弱势群体和残障人士提供帮助；发扬公德，爱护公共交通设施。

（3）公共交通定价的基本准则

公交运营法规还应涉及公交票价机制，保障票价制定不违背以下几项基本准则。

①公益性：公共交通票价应体现公益性，在成本合理的基础上，以广大工薪阶层可接受的票价水平为基础，从而最广泛、最大限度地吸引乘客选择公共交通出行。

②比价合理：票价制定体现服务质量之间的比价关系，例如通过空调车与非空调车、高档车与普通车之间的票价差异，体现优质优价。

③公平公开：票价制定过程应本着公开原则，票价方案、浮动机制应广泛听取公众意见，接受公众监督。

④维持业内有序竞争：公交定价也应考虑企业经济效益，通过合理的票价，鼓励公交企业间有序竞争，以提供更优质的服务，合理降低运营成本。

（4）公共交通定价的政策性亏损补贴机制

对公共交通这样的社会公共产品而言，单纯的市场竞争可能会导致负面影响，只有在政府适当介入的情况下，产品的社会福利性才不致被破坏。为维护公共交通的公益性，政府提供适当的财政补贴是必然的。但从社会利益最大化的角度，以及公交行业自身的健康发展来说，政府补贴必须控制在合理范围之内。这需要通过立法的形式，明确公交行业亏损的内容和范畴，明确政策性亏损补贴的资金来源、补贴形式，以及相关的监督、审计等制度。

3）公共交通监管法规

（1）监管主体的权利和义务规定

公共交通作为城市的公共服务和公益性行业，其监管主体是城市政府，公交优先的落实和实现，离不开城市政府的主导。这要求公交优先立法中，将城市政府作为公共交通监管主体的权利与义务进行明确的规定。应明确政府与城市公共交通管理机构的职责，充分发挥政府在公共交通规划、配套设施建设、用地保障、财政补贴、路权优先、票价制定等方面的主导作用，逐步建立起规范的政府管理机制，保障相关政策和措施得到有效落实。立法中要建立问责制度，对在城市公共交通发展过程中责任落实不到的，严格追究相关部门和负责人的责任。同时，应对政府及管理部门的监管权力实施范围做出严格限定，营造有利于城市公共交通发展的良好氛围。

（2）公共交通服务监督机制的规定

城市公共交通行业作为重要的服务行业，服务水平的高低是对其评价的主要标准。城市公共交通立法中应明确对公共交通服务的监督、考核制度，督促企业按照行业标准规范运营，尽最大限度为乘客提供优质高效的服务；明确城市公共交通管理部门应当加大公交企业营运监管力度，对于公交车私改线路、不按站点停靠、不按时间发车、不引导乘客有序上下车等违章行为进行依法查处；明确建立企业服务质量信誉考核制度，将考核结果作为企业市场准入、延续经营、绩效考核和政府补贴发放的重要依据，促进企业不断提升服务质量；明确行业管理部门及企业都要建立监督投诉渠道，完善投诉举报受理、处置、回复等程序。

6.2.3 规划优先政策

在我国城市规划体系框架下,为了推进和落实公家优先,各层次、各类规划的编制都应树立"公交优先"的规划理念,明确"公交优先"在本规划中的任务,研究创新"公交优先"导向下的规划方法。

1)城市国土空间(总体)规划中的公交优先

城市国土空间(总体)规划研究范围大,研究层次多,对公交优先的要求在不同层面也有所不同,总体来看,可以分为市域与中心城区两个层面。

(1)市域层面中的公交优先

为了提高市域范围内区域公交优先适应性,需要在促进城镇合理布局和有利区域公交线路的组织、转换等方面进行引导。

①优化城镇布局,构建公交廊道

应着重优化城镇布局,通过引导不同性质、规模、职能城镇的布局在城镇体系内构建主要客流走廊,集约规划建设交通设施,为沿线城镇的公共交通发展提供良好的基础条件。

②合理布局区域公交基础设施

区域公交枢纽应定位于市域范围中的主要城镇内,并与城镇公交枢纽和长途客运站保持良好的交通联系。应明确区域公交枢纽与主要城镇的布局关系,确定其主要职能,统筹兼顾公共交通扩大服务范围和提高服务效率。

③科学安排公交线路,适度发展馈给公交

应着重对市域范围内的区域公交进行组织,分析客流走廊内的交通供给是否符合城镇体系的交通需求特征,并通过构建可根据客流要求灵活组织的辅助公交,加强公交走廊两侧一定距离内城镇与廊道的联系,缩短城镇体系内公交出行的时空距离。

(2)中心城区层面中的公交优先

提高城市(中心城区)公交的优先适应性,首先应在规划层面提出控制及引导要求,以在公交优先背景下统筹城市空间发展,并指导下层次规划的编制。规划的用地布局应着重统筹协调以下几个方面。

①划定交通分区,落实控制指标

交通分区是指以交通特征为主要依据,兼顾用地功能、发展要求、资源保护差异等要素,对规范规划用地进行的分区。分区划定后,应细化并落实路网密度、常规公交线网密度等控制指标,并在规划中予以确认。

②设置公交走廊,强化交通供给

公交走廊是城市中公共交通基础设施供给最为集中的地区,也是公共交通线路组织规模最大的地区。在规划中应根据交通需求特征设置公交走廊,强化公交走廊的交通供给,切实提高公共交通的通行能力。

③优化枢纽及周边布局,满足出行需求

为了确保公交枢纽交通集散功能的发挥,城市中公交枢纽的布局应与城市中心体系相结合。而枢纽周围用地布局应围绕公交枢纽进行优化。在用地条件允许的情况下,规划应尽量使公交枢纽的布局满足城市中心交通出行的需求。

④衔接城市内外客流,避免互相干扰

在规划中,还应加强铁路、公路、水运、航空等长途客运与公共交通的衔接,在引导公共交通枢纽结合长途客运站布局的同时,保持长途客运交通与公交走廊的适度分离,避免过境交通与城市内部交通互相干扰。

2)城市综合交通规划中的公交优先

城市综合交通规划是城市总体规划的重要组成部分,是引导城市综合交通体系发展、指导城市交通建设的方向性和战略性专项规划。要发挥综合交通规划在公交优先中的统领作用,就要在交通发展战略、交通设施布局等方面统筹安排,保障公共交通的发展优先于其他交通方式。

(1)基于公交优先制定城市交通发展战略和目标

城市综合交通规划应当以公交优先为导向制订城市交通发展战略和目标。基于公交优先的城市交通发展战略主要包括畅达、高效、绿色、安全、公平五个方面,应重点强调公共交通发展和交通安全的相关目标。

(2)改良道路网规划方法

面向公交优先的道路网规划不应仅以满足机动车的交通需求为出发点,而应突出道路网作为公交载体的重要功能,结合公交等级对两者之间的关系进行梳理,提高道路网络中公交线路的覆盖率,从落实公交优先战略的角度规划城市道路网。

(3)优化公交线路和场站规划

公交优先理念下的线路和场站规划应在确定城市未来主要公交走廊及未来城市公共交通的系统构成的基础上,以走廊布局优化城市土地利用,并对重要的骨干公交线路提出布局方案,确定公交场站设施的规模和用地控制要求。

(4)加强停车调控

停车设施规划包括城市不同区域的停车政策、停车设施需求和供给目标。其重点调控的区域应是公共交通优先发展区,通过停车设施的减量供应,促进居民出行利用公共交通方式。

(5)衔接慢行交通与公交系统

慢行交通是城市组团内出行的主要方式,其余公共交通都是绿色交通方式,因在不同距离承担不同的功能。完善的慢行交通规划是促进公交优先的重要推动力,两者之间的有效衔接有助于提升公交出行分担率,实现"慢行交通为辅、公共交通为主"的城市绿色出行结构。

6.2.4 路权优先政策

路权是交通参与者在一定空间和时间内在道路上进行交通活动的权利。公交路权优先是城市道路的路权向公共交通倾斜,给予公共交通更优惠的条件,甚至可能对非公共交通车辆进行必要的限制的一种路权分配方式。通过路权优先能够减少公交与小汽车交通的冲突,直接提高公共交通的运行速度。

根据路权的专用程度可将公交路权分为以下四个类型:

1)绝对专用路权

公共交通在空间、时间上的路权绝对专用,公共交通通行空间与其他交通方式完全分离,如地铁、高架的轻轨、高架的快速公交等交通方式。

2）独立路权（专用路权）

公共交通享有独立的通行空间，但与其他交通方面存在平面交叉，如公交专用路、有轨电车。公交专用路是公交车辆享有全部路权，具有排他性的使用权，包括单向道路系统中逆行公交专用车道、公交专用道路、封闭的公交专用道等，其典型的代表是快速公交系统。

3）选择性专用路权

公共交通路权在空间、时间上部分专用，部分情况允许其他社会车辆通行，主要形式是公交专用道与交叉口公交优先系统。

4）相容性专用路权

公共交通与其他车辆共享的路权，主要形式是高承载车道（high-occupancy-vehicle lane，HOV 车道）。高承载车道的设置是为了在交通拥堵的地区以尽可能少的车辆运输更多的客流。

不同公交路权优先形式的特点与适用范围，见表 6-2-1。

公交路权优先形式的特点与适用范围　　　　表 6-2-1

类　　型	代 表 模 式	适 用 范 围
绝对专用路权	地铁 轻轨 高架快速公交	适合长距离运输，特别是特大城市主要和次要客流走廊
独立路权（专用路权）	公交专用路	中远距离运输，适用于大城市次要客流走廊或中等城市主要客流走廊
选择性专用路权	公交专用道 交叉口公交优先系统	中远距离运输，适用于各类城市公交客流较大的道路
相容性专用路权	高承载车道	适合交通拥堵地区的特殊路段

6.3　常规公交专用道

公交专用道是指在较宽的车道上，用交通标线或硬质分离的方法划出一条车道作为常规公交汽车专用通道，在特定的时段内，供公共汽车行驶而不允许其他车辆通行。公共汽车载客容量大，人均占用道路面积较小，实施公共汽车专用道，可以在空间上为公共汽车提供足够的道路使用权和优先通行权，提高公共汽车的运行效率和服务质量，达到减少城市交通量的目的，从而使整个城市的交通服务质量得到改善，带来较大的社会效益。

6.3.1　常规公交专用道设置条件

城市道路交通状况各不相同，公交车辆和社会车辆的实际运行情况也差别很大，在何种条件下应该设置公交专用车道是设计关键。

综合现有的研究和行业标准规定可以看出，公交专用道设置与否关键在于以下三个指标：

1) 道路的基本条件

公交专用道的设置至少要占用一条车道,在考虑公交优先的同时,也要考虑到其他社会车辆通行的需要,避免长距离的绕行以增加的道路交通量。因此,一般来说,设置公交专用道的道路单向至少应拥有两条的机动车道,最好是 3 条以上车道,其中一条作为公交专用车道,其余车道供社会车辆使用。而且车道数越少,对公交客运量或公交车流量的要求越高,目的就是为了尽量降低实施公交专用道对社会车辆的不利影响。

2) 路段的断面客流量或公交车流量

断面客流量又称为"高断面",是线路上客流量最大的断面。实施公交专用道路段的公交断面客流量应该比较大,以确保公交专用道对道路资源占用的经济性与合理性。通常情况下,公交断面客流量的大小与公交车流量的大小是成正比关系的,客流大的路段,其公交车断面流量也比较大,以公交车流量作为条件限制是等效的。不同城市基于各自城市实际情况,对于公交断面客流量及公交车流量的最低要求有不同考虑。例如,北京市要求公交断面客流量至少达到 2700 人次/h 或公交车流量达到 60 辆/h;重庆市则要求断面客流量至少达到 3000 人次/h。

3) 路段饱和度或公交运营车速

路段饱和度是判断现状道路是否有必要设置公交专用道的条件之一,但路段饱和度较难测量,然而路段饱和度与公交运营车速具有较大相关性,饱和度较大时,车速一般较低,饱和度较小时,车速一般较大,且车速指标可更直观地反映道路拥堵状况,故可以用车速指标替代饱和度指标作为公交专用道设置条件。值得注意的是,并不是车速越低便越需要设置公交专用道,当车速过低时,说明路段饱和度较高,设置公交专用道可能导致其余车道的交通过度拥挤,甚至瘫痪;而车速过高时,又说明公交车辆运行顺畅,此时设置公交专用道的意义就不大。因此公交运营车速应在一个相对合理的区间内,例如北京市要求车速在 20~40km/h 之间(快速路上的专用道车速可适当放宽),重庆市要求车速在 20~35km/h 之间。

重庆主城区公交专用道设置条件,见表 6-3-1。

重庆市主城区公交专用道设置条件表　　表 6-3-1

判断指标	车道数(条)	公交运营车速(km/h)	高峰断面客流(人次/h)
应设置	快速路≥3	≤30	≥10000
	主次干道≥3	≤15	≥7000
	主干道≥2	≤15	≥8000
宜设置	快速路≥3	≤35	≥7000
	主次干道≥3	≤20	≥4000
	主干道≥2	≤20	≥3000

6.3.2 常规公交专用道类型

常规公交专用道就是只允许公共汽车使用,而不允许其他车辆行驶的车道。其目的在于给公共汽车较高等级的道路专用权提高公共交通车辆的行驶速度,缩短运行时间,从而改善常规公交车辆的运行环境,提高常规公交的运输服务水平。按照使用的道路权限可以分为完全独立路权公交专用道和半独立路权公交专用道两大类。

1) 完全独立路权的公交专用道

完全独立路权的专用道事实上就是公交专用路或公交专用街,它是指在其上只允许公共汽车和行人通行而不允许其他机动车通行的道路。设置公交专用路可以将其他的机动车辆从街道上排除出去,从而减少其他机动车辆对公共汽车的干扰,减少公交车的延误,提高公共汽车的准点率和行车速度,通常可以达到 30~40km/h。并且可以有更多的道路空间供公共汽车停靠,行人也可以安全地过街。但是实施的条件是附近要有与之平行的街道供其他社会车辆通行。其缺点是各种交通方式之间相互换乘不方便,一般在公共交通要求速度比较高,公共交通量很大的情况下采用。

2) 半独立路权的公交专用道

道路的路权在部分车道或部分时段归公共汽车所有,即在多车道的道路上开辟一条甚至多条车道为公交车所专用,或分时段的公交专用道。其优点是投资小、见效快,对解决城市交通拥挤的问题效果显著。根据公交专用道在路段横断面中可能布设的位置,可将其分为路中式、路侧式、次路侧式、双向同侧式的公交专用道四类。

(1) 路中式公交专用道

路中式公交专用道是将双向公交专用道布置在道路中央,其他非公交车道布置在专用道两侧的道路布设方式。根据专用道相对分隔带的位置不同,专用道一般有两种布设方式,即专用道在分隔带两侧和专用道在两分隔带之间,如图 6-3-1 所示。

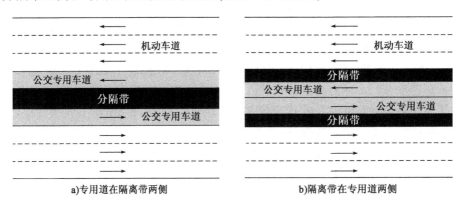

图 6-3-1　路中式公交专用道布设方式图

(2) 路侧式公交专用道

路侧式公交专用道是将公交专用道分别布设在机动车道外侧的道路布设方式,这种形式是目前我国许多城市普遍采用的形式,如图 6-3-2 所示。

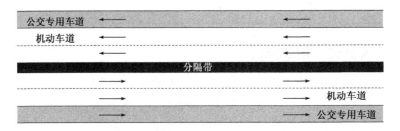

图 6-3-2　路侧式公交专用道布设方式图

(3)次路侧式公交专用道

次路侧式公交专用车道作为路中式公交专用车道和路侧式公交专用车道的折中方案,是将外侧第二条机动车道作为公交专用车道,或者是在原有外侧专用车道的右侧再开辟一条辅助机动车道。该布置方式关键在于辅助机动车道的设置,该车道承担的主要功能是供出租车上下客行驶,供沿街单位车辆和相交小路车辆进出,如果专用车道不允许常规公交使用,常规公交可借用辅助车道行驶,如图6-3-3所示。

图6-3-3 次路侧式公交专用道布设方式图

(4)双向同侧式公交专用道

双向同侧式公交专用道是指将两条双向的公交车道全部布设在道路一侧,而另一侧则是混合交通的多条车道(双向)的布设方式,如图6-3-4所示。

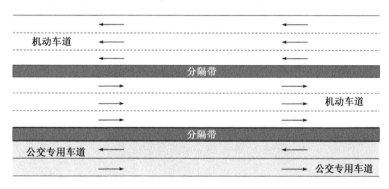

图6-3-4 双向同侧式公交专用道布设方式图

6.3.3 常规公交专用道布设

公交专用道的布设,主要包括站台的设置,标志标线的设计以及行人、出租车等其他交通流保障设施的设计。三者协同作用,构成了公交专用道的主要组成部分。

1)常规公交专用道站台设置

(1)路中式公交专用道的站台设置

采用中央公交专用车道,其站台可结合道路中央分隔带的情况布置为以下三种形式。

①中央分隔带设置单一站台

中央分隔带较宽,且客流量较大,同站换乘人数较多的情况下,可在分隔带上设置一岛式站台,如图6-3-5所示。客流宜通过人行横道或天桥、地道等方式实现集散。该方式的优点是双向共用站台设施,节省站台建设成本,提高站台使用效率;缺点是需要选择左侧开门的车辆,与常规公交系统的衔接不便,车辆投资较大。

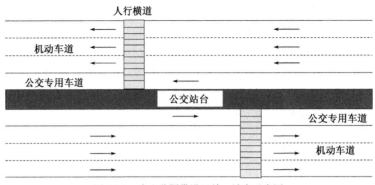

图 6-3-5　中央分隔带设置单一站台示意图

②中央分隔带设置两站台

中央分隔带较宽的情况下,也可将分隔带进行合理分割,设置两侧式站台,如图 6-3-6 所示。上下客流通过人行横道进行集散,换乘客流通过站台间人行横道进行换乘。该方式的优点是双向站台分离,易于上下客组织;缺点是对分隔带的分隔设计要求较高,站台设计成本较高,同站换乘难度大,且公交车在站台内行驶存在一定安全隐患。

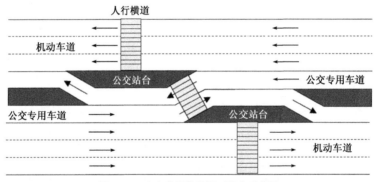

图 6-3-6　中央分隔带设置两站台示意图

③两分隔带分别设置站台

当路中式公交专用车道处于两分隔带之间时,可在两分隔带上分别设置港湾式站台,如图 6-3-7 所示。上下客流通过人行横道进行集散,换乘客流通过站台间人行横道进行换乘。该方式的优点是站台设计简单,且港湾站台易于上下客,对同车道其他公交车影响小;缺点是分隔带及站台占用道路面积过大,挤压了其他机动车道的宽度。

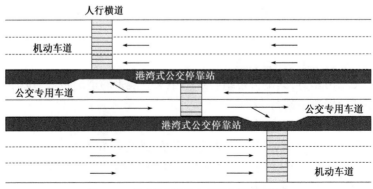

图 6-3-7　公交站台设置在车道分隔带示意图

(2) 路侧式公交专用道的站台设置

路侧式公交专用道的站台设计较为简单，一般在公交专用道与非机动车道间设置侧式停靠站，客流通过直接穿越非机动车道的方式进行集散，如图 6-3-8 所示。

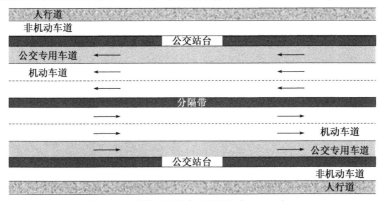

图 6-3-8　路侧式公交专用车道站台设置示意图

(3) 次路侧式公交专用道的站台设置

次路侧式公交专用道的站台设置于路侧式较为接近，一般在公交专用道与辅助机动车道间设置简易的侧式停靠站，客流通过人行横道穿越辅助机动车道实现集散，如图 6-3-9 所示。

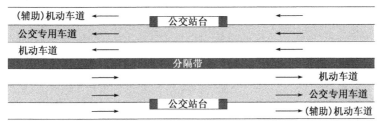

图 6-3-9　次路侧式公交专用车道站台设置示意图

(4) 双向同侧式公交专用道的站台设置

双向同侧式公交专用道的站台设置较为特殊，一般来说，接近非机动车道的一侧公交专用车道，其站台设置方式与上下客流集散方式与路侧式相同，但接近机动车道的一侧公交专用车道，其上下客流必须通过地道或天桥进行集散，如图 6-3-10 所示。

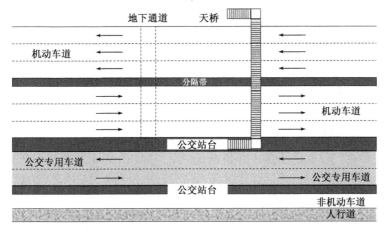

图 6-3-10　双向同侧式公交专用道站台设置示意图

2）常规公交专用道标志标线设计

公交专用车道标志牌面内容应该包括公交车辆图形符号、车辆行驶方向箭头符号，可以包括时间段说明和文字说明，比如"7:00—9:00""16:30—18:00""公交车道""公交专用""BUS LANE"等字样。公交专用道的标线形式和颜色应有较好的视觉效果，与一般车道分隔线应有较大的差别，同时不与已有的各种交通标线相矛盾或混淆。

然而，我国目前公交专用道标线不够统一，分隔标线形式差异较大。一些城市按照专用道两侧采用黄色虚线分隔，还有些城市则采用两侧单条实黄线的方式，或者采用"实黄线、虚黄线+虚黄线、实黄线"的方式，如图6-3-11所示。

a）实黄线公交专用车道　　　　　　　　　　b）虚黄线公交专用车道

图6-3-11　部分城市公交专用车道标志标线图

在综合国内外已有各种公交专用道隔离标线的使用效果的基础上，推荐以下几种标志标线隔离方式。

（1）实黄线加虚黄线

车道划线用黄色"实线、虚线+虚线、实线"表示，在车道中央用白色标明"公交专用道"字样，同时标明公交车辆专用的起止时间，以表明该车道只供公共汽车在规定时段使用，不允许其他车辆在这一规定时段内驶入，但公交车辆可以随时驶离专用道。该标线方法适用于公交车辆因为停靠或转向等需要频繁进出专用道的情况，其优点是便利于公交车辆超车，如图6-3-12所示。

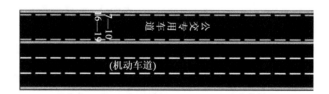

图6-3-12　"实黄线+虚黄线"公交专用车道标志标线图

（2）实黄线加斜齿线

车道划线用黄色"实线、斜齿线+斜齿线、实线"表示，在车道中央用白色标明"公交专用道"字样，同时标明公交车辆专用的起止时间，表明在规定时段内专用道内的公交车辆不允许驶离专用道，其他社会车辆在该时段内也不得驶入专用道。该标线方法适用于路侧支路开口较少、无路边停车干扰的路段，且公交车辆不需频繁进出专用道，但如果专用道为单车道且无超车设施，则该方法不利于公交车辆在路段超车，如图6-3-13所示。

图 6-3-13　"实黄线+斜齿线"公交专用车道标志标线图

(3)彩色路面

车道路面用彩色涂料铺设,同时在车道中央用白色标明"公交专用道"字样。彩色专用道最大的优点是专用道的视觉效果非常好,给驾驶员明显的提示,能够很好地避免社会车辆由于指示不明确而占用专用道的情况发生。但是这种标线方法成本较高,与以上两种专用道标线方法适用于规定的特定时段供公交专用的车道不同,该方法适用于全天供公交专用的车道,如图 6-3-14 所示。

图 6-3-14　彩色路面公交专用车道标志标线图

3)常规公交专用道保障设施设计

常规公交专用道不仅应注重保障公共交通的平稳运行,满足出租车、行人、其他机动车的通行需求,保障设施的建设,更是为了减少公交专用道对其他交通流的影响,实现公交专用道实施效果和路段服务功能的双重保障作用。

(1)路段沿线出入口控制设施

我国城市路段出入口设置普遍缺乏规划,在布设公交专用道后,大量的、未受合理控制的路侧出入口路带来频繁的车辆汇入驶出,对各种类型的公交专用道,尤其是路侧式公交专用道上的公交车流造成严重干扰。出入口交通流若不加以规范组织,会严重影响公交专用道乃至整个路段的运行效率和服务水平。因此,在设置公交专用道的路段应对沿线路侧出入口进行合理规划,采取合并汇入的组织形式减少沿线路侧出入口数量。在路侧出入口应采用"右进右出"的交通组织模式,进行禁左处理,保障出入口驶出车流不对公交专用道产生直接干扰,如图 6-3-15 所示。

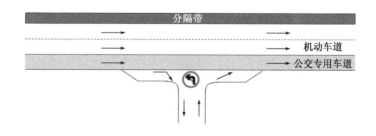

图 6-3-15　路侧出入口与路段公交专用道配套组织示意图

（2）行人过街安全保障设施

部分类型的公交专用道需要通过过街人行横道进行客流集散，增加了路段行人过街设施的数量，过多的过街人行横道会对沿线的公交车辆运行产生干扰，影响公交专用道上公交车辆的运行效益。因此在设置公交专用道后，应对路段行人过街设施进行优化，确保过街人行横道设置数量的合理性。应尽可能将过街人行横道的布设位置与公交车站和沿线重要出入口的位置进行协调设计，并根据实际情况设置行人二次过街安全岛，施加信号规范过街行人流，保障行人交通安全，如图6-3-16所示。

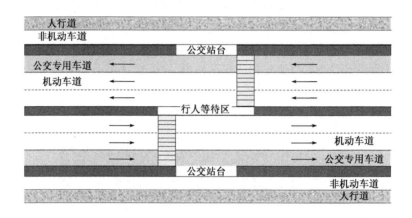

图6-3-16　过街人行横道与路段公交专用道配套组织示意图

（3）出租车停靠设施

在采用路侧式公交专用道的情景下，公交车停靠与出租车停靠存在较大矛盾。在设置公交专用道之后，原有的招手即停的出租车停靠形式会对专用道上行驶的公交车辆产生频繁干扰。因此，在设置路侧式公交专用道的路段应统一规范设置出租车停靠点，设计形式宜采用对公交车辆运行影响最小的港湾式出租车停靠站。出租车利用公交专用道上公交车的通行间隙，按标线指引通过公交专用道，如图6-3-17所示。

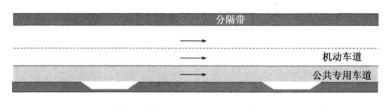

图6-3-17　出租车停靠站与路段公交专用道配套组织示意图

6.3.4　常规公交专用道性能分析

合理规划公交专用道，需要了解各种公交专用道的交叉口冲突情况、路段干扰情况、乘车便利性等性能指标，明确不同种类公交专用道的优缺点以及适用范围，选择合适的路段进行布设。

1）路中式公交专用道的性能分析

（1）交叉口的冲突

不利于右转公交车的运行。当公交专用道设置在路中央时，在前方交叉口需要右转的公交车辆必须从内侧专用道跨越多个车道向外侧移动，这不仅影响直行和左转社会车辆的运行，而且也阻碍了右转公交车的运行，如图6-3-18所示。

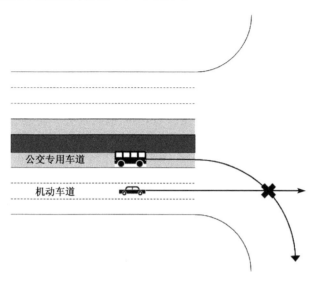

图6-3-18　路中式公交专用道交叉口冲突图

（2）路段干扰

在路段中，由于路中式公交专用道远离道路边沿，可以减少许多干扰公交车辆运行的因素，具体表现为：

①不受路边停车影响；

②没有非机动车的影响；

③不受沿街小路口和单位进出交通的影响。

因此，路中式公交专用道表现为公交路段干扰小，公交车辆可以较高的速度运行，有利于减少公交车辆的路段延误，相对路外侧公交专用道而言，它是一种比较彻底的公交专用道模式。

（3）乘客到达站台的难易或安全程度

在路中式公交专用道形式下，车辆沿中央分隔带行驶和停靠，乘客上下车就必须穿越道路，由于一般道路中央分隔带宽度有限，不方便设置人行天桥或地道，增设行人过街信号又将给正常的车流造成延误。所以，从这些角度而言，路中式公交专用道乘客进出站台并不方便，且安全性较低。

（4）站台设置的便利性

路中式公交专用道的停靠站一般设置在中央分隔带上，但当道路没有中间分隔带，或中间分隔带较窄（宽度在2m以下）时，则难以设置停靠站；此外，为方便乘客进出公交停靠站，停靠站需要设置在信号交叉口的进出口道附近，以借助交叉口的人行信号灯，如果停靠站设在路段，则需要加装信号灯或其他人行过街设施，这不仅会加大对路段车辆的影响,而且不利于节约成本。因此,在路中式公交专用道形式下,设置公交停靠站的便利性差。

通过以上性能分析,可知路中式公交专用道适用于下列情况布设:
①在前方交叉口左转或直行公交车流量较多;
②对公交路段运行速度要求较高;
③道路中间有较宽(最好有3m以上宽度)的物理分隔带(如绿化带);
④高架道路下面具有干线条件的路段上。

2)路侧式公交专用道的性能分析

(1)交叉口的冲突

不利于社会车辆右转。当社会车辆在前方交叉口需要右转时,需要和专用道上的直行公交车交织,因而既不利于社会车辆在前方交叉口右转,同时社会车辆在前方交叉口右转也干扰了直行公交车辆的运行,如图6-3-19所示。

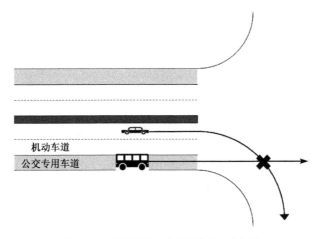

图6-3-19　路侧式公交专用道交叉口冲突图

(2)路段干扰

①易受非机动车和行人干扰。如果在公交专用道与非机动车道(或人行道)之间不采用物理隔离,则公交车辆的运行很容易受到非机动车和行人的干扰。

②与出入交通干扰严重。因路侧单位出入口或小路口车辆进出时需要和专用道上的公交车辆进行交织,因此也容易干扰公交车辆的正常运行。

③对路边停车影响严重。出租车存在在路侧上下客的需求,因而路侧通常需设置出租车停靠点,会对专用道上公交车辆的运行产生较大的干扰。在路侧式公交专用道形式下,公交车辆在路段受干扰严重。

(3)乘客到达站台的难易或安全程度

在该布设形式下,停靠站台一般设置在路外侧的人行道上或机非分隔带上,这种停靠站对乘客等候、上下车及出行都比较方便,有时不需要穿越道路,保障了乘客的出行安全,符合人们的出行心理。因此,乘客到达站台安全、容易。

(4)站台设置的便利性

因该布设形式与传统的公交运行模式相符,其站台通常可以利用已有的公交停靠站,因而仍然可以发挥已有停靠站的优势,实施方便易行,投资少。而且一般人行道都能给公交站台的设置提供足够的空间,道路外侧用地也更利于设置港湾式停靠站,因此,路侧式公交专用道形式下,站台设置便利。

根据以上分析可知,路侧式公交专用道适于在下列情况下布设:
①前方交叉口右转或直行公交车流量较多;
②其他机动车辆右转比例较小;
③机动车道与非机动车道(或人行道)之间有物理分隔;
④路侧机动车进出口和出租车停靠站均较少;
⑤沿线用地开发较弱。

3) 次路侧式公交专用道的性能分析

(1) 交叉口的冲突

次路侧式公交专用道交叉口冲突形式与路侧式相近,但相比之下冲突强度较低,更多表现为公交专用车道与两侧机动车道交通间的相互交织、互相干扰,如图 6-3-20 所示。

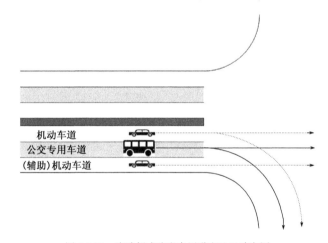

图 6-3-20　次路侧式公交专用道交叉口冲突图

(2) 路段干扰

作为路中式与路侧式的折中方案,次路侧式克服了路侧式在路段中易受干扰的缺点,而是与路中式类似,由于远离道路边沿,不受路边停车、非机动车、沿街小路口和单位进出交通等干扰公交车运行的因素的影响,公交车可以以较高速度运行。

(3) 乘客到达站台的难易或安全程度

路侧式与次路侧式类似,停靠站台一般设置在路外侧的人行道上或机非分隔带上,但与路侧式相比,需要穿越辅助机动车道。但考虑到辅助机动车道多供出租车上下客行驶,总体上这种停靠站设置对乘客等候、上下车及出行仍较为方便与安全。

(4) 站台设置的便利性

次路侧式公交专用道形式下,站台设置与路侧式一样,可利用现有公交站台,较为便利。

次路侧式公交专用道适应性较广泛,但在以下情况满足时更易布设:
①道路机动车道与非机动车道较宽;

②沿线存在一定程度开发,但开发强度不太高。

4)双向同侧式公交专用道的性能分析

(1)交叉口的冲突

不利于专用道一侧的相交道路的车辆进出主干道。这些车辆须横跨整个公交专用道才能汇入或离开主干道实现转弯,也就是说这些车辆只有在专用道上公交车辆前后间隙足够大时才能通过专用道、进入相交道路或目的单位,故彼此干扰严重,如图6-3-21所示。

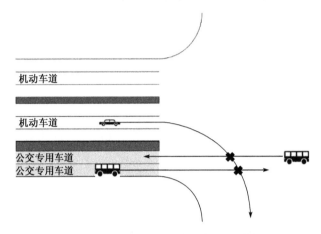

图6-3-21 双向同侧式公交专用道交叉口冲突图

(2)路段干扰

因公交专用道占用一侧非机动车道,不利于自行车交通的组织和该侧其他交通方式的停靠,因此横向干扰较大;同时,进出专用道一侧的沿街道路和单位的车辆都必须穿越整个公交专用道横断面,因此彼此干扰严重。

(3)乘客到达站台的难易或安全程度

当乘客到道路另一侧或由另一侧过来乘公交车,都必须横穿整个道路,从而增加了很多不安全的因素,当然,位于公交专用道布设一侧的乘客到达站台则相对比较容易,也较安全。

(4)站台设置的便利性

因公交站台可充分利用人行道或机非分隔带布设,站台设置较为便利,通过以上对单侧双向公交专用走廊性能的分析,可知其适于在下列情况下布设:

①道路一侧无出入口或出入口较少;

②道路一侧出租车停靠点、自行车交通以及进出道路该侧的机动车均较少;

③机动车道和非机动车道之间有较宽的物理隔离带;

④土地利用主要分布于专用道一侧。

由于以上诸多条件的限制,该方式的实施效果一般不如前两种,但当公交专用道在与公交专用路(整条道路均为公交专用道)接驳时,因单侧双向公交专用道具有与其他车道相对较独立这一与公交专用路相似的特点,使其在同侧接驳时较为顺畅,此时布设成该方式则是最适合的。

综上所述,四种公交专用道形式的优缺点及适用情况,见表6-3-2。

各种公交专用道比较 表 6-3-2

类 型	优 点	缺 点	适 用 情 形
路中式	路段干扰小	1. 与左转、直行机动车冲突较多； 2. 乘客到站台难度高； 3. 站台设置复杂	1. 前方交叉口左转或直行公交车流量较多； 2. 对公交路段运行速度要求较高； 3. 路中分隔带较宽
路侧式	1. 乘客到站难度低； 2. 站台设置简单	1. 与直行、右转机动车冲突较多； 2. 路段干扰较多	1. 前方交叉口右转或直行公交车流量较多，而其他机动车辆右转比例较小； 2. 机动车道与非机动车道（或人行道）之间有分隔带； 3. 路侧机动车进出口和出租车停靠站均较少； 4. 沿线用地开发较弱
次路侧式	1. 路段干扰小； 2. 不影响出租车停靠； 3. 站台设置简单	与各条机动车道存在一定交织	1. 道路机动车道与非机动车道较宽； 2. 沿线存在一定程度开发，但不太高
双向同侧式	非机动车道侧路段干扰小、站台设置简单、乘客到站难度低	机动车道侧与机动车冲突大、乘客到站难度大	1. 出入口、出租车停靠点、土地利用等主要分布于道路一侧； 2. 机动车和非机动车道之间有较宽的分隔带

6.4 交叉口公交优先系统

交叉口公共交通优先系统作为公交专用道路网系统的另一基础,对提高公交车辆在整个路网上的行驶速度、减少延误等方面有积极的意义。当公交流量达到一定的条件下,仅靠路段上的专用道和其他优先政策对提高公交车辆的行驶速度是有限的,必须在交叉口上给予公交车辆优先通行技术才能取得良好的效果。交叉口公交优先也可划分为两个方面,即空间上的优先和时间上的优先。空间上的优先是指公交车辆在平交道口的专用排队进口道;时间上的优先是指公交车辆在时间上先于非公交车辆通行,具体措施主要是对信号灯设置是给予公交优先。实践中必须将两者紧密结合。

6.4.1 空间优先

交叉口空间优先通行技术主要包括四种方法:一是拓宽交叉口,增加进口车道数,保障公交的专用进口道;二是设置锯齿形进口车道;三是设置回授线;四是采用立体交叉口。

1) 拓宽交叉口,增加进口车道数

由于受交叉口信号控制的影响,交叉口成为道路交通的瓶颈。对于用地比较紧张的交叉口,可以通过减小进口车道宽度、拆除交叉口区域隔离带、局部偏移中线或隔离栏等措施来增加进口车道数。对于用地比较宽裕的交叉口,可以在路口单向拓宽出一条或两条进口车道,尽可能为公交车辆提供专用或优先排队车道,如图 6-4-1 和图 6-4-2 所示,这样可以减少社会车辆排队增加,并减少公交直行车辆和社会左转或右转车辆的冲突。图中的交织段提示社会车辆可以和公交车辆在此区域交织。

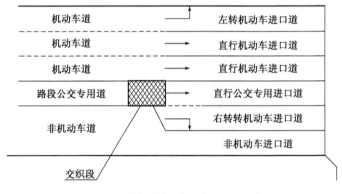

图 6-4-1　路侧式公交专用道增设进口道

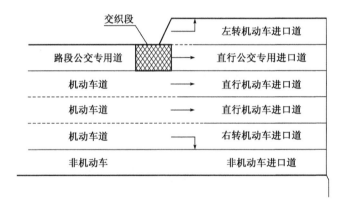

图 6-4-2　路中式公交专用道增设进口道

2) 设置锯齿形进口车道

锯齿形公交优先进口道(分为全锯齿形和部分锯齿形),作为交叉口公交优先措施之一,就是在路口处为公交车辆配备多个进口车道,并增设预信号车道灯,通过保证红灯期间到达交叉口的公交车辆能优先地分布于各进口车道上(排列规则为:红灯期间先到的公交车辆转入最外侧进口车道排队,当外侧进口车道空间占满的情况下,后到的公交车辆才可停靠次外侧进口车道,以此类推),来实现公交车辆在时间和空间上享受优先通行权。

为充分利用进口车道空间,减少对其他车道车辆行驶空间的占用,锯齿形进口车道原则上应根据车辆行驶轨迹,按距公交专用道的距离由近至远进行错位设置,在进口车道处一般需设置两条停车线并辅以预信号灯配合。以路中型公交专用道为例的锯齿形进口车道布置形式,如图 6-4-3 和图 6-4-4 所示。

3) 设置回授线

公交专用道终止于停车线前一段距离,这个距离叫作回授线,如图 6-4-5 所示。这样社会车辆能够使用原本属于公交专用的那个进口道。通常在进口道前终止的专用道与回授线之间设置一个交织段,用"禁停"的黄方格表示,以警示公交与社会车辆在该区域可进行交织,且公交使用权优于社会车辆。

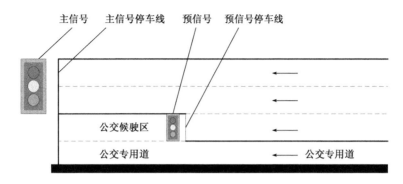

图6-4-3　部分锯齿形公交优先进口车道设置形式

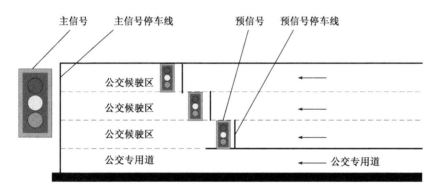

图6-4-4　全部锯齿形公交优先进口车道设置形式

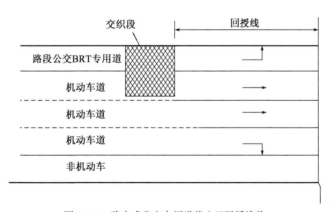

图6-4-5　路中式公交专用道截止于回授线前

若公交车流量较小,而左(右)转车辆又比较多时,可以在交叉口设置回授线,让左(右)转车辆汇入路中(侧)车道通行。这样能有效解决公交专用入口引道排队车辆较少,而其他入口道排队很长的问题,同时解决了公交专用道一直延伸至路口所致的左(右)转车与公交专用车道上的公交车辆存在的交织问题。回授线的长度一般取大于或等于50m,交织段长度一般取大于或等于20m。

4) 采用公交立体交叉

当交叉口比较繁忙,公交车辆以及社会车辆流量较大,交叉口基本到达饱和时,在交叉口对公交车辆采用高架桥或是隧道对公交车辆和其他车辆在空间上进行分流是一个较好的方法。在立体交叉口,按照各辆公交车辆的行驶路线,通过立交桥的各条匝道使得公交车辆能够变换运行方向,实现与其他非公交车辆不产生任何干扰,基本上没有延误通过交叉路口。为了进一步减少公交车辆之间的冲突,提高立交桥的通行能力,在交通组织时可以设置所有转弯车辆一律在外侧行驶,所有过桥的车流在内侧车道上行驶。同时其他车辆可充分利用公交高架桥下的空间顺利地通过交叉口,进一步提高桥下交叉口的通行能力,从而提高整体的服务水平,具体操作模式包括:

(1) 当桥下交通流量不大时,可以将路口的桥桩用护栏围成环岛,按环形交叉口交通组织模式对车辆放行。一旦交通量增加,发生堵塞,可以用环岛进出口信号灯加以协调控制。

(2) 当桥下转向车流量较大时,可以在桥桩间渠化,按多相位信号方式放行。

但是采用立体交叉口的缺点也很突出,主要存在着占地面积大、造价高等问题,对于土地资源紧缺的大城市不可能完全解决平面交叉问题,所以平面交叉仍是中国城市交叉口的主要形式,因此,平面交叉的管理和组织方法仍是缓解城市交通拥挤的重要方法。

6.4.2 时间优先

时间上的优先是指公交车辆在交通信号上的优先政策。公交车辆在交叉口的时间优先通行技术主要是通过优先通行信号,即公交信号优先控制来实现。

目前常采用的平面交叉口公交信号优先控制策略大体分为三类:被动优先、主动优先和实时优先,主动优先又可分为无条件主动优先和有条件主动优先。

1) 被动优先策略

被动优先信号控制策略是在交叉口信号固定配时的基础上,在每个信号周期内增加专用的公交信号相位,在该相位阶段只允许公交通行,从而达到优先控制的目的。具体的信号周期长度和公交专用相位出现的时间,是根据公交的平均行驶速度、发车频率、站点位置等因素来确定。为达到更好的控制效果,往往还需要对交叉口进行必要的渠化和管制,以减少公交与其他机动车流的潜在冲突,如设置中间岛、禁止机动车左转等。

由于不用设置公交车辆检测器等附加设备,实现该控制策略所需的成本较低。但当不是每个信号周期都有公交车辆通过交叉口时,其有关的信号时间就会被浪费掉,同时造成交叉口整体延误时间的增加。因此,虽然被动优先控制策略在一定程度上可以提高公交的运营效率,但在一般情况下并不推荐采用。

2) 无条件主动优先策略

无条件主动优先的公交信号控制类似于铁路列车通过交叉口时的独占式信号控制模式。在这种模式下,当安装在交叉口上游的入口检测器检测到有公交车辆到达时,交通信号控制器就会中断当前的信号相位,直接给予公交车辆通过信号;当交叉口下游的出口检测器检测到公交车辆已通过交叉口后,再恢复原来的信号相位。这样当公交车辆到达交叉口时就可以不减速地直接通过,实现公交运行时的"一路绿灯"。

无条件主动优先控制策略可以确保公交车辆在通过交叉口时不受任何延滞,但对横向车流的影响非常严重。当交叉口的横向交通量较大时,这种控制策略很容易引起交通阻塞。因此,通常在交通流量较低的交叉口才采用这种控制策略。

3)有条件主动优先策略

与无条件主动优先类似,在有条件主动优先控制策略中,也需要在交叉口设置车辆检测器,通过检测公交车辆的位置确定是否给予其优先信号。但与无条件主动优先不同的是,该策略并不是无条件地中断当前信号相位,而是通过调整一个信号周期内不同相位出现的时间来达到使公交优先通行的目的。

公交车辆检测器的具体安装位置可根据公交平均行驶速度、交叉口清理时间及安全制动距离等因素综合确定。

有条件主动优先控制策略中公交优先措施主要有绿灯提前和绿灯延时。

(1)绿灯提前

对在红灯时段到达的公交车辆,系统将在满足其他相位最短绿灯时间之后,判断是否可以提前切断公交车辆红灯时段。切断红灯的方法是系统通过检测设备判断是否有公交车辆停等及公交车辆是否陆续到达,据以判断等候公交车辆的数量、时间及通行需求。在红灯时段内,若有公交车辆陆续到达,且其他相位无公交车辆需求时,在其他相位经过最小绿灯时间后,可进行转换相位。为避免执行优先控制对相交道路上车流造成过大的影响,或避免过于优先公交车辆及同向行驶车流,对于已执行优先策略的路口可采行补偿绿灯策略,其方式可包括补偿绿灯及禁止再提供优先等功能,如图6-4-6所示。

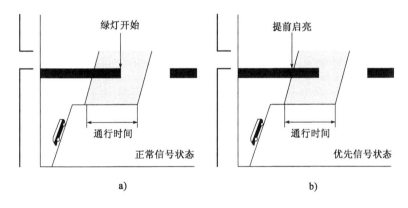

图6-4-6 绿灯提前优先控制策略示意图

(2)绿灯延时

绿灯延时是在路口绿灯即将结束时,控制系统判断在进口道上是否尚有公交即将通过以及预测其所需通过时间,控制系统根据公交车辆到达停止线的时间点作为延长绿灯时间的依据,在公交车辆绿灯时段尾期,系统检测到有公交车辆需要通过时,计算公交通过路口所需的绿灯延长时间,若不在常规绿灯时间范围内则延长绿灯时间,让公交车辆通过路口,如图6-4-7所示。

通过绿灯提前和绿灯延长等手段调整信号相位,可以为绝大部分的公交车辆提供优先通行条件,同时对横向车流的影响较绝对优先控制策略减少。因此,这种控制策略在国外公共交通的优先信号控制系统中被广泛采用。

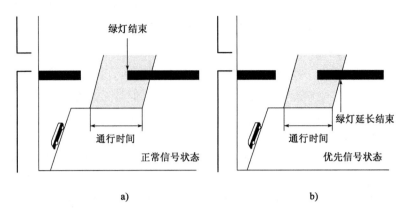

图 6-4-7 绿灯延长优先控制策略示意图

4) 实时优先策略

实时优先是最新发展起来的公交优先信号控制理念,它通过 GPS 和 AVM 等装置估计系统现状,考虑网络上所有的机动车,包括公交车、公交车上乘客数和公交车运行状况(晚点、准时、提前等),基于实时信息优化交叉口信号配时。

由于实时优先策略不仅考虑到了交叉口的效益,在实施信号优先的同时也兼顾了整个路网的交通效益。因此,实时优先策略的实施需要足够的软、硬件支持,用以获取公交车辆的运行状态信息、公交车辆路线信息、公交车辆乘客数以及车辆的时刻表等多种信息,并及时地对这些信息进行处理。所以,实际应用中实时优先并不多。

5) 各种控制策略间的比较

表 6-4-1 从车辆延误、横向车流延误、系统建设成本各方面对前述四种公交优先信号控制策略进行了比较。

公交优先控制策略比较　　　　　　　　表 6-4-1

控制策略	车辆延误	横向车流延误	系统建设成本
被动优先	高	低	低
无条件主动优先	低	高	较高
有条件主动优先	较低	较高	较高
实时优先	较低	较低	高

在实际交叉口信号优先控制与设计中,可以根据公交系统在城市公共交通中所处的地位、交叉口其他车辆与公交车辆所占的比例、交叉口的饱和度等因素,决定应该采用哪种公交优先控制策略。

复习思考题

1. 简述公交优先的内涵。
2. 简述公交优先政策的基本内容。
3. 简述常规公交专用道的类型、优缺点及适用条件。
4. 城市交叉口公交优先的主要方法。

第7章
客运交通一体化

交通一体化是现代交通运输系统发展的必然趋势。客运交通一体化按覆盖的地区范围划分为区域客运交通一体化、城乡客运交通一体化,以及城市客运交通一体化。区域客运交通一体化是指在城市群、都市圈、省域甚至更大范围内的一体化客运交通,本章重点介绍以单个城市为核心的城乡客运交通一体化,以及城市客运交通一体化的相关内容。

城乡客运交通一体化与城市客运交通一体化虽然只有一字之差,但包含的内容却大不相同,除了在覆盖的区域范围上有所不同之外,其一体化的主要内容也各有侧重。城乡客运交通一体化主要探讨公共交通(通常为地面常规公交一种交通方式)在城区、郊区,以及广大农村地区的整合、协调、衔接;而城市客运交通一体化则侧重于市区范围内的各种客运交通方式(根据城市规模不同常包含轨道交通、地面常规公交、出租车、小汽车、自行车等)的统一规划、建设、运营、管理。

7.1 城乡客运交通一体化

7.1.1 城乡客运交通一体化的内涵

1)城乡客运一体化的概念

城乡客运一体化是对城市公交、出租车以及城乡之间长、短途客运的运输资源,进行统一规划、组织、管理和配置运力，进行一体化公交式运营，使中心城市内的城市公交、城间客运、出租车客运、城市与农村之间的各种客运内部联系更紧密、运行更协调，达到客运资源的整体优化、高效、协调发展的现代化的旅客运输模式。简单来说，城乡客运一体化就是建立在中心城市辐射基础上，以城市为核心，在一定区域内实施的客运一体化。

城乡客运一体化建立在城乡一体化发展的基础之上，离开了城乡一体化发展的战略，城乡客运一体化无从谈起。城乡一体化是城市化的高级阶段，是指城市化水平相当高和生产力高度发达条件下，城市与乡村实现结合，以城带乡，以乡补城，互为资源，互为市场，互相服务，达到城乡之间在经济、社会、文化、生态协调发展，最终实现城乡人民共同富裕的动态过程。

在城乡一体化的进程中，城乡间交通联系不断紧密，且城乡居民对均等化客运服务的需求也在日益增长，这与城乡间客运服务水平的巨大差异不相匹配：大量的农业转移人口无法便捷的接入城市，乡镇也无法高效的承接城市的产业转移，已出现土地城镇化明显快于人口城镇化、产业城镇化的不良现象。城乡客运一体化，是平衡城乡一体化发展的有效方式，通过推进城乡客运一体化，吸引城乡居民使用城乡道路客运作为出行工具，实现运输服务均等，促进城乡之间的产业互动，为广大居民提供更好的交通服务，助力城乡一体化的发展。

2）城乡客运一体化研究对象和主要内容

（1）城乡客运一体化研究对象

城乡客运主要包括城乡固定班线公交、城乡公路班线客运、需求响应式公交、出租汽车以及私人交通五种，各种方式具有自身的特点。

①城乡固定班线公交：城乡公交的运行区间是城乡间道路，其运营模式与城市公交类似，但相比之下发车频率较低，站距设置较大。

②城乡公路班线客运：公路班线客运遵循"点对点"的直达模式，发车频率低，中途不能上下客，车辆采用高地板车，车速较高，不设站位，载客量较小，不得超过车辆核载人数运营。

③需求响应式公交：需求响应式公交是一种路径可变的公交模式，它可以根据乘客的具体需求进行公交路径的选择，主要提供"点对点"的服务。一般只在出行需求比较小，客流量不满足开行正常的线路时开设，其车辆选型较为灵活，通常根据客流量决定。

④出租车：我国出租汽车绝大多数采用分片区经营的方式，出租汽车的营运行为主要发生在其经营权界定的片区以内，载客到经营权界定的片区以外空车返程时，不得载客运营。

⑤私人交通：私人交通主要有私人小汽车、摩托车及非机动车等，出行时间和地点较为自由。城乡客运主体及特点，见表7-1-1。

城乡客运主体及特点 表7-1-1

城乡客运主体	主 要 特 点
城乡固定班线公交	运行区间是城乡间道路，发车频率较高，站距较短，车速低，低地板车，留有大量站位，允许超过车辆核载人数运营
城乡公路班线客运	"点对点"直达模式，发车频率低，中途不能上下客，车辆采用高地板车，车速较高，不设站位，载客量较小，不得超过车辆核载人数运营
需求响应式公交	"点对点"直达模式，运行模式与车辆选型均较为灵活，主要服务出行需求较低或出行需求差异较大的区域
出租车	分片区经营，不允许在其他片区载客运营
私人交通	出行时间和地点较为自由

城乡客运一体化的研究对象主要包括城乡公交和城乡公路班线客运,即主要研究城乡公交和城乡班线两者的一体化。

(2)城乡客运一体化主要内容

城乡客运一体化建设主要涉及基础设施一体化、管理主体一体化、运营主体一体化以及政策法规一体化。

①基础设施一体化

基础设施一体化,是对分属不同职能部门管理的基础设施,如车站、线路、停车场等统一布局、合理利用。在车站、停车场的规划设计过程中,要注意多层次的公共交通服务衔接,方便乘客换乘。基础设施一体化能够有效整合和充分利用现有资源,避免重复建设情况的发生,避免城市公交与城乡客运在线路延伸、交叉等问题上出现矛盾。

②管理主体一体化

管理主体一体化是城乡客运一体化的软件要求。要实现城乡客运一体化,就必须有一个共同管理部门,摒弃由于历史原因和经营范围的不同造成的城市公交与城乡客运分属不同职能部门的管理方式。此举一方面有利于在制定政策、规划设计、实施补贴等环节,统筹规划、合理配置城乡道客运资源;另一方面能有效精简管理机构,减少冗余、重复的处理环节,强化对城乡客运的管理、监督、检查等工作,提高办事效率。

③运营主体一体化

运营主体一体化,不是指仅由一家公司负责整个城乡客运,而是指城乡客运经营市场的准入标准一体化。经营主体应具备相关法律政策规定的资金和技术支撑,取得相应的运营资质。同时,城乡客运是公益性的,运营企业不能以利润最大化为目标,而要以居民出行为重。运营主体一体化能够避免分散或个体经营带来的不利影响,维持良好的市场秩序,避免发生恶性竞争、运营混乱、服务态度差的情况,有利于运营企业间的高效合作,共同完善城乡交通服务网络,推进城乡道路客运一体化,从而为居民提供良好的出行服务。

④政策法规一体化

政策法规一体化主要是指对城乡客运实行统一的发展政策和经济政策,包括但不限于运价政策、税收政策、投资信贷政策、补贴政策等采用统一的法律法规体系。政策法规的一体化有助于发展理念、作用对象、经营主体与扶持监管方面层级丰富的制度体系的形成,对城乡客运一体化发展产生积极的推动作用。

3)城乡客运一体化发展目标

城乡客运一体化的发展目标,是为城乡居民提供大体相当的公交服务的体系,即均等化服务体系的建立。均等化服务的要求,是为了促进城市公交与农村客运从"机会均等化"向"结果均等化"转变。"机会均等化"下,农村客运获得与城市公交等同的资源投入,但由于人口密度分布的差异,短期内难以形成规模经济效益,其产出项指标与受益项指标也将落后于城市地区,农村地区必然经历一段更为漫长,且收益率也偏低的客运网络化形成过程。追求城乡客运服务均等化,其价值取向更偏向于追求"结果均等",这要求资源的投入必须向农村地区倾斜,为农村居民提供与出行需求相适应的公交服务,使城乡居民在享受公交服务的数量、质量和可达性方面具有相当可比性。

实现城乡客运均等化服务的主要抓手,在于客运管理、客运市场以及客运运营网络的统一。

(1) 建立统一的城乡客运管理体系

建立统一的城乡客运管理体系具体是指建立统一管理机构、统一政策法规、统一线网规划、统一站场建设、统一经营证照、统一服务标准的城乡客运管理体系。城乡客运一体化首先要解决的就是管理体制的问题，要对原来分处不同部门管理的旅客运输实行统一管理，避免政出多门，多头管理；对于不同的经营主体，要避免无原则的政策倾斜。按照城乡客运一体化的基础设施规划，公路客运与城市公交可合理共用站场、合理共用运力资源，避免重复建设和重叠运行，使社会资源得到更为充分的利用，以提升城乡客运交通的服务功能。

(2) 建立统一的城乡客运市场体系

建立统一的城乡客运市场体系具体是指建立分工明确、行为规范、竞争有序、城乡一体的城乡客运市场体系。在城市区域内，要实行公交优先发展的战略，合理布局公交线网、合理设置公交站点、合理制定公交票价政策。要合理分配运力，加强线路经营权管理，避免热线线路过度竞争、冷线旅客出行不能满足的情况。同时，要合理规划农村客运网络，增加农村客运的建设资金投入，改革税费政策，健全农村客运风险保障制度，以加快农村客运发展。

(3) 建立统一的城乡客运运营网络体系

建立统一的城乡客运运营网络体系具体是指建立安全可靠、有机衔接、方便快捷、经济舒适、沟通城乡的城乡客运运营网络体系。城乡客运一体化表现之一就是营运线路的系统化，要建设以市为中心辐射到各县、以县为中心辐射到各乡镇、以乡镇为中心辐射到行政村的城乡客运一体化三级网络体系。经营线路要辐射整个城乡地区，停靠站点要覆盖各乡、村镇，运营线路要长短有机结合，换乘枢纽要科学合理，运营车辆要安全可靠，客运服务要经济舒适。

7.1.2 城乡客运网络规划

城乡客运网络组织，是城乡客运一体化发展的基础和载体，只有在合理的网络组织之上的一体化规划才是合理的，才能充分发挥一体化的优势。在城乡客运网络组织中，一般采取"先枢纽，后线路，再站点"，即"定纽—织网—定点"的规划方法进行一体化网络的统一规划。通过首先确定城乡公共客运枢纽站等客流集散点位置，再进行城乡客运线路规划，最终沿线路布设站点的方式，构筑一个契合城乡交通需要的社会化客运服务网络。

1) 城乡客运场站布局规划

(1) 场站体系

城乡公共客运场站体系的规划应根据城乡公交客流的需求分析，坚持"立足需求、合理布局、有机协调、站运分离"的规划建设原则，使城乡公共客运场站能够保障城乡公交线网车辆运营的畅通、安全、方便和高效。根据线路运营的特点及客流集聚特点，建立城乡公交枢纽站、乡镇等级客运站、停靠站、终点站回车场的场站体系，如图7-1-1所示。

城乡公共客运枢纽站一般为城镇间公交的起点站，多数结合长途客运汽车站、火车站等对外客运枢纽或者其他城市公交换乘枢纽布置，实现与城市公交的无缝衔接。由于城镇间公交主要服务于农村居民的进出城，线路需在城区范围内沿途布置1~3个停靠点，在城区内集散客流，停靠点选择城市公交停靠站，在管理体制协调的基础上逐步推进城乡客运场站资源的共享。

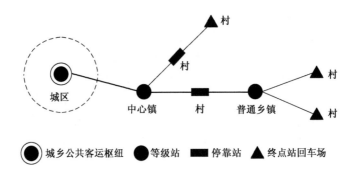

图 7-1-1 城乡公共客运典型站点布置图

乡镇等级客运站一般设置在乡镇、旅游区等城乡客运线路的重要节点,用作城乡公共客运车辆停靠、乘客换乘、车辆维修、夜间停车,也可作为区域内客流集散场所。乡镇等级站的等级依据城乡公共客运客流量要求,一般是四级站、五级站,若日发量达2000人次以上应建成三级客运站。客流量达不到五级要求(日发量300人次以下)的客流集散中心,则应建设简易车站。

停靠站一般设置在城乡客运线路中的客流需求点,如村庄组团。停靠站起到了集聚客源、支撑城乡公共客运网络的作用,也应为出行者提供候车服务,起到遮风挡雨、避晒等作用,设置形式可参考城区公交候车亭形式。同时可以规范城乡公共客运车辆定点停车上下客。

终点站回车场主要设置在城乡公交通村线路的终点站,用作车辆掉头、供司乘人员短时间休息。

城乡公共交通客运场站功能划分,见表7-1-2。

城乡公共交通客运场站功能划分　　　　表7-1-2

场　　站	功　　能
城乡公交枢纽站	是集散客流,连接城市公交线路与城乡公交线路,方便乘客在不同交通方式、城市与乡村之间的中转换乘的站点
乡镇等级客运站	位于市(县)、乡镇、旅游区,是城市(县)至乡镇公交线路与乡镇至村公交线路的衔接点和客流集散点
停靠站	位于城市居民小区、商业区、交叉口、厂矿区、乡镇、村等人流聚集的地方,分为港湾式停靠站和一般停靠站,是公交线路上最普遍的场站类型
终点站回车场	一般只存在于城乡公交线路中,线路穿越村镇过程中集散零散乘客,方便、灵活,但存在安全隐患

(2)衔接模式与城乡客运枢纽布局

城区客运与城乡客运网络分区的衔接模式应由城市的发展状况(包括城市规模、社会经济发展水平、中心城区道路拥挤程度、居民对进城公交换乘的可接受程度)决定的,不同的衔接模式下,城乡客运枢纽布局也有较大不同。

一般来说,经济发达的大城市具有城市人口密集、城区道路较为拥挤、中心城区面积大等特点,因而此类城市的城乡客运线路不宜布设为穿城而过或进入中心城区,以免加重城区道路的拥挤程度,还可避免城乡客运线路因进入城区造成线路过长的问题。

中小城市由于城市规模不大、人口较少,城区道路大多未达到设计通行能力,中心城区面积也不大,因而可考虑将部分城乡线路设置为进入其中心城区,并充分考虑与中心城区内各车站、商业中心的有效衔接。

根据城乡线路深入市区的程度不同,可将城区客运与城乡客运网络的衔接模式分为分方向边缘式衔接与环绕式边缘衔接、穿越式衔接、摆渡式衔接。

① 分方向边缘式衔接

分方向边缘式衔接,是指城乡公交不进入中心城区,而通过城市中心区边缘的公交换乘枢纽,与城区常规公交衔接的模式,如图 7-1-2 所示。该模式下城乡公交在进出城时可以避开城市中心区域,对城市内部交通干扰小。但因此经过市中心区的乘客都要换乘,会因换乘的增加而失去客流,对增强中心区强大的吸引力不利。

此模式下城乡客运枢纽以客流走廊为导向,布设在城市中心区边缘,比较适合于团块式等城市形态的大城市与特大城市,如上海、南京等。

② 环绕式边缘衔接

环绕式边缘衔接与分方向边缘式衔接类似,城乡公交不进入中心城区,而依靠城区边缘的换乘枢纽进行衔接的模式,如图 7-1-3 所示。与分方向边缘式衔接相比,该模式下的城乡公交线路在到达城区边缘的换乘枢纽后,可沿城区边缘绕行,串联其他边缘换乘枢纽。这种衔接模式不仅对城市内部交通干扰小,与城市公交线路重叠少,而且减少了部分乘客的换乘次数。当然,更大的服务范围对运力组织同样提出了更高的要求。

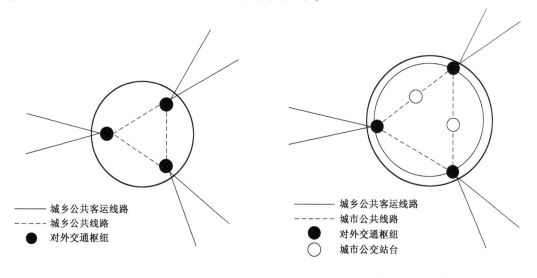

图 7-1-2　分方向边缘式衔接模式示意图　　图 7-1-3　环绕式边缘衔接模式示意图

此模式下城乡客运枢纽布局与分方向边缘式基本相同,但更适用于城区发展较为平均、边缘客流较多的大型城市。

③ 穿越式衔接

穿越式衔接,是指城乡公交进入中心城区,与城区公交合用部分站台,通过设置在城区内部的对外客运枢纽与常规公交衔接的模式,如图 7-1-4 所示。该模式能够在一定程度实现公交直达需求,减少换乘次数,但对于非公交线路沿线的出行,依然需要换乘,而城乡公交深入城区,也与市区公交快线存在竞争,线路综合效率不高。

此模式下城乡客运枢纽往往不需另外规划,可直接使用城市已有的客运交通枢纽,比较适合于大多数城市形态的中小城市。

④摆渡式衔接

摆渡式衔接可看作是穿越式衔接的变种,如图 7-1-5 所示。这种模式下,城乡公交线路到达城区边缘的枢纽后,可乘坐摆渡车直达城区内部的交通枢纽。这种衔接方式可对城乡公交乘客进行集中处理,减少公交线路数量,方便直达城区交通枢纽。但摆渡车的客运组织显得格外重要,增大了整个城乡客运系统的运营难度。

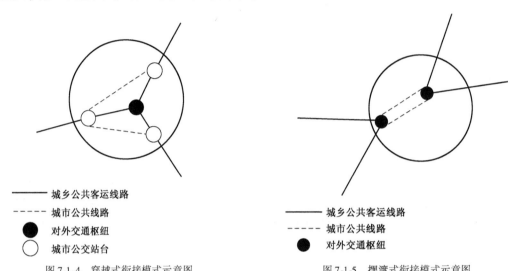

图 7-1-4　穿越式衔接模式示意图　　　　图 7-1-5　摆渡式衔接模式示意图

此模式下城乡客运枢纽布局较为简单,城区边缘的换乘枢纽可根据公交客流走廊的方向直接选点,比较适合带状式城市形态的中小城市。

各种衔接方式及城乡客运枢纽的比较,见表 7-1-3。

城乡公交与城市公交衔接模式比较　　　　表 7-1-3

衔接模式	城乡客运枢纽布局	优　点	缺　点	适 用 情 况
分方向边缘衔接	城市边缘	1. 不与城市公交复线; 2. 不对城市交通形成干扰	进入城区必须经过换乘	团块式形态的大城市与特大型城市
环绕式边缘衔接	城市边缘	1. 不与城市公交复线; 2. 不对城市交通形成干扰; 3. 换乘次数较少	1. 进入城区必须经过换乘; 2. 对运力组织要求较高	发展较为均衡,边缘客流较多的大城市
穿越式衔接	城市内部	1. 城乡公交直达率高; 2. 换乘次数较少; 3. 提升中心区可达性和吸引力	1. 对城市内部交通产生压力; 2. 易与城市公交产生不良竞争	道路交通量不大的中小型城市
摆渡式衔接	城市边缘与内部	1. 枢纽间联系加强; 2. 换乘效率高	1. 分流城市公交客流; 2. 易与城市公交产生不良竞争	带状式发展的中小型城市

城乡客运枢纽的具体选址，其原则是在契合衔接模式的布局要求下，尽量满足城市用地需求，同时尽量与城市主要交通干道紧密衔接，减少迂回运输。

具体的选址规划方法，主要有定性分析和定量分析两种。定性分析是以影响设施选址合理性的因素分析为基础。通过综合定性分析，建立设施选址的评价指标体系，并且常常采用层次分析法、模糊综合评判法对各备选方案进行指标评价，最后寻求最优地址。定性分析从较全面的角度，将较多的因素考虑在内，对设施选址进行决策。通过将定性指标进行评判，可以有效吸纳决策者的经验、偏好、意愿等来进行方案的评价。但由于定性分析方法在研究过程中主观性较强，大量的主观判断易造成评价偏差。

设施选址问题的定量分析则主要是依据建设费用及成本最低的原则，建立数学模型，通过模型求解获得最佳选址方案。根据考虑的影响费用因素的简易与复杂程度，形成多种类型的选址模型，但总体上可以概括为连续模型与离散模型两类。

(3) 乡镇等级客运站布局

乡镇等级客运站布局规划主要解决在哪些节点建设客运站、建设什么等级规模的客运站。等级客运站作为城乡客运的重要基础设施，其合理布局规划对城乡客流的组织及促进城镇空间有序发展均有十分重要的作用。这需要对城乡线路中的节点进行重要度评价，确定节点的吸引范围，并以此为依据规划乡镇等级客运站布局。

①节点重要度评价

节点的确定是重要度评价的第一步也是关键一步，因此，在确定节点时应综合考虑各种影响因素，从而使确定的节点能准确反映其在公交客运线网中的作用。选择节点应通过对规划区域人口、经济和交通运输等情况进行调查，按城乡交通系统组织要求，确定哪些地点作为公交客运线网规划的节点。在城乡公共客运线网中一般根据以下几种类型确定节点：

a. 市、县政府所在地；
b. 镇、乡政府所在地；
c. 重要厂矿企业、大型农牧业基地、各经济开发区；
d. 大型集市所在地；
e. 重要交通枢纽所在地；
f. 旅游资源点等。

影响节点客运需求的因素很多，如节点规模、经济实力、第三产业水平等，根据评价系统的目标，建立以下评价指标。

a. 节点规模：节点规模的大小对节点的重要度有很重要的影响，一般都是把节点的面积作为节点规模的衡量标准，但由于客运需求量与人直接相关，在人均出行次数相同的情况下，人口多的节点，其客运需求量就大，该节点在整个公交客运线网发挥的作用就强，因此，采用节点的人口数来衡量节点的规模。

b. 经济实力：人们的出行需求是经济增长的一种派生需求，它会随着经济实力的增强而增加，经济越发达的地区人们的联系强度越大，出行需求就越大。这里采用国内生产总值来反映各节点的经济实力，因为它是反映节点经济发展水平的综合指标，直接影响节点未来的经济发展和客运需求量，从而也反映了节点在未来的公交客运线网中的重要程度。

c. 第三产业水平：节点的第三产业发展水平在一定程度上反映了该地区的城市化水平，也反映了该节点对外联系的程度,因此,它对客运量需求的影响要大于其他产业,这里采用各节点第三产业的增加值来衡量各节点第三产业的发展水平,它可以反映该节点客运量需求的增长潜力。

d.交通条件:旅客运输是以道路为基础的,因此,各节点的道路交通条件是其客运发展的前提和基础,对各节点在公交客运线网中的重要度有很重要的影响。节点的交通条件可用通达指数来衡量,它反映了节点与外界联系的难易程度,可根据路网中通过该节点的道路条数及道路等级来确定。

e.地理区位:节点的地理区位是指节点在整个区域中所处的位置,它也直接影响节点在公交客运线网中的重要度,在同等条件下,位于区域中心的节点的重要度要远远大于边缘地区。因此,在对节点进行重要度评价时,节点的地理区位是个不容忽略的指标。根据区域内的城镇体系结构,将节点划分为四个层次:第一层次为县(市)政府所在地的节点,第二层次为县(市)域内各经济片区中心的节点,第三层次为中心与边境之间的节点,第四层次为县(市)内边境处的节点。

确定节点和评价指标体系之后,应当选取适当的评价方法对节点的重要度进行分析、评价。根据评价系统所要达到的目标及指标体系与目标层的关系,通常采用单纯矩阵法对节点的重要度进行计算评价。

②节点吸引范围确定

城乡公交的吸引客流可以划分为三个层次:完全靠步行到达站点乘坐城乡公共客运线路的客流;通过小型出租车接送到达站点换乘城乡公共客运的客流;通过通村支线接送到达镇区车站换乘城乡公共客运的客流。据此,城乡公共客运的吸引范围可划分为一级、二级、三级三个层次。

a.一级吸引范围:完全靠步行到达城乡公共客运站点,步行距离在居民可以忍受的范围内,一般认为这个距离在1km内。因此在应用中,建议采用1km作为城乡公共客运的一级吸引范围。

b.二级吸引范围:通过小型出租车(出租摩托车、面的、小四轮)接送到达站点,其二级吸引范围与村落与港湾式停靠站的距离有关,一般在1~3km内,建议采用3km作为城乡公共客运的二级吸引范围。

c.三级吸引范围:通过通村支线的小中巴车接送农村乘客到达镇区车站,其吸引范围是包括通村支线覆盖的村落在内的整个区域,三级吸引范围一般在3km以上。

吸引范围还与当地的道路网结构、用地形态等有关。上述方法没有考虑各种交通方式的费用问题,存在一定的误差,主要是从宏观上把握吸引范围。

③乡镇等级客运站规模确定

城乡公共客运站规模的确定应依据各节点吸引范围内年客流发生量以及节点重要度分析,确定符合规划年营运车辆停靠需求的客运场站的规模。一般农村客流集散中心建设四级或五级客运站,有条件地区的农村客流集散中心建设准三级客运站(按三级面积征地、四级规模建造),但极少数重点镇地处交通枢纽位置,客流量超过三级站标准的需采用二级客运站规模规划。

乡镇等级客运站规模的确定,考虑协调乡镇发展和乡镇特色,协调客流特点和城镇公交场站网络体系、综合运输发展、场站总体规模需要,逐层推进。

一般来说,枢纽站、等级客运场站规划布局完毕后,城乡公交线网骨架也就基本确定,中间停靠站和终点回场站,可以在线路走向确定后,根据最优站距、车站长度限制,同时考虑城乡公交客流不稳定、分散等特殊性进行布设。

2)城乡客运线网布局规划

线网的布局规划,需要在了解线网层次架构及各种线网结构的优缺点与适用范围后,确定线网的规模,并在此基础上进行线网的布局架构。

(1)线网层次划分

由于城乡公交与城市公交的不同特点,不能实行一刀切。根据城乡公交场站功能等级、城乡道路等级、城乡客流分布特性及公交运营特点,城乡公交线路的布设应进行分级规划,按照不同的服务需求将城乡客运线网划分为四个层次,见表7-1-4。

城乡客运线网层次划分　　　　　　　　表7-1-4

线网层次	线网构成	功能
一级线网	由城区内部居住、商贸、办公、交通枢纽等各个片区之间的城市公交线路以及连接城区与城区边缘乡镇的公交线路构成	也可称为城区公交线网,不设于通行条件良好的城市道路及主要商业街,拥有公交优先权,为城市客流提供快捷的公交服务
二级线网	由以城市各个公交枢纽为核心通向中心镇和部分一般镇的城乡公交骨干线路构成	多布设于高等级公路、客流量大,是城、乡连接的主要通道
三级线网	由乡镇与乡镇之间的通达线构成	服务于通过骨干线路不能实现连通的或需要加强的乡镇间出行,是对二级线网的重要补充
四级线网	由以乡镇客运站为起终点通向各行政村及村与村之间的公交线路构成	直接服务于广大农村居民,是城乡公交线网的最基层

(2)线网布局结构

城乡客运线网布局结构大致可以分为树形、放射形、环形和三角形四种。每一种布局结构模式都有各自的优缺点,在实际规划布局中,通常是根据城市结构形态、城镇体系、道路网络结构等因素,同时选择几种模式加以综合运用。

①树形线网结构

树形线网结构,如图7-1-6所示。该结构依托于严格的城镇等级体系分布(城区、中心镇、一般镇、行政村)及城乡道路网络结构,城乡公交线网结构层次分明,中心城区与中心镇之间的辐射力高、直达性好。由于该模式线路按等级依次单线连接,使得非相邻等级的两个行政单元之间的客流连接必须通过换乘枢纽衔接完成,增加了时间成本和经济成本,且横向乡镇之间缺少线路连接。

②放射形线网结构

放射形线网结构,如图7-1-7所示。该结构用于中心城区与城市边缘区、周围乡镇之间的交通联系。优点是中心城区对周围地区的辐射能力强,农村居民进城换乘次数少,便于车辆的调度与停车管理。但是和树形线网结构一样,放射形结构线网的整体连通度较低,乡镇之间的横向联系不便,容易把换乘客流吸引到城区,从而增加了城市交通组织的压力。

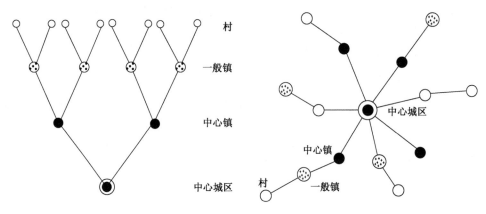

图 7-1-6　树形线网结构示意图　　　　图 7-1-7　放射形线网结构示意图

③环形线网结构

环形线网结构,如图 7-1-8 所示。该结构主要用于乡镇、村之间的横向联系,与前两种模式相比,它可以提高线网通达率和覆盖率,减轻中心镇的换乘压力,但降低了乡镇与中心城区的直达率,同时由于加大了线路建设,资金筹备也是需要考虑的问题。

④三角形线网结构

三角形线网结构,如图 7-1-9 所示。该结构将重要乡镇直接连接起来,通达性好,运输效率高,能够促进网络化线路结构的形成,但同样由于线路数量多,对路网建设要求也高,因此需要大量的建设投资,且由于该模式没有明显的中心效应,一般只适用于中心辐射能力弱的区域。

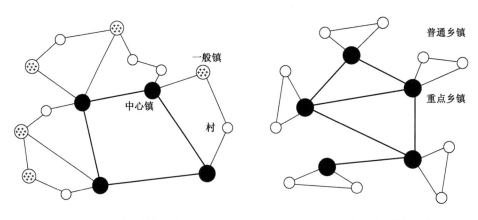

图 7-1-8　环形线网结构示意图　　　　图 7-1-9　三角形线网结构示意图

(3) 线网规模确定方法

可通过分析城乡公共客运出行需求、线路站点吸引范围、回归分析影响线网规模要素等方法来确定城乡客运线网规模。

①出行需求分析法

出行需求法从满足供给需求的角度测算交通供给线网规模。客运需求预测不仅是布置场站及布设线路的依据,也是确定城乡公共客运线网发展规模的重要依据。

$$Q_t = P_t \times \beta \tag{7-1-1}$$

式中：Q_t——预测值；
　　P_t——预测总人口；
　　β——乘车系数。

②吸引范围几何分析法

吸引范围几何分析法是根据城乡公共客运线路或车站的合理吸引范围，在不考虑城乡公共客运量并保证合理吸引范围覆盖整个地区用地的前提下，利用几何分析方法来确定城乡客运线网规模的方法。它是在选择合适的线网结构形态和线间距的基础上，将规划区简化为较为规则的图形或者规则图形组合，然后以合理吸引范围来确定线间距，最后在图形上按线间距布线，再计算线网规模。

③回归分析法

找出影响城乡客运线网规模的主要因素（如人口、面积、GDP、人均交通工具拥有率等），利用其他城乡公共客运系统发展比较成熟的地区的有关资料，对线网规模及各主要影响因素进行数据拟合，从中找出线网规模与各主要相关因素的函数关系式，然后根据各相关因素在规划年限的预测值，利用此函数关系式确定本地区到规划年限所需的线网规模。

（4）线网布设方法

城乡客运线网规划既是规划线网规模和线网的空间结构，也是确定线路的具体走向、起终点的位置和场站的设置等。线网规划的目的，是通过合理的线网布局，满足更多人群的出行需求，因此，线网规划应以出行需求为导向。结合县（市）域内居民以县城为中心的向心出行交通量较大的特征，采用"先构建主干线，再确定支线，最后以补充联络线完善整体线网"的城乡公共客运线网布局规划思路。

根据城乡客运线网中不同级别线路的功能划分结果，城乡客运线网布局规划的步骤也按照这一划分标准逐级展开。

①将乡镇作为节点，以国省县道为载体，覆盖主要客流走廊为目的，构建以县城为中心的客运主干线，形成县（市）域内城乡公共客运骨架网，串联走廊沿线的一般镇，作为客流运输的主通道。

②以多通道布线为思路构建支线，补充镇间客流联系，同时兼顾村庄覆盖，进一步提高线网的可达性。

③在支线以外，规划线网中的"毛细血管"，连接重点乡镇与中心城区，并覆盖农村客流盲区的联络线，保证线路客流强度，最大化线网覆盖能力。一般来说，许多地区原来布设有农村短途班线，可对原线网进行分析，将合理而又具有较好的公交运营效益线路保留下来作为规划网的一部分，保持公共客运服务的连续性。

线网布设过程，如图 7-1-10 所示。

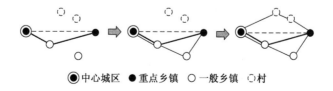

图 7-1-10　线网布设过程示意图

7.1.3 城乡客运组织方法

城乡客运组织是在线网布局优化的基础上，基于线路客流需求特性、综合效益最大化以及线路运行等客观因素的要求，研究线路运行组织形式、班线配置、车辆调度等组织优化思路与方法，提出合理的线路组织协调形式，进一步提高线网的综合运输效率。

1) 线路运行组织

城乡客流的时空分布特征直接决定城乡公共客运线路的组织方式。线路组织需要以经营主体规模化集约化为基础，明确各种类型线路运营方式为前提，基于客流特征和变化规律，在既有线网布局的基础上进行线路组织与行车调配。由于城镇公交与镇村公交在客流特征等城乡公共客运组织的几个相关影响因素上差别均较大，因此城镇公交与镇村公交的线路组织往往有所不同。

(1) 城镇干线组织形式

城乡公交干线客源稳定、客流量较大，公交化发车组织形式较为合适。即每隔一个固定时段发一次车，其发车间隔在高峰期、平峰期、低谷期等不同时段有所不同。然而城乡公交干线的客运需求、客流强度仍不及城市公交线路，因此，不适合像城区公交一样设置较小或全天基本一致的发车间隔，通常适当大的发车间隔便能够满足出行需求。城市公交 2min 以内为高频线路，2~6min 为中频线路，6min 以上为低频线路，而城乡公交线路客流量较少，平均发车间隔一般较城市公交大，多数在 10min 以上。

公交化运行普遍采用的全程车组织，即车辆从线路起点站到终点站，必须在沿线各固定车站依次停靠，并驶满全程。但可以通过优化线路组织提升运输效率，主要方式有区间车组织、大站快车组织两种。

① 区间车

区间车是将线路合理分区，并采用不同发车频率的线路组织形式。城镇公交干线不同区段或断面流量通常差异性很大，一般在镇中心、集市、村庄、单位学校等集散点的上下客比较频繁。城区—镇—村线路多是随着线路延伸，客流逐渐增大或减少，可采用区间车分段频率发车形式，依据线路断面客流量分布将干线分为若干区段，分别采用不同的发车频率，实现干线分段强度服务。

将一条公交线路分成两个或更多的区段，每个区段称为区间，每个区间由不同公交车辆服务。区间车是指车辆行驶线路上某一条客流量较高的路段或区间。区间车组织形式，如图7-1-11所示。

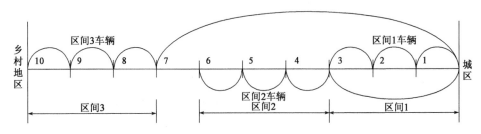

图 7-1-11　区间车组织形式示意图

若选用区间车组织形式，其客运量必须是可持续的，才能保证以乘客可接受的车头时距运营。为实现服务均衡性，车辆可以在不同区间交互运行，需保证不同区间所停靠的站点数目与所服务的乘客数量基本一致。每个区间车停靠终点站(区间端点)应是乘客流量最集中的站点,同时应设置相应的车辆停靠与折返场地。

与全程车运行组织相比,区间车运行组织有两大优点:快速的服务与较少、较小的车辆。如果以相同的满载率设计区间车时刻表,相比全程车运行方式,区间运行能够实现较小车辆要求。因为相对而言,区间车的车辆选择更加精确,大部分车辆运行较短的时间即完成周转。区间车能保证较快速度、更舒适地完成市中心与郊区之间的出行,节省长距离出行乘客的大量出行时间。

其缺点主要体现在服务频率,区间车的设计易形成过长的发车间隔,易导致乘客放弃通勤公交出行。尽管对于通勤者,服务频率或多或少不是关键因素,但是,它仍是主要的服务评价指标。区间运行组织将线路划分为不同的区间,这些区间中有些服务不足,有些甚至没有服务,这种区间公交服务的不均衡易导致乘客的流失。尽管区间段的选择较少考虑沿线不同区间出行量,但是,区间之间出行的不便还是需要考虑的。另外,复杂的运行方式不均衡的发车间隔易导致乘客产生疑惑与较低信赖度需要信息发布周全加以保障。

区间运行组织比较适合于:长距离的辐射线路有大量的乘客上午从郊区出发到城区某些站点,下午客流往返特征恰好相反;专门服务于多点到一点或一些市区中心的聚集性出行;线路运营载客量远小于额定载客量;有供车辆折返的场地与设施,方便各区间车辆运行。

②大站快车

快车是为适应沿线长乘距乘车需要而采取的一种越站快速运行的调度形式,包括大站快车与直达快车两种形式,分别是指车辆仅在沿线乘车集散量较大的停车站停靠和在其间直接运行的调度形式。

大站快车采取仅经过主要客流集散点的线路组织形式。城乡公交线路全程车途经城区、街镇及村,若无镇村公交支线的补充,一般城乡公交干线会沿途经过尽可能多的村,站距较小,800m左右,以提高镇村的覆盖。此类线路客流不仅有镇往城区的中长距离客流,还有部分镇至村的短距离客流。有必要开行快车服务,方便乘客出行,缩减出行时间。大站快车主要服务周一至周五早晚高峰的通勤、通学人群。另一方面,带状线网布局下城镇公交干线沿途经过多个乡镇,各断面客流量以中间几个断面值为最高,分布呈凸形,可适当采取大站快车组织形式,为断流量较高的节点提供快速高效的服务,提高运输效率。大站快车组织形式,如图7-1-12所示。

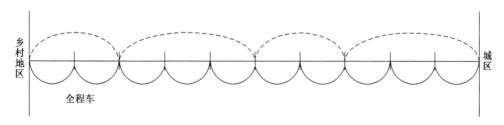

图7-1-12 大站快车组织形式示意图

与全程车相比优点:减少乘客出行时间、增加乘坐舒适度;更佳的车辆利用、更多车公里的车辆运营服务。缺点:增加了乘客在全程车站点的等待时间;更复杂的服务,要求高可靠性。加以可视化提示,如信号提示是否快车服务;车窗刷不同颜色以示区分;现有公交站点加以特殊颜色以示区别,新增站点加以不同颜色以示区别;快车服务线路走向图,包括停靠站点、服务时间、时刻表。

快车应用时段有多种:早高峰期、流量偏大方向;早高峰期、双向;早高峰期、中午、双向;早高峰期、中午、晚高峰、双向。需结合不同线路不同时段的出行需求而定。如早高峰期通勤上学者对时间较为敏感,因此需要快车服务;中午出行人群多为休闲出行,对时间准时性没有较高要求,他们宁愿在全程车站点多等待,也不愿意多步行一段距离去乘坐快车。

(2)镇村公交支线组织形式

乡镇—村的城乡公交支线与加强乡镇之间、乡镇—村联系的补充联络线的客运需求少,需要采取固定式、弹性公交线路组织形式进行灵活组织。

①固定式公交

镇村公交支线固定走向、固定中途停靠站点、固定班次,与城乡干线公交化发车不同的是每日行车班次数较少,如在早、中、晚三个固定时间点发车。结合城乡公交网络直达式组织结构、轴辐式组织结构,分别采取相应的组织形式。

针对直达组织结构,采取干线延伸组织形式,即城镇公交干线经过镇,而非止于镇,继续通至其他村,提供直达公交服务。城镇公交干线并非每趟班次均延伸至村,一般是客流低峰期利用富余运力延伸线路至周边村庄。城镇公交干线日分布呈现双峰型、三峰型与平峰型三种分布形式。对于高低峰期明显的城镇公交干线,将平峰低谷期闲置运力补充至片区内镇村支线。

针对轴辐式组织结构,采取城乡公交干线与支线相互对接的组织形式,即组织镇村公交支线、镇镇公交支线将乘客运送至城镇公交干线的乘车点,定点集中发车,选用小型客车,实现干线公交与支线小客车的对接。

②弹性公交组织形式

对于偏僻地区的城乡公交支线,采取弹性公交组织形式,不固定线路走向、中途停靠站点、发车班次与票价,乘车往返时间可以协商,即需求响应式公交组织。依据网络层的线网布局、站点停靠特征,运营层面的班次、订位、车辆、服务形态等特征,实际操作中结合用户群体和政府的特殊需要、功能定位和技术特征决定服务内容和形式。依据客流预测可以选择具体服务方式、服务区域。实际应用中,多以运行线路和站点选择的弹性对需求响应式公交服务形式进行分类。

半固定组织线路:需求响应式公交沿一条公交走廊服务,主要在固定的线路(首末站与控制站点串联线路)上运行,但在有乘客特殊需求(预约站点)情况下,可以有一些线路变更,如图7-1-13所示。

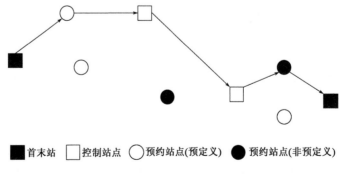

图7-1-13 半固定组织线路示意图

灵活组织线路:在规定的服务区域内运行,满足该区域内乘客出行需求(固定式站点以及预约站点),不设置控制站点,具有固定或半固定时刻表。灵活组织线路有非循环、循环组织两种形式,如图7-1-14所示。

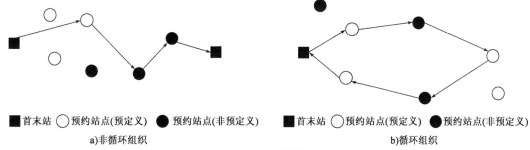

■ 首末站　○ 预约站点(预定义)　● 预约站点(非预定义)　　　　■ 首末站　○ 预约站点(预定义)　● 预约站点(非预定义)
a)非循环组织　　　　　　　　　　　　　　　　　　　　　　　　　b)循环组织

图7-1-14　灵活组织线路示意图

虚拟灵活组织线路：在一个完全自由的服务区域内运行,其与出租车类似,只是在服务车辆的规模以及承载乘客的数量上与出租车有所差异,如图7-1-15所示。

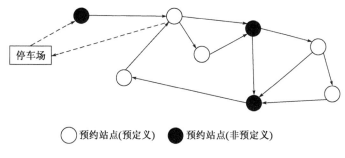

○ 预约站点(预定义)　● 预约站点(非预定义)

图7-1-15　虚拟灵活组织线路示意图

2) 线路运力配备

运力配备对城镇公交客运的发展具有两个至关重要的影响：一是决定系统固定结构高低的重要因素；二是决定客运服务质量的关键性物质条件。根据既有线网的层次和结构,分别从干线配车、支线配车以及区域运力优化三个方面对线网的运力配备进行分析。

(1) 干线配车

干线的客流分配方法可以采用公交配车方法进行整体性配车。即确定每条线路的最大客流量 Q, 一条线路应配置的车辆数 W, 按公式(7-1-2)计算：

$$W = \frac{2Ln}{V_y} \tag{7-1-2}$$

式中：L——线路长度(km)；

n——发车频率(车次/h)；

V_y——车辆运行速度(km/h)。

根据运力配备的原则,运送能力必须不小于高峰小时线路的最大客流量：

$$U \geq Q \tag{7-1-3}$$

式中：U——运送能力(人/h), $U = m \times n$；

n——发车频率(车次/h)；

m——车辆的额定载客数；

Q——高峰小时线路的最大客流量(人/h)。

由于客流运量分配是根据预测的高峰小时交通量进行的,因此线路客流分配得出的是每条线路的最大客流量。根据公式(7-1-3),运力应不小于高峰小时线路最大流量,因此高峰小时线路最大客流量 Q 意味着线路的最小运力 U_{min},进而可以得出发车频率 n,由此可以推算出每条线路的最小配车数以及道路断面的配车数量,并体现线网的服务强度。

根据 $U \geq Q$ 得出 $U_{min} = Q$,明确线路最小运力,并求出发车频率 n_i:

$$n_i = \frac{Q}{\mu \times n_{标}} \quad (7\text{-}1\text{-}4)$$

式中: n_i——发车频率(标台/h);

Q——高峰小时线路的最大客流量(人/h);

μ——满载率,一般在 0.6~0.8 之间;

$n_{标}$——一标台所容纳的人数(人/标台)。

根据公式(7-1-5)计算每条线路的配车数 W_i:

$$W_i = \frac{2 L_i n_i}{V_y} \quad (7\text{-}1\text{-}5)$$

(2)支线配车

对客运线网中城镇主干线延伸出的镇村支线则不能采用通常的配流和配车方式,通常应按照整体配车、局部调整的方法进行。即对主干线路所通向的片区或组团进行整体性配车,对于片区内部线路,即二级线网的支线配车,应当与线路运营方式相适应,对于公交化运营线路可按照干线配车方法进行配车,对于一般支线和偏远线路,应当根据运量需求和客流特征进行动态的运力配备,在框定局部运力的基础上采用符合技术标准的客车(6~9 座)进行营运,根据当地群众出行需要,核定线路,适当固定班次(如"二班制"方式),以解决偏僻村庄、山区群众的山行。

(3)区域运力优化

通过以上的配车方法实现了各条线路在最大流量时的运力配备,但是这并不能达到区域资源优化配置的目标。若采用区域运营组织模式,较之分线路的组织模式,可以大大节约运力和人力资源,从而实现在线路区域集约化经营模式下的运力资源优化配置。

利用不同线路最大断面客流量同一时段的差异性,可以实现区域线路间运力的互补。客流在方向、时间上的不均衡性,为不同线路上的运力动态组合提供了可能。如图 7-1-16 所示,A 线路与 B 线路早高峰、早平峰、午高峰、午平峰、晚高峰的线路配车数目,反映了区域内两条线路的动态配车情况。其中纵坐标为配车数,横坐标为运行时段。

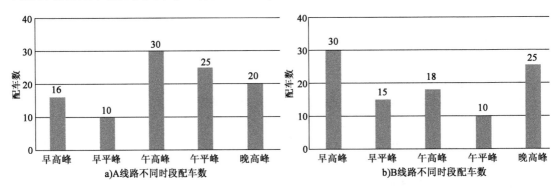

图 7-1-16 分开编制两条线路配车数图

若按照两条线路分别编制时刻表进行配车,需要总配车数 60 辆;若两条线路共同编制时刻表,一条线路在某时段的富余车辆可以调配给另一条线路使用,则 48 辆车将可以满足两条线路的客运需求,比按各条线路分别配车节省了 12 辆车,如图 7-1-17 所示。

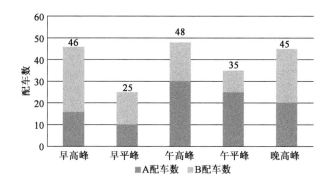

图 7-1-17　共同编制两条线路配车数图

(4)线路车型选择

针对农村公路通行条件特殊、客流分散且少、乘客携带农产品多、企业运营资金紧等特点,城乡公交车型配置不仅需从运输能力角度考虑,与客流强度相适应,结合不同级别线路服务强度选择容量大小适宜的车辆,满足各级线路客运需求,还需结合线路长度、通行道路交通条件、面向服务对象、客运市场发展阶段等因素考虑。

①线路长度

由车辆容量大小影响因素可知,较长线路一般需要容量较大车型,容量大小选择需与线路长度一致。

②通行道路条件

城乡公交行驶道路条件很大程度上影响车型的选择,选择合适的车身长度、底盘结构、制动系统等充分考虑车辆通过性、安全可靠性,以适应农村公路等级和基础设施条件,有利于充分利用道路资源、提高运输效率、降低营运成本。

③面向服务对象

车内配置因面向服务对象不同而不同,乘客携带农产品行李较多的线路车辆应适当增加并合理布局行李舱;特殊服务线路如赶集线、旅游线等,可配置专用车型体现服务针对性、提高服务质量,可适当提高车型档次。

④客运市场发展阶段

依据市场的不同培育期配置不同车型,公交化运营与班线运营两种方式决定了不同的车辆核载人数、技术性能以及内部结构等车型要素;智能化信息化时代要求公交车辆安装各种定位、计数装置。

另外,车辆物理特征、辅助功能设施的配置也应与城市形象特色一致,更新车辆,提升车辆性能,淘汰年数较久车辆;车型选择与地区经济社会发展阶段特征一致,避免一味追求城市形象而增加企业负担。同时与绿色环保理念相适应,响应环保交通绿色交通建设要求,发展电动车、天然气汽车等污染少的公交车辆,对公共汽车安装机动车尾气净化装置,达到较高的排放标准。

结合车辆大小影响因素,考虑干线、支线、特殊服务线服务性质及强度特征差异性,对分级线路采取不同的车型配置策略。

城乡公交干线车型选取与其运营方式(一般为公交化运营)相适应,车辆采用符合公交车辆技术标准的车型,由客流量、发车频率、线路长度等确定车辆容量大小,一般选取标准型公交车辆,考虑通行道路条件、服务对象等因素选择车体构造形式及功能设施配置;城乡公交干线一般都通至城区,需注重环保和信息化建设,及时更新车辆,与城市形象一致。结合客流需求,城乡公交支线车型一般选取符合技术标准的小型公共汽车;通行道路路面路幅较窄、道路急转弯较多,需着重考虑车辆的操作性能,采用小型客车提高灵活应变性;客流量较少且乘客一般携带较多的农产品可选择座位数少站立面积大以适当增加摆放行李面积的车型。

3) 线路发车间隔

发车间隔是公交线路组织的基本要素,对于客流量较大的城镇公交干线,一般使用测算公式进行定量的计算;而对于城乡公交线路,则注重对于发车间隔策略的制定。

(1) 干线发车间隔测算公式

城乡公交干线运力应不小于高峰时段线路最大断面流量,线路配车数由线路最大断面客流量确定,按公式(7-1-6)计算:

$$\begin{cases} V = 2 \times \left(\dfrac{L}{V_y} + t_0 \right) \times f \\ f = \dfrac{Q}{r \times \mathrm{PL}} \end{cases} \tag{7-1-6}$$

式中:V——线路配车数(辆);

L——线路长度(km);

V_y——车辆运营速度(km/h);

t_0——单程站点停车时间(h);

f——高峰小时发车频率(车次/h);

Q——高峰小时线路的最大断面客流量(人次/h);

r——高峰小时车辆满载系数;

PL——车辆的额定载客数(人/辆)。

(2) 支线发车间隔策略

由于客流波动性较大,对城乡公交线网中的支线发车频率的设置不宜采用传统方法,在实际应用中通常根据实地调查、农村居民出行习惯与相关经验总结,主要发车策略有以下几种情况:

①对于与线路运营方式相适应,公交化的运营线路可按照干线方法确定发车频率。

②对于每日仅开几趟班车,体现社会公益性的支线班车可依据相邻干线的客流服务时间差,灵活调用主干线路的运营车辆,做到资源的充分高效利用,避免重复投入造成浪费。

③对于道路条件不太理想,位置较偏远的支线,应当根据运量需求和客流特征进行动态的运力配备,在框定局部运力的基础上采用符合技术标准的小客车(6~9座)进行营运,在规划时可根据当地群众出行需要,核定线路,适当固定班次(如早中晚"三班制"方式),或与其他支线开展联合行车组织,以解决偏僻村庄、山区群众的出行。

尤其针对周末、节假日、集市等客流高峰时段,及时加密班次,并提前告知。规范镇村公交站场、车厢、候车亭的公示内容,公示发车班次时刻表,以方便居民出行并接受监督。

7.1.4 城乡客运经营与管理

城乡客运的经营与管理,涉及公交企业经营模式,场站筹建模式以及城乡客运的绩效评价。

1) 企业经营模式

城乡公共客运经营发展模式通常有以公车公营为主的经营模式、以承包租赁为主的经营模式、以挂靠经营为主的经营模式与个体经营模式。

(1) 公车公营经营模式

公车公营经营模式,是指客运企业全额出资购置车辆,企业拥有车辆全部产权,同时拥有客运线路经营权,并由企业自营的一种客运经营方式。

公车公营(公司化)的客运企业实行统一规划、统一投资、统一管理、统一经营,限时到达、一票到底,以提高服务质量为目的,将企业效益和乘客利益达到有机统一的经营模式。客运企业往往具有较强的知名度与实力,因而较容易实现人性化、专业化的管理,对于提高企业服务水平和乘客吸引力都有很大的推动作用。

(2) 承包租赁经营模式

承包租赁经营模式下,企业内汽车车辆购置费及道路运输证有偿使用费等相关经营税费由企业承担,承租人仅向公司上缴承包款,并作为企业员工享受相应的权利和义务。以这种经营方式为主的发展模式所带来的是个人能动和现代企业制度的有机结合。承包租赁模式运营的企业,发挥充分个人能动性,承租人上交承包款后余额收入归个人,多劳多得,充分带动了服务的积极性。作为企业员工享受相应的权利和义务,能够建立起对企业的归属感,有利于企业对线路规范管理的开展;能够建立企业和司机共同经营的气氛,线路效益关系公司利益,也关系到员工利益,同时员工利益也对公司赢利造成影响。

(3) 挂靠经营模式

挂靠经营模式下,购车款、营运证使用费和税费由挂靠人承担,挂靠人向公司上缴挂靠管理费和风险保证金。以挂靠经营为主的发展模式下,挂靠人要承担大量税费,负担很重。客运公司所有的只是由政府赋予的所谓"管理服务权",客观上造成企业丧失了应有的基本功能,使得客运企业的自主经营和管理能力减弱,迫使很多企业只能依靠服务来代替管理,而驾驶员则主要利用客运企业的"壳资源",以较方便地获得经营资格。车辆所有权归驾驶员个人所有的事实,使得挂靠司机缺乏有效的管制,在利益的驱动下,挂靠车辆拉客抢客、超速运营、超载带客等行为普遍,严重损害了乘客的权益。

很多农村地区的农村客运市场还未能发育完全,挂靠作为一种特殊的经营模式在一定程度上占很大比例。挂靠经营在农村市场发展初期有一定的合理性,但是如果长期将其作为主导经营模式,其产权问题必然会成为很大的不稳定因素。

(4) 个体经营模式

即私人经营,表现为自主经营,自负盈亏。在城乡客运市场培育和发展时期,适当地发展个体经营对于活跃市场、形成竞争机制有一定好处;但是长期以来的"散、小、弱、差"现象已经难以适应新时期(城乡一体化进程)城乡客运市场发展的要求。

城乡公共客运服务班线经营模式的选取:有必要根据市场规律,让需求决定供给模式,在考虑可持续性的基础上,保证服务水平农村线路经营模式的选取;必须考虑农村地区客流出行特征的独有特点,因为区城、乡镇街道、村庄社区等地居民出行特征各异,时间上表现为集中在早晚两个高峰,空间上表现为高度离散,客流服务的组织难度较大,且农村地区居民出行客流强度差距明显,大多镇—村级线路一天两次的班车服务就已经饱和。城乡公共客运作为一项公益服务设施,早期对其大的投入能促进土地的加速开发、社会经济的快速发展,高的服务水平也能显示新农村的发展活力,增加农村地区投入发展的信心。

农村各区县应该有其主导的城乡公共客运经营模式,顺应未来客运企业集约化、规模化的发展趋势,同时应当结合实际情况,有差别地选择和进行各种经营方式的组合比选。在判定地区主体经营模式的基础上,从线路的微观特征角度进行线路经营模式探讨。对于客流培育成熟、具有一定规模的干线线路,强度型、区间式线路应采取公车公营模式;对于客流量不大,或客流不稳定的次干线、支线,如闭环形、双环抱形线路在发展初期可以采用承包租赁模式,逐步过渡至公车公营模式。

2) 场站筹建模式

在城乡客运实践中,探索挖掘出很多有效的城乡公共客运场站筹建模式,主要有以下几个类型。

(1) 线路专营:结合场站实际服务对象,鼓励那些主要服务的对象线路运营企业从提高服务质量考虑,参与相关场站的建设。类似候车亭招呼站等完全可以鼓励拥有线路专营权的车主共同出资修建。

(2) 股份制建站:即组建"交通基础设施投资公司"对于客运站等投资较大的场站,从农村地区社会投资可能和能力出发考虑,需要更加灵活的方式;相关运输企业及运营者,可以采取公益的方式组建股份公司,建立场站建设运营公司。

(3) 政府补贴:公交公司依据交通运输部门编制的场站规划与建设计划,公司自己投资建设场站,政府可依据场站规模对公交公司进行补贴。这种模式政府不需要大规模投资,也不需要成立一个新的部门来管理场站,但公交公司的负担会加重。

(4) 个体办站:这种模式一般用在区位优势比较好的地点,例如人群集聚地、换乘地枢纽等地。这类地点由于人气的原因比较容易发展第三产业,对社会外界具有吸引力。个体办站充分利用社会资源,以"副"养站,实现场站建设市场化筹资。

3) 运营绩效评价

(1) 企业运营绩效评价

城乡公交的经营者,即公交企业对整个城乡公交系统的影响意义深远。公交企业作为公交系统的主要执行者,作为公交系统组织和运营的主体,无疑也是城乡公交系统管理评价的评价主体。

影响公交企业管理绩效的指标很多,一般来说,指标体系至少应包括总成本、客运量、营运里程及乘客满意度四项内容。

① 总成本:是指企业单位劳动产品所消耗的成本支出,运营总成本指企业为完成运营服务所发生的成本总费用。成本开支范围按国家或地方政府主管部门有关规定执行,包括燃油费用、职工的劳资总费用(不含公交企业下属的其他产业职工工资)、车辆折旧总费用、其他费用(行车事故损失费用、保险费用等)。

② 客运量:是指统计期内公交企业运送乘客的总人次,即客运量 = 普票乘客人次 + 月票乘客人次 + 刷卡乘客人次 + 免费乘车人次 + 包车乘客人次。

③营运里程:是指运营车辆为运营而出车行驶的全部里程,它是公交企业向社会提供的全部运输工作,也是计算单位成本、劳动生产率、安全间隔里程等指标的基础,即运营里程＝载客里程＋空驶里程。

④乘客满意度:包括乘客期望、感知质量、感知价值、乘客满意、乘客抱怨、乘客忠诚度6个潜变量。在乘客期望中,主要涉及乘客对公交服务的期望等;在感知质量中,主要涉及乘客对站台环境、车厢内环境、候车时间、乘车方便性、换乘便捷性、安全设施设置、人文关怀、信息化水平、驾驶员技术水平以及公交员工素质等;在感知价值在中,主要涉及票价与服务等;在乘客抱怨中,主要涉及投诉以及投诉处理等;在乘客忠诚中,主要指是否推荐公交出行等。

城乡公交企业运营绩效评价指标体系汇总,见表7-1-5。

城乡公交企业运营绩效评价指标体系 表7-1-5

项　　目	一　级　指　标	二　级　指　标
投入	燃油费用	燃油费用
	职工的劳资总费	职工的劳资总费
	车辆折旧总费用	车辆折旧总费用
	其他费用	行车事故损失费用
		保险费用
产出	客运量	普票乘客客运量
		月票乘客客运量
		刷卡乘客客运量
		免费乘车客运量
		包车乘客客运量
	营运里程	载客里程
		空驶里程
	城乡公交一体化水平	建制村通车率
		公交化比率
		基础设施一体化水平
	乘客满意度	乘客期望
		感知质量
		感知价值
		乘客满意
		乘客抱怨
		乘客忠诚度

(2)线路运营绩效评价

对于公交服务提供者即公交企业来说,公交线路的有效性即为以最少的成本投入获得最大的营运收入;对于乘客来说,公交线路的有效性表现为在一定的舒适度要求下追求最短的出行时间和最少的候车时间。

对于公交服务提供者即公交企业来说,公交线路的有效性服务即为试图追求最小的成本投入和最大的营运收入。由此,选取公交企业运营投入指标为运营车辆数、中途停靠站点数、燃油消耗以及线路司乘人员数;公交服务的消费者为乘客,对于乘客来说,公交线路的有效性服务为追求最短的出行时间和最少的候车时间。服务效益的投入指标为站间距、准点率、行程时间、候车时间、步行到站距离等,这几个指标也是公交企业投入所得到的中间产出指标。另外,服务效益的计算假设不考虑车型、线路服务类型(全程车、区间车等)等因素,其投入指标主要反映公交企业所提供的公交服务。

评估公交线路运营绩效时采用的评价指标体系,见表7-1-6。

城乡公交线路运营绩效评价指标体系 表7-1-6

项 目	一级指标	二级指标
投入	公交企业运营投入	中途停靠点数
		站点服务人口率
		通村率
		公交化比率
		运营车辆数
		燃油消耗
		司乘人员数
	乘客服务投入	步行到站距离
		站间距
		准点率
		行程时间
		换乘步行时间
		候车时间
		实载率
		高峰时段平均发车间隔
产出	营运收入	年营运收入
		日均营运收入
	客运量	年客运量
		日均客运量

7.2 城市客运交通一体化

7.2.1 城市客运交通一体化的内涵

1）城市客运一体化的概念

城市客运一体化是指为缓解城市交通压力，节约土地、道路资源，保护环境，降低社会经济运行成本，逐步建立以大容量、快速、舒适的轨道交通为骨干，以地面公共交通为主体、出租车为补充和辅助，与对外交通（公路、铁路、航空、港口）和其他城市交通方式（小汽车、自行车、步行）等良好衔接和协调的高效率、一体化的城市综合客运交通体系。

城市客运一体化归根到底是要做到城市客运内部各子系统之间以及与外部因素的高度协调，因此其具体表现在交通体系内部整合和外部关联两个方面。其中内部整合即各种客运方式之间的无缝衔接或换乘；外部关联则是指充分重视交通与城市功能提升的互动作用，交通发展必须与土地使用、社会、经济和环境等诸多城市发展领域紧密结合在一起，从而推动城市客运全面发展。

城市客运一体化具体包含三层含义，即设施平衡、运行协调及土地用地一体化。其中设施平衡是指以枢纽建设为纲，发挥交通设施的整体效益；运行协调是指以换乘服务为中心，促进各种方式协调运行、合理分工和紧密衔接；而土地利用一体化，则是以职住平衡为核心，引导城市空间的合理发展。

2）城市客运交通一体化研究对象和主要内容

（1）城市客运交通一体化研究对象

城市客运交通一体化的研究对象，主要包括城市内部客运交通以及城市对外客运交通。

城市内部客运交通，是城市内部各种出行方式的总称，由私人交通与公共交通两大部分组成。一般来说，私人交通泛指徒步和以自用车为交通工具的出行，包括私人小汽车、自行车、摩托车、电动自行车、步行等交通方式；公共交通是指城市中供公众乘用的、经济方便的各种交通方式，包括轨道交通、常规公交、出租车等。此外，还有一些新业态客运交通方式，但总体可划入内部客运交通体系中。

城市对外客运交通，是指城市本身与城市范围以外地区之间的客运交通，通常单程距离较长，主要采用铁路、公路、水运和空运等运输方式。

因此，城市客运一体化的研究分为三个层次，一是城市公共交通内部的一体化，二是城市公共交通与私人交通的一体化，三是城市内部交通与对外交通的一体化，如图7-2-1所示。

值得注意的是，在现阶段国内大多数城市道路网已基本成型的基础上，通过调整线网等网络层面的手段推动一体化，显得既不经济也不现实。城市客运一体化的着力点，主要在于客运枢纽。因此，市内交通的一体化，主要依靠轨道枢纽与常规公交枢纽来实现，而对外交通的一体化，则围绕城市对外客运枢纽进行。

（2）城市客运交通一体化主要内容

城市客运交通一体化建设主要包含交通设施一体化、管理运营一体化与土地利用一体化。

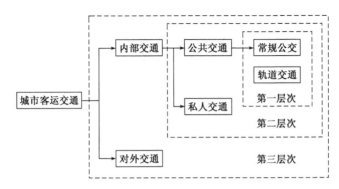

图 7-2-1　城市客运交通一体化研究对象图

①交通设施一体化

交通设施一体化,是对分布于城市内部各种类型的交通基础设施,如换乘设施、集散设施、停车设施等进行统一的规划与合理的利用。交通设施一体化能够有效整合和充分利用城市交通系统中的现有资源,提升交通系统的运行效率。

②管理运营一体化

高效的城市客运交通体系,不仅需要硬件上实现交通设施的一体化,还需要在管理运营层面实现一定程度的统一。管理运营的一体化主要涉及运营时间的协调,即各种客运交通方式时间上的衔接,以及票制的统一,以保障城市交通系统的运行顺畅。

③土地利用一体化

土地利用一体化,是利用客运交通站点与城市用地间的互动关系,构建客运交通与土地利用一体化发展的模式。以往城市发展以用地规划为导向,客运交通的发展盲目的追逐土地利用,造成了一系列城市问题。而城市客运与土地利用的一体化,则可以实现两者间的相互促进,协调发展。

7.2.2　市内交通一体化规划

城市公共客运交通作为市内交通最重要的组成部分,不仅承担着市内交通主要的客运任务,同时其统一规划,统一管理的特性,使其成为推动市内交通一体化的主要抓手。在公共客运交通系统中,轨道交通占据着主导地位,常规公交则作为辅助。市内交通一体化的构建,也应遵循以轨道交通站点为核心,常规公交站点为二级中心,轨道交通与常规公交的换乘为主干,其他交通方式换乘为辅助的思路。因此,城市公共交通换乘规划,成为市内交通一体化规划的核心内容。

对于城市轨道交通站点、常规公交站点换乘设施规划中的原则与要求,相关管理部门已做出了一定的规定。住房和城乡建设部在《城市轨道沿线地区规划设计导则》中,提出了轨道站点换乘设施配置应符合以下原则和规定：

(1)场站换乘设施规模和布局的确定,应综合考虑一般配置准则和基本规模、路外换乘客流预测规模、交通需求管理政策、相关场站设施现状、专项规划情况以及站点周边用地条件、道路条件加以确定。其中,枢纽站及重要点换乘设施规模应通过专题研究确定。

(2)换乘设施用地应靠近轨道站点布置,交通优先先后次序为步行、自行车、常规公交、出租车、小汽车。

此外,《城市轨道沿线地区规划设计导则》还对各等级轨道站点换乘设施配置准则做出了建议,见表 7-2-1。

轨道站换乘设施配置准则表　　　　　　　表 7-2-1

站点类型		枢纽站	中心站	组团站	特殊控制站	端头站	一般站
换乘设施类型	公交换乘场站	★	☆	☆	☆	☆	☆
	出租汽车停车场	★	×	☆	☆	☆	/
	小汽车停车场	★	×	/	×	×	/
	自行车停车场	☆	☆	☆	★	☆	☆

注:★表示一般应配置;☆表示可选择配置;/表示无需配置;×表示一般不应配置。

对于常规公交站点的换乘设施配置要求,也提出相应要求。在《城市轨道沿线地区规划设计导则》中,对常规公交枢纽的换乘设施配置提出了建议:"服务于城市各级中心的常规公交换乘枢纽应注重提高公交承载力,并加强常规公交与非机动车停车设施、出租车和社会车辆上下客点的衔接;服务于居住社区的室内换乘枢纽应强调常规公交与非机动车停车设施的衔接,注重慢行交通衔接的连续性,便于居民以慢行方式换乘。"

在原则与要求之外,对城市公共交通站点的换乘规划,还应对主要换乘/衔接方式的设计进行一定的了解。

1)轨道交通换乘衔接设计

轨道交通的换乘衔接设计主要包括公共交通系统内部,即轨道与常规公交换乘设计,以及轨道交通与其他交通方式,主要是小汽车的换乘衔接设计。

(1)轨道与常规公交换乘设计

轨道交通与常规公交的换乘设计,是轨道交通衔接设计的核心,主要内容包括换乘方式的确定、公交线网优化、公交时刻表优化。

①换乘方式

城市轨道交通客流与常规公交客流相互换乘,基本上由人行天桥、地下通道等进行相互流动,再结合所在地客流量、经济发展、用地规模、信息技术等实际情况选取适宜换乘方式,具体主要有以下几种换乘方式。

a. 路边停靠换乘

这种换乘方式,公共汽车在到路边直接停靠,利用地下通道与轨道交通车站相联系。这种方式适用于换乘量小、站点受用地限制的车站,可利用现有公交车站。随着客流量增加,站台容量可能会难以满足出行需求。这也是目前多数城市在现有路网情况下的首选方式,需要规划建设多条线路来疏散客流,如图 7-2-2 所示。

b. 合用站台换乘

地面常规公交线路与轨道交通处于同一平面,公交车停靠站与轨道交通车站的站台合用,并用地下通道联系两个侧式站台,能保证有一个方向换乘条件很好,且步行距离短。这种换乘方式要求足够宽的地下站厅,建造工程量浩大的地下通道,适用于综合枢纽处的换乘,如图 7-2-3 所示。

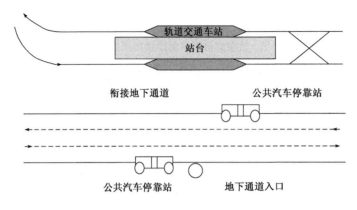

图 7-2-2　路边停靠换乘示意图

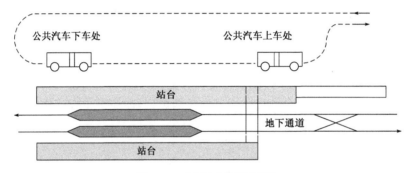

图 7-2-3　合用站台换乘示意图

c. 不同平面换乘

公共汽车线路与轨道交通处于不同的平面,通过合适路径,使公共汽车到达站和轨道交通出发站处于同侧站台,而公共汽车的出发站与轨道交通的到达站同处于另一侧站台,就近解决换乘并保证两方向线路乘客流互不干扰。这种方式适用于换乘量较大、用地较宽裕的车站。可采用长方形路径,保持公共汽车的单向车流。这种换乘方式适宜建设在城市郊区位置,尤其方便郊区往返城市客流,如图 7-2-4 所示。

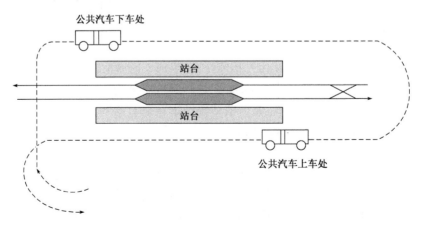

图 7-2-4　不同平台换乘示意图

d. 多站台换乘

在交通繁忙的轨道交通车站,入站的公共汽车很多,可能会因停靠站不足造成拥挤,可采用多站台换乘的方式,使得人流与进出站车流有效分开,避免对车流的干扰,每个站台均从地下通道与轨道交通车站相连。此种方式适用于换乘量较大、轨道交通的地下站厅窄的车站,普遍应用于客流量较大的城市换乘枢纽站,有效避开人流车流混乱局面,如图7-2-5所示。

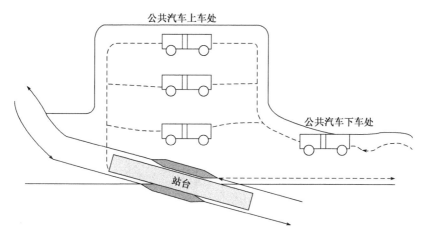

图 7-2-5　多站台换乘示意图

②公交线网优化

轨道交通的开通对原有的常规公交系统有十分重大的影响,为了常规公交与轨道交通的协调发展,就必须对常规公交线网进行优化。

城市轨道交通一般建在城市的主要客流走廊上,以中远距离客流为主。常规公交运量小,机动灵活,以中、短途客流为主。为使两者更紧密衔接,保证城市交通结构更合理,地面常规公交应多考虑网状覆盖范围,减少与轨道交通的共线,为区内出行提供便捷条件。因此,在地面常规公交路线布局时可进行多种优化。

a. 在城市轨道交通沿线取消重合或平行段长的地面常规公交线路,将其改设在城市轨道交通线服务半径以外的地区。城市轨道交通服务半径一般为600~800m,当两者线路重合或平行时,其区段一般不得超过3~4倍半径的距离。只有这样才能更好发挥城市轨道交通的作用,为公交一体化创造条件,同时真正缓解地面交通压力。

b. 在城市某些繁华地区,客流集中,单靠城市轨道交通难以承担所有的客运任务。这时,局部客流较大的城市轨道交通线附近的公交路线应保留部分,以使地面公共交通起到辅助分流的作用,但这一段路线的重叠长度不宜超过4km,否则将会失去分流优势。

c. 调整或更改地面常规公共交通的线路,使其站点尽量做到与城市轨道交通车站交会,以便乘客换乘。这种调整或更改主要在与城市轨道交通线垂直的公交线路上进行,同时公共汽车站点应尽量与城市轨道交通枢纽出入口靠近。这段距离不宜太长,一般应小于120m,否则会加重客流的换乘难度;同时为避免客流在公交站点拥挤,可在地铁出入口设置较大的换乘厅和换乘通道。

具体常规公交线网优化调整策略,见表7-2-2。

常规公交线网优化调整策略表　　　　　　　　　表 7-2-2

优化策略	主要内容	图　例
新建线路	新建完整的公交线路,包括线路走向、站点设置	
撤销线路	情况1:只撤销公交站点	
撤销线路	情况2:撤销完整的公交线路,包括撤销线路走向、站点设置	
调整线路	情况1:只调整站点位置	
调整线路	情况2:新增站点	
调整线路	情况3:调整部分线路走向,撤销原线路走向上的部分旧站点,添加新站点	
延长线路	延长线路,并在延长线上新建站点	
缩短线路	缩短线路走向,撤销相关站点	
综合调整线路	包含撤销线路、调整线路、延长线路、缩短线路在内的多种方式	
保留线路	线路走向与站点位置维持不变	

③公交时刻表优化

当客流量较大的线路与客流量较小的线路进行换乘协调时,通常选择调整客流量较小线路的运营参数,使之与客流量较大的线路相协调。在城市公共交通系统中,轨道交通线路的客流量通常大于常规公交线路。因此面对轨道交通与常规公交时空上换乘协调时,采用调整常规公交时刻表的方式。

在理想状态下,公交到达时刻与轨道交通到站时刻间的最优换乘状态分为两种形式:

a. 常规公交换乘乘客到达轨道交通站台时,轨道交通列车刚好到达站台,乘客无须等待直接换乘轨道交通,如图7-2-6所示。

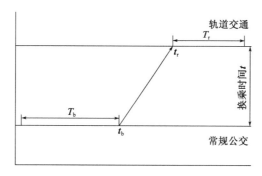

图7-2-6　轨道交通与常规公交换乘时空图(一)

图7-2-6中:T_b为常规公交的发车间隔;T_r为轨道交通列车的发车间隔;t_b为常规公交车辆到站时刻;t_r为轨道交通列车的到站间隔;t为轨道交通与常规公交之间的换乘步行时间。

b. 轨道交通换乘乘客到达常规公交站台时,常规公交车辆刚好到达站台,乘客无须候车直接换乘常规公交,如图7-2-7所示。

但现实中,轨道交通与常规公交的换乘在时间上并不协调,非协调换乘有四种类型,各自的优化方法也略有不同。

a. 轨道交通换乘乘客到达常规公交站台时,距离最近的下一车次常规公交车尚未到站,换乘乘客需要等待$t_b - a_b$,如图7-2-8所示。这种类型,可以通过提前下一车次常规公交车的到站时间来缩短换乘乘客的等待时间。

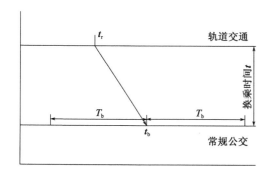

图7-2-7　轨道交通与常规公交换乘时空图(二)

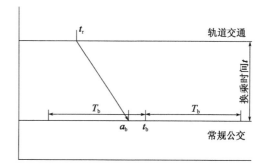

图7-2-8　轨道交通与常规公交换乘时空图(三)

注:a_b为轨道交通换乘乘客到达常规公交站台的时刻

b. 轨道交通换乘乘客到达常规公交站台时,距离最近的前一车次常规公交车刚刚离开,换乘乘客需要等待下一车次常规公交车,等待时间为$T_b - (a_b - t_b)$,如图7-2-9所示。这种类型,可以使前一车次常规公交车的到站时间推迟到a_b时刻,使换乘乘客能够直接换乘常规公交,缩短等待时间。

c. 常规公交换乘乘客到达轨道交通站台时,距离最近的前一车次轨道交通列车刚刚离站,换乘乘客需要等待下一车次列车,等待时间为$T_r - (a_r - t_r)$,如图7-2-10所示。这种类型,可以将本车次常规公交车的到站时刻提前$a_r - t_r$,使换乘乘客能够直接换乘轨道交通,缩短换乘乘客的等待时间。

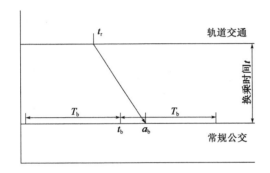

图7-2-9 轨道交通与常规公交换乘时空图(四)

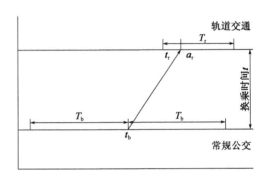

图7-2-10 轨道交通与常规公交换乘时空图(五)
注:a_r为常规公交换乘乘客到达轨道交通站台的时刻

d. 常规公交换乘乘客到达轨道交通站台时,距离最近的下一车次轨道交通列车尚未到站,换乘乘客的等待时间为$t_r - a_r$,如图7-2-11所示。这种类型可以通过延后本车次常规公交车的到站时刻来缩短换乘乘客的换乘等待时间。从轨道交通站台的换乘效率角度考虑,乘客较少的候车时间,有利于提高站台的使用效率。但从乘客的整个出行链的角度考虑,这种调整并不能为乘客的整个出行节省时间,所以这种类型也可以不做调整。

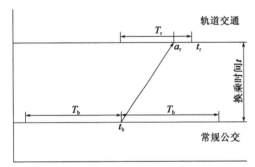

图7-2-11 轨道交通与常规公交换乘时空图(六)

以上三种类型的协调方法仅仅是理想状态下,换乘客流的优化分析。现实的常规公交运营中,到达换乘站的常规公交车需要与轨道交通上行和下行的列车进行换乘,即每个车次的常规公交车都对应四个方向的换乘客流。四个方向的换乘客流是相互联系和影响的,由于轨道交通和常规公交发车间隔的限制,不一定能够使四个方向都达到协调,这时可以在保证主要换乘方向协调的基础上,尽可能多与其他方向实现协调。

另外,以上优化方法分析的过程中,仅仅以换乘客流为研究对象,并没有考虑常规公交时刻表的调整给非换乘乘客带来的影响。在实际的运营组织中,应该充分考虑非换乘乘客的因素,在减少换乘乘客等待时间的同时,不至于使乘客总等待时间(含换乘乘客等待时间和常规公交非换乘乘客等待时间)增大。

(2)轨道交通与其他交通方式衔接设计

①轨道交通与小汽车等私人交通的衔接

小汽车等私人交通在枢纽站的衔接中,主要考虑停车换乘(Park and Ride,即P + R)和开车接送(Kiss and Ride,即 K+R)两种模式。

停车换乘(P+R)是私人交通与公共交通之间的一种换乘形式,即通过乘坐小汽车等私人交通至停车换乘点换乘轨道交通进入中心区,是城市客运交通体系一体化的重要环节。城市轨道交通停车换乘方式的衔接布局规划,主要内容包括停车场的规划布局与周边道路的交通组织规划设计等,需要注意以下几点:

一是采用停车换乘方式的轨道枢纽必须提供足够规模的停车设施,停车面积满足停车换乘的需求量。因此,停车换乘方式比较适合位于城市周边地区的轨道交通枢纽,而位于中心城区的轨道枢纽,由于用地紧张,难以设置规模适当的停车场,加之车辆进出停车场会对本已拥挤不堪的道路交通带来更大的影响,因此不建议采用。

二是停车设施应靠近轨道交通枢纽,并与车站集散大厅之间设置规模适合的专用衔接换乘通道,避免停车换乘乘客穿越城市道路以及与其他人流混杂,给换乘造成不便。

三是进行车辆行驶线路的组织设计,并设置明确的行车线路指示标志,力求减少停车场对周边用地和道路交通以及其他客运方式所造成的不良影响。

开车接送(K+R)方式通常采用路外停车形式。为保证枢纽周边道路的通常,通常应避免此类小汽车进入城市轨道交通枢纽内部,减少客流与车流的冲突。

②轨道交通与出租车的衔接

轨道交通枢纽的出租车衔接设施,主要功能在于满足乘客搭乘出租车的需求,为出租车进出道路系统提供缓冲区域。常见的城市轨道交通枢纽内出租车换乘系统结构,如图7-2-12所示。

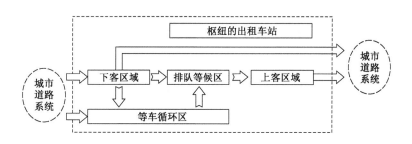

图 7-2-12 城市轨道交通枢纽内出租车换乘系统结构示意图

针对出租乘客换乘轨道交通需求而进行的接驳设计,设施主要指出租车临时停靠站或出租港湾等。对于人流较大、出租车需求较大的站前广场,应考虑设置出租车停靠位,以实现运营组织的有序进行。出租车停靠位尽量靠近地铁出入口范围不宜过远,但应以遵循以下基本原则:

a. 地铁站点出入口附近路段均应设置一定量的出租车临时港湾停靠站(即停即走)。

b. 在老城以外地区地铁站点附近应尽量设置固定的出租车停靠场地(长时间停靠待客),距离地铁站点出入口不应超过100m。

c. 尽量靠近车站出入口布置,方便乘客使用,且以不阻挡人流、确保安全为原则。

d. 采用港湾式上落客站,尽量减少对其他交通的影响。

e. 一般在车站周边道路两侧分开设置,也可结合车站周边建筑设置;若附近有公交停靠站时,应设在公交停靠站上游至少50m处。

f. 规模依据车站功能而定，一般接驳站为2~4辆，片区接驳站为4~6辆，交通接驳站为6~8辆。

③轨道交通与慢行交通的衔接

慢行交通包括步行交通和非机动车交通两部分。

步行具有距离短、安全性差、离散的特点，行人通常都希望走最短的路径，规划时应充分考虑、建立符合步行者心理需求的步行接驳系统，使乘客能够安全、快捷、便利地由地铁出入口集散至其他市政交通设施。两者衔接规划的内容包括人行集散广场的建设，人行步道的整修、新建，过街天桥、地下过街通道的新建及改建，道路交通工程、标志、标线、标牌的设计，盲道等无障碍设施的设计等。其中，车站出入口与过街天桥、地下过街通道、城市人行步道的衔接是此处设计的关键内容；人行集散广场的面积亦应该根据客流预测进行分析计算，以满足乘客集散面积及缓冲距离的要求。

而非机动车出行具有道路行驶灵活、离散性强、安全性差、停车随意性强、易散布在车站出入口周围、不易管理等特点，应通过对可用地合理布局、周边市政设施补充的方式设立非机动车停车场，使自行车停车场能够与主交通系统和谐共存，并与土地开发、城市绿化相结合，解决非机动车与地铁的交通转换问题。

因此，轨道交通与慢行交通的衔接规划应遵循以下基本原则：

a. 沿线片区步行系统的规划调整必须有利于在车站步行覆盖范围内形成通达性强、指向明确、环境舒适、安全便捷、空间园林化的步行接驳系统。

b. 以车站为核心对步行设施进行统一整合，形成人车分离的步行系统。具体措施包括：对沿线道路断面进行优化设计，结合道路网络功能的调整，尽量拓宽人行道的宽度；对步行范围内人行过街设施进行统一整合，视道路功能与流量的大小，并尽量利用车站出入通道，增加必要的立体过街设施，形成连续的、无障碍的步行系统；根据步行范围内，各类设施特别是交通接驳设施布局情况以及客流集散点的分布情况，在大型客流集散点与车站之间设置直达的步行专用通道。

c. 设置必要的人行指示标志，在车站周边建立通达性强、指向明确的人行系统，尽可能多地吸引车站覆盖范围内的出行者使用轨道交通。

d. 对步行系统进行园林化的设计，形成舒适的步行空间环境。

2) 常规公交换乘衔接设计

常规公交的换乘衔接设计主要是为解决慢行交通与公交的衔接问题。慢行交通不仅是解决常规公交"最后一公里"问题的关键，也是构成居民"轨道交通-常规公交-慢行交通"这一绿色交通出行链的重要一环。常规公交与慢行交通的衔接，是以完善基础设施为主要手段，保障行人、非机动车的换乘需求。

(1) 常规公交与行人的换乘

行人作为出行系统中最为弱势的群体，在通过机动车道时的通行保障显得格外重要。行人与常规公交的换乘，需要解决的关键问题就是过街设施的选型。

根据行人与车辆在空间上的分离关系，将行人过街设施分为两种类型、四种形式。一类是平面过街设施，行人与车流在同一平面内，互相形成干扰；另一类是立体过街设施，行人在车流的上方或下方，互相隔离没有干扰。具体形式，见表7-2-3。

过街设施类型、形式表　　　　　　　　表 7-2-3

类　型	形　式	基本组成
平面过街设施	信号控制人行横道	人行横道
		行人信号灯
		安全设施
		无障碍设施
	无信号控制人行横道	人行横道
		安全设施
		无障碍设施
立体过街设施	人行天桥	人行天桥
		附属设施
		无障碍设施
	人行地道	人行地道
		附属设施
		无障碍设施

根据城市道路特性、车流特性和行人过街的特点，影响行人过街设施选型的因素主要有以下三个：

①道路的几何形式。道路的几何形式包括道路的宽度、车道数以及道路的分隔形式。道路宽度和车道数影响行人的过街距离和行走时间。因此在选择过街设施的类型时应将其考虑在内。

②车辆的运行状况。车辆的运行状况是指机动车流量、车速和密度，这三者决定了平均车头时距和平均车头间距。车头间距和车头时距决定行人穿越机动车流可能性和冲突程度；道路的行驶限速直接影响车辆的制动距离，与行人的安全性有较大关系。

③行人过街需求。行人过街需求包括行人过街流量及过街的行为和心理特性。行人过街需求要求过街设施的形式和通行能力要与其相适应。

在实际应用中，当每小时每车道当量小汽车交通量小于 500 辆时，行人可利用车辆的安全可穿越空档过街，选择设置无信号控制人行横道。而当每小时每车道当量小汽车交通量大于 500 辆时，考虑设置信号控制人行横道。

人行天桥或地道的设置则较为复杂，不仅要求路段当量小汽车交通量大于 1200 辆/h，步行人流总量大于 1800 人次/h，还需考虑其他因素。一般来说，当市政地下管网复杂、工程预算不高时，优先选择修建人行天桥；当存在景观约束需求、道路两侧用地紧张时，优先选择修建人行地道。

（2）常规公交与非机动车的换乘

常规公交与非机动车换乘的关键问题，是解决非机动车的停放问题。常规公交与非机动车换乘设施作为联系自行车与公共交通系统的纽带，是评价公共交通和慢行交通衔接是否顺畅的重要内容。

①停车场位置选择

换乘点处的非机动车停车场应设置在公交站点的附近,以便居民可以步行换乘公交。但要减少公交站点处公交车与自行车在交通上的冲突,换乘点处设置自行车停车场就应满足安全性、便捷性和出于对自行车的考虑这三点要求:

a. 安全性。尽量地避免对干道机动车和进出公交站点的公交车运行的干扰,保证出行者等候公交车时对空间的需求,不应过多地占用原本的候车空间。

b. 便捷性。确保自行车停车场到两个方向的公交站点都有方便的步行通道,方便出行者安全、便捷地行走于公交站点与停车场。

c. 出于对自行车的考虑。保证自行车存放的安全与方便。

②存车量的确定

存车量确定的准确性直接影响到停车场面积的确定,进而影响停车场作用的发挥。存车量确定的影响因素主要包括以下方面:

长距离出行比例。长距离出行是指一般当出行距离超过 7km 的出行,这段距离的骑行大致要在半小时以上,不再适合单纯的非机动车出行,理当考虑换乘公交。

换乘吸引范围。一般情况下非机动车最短的出行距离约为 1km,出行时间大致为 5min;而最远的吸引范围应不超过非机动车的平均出行距离,根据城市规模不同大致在 4~6km。

人口构成比例。老年人不适宜非机动车出行,中小学生一般是就近入学,存车换乘的比例不高,换乘出行最多的一般为成年职工。

公交站点运量比例。指的是该换乘点公交站的运量占服务范围内所有拥有换乘点的公交站运量的比例,一般而言,公交站点越大,停靠的公交车也越多,运量自然也比较大,一直吸引的换乘量也大。

非机动车平均周转率:是指非机动车停放在停车场的周转次数,若一位成年职工工作模式为早出晚归,那么平均 1 日停非机动车 1 次,周转率为 1。

由此,确定换乘点的自行车存车量 V,计算公式如下:

$$V = \frac{K \times L \times P \times A}{H} \tag{7-2-1}$$

式中:K——长距离出行比例(%);

L——服务范围内非机动车由居住地出行的比例(%);

P——吸引范围内成年职工的人数(人);

A——公交站点运量比例(%);

H——自行车平均周转率(次)。

③停车方式设计

在换乘点附近划分区域作为自行车停车场,按照车辆与通道是垂直关系还是斜列关系,是单排放置还是双排放置,可将自行车的停车方式划分为双排垂直式、单排垂直式、双排斜列式及单排斜列式 4 种,停车宽度参考尺寸分别为垂直式 0.6m、斜列式 0.5m。斜列式中车辆与通道的角度一般分为 30°、45°及 60°三种。停车场内部具体停车方式设计图,如图 7-2-13 所示。

7.2.3 对外交通一体化规划

对外客运交通的一体化,是指通过城市对外客运枢纽,实现城市内部交通与对外交通的有效衔接,建立客运运输整体的一种客运交通体系。不同于内部交通的一体化点、线、面多层次的融合,对外客运交通的一体化的实现关键在于对外交通枢纽。对外交通枢纽的换乘规划,是对外交通一体化中的主要组成部分。城市对外客运枢纽是集交通、商业、休闲于一体的综合性服务设施,它的换乘系统将城市对外交通(如公路、航空、铁路、水运等)与城市公共交通以及私人交通相连接。以对外交通枢纽为中心的换乘出行模式,如图 7-2-14 所示。

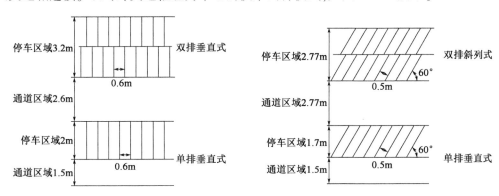

图 7-2-13　停车场内部停车方式设计图

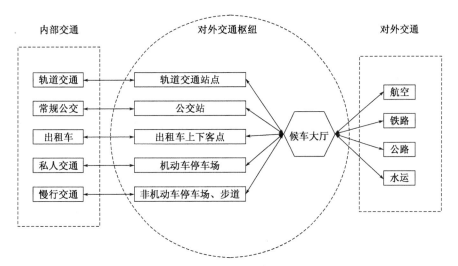

图 7-2-14　以对外交通枢纽为中心的换乘出行模式图

1)换乘衔接主要内容

城市对外客运枢纽中各种换乘设施衔接与对外客运枢纽的布局模式,是枢纽内城市内外交通实现无缝衔接的关键。枢纽中各种接驳交通设施的布局及运营组织上应做到:保证市内交通设施与对外客运枢纽出入口之间具有较短的换乘距离;通过合理的运营组织使市内交通与对外交通在时间上保持紧密联系,减少换乘等待时间;并且在对外客运枢纽中能够提供动态和及时的服务信息和引导。

城市对外客运枢纽换乘衔接主要包括五个方面的内容:换乘设施在枢纽内的布局问题、对外客运枢纽换乘设施规模分析、枢纽的运营组织设计、枢纽的交通组织设计、枢纽的信息服务系统建设及诱导标志设计。

(1) 换乘设施在枢纽内的布局问题

即枢纽内部布局问题，即根据枢纽换乘设施需求分析的结果，如何将枢纽内的换乘设施合理布局，在空间上实现枢纽的换乘效率最大化。

(2) 对外客运枢纽换乘设施规模分析

即枢纽内部各种换乘设施的需求问题。其研究包括枢纽内各主要交通设施所需的面积、布置形式、枢纽内设施的类型及数量等内容。

(3) 枢纽的运营组织设计

即通过对枢纽内各种交通方式的换乘关系和相关方式的运输特性和占用的时间资源进行优化设计，使不同交通方式按照协调的秩序、合理的分布到达枢纽，最大限度地缩短乘客在换乘枢纽内的等待滞留的时间，从时间上提高枢纽的换乘效率。

(4) 枢纽的交通组织设计

即枢纽换乘设施的换乘组织问题，根据已有的交通设施，如何合理组织，使得乘客、车辆实现换乘效率最高。

(5) 枢纽的信息服务系统建设及诱导标志设计

即利用信息技术进行信息服务设计提供旅客换乘时所关心的信息，并通过诱导标志引导旅客完成换乘过程。信息服务及诱导标志可以更好地使旅客完成整个换乘过程。

2) 换乘设施的衔接布局

在城市对外客运枢纽中，各种换乘设施的衔接布局应在遵循平均步行距离最短原则的基础上，统筹考虑公交优先与各类交通方式间的协调、整合关系。

(1) 换乘设施总体布局模式

① 以公交换乘为重点的换乘设施总体布局模式

以公交换乘为重点的换乘设施设计在国内城市较为常见。以南京南高铁站为例，如图 7-2-15 所示。最具效率与公共性的城市轨道交通直接正对铁路站场下部；其次公交、长途客运等设施就近设置于站房中央换乘广场核心区两侧的站场高架桥梁下方；社会车与出租车则由外围城市快速路系统接引至站房南北两侧高架落客平台直接进站，同时社会车的停靠位于离站房核心较远的桥梁下方用地。这使南京南站枢纽综合体内部各种交通模式换乘由传统的与铁路客运单向换乘改变为以铁路客运为核心，各种交通互通式立体换乘模式，充分体现了"公共交通优先""人车分离"的设计思路。

② 以公交换乘和综合开发并重的换乘设施总体布局模式

与国内城市相比，部分发达国家城市对外客运枢纽在注重公交换乘的同时，还对与枢纽内外空间进行了综合开发，进一步提升了枢纽的服务能力。

日本的城市对外客运站普遍采用线上式以分散客流，其成功之处在于车站及相邻地区的高强度开发和高集散能力相结合。高强度开发（尤其是地下空间的深度开发）使车站及周围地区容量大大提高，高集散能力又保证其疏散。东京站半径 500m 的范围内有 9 条轨道交通线通过，各线设站达 15 座之多，在地下形成几乎贯通的换乘区，使地面交通大大简化，同时，车站非常重视行人流的处理，通过设置大量地下步行广场、高架步行道等独立系统，确保其与各有轨车站、地面公交站的良好衔接。

德国的许多火车站，如慕尼黑的火车总站，如图 7-2-16 所示。以与城市地铁的良好换乘设计而闻名。地铁 1~9 号线和快速铁路地下线在站前相交，庞大的地下换乘空间和充足的疏运能力,辅以多条地面电车、公共汽车线,以及周围地区精心设计的单向交通组织,密集分布的出租车乘降站和停车库,使旅客在流动过程中就得以疏解,而无需一个巨大的站前广场。其最负盛名的一点就在它与市中心商业步行区的紧密连接,相辅相成,体现了现代技术与人性化的高度结合。

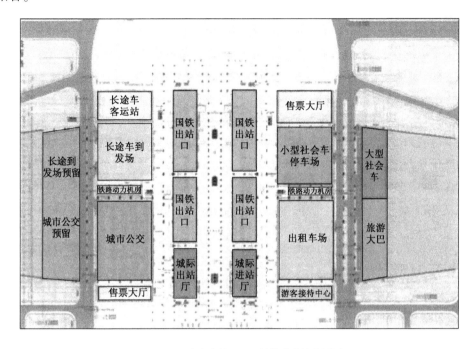

图 7-2-15　南京南站地面一层换乘设施布局图

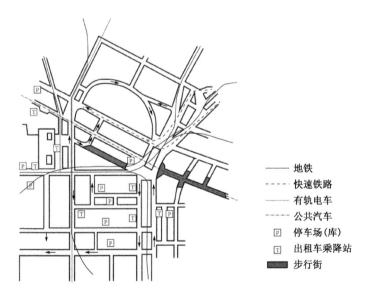

图 7-2-16　慕尼黑火车总站与周围地区交通关系图

我国大多数城市尚不具备这样换乘条件的开发规模,但公交换乘与综合开发的模式也是我国未来城市对外枢纽的发展方向。

（2）换乘设施具体衔接模式

①与轨道交通的衔接模式

轨道交通因其快速、大运量的优势，成为大城市对外客运枢纽换乘中的主要方式。轨道交通衔接对外客运枢纽主要有以下四种布局模式。

a. 在枢纽站的站前广场下单独修建轨道交通车站，站厅通道的出入口直接设置在站前广场，再通过站前广场与枢纽站衔接。

b. 轨道车站的出口通道直接通到枢纽的站厅层，乘客出站后就能进入枢纽站的候车室或售票室。

c. 由轨道车站的站厅层直接引出通道至枢纽站的月台下，并通过楼梯或自动扶梯与各月台相连，乘客可以通过此通道在轨道交通与铁路客运之间直接换乘，但换乘步行距离较长。如上海地铁1号线（地下两层）与铁路新客站的衔接就采用这种模式，如图7-2-17所示。

d. 轨道交通与对外客运联合设站，对换乘乘客来说，这是最好的衔接布局模式。这种模式根据两者站台的设置方式又可分为两种情形：一种情形是两者的站台平行的设置在同一平面内，再通过设置在另一层的共用站厅或者连接两者站台的通道进行换乘，上海地铁2号线与浦东客运站的衔接就是采用这种情形，如图7-2-18所示；另一种情形是轨道车站直接修建在枢纽站的站台或站房下，乘客通过轨道车站的站厅就能在两者之间换乘。联合设站实现两种客运方式同站台换乘，但需在管理体制、票制等方面做出很大的改进。

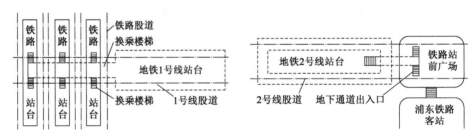

图7-2-17　地铁1号线与新客站衔接示意图　　图7-2-18　地铁2号线与浦东客运站衔接示意图

②与常规公交的衔接模式

对外客运枢纽与常规公交的衔接模式是指连接对外客运枢纽的常规公交线网布局、车辆配备、运营组织以及车站附近公交换乘站场布局等综合特征。两者衔接的内涵主要体现在常规公交线网和换乘站场的布局模式方面，可归纳为以下三种类型。

a. 放射—集中布局模式：常规公交线网主要以对外客运枢纽为中心成树枝状向外辐射。由于始发线路多，常规公交线网运输能力大，乘客换乘方便且步行距离较短，行人线路组织相对简单，对周围道路交通的影响也较小。但换乘枢纽站场用地较大，适合于换乘客流大的城市对外客运枢纽。

b. 途经—分散布局模式：常规公交线网由途经线路组成，公交停靠站分散设置在对外客运枢纽周边的城市道路上，大多数为中途站，城市乘客换乘公交不必进入客运广场。该布局模式不需设置用地规模较大的换乘枢纽站场，但线网运输能力较小，部分乘客换乘步行距离较长，行人线路组织相对复杂。换乘客流较大时，对周围道路交通有一定的影响，适合于换乘客流较小的对外客运枢纽。

c. 综合布局模式：是上述两种布局模式的复合形式。线网由始发线路和途经线路共同组成,且集中布置一个换乘枢纽站和分散布置一些换乘停靠站。对于规模较大的对外客运枢纽来说,一般采取这种衔接布局模式。

③与出租车、社会车辆的衔接模式

出租车和社会车辆与对外客运枢纽衔接方式与枢纽的布局及站前广场的布置形式有关。随着枢纽布局和站前广场形式的不同,两种接驳交通方式的停车场位置及布置形式也就不尽相同。就停车场位置的布设而言,归纳起来有三类衔接方式:一是停车场布设在站前广场地面;二是停车场布设在站前广场地下;三是出租车停车场和社会车辆停车场分别布设在地面或地下。

a. 停车场布设在地面:这类布设方式需要枢纽的站前广场有较大面积,站前广场是平面布置,没有高架上空和地下空间开发。出租车停车场位置尽量靠近集散大厅,出租车下客区位置靠近进站口,上客区位置靠近出站口。社会车辆停车场位置靠近进站口,尽量减少旅客进站步行距离。

b. 停车场布设在地下:这类布设方式是针对对外客运枢纽站前广场面积较小,没有地面空间布设停车场,又需要解决枢纽的停车问题,因此在枢纽中布设地下停车库。旅客临时下客停车点设置在站房进站口外,然后离开车站或转入地下停车场停车。

c. 停车场分别布设站前广场地面地下:此类停车场布设介于前两种情况之间,即地面和地下空间不能完全解决车站的停车问题。此时,可将出租车停车场设置在站前广场地面,社会车辆停车场布设在枢纽的地下。

④与非机动车的衔接模式

尽管当前小汽车发展迅速,但自行车、电动车等非机动车交通仍是我国大多数城市中最主要的交通方式。因此,在对外客运枢纽的换乘衔接中,非机动车交通应占有一席之地。

城市对外客运枢纽中非机动车停车场设置一般应遵循以下基本要求。

a. 停车场位置要根据枢纽布局、非机动车停车需求量和与城市道路的衔接方式等多种情况综合考虑来做出选择;

b. 非机动车停车场位置选择要以方便骑车人为主,同时也要注重不能对其他交通方式产生干扰;

c. 非机动车停车场与枢纽的衔接布局要合理,结合用地情况来布置出入口的位置,消除或降低自行车的进出对其他车辆或行人的影响;

d. 停车场要明确界线,防止越界停车对行人和其他交通产生干扰;

e. 提倡对非机动车停车实行免费政策,指派专人看管,为非机动车的安全提供保障。

3)换乘设施的规模

从客运交通一体化的角度来看,在换乘设施规模的确定中,需要了解的有常规公交、出租车以及小汽车的停车设施规模。

(1)常规公交停车设施规模

常规公交停车设施规模的确定,包括常规公交场站面积以及公交车上、下客车位数的计算。

①常规公交场站面积

常规公交场站面积由公共汽车的停放空间,高峰小时集散客流数量,候车空间决定,可根据式(7-2-2)计算:

$$S_{\mathrm{B}}=\left(\frac{60N_{\mathrm{B}}}{T_{\mathrm{U}}}+\frac{60N_{\mathrm{B}}}{T_{\mathrm{O}}}\right)A_{\mathrm{B}}+\frac{(\beta_{\mathrm{A}}+\beta_{\mathrm{L}})P_{\mathrm{B}}N_{\mathrm{B}}L_{\mathrm{P}}}{3600SV}+\frac{N_{\mathrm{B}}P_{\mathrm{B}}S_{\mathrm{W}}\beta_{\mathrm{L}}}{T_{\mathrm{O}}}+S_{\mathrm{Bd}} \qquad (7\text{-}2\text{-}2)$$

式中：S_{B}——公共汽车换乘场站所需面积(m^2)；

N_{B}——高峰小时公共汽车到站数(辆/h)；

T_{U}、T_{O}——公共汽车在下客区和上客区的停车时间(min)；

A_{B}——公共汽车停车时的平均占地面积，(m^2/辆)；

P_{B}——公共汽车平均载客数；

β_{A}、β_{L}——公共汽车到站和始发时的满载率(%)；

L_{P}——在枢纽内的乘客平均步行距离(m/人)；

S——平均行人密度(人/m^2)，通常取 1.2 人/m^2；

V——平均步行速度(m/s)，通常取 1.1m/s；

S_{W}——人均候车面积(m^2/人)；

S_{Bd}——公共汽车掉头所需空间(m^2)。

②公交车上客车位数

$$B_{\mathrm{TB}}=\frac{N_{\mathrm{B}}^{\mathrm{P}}k_{\mathrm{TB}}S_{\mathrm{B}}}{60\,n_{\mathrm{B}}} \qquad (7\text{-}2\text{-}3)$$

式中：B_{TB}——公交车上客车位数(个)；

$N_{\mathrm{B}}^{\mathrm{P}}$——单位时间内换乘公交车的乘客总量(人/h)；

k_{TB}——高峰小时系数；

S_{B}——公交车的服务时间(min)；

n_{B}——每辆公交车的平均乘客数(人)。

③公交车下客车位数

$$B_{\mathrm{OB}}=\frac{N_{\mathrm{B}}^{\mathrm{P}}k_{\mathrm{OB}}t_{\mathrm{OB}}}{60} \qquad (7\text{-}2\text{-}4)$$

式中：B_{OB}——公交车上客车位数(个)；

$N_{\mathrm{B}}^{\mathrm{P}}$——单位时间内换乘公交车的乘客总量(人/h)；

k_{OB}——高峰小时系数；

t_{OB}——平均每人下车所需时间(min)。

(2)出租车停车设施规模

与常规公交类似，出租车停车设施规模的确定，包括出租车候车区面积及出租车上、下客车位数的计算。

①出租车候车区面积

对外客运枢纽内出租车候车区主要为出租车停车候客服务。城市对外客运枢纽内专用的出租车候车区，其面积主要考虑所需出租候车廊的面积及车流、人流流线组织所需的面积，可根据式(7-2-5)计算：

$$S_{\mathrm{T}}=\frac{2N_{\mathrm{T}}T_{\mathrm{t}}A_{\mathrm{T}}}{600}+\frac{2L_{\mathrm{T}}N_{\mathrm{T}}B_{\mathrm{T}}}{600SV}+N_{\mathrm{TW}}A_{\mathrm{T}}+S_{\mathrm{Td}} \qquad (7\text{-}2\text{-}5)$$

式中：S_{T}——出租车换乘场站所需面积(m^2)；

N_{T}——高峰时段 10min 出租车的到站数(辆)；

T_t——出租车上下客所需时间(min);

A_T——出租车停车时的平均占地面积(m^2/辆);

L_T——在枢纽内的乘客平均步行距离(m/人);

B_T——出租车平均载客数(人/辆);

S——平均行人密度(人/m^2),通常取1.2人/m^2;

V——平均步行速度(m/s),通常取1.1m/s;

N_{TW}——候车区等待的出租车数(辆);

S_{Td}——出租车掉头所需空间(m^2)。

②出租车上客车位数

$$B_{TT} = \frac{N_T^P k_{TT} t_{TT}}{60} \tag{7-2-6}$$

式中:B_{TT}——出租车上客车位数(个);

N_T^P——单位时间内换乘公交车的乘客总量(人/h);

k_{TT}——高峰小时系数;

t_{TT}——每人上车所需时间(min)。

③出租车下客车位数

$$B_{OT} = \frac{N_T^P k_{OT} t_{OT}}{60} \tag{7-2-7}$$

式中:B_{OT}——出租车上客车位数(个);

N_T^P——单位时间内换乘出租车的乘客总量(人/h);

k_{OT}——高峰小时系数;

t_{OT}——平均每人下车所需时间(min)。

(3)小汽车停车设施规模

社会车辆并不存在上下客的需求,因此小汽车停车设施规模的确定主要是停车场面积的计算。

小汽车停车场的面积,主要考虑乘客上下车所需面积和车辆停放所需面积两部分,可根据公式(7-2-8)计算:

$$S_c = \frac{N_c \left(T_{park} + \dfrac{T_c}{a} \right)}{600 B_c \beta} A_c \tag{7-2-8}$$

式中:S_c——小汽车停车场所需面积(m^2);

N_c——高峰时段10min小汽车接送的人数;

T_{park}——上落客泊位处上落客所需停车时间(s);

T_c——每辆车平均停放时间(s);

a——某一服务水平下的停车饱和度;

B_c——社会车辆的平均载客数(人/辆);

β——停车场利用率;

A_c——每辆车停靠所需面积的大小(m^2/辆)。

4) 接驳交通方式的运营组织

(1) 常规公交的运营组织

目前,在我国的城市对外客运枢纽中,常规公交是最广泛使用的换乘接驳方式,因此,需要对城市对外客枢纽中接驳方式的运营组织进行研究。

根据换乘衔接顺畅的要求,运营组织设计首先体现在枢纽在客流分布的不同时间区段的运能匹配,在保证高峰时段内客流顺利集散的同时,适时调配换乘枢纽内接驳公交运力。

一般而言,在接驳对外客运枢纽的常规公交中,既有始发线路,又有途经线路。两种线路的布局形式不同,为对外客运枢纽集散的客流量也不同,两者共同组成了常规公交接驳对外客运枢纽的能力。

① 接驳公交运力的确定

a. 途径公交线路的接运能力。

$$Q_1 = 2 \sum_{i=1}^{n_i} \frac{60 B_b J_b (N_m - N_a)}{t_i} \tag{7-2-9}$$

式中:Q_1——途径公交线路的高峰小时运输能力(双向)(人次/h);

B_b——公共汽车的额定载客数(以标准车计算)(人次/辆);

J_b——其他车型对于标准车的换算系数;

N_m、N_a——途径公交线路 i 的极限满载率和高峰时段的平均满载率(%);

t_i——途径公交线路 i 的高峰时段平均发车间隔(min);

n_i——途径公交线路的条数。

b. 始发公交线路的接运能力。

$$Q_2 = 2 \sum_{i=1}^{n_i} \frac{60 B_b J_b N_L}{t_i} \tag{7-2-10}$$

式中:Q_2——始发公交线路的高峰小时运输能力(双向)(人次/h);

N_L——始发公交线路在对外客运枢纽的高峰时段满载率(%);

其他符号意义同上。

上述途经公交线路和始发公交线路高峰小时的运输能力之和($Q = Q_1 + Q_2$),即为城市对外客运枢纽的高峰小时公交接驳能力。假设对外客运枢纽高峰时段通过常规公交集散的客流为q_1,其服务范围内居民客流量q_2,则高峰时段对外客运枢纽公交客流量为 $q = q_1 + q_2$。

常规公交的高峰小时的接驳能力 Q 应大于 q,以满足高峰时段对外客运枢纽常规公交客流换乘的需要。一般来说,常规公交的运营组织规划的首要任务是确定其运能组织的规划。对外枢纽常规公交接驳运力组织示意图,如图 7-2-19 所示。

② 接驳公交发车间隔的设计

接驳公交与对外客运枢纽的运营组织设计的另一个重要内容就是对接驳公交的发车间隔做出合理的设计。接驳公交运营组织设计可以通过以常规公交服务的乘客总换乘时间最短为目标建立目标函数。其服务对象包括两部分:一部分为对外客流,即枢纽中的到达客流;另一部分是枢纽服务范围内的居民。

接驳公交发车时间间隔优化模型可以以枢纽服务乘客的换乘时间最短为目标函数。而换乘客流的总换乘时间由两部分构成:步行到达枢纽乘客的候车时间、对外客运枢纽到达客流中换乘公交乘客的换乘时间。

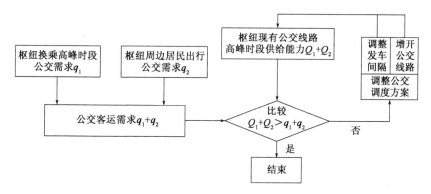

图 7-2-19 对外枢纽常规公交接驳运力组织示意图

a. 步行到达枢纽乘客的候车时间。

枢纽服务范围内由步行换乘公交乘客的到达是可假设是均匀的,设 λ_k 为乘客到达率, P_a 为在一定时间区域内公交线路 a 的发车间隔,则步行到达乘客的总候车时间为:

$$T_1 = \frac{\lambda_k \times P_a^2}{2} \tag{7-2-11}$$

b. 对外客运枢纽到达客流中换乘公交乘客的换乘时间。

设 b_j 为枢纽在某一时间区间内对外客运枢纽第 j 班次的到达时间,Q_j 为某一时间区间内第 j 班次到达乘客中换乘公交的乘客,t_0 为换乘旅客从对外运输方式下客区到常规公交候车区的时间(包括检票时间与换乘步行时间),a_0 为某一时间区间内第一班接驳公交的发车时间,a_i 为某一时间区内第 i 班接驳公交的发车时间,其中 $a_i = a_0 + i \times P_a$。则在一定时间区域内由对外运输方式换乘公交乘客的总换乘等待时间为:

$$T_2 = \sum_{i=1}^{m}\sum_{j=1}^{n} Q_j [(b_j + t_0) - (a_0 + i \times P_a)] \tag{7-2-12}$$

则在枢纽内,在某一时间区域内乘坐公交乘客的总候车时间为:

$$T = T_1 + T_2 = \frac{\lambda_k \times P_a^2}{2} + \sum_{i=1}^{m}\sum_{j=1}^{n} Q_j [(b_j + t_0) - (a_0 + i \times P_a)] \tag{7-2-13}$$

对外客运枢纽常规公交最短换乘时间运行调度的目标是使得换乘乘客的总候车时间最小,在不同的时间区域 $[t_1, t_2]$ 内(高峰时段、平峰时段或低峰时段),结合对外客运枢纽客流的到达频率,确定接驳公交的不同发车时间与发车间隔,其中 $I_{\min}$、$I_{\max}$ 分别表示根据换乘枢纽站公交上下车乘客统计数据得到的能满足正常服务水平的发车最小间隔与最大间隔。

综上所述,此问题可用数学模型表示为:

目标函数:

$$\min T = T_1 + T_2 = \frac{\lambda_k \times P_a^2}{2} + \sum_{i=1}^{m}\sum_{j=1}^{n} Q_j [(b_j + t_0) - (a_0 + i \times P_a)] \tag{7-2-14}$$

约束条件:

$$\begin{cases} t_1 \leq a_i \leq t_2 & (i = 1, 2, \cdots, m) \\ t_1 \leq b_j \leq t_2 & (j = 1, 2, \cdots, n) \\ I_{\min} \leq P_a \leq I_{\max} \end{cases} \tag{7-2-15}$$

根据上式,可以求得对外客运枢纽在不同时间区域的接驳公交动态的发车时间与发车间隔,从而达到常规公车交换乘总时间最短的目的。

(2)轨道交通的运营组织

目前,在我国现有的对外客运枢纽中,利用轨道交通接驳换乘客流主要的发展趋势,因此,轨道交通与对外客运枢纽的运营组织将成为对外客运枢纽运营组织设计的重要内容之一。轨道交通与对外客运枢纽的运营组织设计,就是在轨道交通站点和线路衔接规划确定后,对轨道交通车辆的发车间隔做出合理的设计。轨道交通运营组织设计也可以以该轨道交通枢纽服务的乘客总换乘时间最短为目标建立目标函数。其建模基本思想类似与常规公交运营组织设计问题,其模型可以在常规公交运营组织设计模型的基础上做适当调整,故不再赘述。

7.2.4 交通与土地利用一体化

交通与土地利用一体化的理念来源于城市交通与土地利用间的相互关系。从交通的角度看,土地利用是城市交通的源泉,决定了城市交通发生量、吸引量及交通分布的形态,从宏观上对一个城市的交通需求及交通结构具有重要影响;从土地利用的角度来看,交通提高了不同地区的交通可达性,改变了城市结构和土地利用形态。城市交通与土地利用间的相互关系,如图 7-2-20 所示。

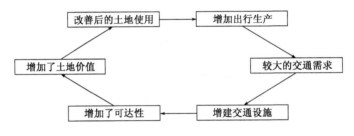

图 7-2-20　城市交通与土地利用间的相互关系图

在此背景下,公共交通导向发展(Transit-Oriented Development,TOD)的概念应运而生。TOD 模式是一种利用公共交通组织城市区域空间发展的模式,通过公共交通来引导土地利用和城市发展,以实现控制城市"摊大饼"式蔓延,最终达到实现城市可持续发展的目的。

TOD 模式的应用对于城市客运交通一体化具有十分重要的意义,城市客运交通系统通过 TOD 模式与周边用地发生深层次的联合,促进了客运交通与土地利用的一体化。

1) TOD 社区的含义与特征

(1) TOD 社区的概念

TOD 社区是 TOD 模式的一个核心组成部分,根据定义,TOD 社区是指:以公共交通站点为中心,周边进行较高密度住宅开发,配合相应的公共用地、商业用地以及就业岗位,将居住、零售、办公和公共空间组织在一个步行的环境中,并使居民方便地使用公共交通。一个典型的 TOD 主要由以下几种用地功能结构组成。

①核心商业区:每一个 TOD 都应该包含一个核心商业区,它应该与公共交通站点相毗邻,小型的商业区应该包含零售店和社区服务机构,而大型商业区还应该包含超级市场、餐馆、娱乐设施和办公设施。整个 TOD 区域面积的 10% 左右都应该布置核心商业区的商业用地,并且每个核心商业区的大小、规模、功能以及混合利用的程度都应可以适当调整。同时,在核心商业区内,还应为 TOD 内和附近的居民以及在那里工作的人员提供必要的公共空间,如公园、绿

地、广场以及幼儿园、邮局、警局、政府服务等公共服务设施,使人们尽可能少的使用小汽车,而通过步行和自行车的方式完成日常的生活需求和出行需求。

②办公/就业区:居住与工作的平衡布局是 TOD 理念所强调的重要内容之一,所以一些办公、就业区都需要布置在 TOD 区域内。通常来说,具有办公就业功能的建筑一般都会紧邻公共交通的车站来布置,这是为了鼓励人们更多地采用公共交通解决出行问题,从而以此来提高公共交通的出行效率。

③住宅区:核心商业区到公共交通站点之间步行范围内的居住用地的区域就是住宅区。在 TOD 区域内,应建立不同类型的住宅,以满足人们不同类型的居住需求。为了提高轨道交通和常规公交线路的使用效率,应尽可能地提高居住密度。

④公共开放空间:在辅助区域内,适宜布置一些低密度的零售店住宅、诊所、学校、就业岗位较少的公司以及换乘停车场,不宜在辅助区域布置与 TOD 区域内核心商业雷同或形成竞争的商业和公共设施。此外,公园、广场、花坛、喷泉、绿地等一些公共设施也应布置在此区域。

TOD 典型的结构模式构成,如图 7-2-21 所示。

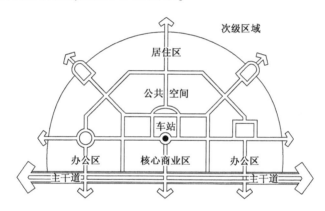

图 7-2-21　TOD 典型结构模式图

(2)TOD 社区的分类

TOD 社区由于现状条件和地理位置的不同体现出不同的特点,承担不同的作用,主要分为"城市 TOD"和"邻里 TOD"两种类型。

城市 TOD,位于区域性公共交通走廊的轻轨、地铁或公交干线的站点,其商业强度和就业岗位的聚集程度都很高,居住密度也相对较高。"城市型"公交社区主要适合密集型产业和一些较高密度的功能,如办公、社区零售服务中心和中到高密度的住宅,在城市 TOD 社区中,应能够提供人们直接到轨道系统的路径,而不需要多余的换乘。

邻里 TOD,主要位于常规公交线路的站点上,到城市 TOD 的轨道或公交干线站点的距离以不超过 10min 的公共交通出行距离为宜,邻里 TOD 更加注重居住用地的开发,并提供相应的零售、娱乐、餐饮和市政公用设施。邻里 TOD 社区通常安排住宅、零星就业及为居住区服务的配套设施,其规模、开发强度和公共交通服务等级均比城市 TOD 社区低。重点是提供多层次的住宅类型以形成良好的社区氛围。

因此,城市 TOD 较之邻里 TOD 有更高的发展密度、更大的规模,并承担更高级的城市职能。TOD 模式下的典型区域空间形态,如图 7-2-22 所示。

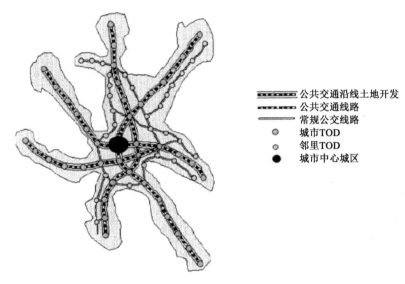

图 7-2-22　TOD 模式下的典型区域空间形态示意图

(3) TOD 社区的特点

TOD 在其发展过程中,形成了三个典型特征,即著名的 3D 原则:土地混合开发(Diversity)、高密度建设(Density)和宜人的空间设计(Design)。

①土地混合开发

土地混合开发是 TOD 的一个主要特征,它将原有单一的土地开发模式转变为土地混合开发模式,从而建设成为一个多功能、充满活力的 TOD 社区。土地混合开发的好处在于:可以为居民提供便捷的出行和服务。平衡居住和就业,增加社区活力,并可以使整个生活和工作环境更为多样化、安全和充满情趣。同时,所有的 TOD 都必须包含一定数量的公共设施、商业中心和住宅。一般来说,各种用地所占的比例大约为:公共设施为 5% ~ 15%;商业及其他可就业场所为 10% ~ 70%;住宅为 20% ~ 80%。此外,TOD 所提供的住宅应该包括从较低密度到高密度的多种形式的住宅,房屋的价格和档次也应该有比较大的变化空间,并应同时包括用于出租的住房和屋主自住住房。

②高密度建设

土地的高密度建设可以通过提高土地的开发密度和强度来增加土地使用效率,有效克服低密度开发所带来的城市不断蔓延的弊端,使土地资源得到最大限度的利用,这正是 TOD 的目标原则之一。同时,高密度建设也可以使车站的步行范围内有足够的公共交通客流量,大大提高公共交通的使用效率,使城市的公共交通体系形成良性运作。

③宜人的空间设计

良好的步行环境是 TOD 成功的关键要素,这是因为 TOD 的空间尺度大多是根据步行的距离来确定的。因此,TOD 社区内的道路应该尽量采用方格网状,其彼此互相相连并便于寻找,能够方便地通向公共交通车站及主要商业设施。道路周围的环境应该是对行人友善的,如具有良好的绿化、设立沿街商店和人行道限制沿街停车等 TOD 的主要设施之间,公共交通站点、商业中心、公园、学校和其他社区服务设施之间,还需提供自行车道 TOD 的空间设计能为人们创造一个对行走和骑自行车来说更安全和舒适的环境。同时,较窄的车道和较低的车速也可以大大较小车祸的发生,传统的邻里、宜人的街道、舒适的公共空间、建筑尺度的多样性、与公共交通车站之间舒适的步行空间,有利提高公共通的吸引力。此外,在城市设计中还要特别注意保护和保留具有地方特色的旧建筑及文化遗址,因为旧建筑和文化遗址可以提升城市的品质和韵味,这一点也是 TOD 理念非常强调的。

2）TOD 社区的设计

（1）TOD 社区区域组织模式

TOD 社区的建设一般围绕轨道交通与常规公交站点,在城市中,轨道交通与常规公交的不同服务层次,决定了 TOD 社区的层次。两者之中,轨道交通线网布局往往联系城市内部核心区域,向外放射外围组团,并且对接大都市区,与城市开发的结合度高,在城市总体格局的作用非常突出。因此,TOD 社区在区域组织模式上的建设思路是:以轨道线网作为 TOD 社区组织的主要骨架,利用站点间联系线、常规公交线路组成的公交网络支线为补充。通过城市型 TOD 社区和邻里型 TOD 社区的两级组合,实现 TOD 社区覆盖最大化。

具体而言,就是以轨道线网为 TOD 社区区域应用的一级组织网络.沿轨道站点布设城市型 TOD 社区;以和轨道站点连接的常规公交、站点联络线等城市公交系统支线作为二级组织网络。沿公交站点布设邻里型 TOD 社区。二级组织网络和一级组织网络的最大距离控制在 5km 半径内,以实现 10min 的换乘目标。具体 TOD 社区区域组织模式,如图 7-2-23 所示。

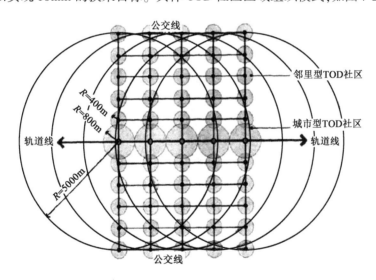

图 7-2-23　TOD 社区区域组织模式图

（2）TOD 社区设计策略

为体现差异化引导的策略,TOD 社区的设计应在区域应用框架基础上,结合现有城市空间格局和城市建设时序安排。将城市建设用地划分为 3 类区域,结合 3 类区域特点对 TOD 社区建设时序和重点作出不同的安排。

①优先发展区域

TOD 社区优先发展区域主要包括纳入城市近期建设计划,且具备 TOD 社区建设条件的新城和城市综合体;轨道沿线面临功能置换要求,且具备 TOD 社区建设条件的建设用地。

这些地区的共同特征是 TOD 社区建设条件和时机均较为成熟。具体条件仍存在差异。

位于外围未开发用地 TOD 社区建设首先应注重调整用地功能、提高土地开发强度、优先布局城市功能设施；其次是合理组织公交走廊两侧用地空间布局与密度分配，能较好地服务于公共交通系统，并形成公交走廊两侧一定范围内（通常是 200m）以高密度开发的多功能混合用地（如居住、商业、办公等）为主、向外围密度逐渐低的布局形式，最终形成各类公共交通接驳良好的新型 TOD 社区城区。位于城区内的更新用地的 TOD 社区建设重点在于周边功能的协调，实现填充式开发。

②常规发展区域

TOD 社区常规发展区域主要包括未纳入城市近期建设计划，但具备 TOD 社区建设条件的新城和城市综合体；城区内部面临功能置换需求，但建设时机尚不成熟的建设用地。

这类地区的 TOD 社区建设应进行适当控制，管理重点在于土地的储备。在这类地区建设 TOD 社区。土地开发应以用地整合及综合改造为主。充分考虑现状，适度调整用地功能与开发强度，开发强度保持与现状控制指标适度平衡；用地控制主要侧重于土地功能的置换，提高土地使用价值；对公交走廊两侧 400m，特别是 200m 范围进行用地功能和开发密度的优化调整，协调好改造地区与保留地区的关系，并完善与公交、步行系统的接驳设施。逐步形成服务于城市公共交通系统的 TOD 社区模式。

③提升改善区域

TOD 社区提升改善区域主要包括现状公交服务基础良好的老城区。这类地区往往空间调整余地不大，主要重点是落实 TOD 社区的步行化环境的营造。

在这类地区建设 TOD 社区，应对局部邻近地区做审慎调整，适度优化其用地功能。掌握好老城区内有利于形成 TOD 社区模式的人性化空间尺度，重点完善地铁与公交、步行系统的接驳转换设施。可通过地下空间开发弥补地面可开发空间的不足，实现不同交通方式和公交之间的衔接。

(3) TOD 社区设计模式

尽管城市 TOD 社区的开发强度，居住密度都很高。但具体到单个城市 TOD 社区，并不可能在功能上实现面面俱到。其设计模式依然要受到已有土地利用规划与城市功能分区的影响。一般来说，城市型 TOD 社区，可分为商业办公为主，或居住为主。若处于产业园区中，还应与工业用地相结合。相比之下，邻里 TOD 社区的设计则较为简单，一般以居住用地为主。

①城市型 TOD 社区

a. 以商业、办公为主。

半径 0~200m 以内区域：TOD 社区的核心区，宜高密度开发。以大型商业金融、行政办公设施为主导，可考虑商业、办公的混合；轨道站点通常结合大型购物中心设置，轨道站点附近要有一个较大型的市民休闲娱乐广场或公园。

半径 200~400m 以内区域：TOD 社区的过渡区，宜中高密度开发。以商业服务、文化娱乐设施为主，兼有办公和居住功能，临主要街道的居住宜采用商住混合形式。该区与核心区和外围地区之间常设置带状开敞空间。

半径 400~800m 以内区域：宜中等密度开发。以居住功能为主，兼有为居住区服务的零售服务和文化娱乐。同时可有少量办公，公共空间主要以小型公园绿地的形式团状散布于各住宅小区。

商业、办公为主的城市型 TOD 社区用地功能布局模式，如图 7-2-24 所示。

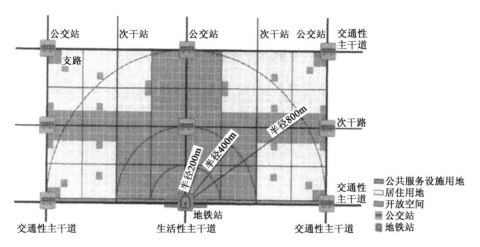

图 7-2-24 商业、办公为主的城市型 TOD 社区用地功能布局模式图

b. 以居住为主。

半径 0~200m 以内区域：TOD 社区的核心区，宜较高密度开发。以综合性商业零售、文化娱乐和办公为主，可有少量住宅，但主要是商住混合的形式。

半径 200~400m 以内区域：TOD 社区的过渡区，宜中高密度开发。以居住和办公为主，兼有社区级商业零售、服务和娱乐设施，常设有较大型的市民文化公园。

半径 400~800m 以内区域：宜中等密度开发。基本具有居住功能和为其服务的小型零售、服务的功能，公共空间也主要以小型公园绿地的形式团状散布于各住宅小区。

居住为主的城市型 TOD 社区用地功能布局模式，如图 7-2-25 所示。

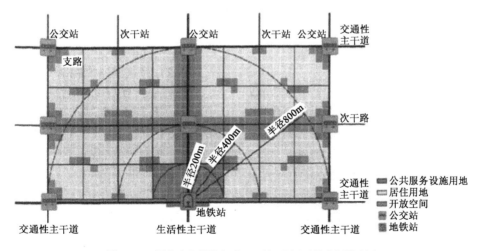

图 7-2-25 居住为主的城市型 TOD 社区用地功能布局模式图

c. 产业园区中的 TOD 社区。

半径 0~200m 以内区域：TOD 社区的核心区，宜中高密度开发。主要具有密集型办公和商贸文化功能。

半径 200~400m 以内区域：TOD 社区的过渡区，宜中等密度开发。以产业研发办公为主，有部分居住，兼有为其服务的商业零售和娱乐设施，有一些小型绿地。

半径 400~800m 以内区域:宜中低密度开发,基本上为周边产业园区服务的居住和小型零售服务功能,公共空间以小区绿地为主。

产业园内的城市型 TOD 社区用地功能布局模式,如图 7-2-26 所示。

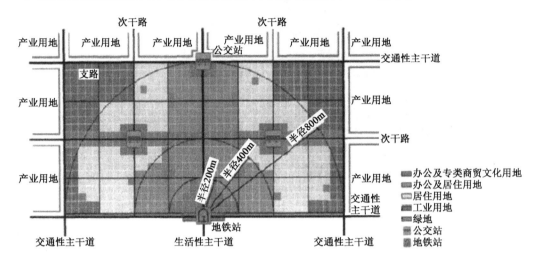

图 7-2-26　产业园内的城市型 TOD 社区用地功能布局模式图

②邻里型 TOD 社区

半径 0~200m 以内区域:TOD 社区的核心区,宜中高密度开发。以社区级商业零售、文化娱乐和办公为主,可有少量居住,但主要以商住混合的形式出现。

半径 200~400m 以内区域:宜中等密度开发。主要具有居住功能,兼有为居住服务的小型商业、服务功能。公共空间以小型公共绿地的形式散布于各居住组团,同时有一个较大型的社区公园。

邻里型 TOD 社区用地功能布局模式,如图 7-2-27 所示。

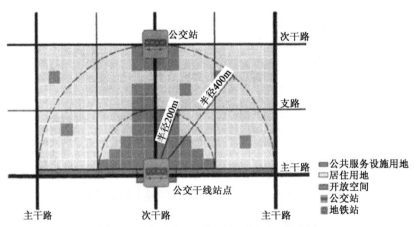

图 7-2-27　邻里型 TOD 社区用地功能布局模式图

复习思考题

1. 简述城乡客运交通一体化与城市客运交通一体化的内涵。
2. 城乡公交与城市公交的衔接模式有哪些?各自有什么特点及适用条件?
3. 城乡客运网络规划的主要方法是什么?
4. 轨道交通与常规公交的换乘设计主要包括哪些内容?
5. 市内交通与对外交通如何衔接?其面临的主要问题是什么?
6. 简述 TOD 社区的分类及其设计策略与布局方法。

参 考 文 献

[1] Vukan R Vuchic. Urban transit systems and technology[M]. Hoboken:Wiley,2008.
[2] 陈小鸿. 城市客运交通系统[M]. 上海:同济大学出版社,2008.
[3] Rode P,Floater G,Thomopoulos N,et al. Accessibility in cities:transport and urban form[J]. London School of Economics & Political Science,2014.
[4] 官莹. 城市交通与城市空间形态[D]. 南京:南京大学,2003.
[5] 汪莹莹,马清. 大城市交通投资策略研究——以青岛市为例[J]. 交通与运输(学术版),2017(01):168-172.
[6] 丁成日. 城市空间结构和用地模式对城市交通的影响[J]. 城市交通,2010(5):28-35.
[7] 谭琦川,黄贤金. 城市土地利用与交通相互作用(LUTI)研究进展与展望[J]. 中国土地科学,2018,32(07):81-89.
[8] 刘小明. 城市交通与管理——中国城市交通科学发展之路[J]. 交通运输系统工程与信息,2010,10(6):11-21.
[9] 杨涛,钱林波,何宁. 中国城市交通发展态势及其基本战略[J]. 城市规划,2005(5):50-54.
[10] 严海. 中国城市客运交通模式研究[D]. 西安:长安大学,2002.
[11] 郭爽. 洛杉矶交通:一支全明星乐队的演出[J]. 宁波经济(财经视点),2018,471(05):41-43.
[12] 崔曦,南雪倩. 公交香港:高效便捷[J]. 北京规划建设,2016(3):44-49.
[13] 蔚子. 对标卓越的全球城市(一)——伦敦城轨素描[J]. 上海质量,2018,348(08):22-24.
[14] 于鹏,姚伟奇. 中小城市公共交通发展的思考[C]//中国城市交通规划年会,2018.
[15] 张晓春,邵源,孙超. 面向未来城市的智慧交通整体构思[J]. 城市交通,2018,16(05):5-11.
[16] 杨少辉,马林,陈莎. 城市和城市交通发展轨迹及互动关系[J]. 城市交通,2009,7(4).
[17] 叶建红,施雪莹,陈小鸿. 欧美城市与交通发展演进的历史分析[C]//2017年中国城市交通规划年会论文集,2017.
[18] 何玉宏. 城市交通发展的绿色转向[J]. 中州学刊,2018(7):61-67.
[19] 刘洪营. 城市客运交通结构评价、设计与优化研究[D]. 西安:长安大学,2003.
[20] 钱喆,吴翱翔,张海霞. 世界级城市交通发展战略演变综述及启示[J]. 城市交通,2015(1).
[21] 中华人民共和国住房和城乡建设部. 城市道路公共交通站、场、厂工程设计规范:CJJ/T 15—2011[S]. 北京:中国建筑工业出版社,2011.
[22] 中华人民共和国住房和城乡建设部. 城市轨道沿线地区规划设计导则[S]. 2015.
[23] 中华人民共和国住房和城乡建设部. 地铁设计规范:GB 50157—2013[S]. 北京:中国建筑工业出版社,2013.
[24] 中华人民共和国住房和城乡建设部. 城市轨道交通线网规划标准:GB/T 50546—2018[S]. 北京:中国建筑工业出版社,2018.

[25] 中华人民共和国住房和城乡建设部.城市综合交通调查技术标准:GB/T 51334—2018[S].北京:中国建筑工业出版社,2018.

[26] 国家市场监督管理总局,国家标准化管理委员会.公共汽电车线网设置和调整规则:GB/T 37114—2018[S].北京:中国标准出版社,2018.

[27] 中华人民共和国交通运输部.公共汽车类型划分及等级评定:JT/T 888—2014[S].北京:人民交通出版社,2014.

[28] 葛丽娟,葛艳波,李枫.共享单车的用户特征及其对城市交通出行的影响[J].综合运输,2018,40(4):30-36.

[29] 魏庆朝,潘姿华,臧传臻.城市轨道交通制式分类及适用性[J].都市快轨交通,2017(1).

[30] 霍苗苗.城市常规公交运力规划研究[D].重庆:重庆交通大学,2009.

[31] 孙山.城市常规公共交通运力优化配置方法研究[D].南京:东南大学,2011.

[32] 薄坤,滕靖.大城市中心区新能源公交车选型决策方法研究[C]//第九届中国智能交通年会大会论文集,2014.

[33] 万学红,李忍相,冯爱军.市域快速轨道交通的技术特征与标准研究[J].城市轨道交通研究,2016,19(6):10-16.

[34] 任保宽,任秀苹,李晓霞.国内新能源公交车发展状况及问题探析[J].交通节能与环保,2013(4):28-32.

[35] 杨富社.大城市常规公交动态调度理论与方法研究[D].西安:长安大学,2015.

[36] 刘彤,巩丽媛,周欣,等.济南市居民出行调查分析及对策研究[J].交通运输研究,2010(17):150-153.

[37] 李默涵,蔡若松.交通方式预测中Logit模型参数估计方法的应用研究[J].辽东学院学报(自然科学版),2006,13(2):13-16.

[38] 皇甫佳群,周康,孙明洁.基于NL模型的交通方式划分[J].山东交通学院学报,2011,19(3):39-43.

[39] 陈先龙.交通方式划分离散选择模型的比较研究[J].交通运输工程与信息学报,2014(2):28-35.

[40] 尹逸云,卢红锋,彭雄文,等.基于LOGIT模型和BP神经网络的交通方式划分研究[J].甘肃科技,2008,24(2):76-78.

[41] 季凯.重力模型标定方法及分析[J].山西建筑,2012,38(11):18-19.

[42] 向楠,尤文晓.国际大城市机动化交通出行方式结构变化特征研究及应用[J].交通运输研究,2017,3(06):15-23.

[43] 姚国鑫.城市居民出行调查抽样技术与数据分析研究[D].西安:长安大学,2010.

[44] 王瑞.城市居民出行调查若干问题研究[D].西安:长安大学,2006.

[45] 陆锡明,顾啸涛.上海市第五次居民出行调查与交通特征研究[J].城市交通,2011(5):1-7.

[46] 潘洁.城市轨道交通短期客流预测方法及应用研究[D].重庆:重庆交通大学,2015.

[47] 张好智,肖昭升,傅白白.客运需求预测方法之比较分析[J].公路与汽运,2009(2):47-50.

[48] 陆化普,张永波,刘庆楠.城市步行交通系统规划方法[J].城市交通,2009,7(6).

[49] 袁进霞,张卫华,丁恒,等.城市道路路段立体行人过街设施设置条件研究[J].合肥工业大学学报(自然科学版),2010(10):1450-1453.
[50] 熊文,陈小鸿,胡显标,等.城市干路行人过街设施选型研究[J].城市交通,2013,11(1).
[51] 杨娟.城市公共交通一体化发展研究[D].西安:长安大学,2014.
[52] 黄子富.城市轨道交通的接运公交路线与运行时刻表优化研究[D].重庆:重庆交通大学,2015.
[53] 孙爱钦.城市轨道交通路网首末班车衔接方案研究[D].上海:上海工程技术大学,2015.
[54] 曹玫.城市轨道交通与常规公交客流一体化研究[D].南京:东南大学,2005.
[55] 李晓霞,梁青槐.城市轨道交通与其他交通方式的衔接研究[J].山西建筑,2005,31(24):21-22.
[56] 胡阿龙.城市内外交通换乘枢纽布局研究[D].成都:西南交通大学,2005.
[57] 陈大伟,李旭宏.大城市对外客运枢纽与公共交通衔接规划研究[J].交通运输工程与信息学报,2008,6(4).
[58] 刘宝状.轨道交通与常规公交运营协调研究[D].成都:西南交通大学,2011.
[59] 陆丹丹.基于城市交通网络一体化的客运枢纽之间的换乘研究[D].西安:长安大学,2009.
[60] 吴冰花.与交通网络一体化的大型客运枢纽布局研究[D].西安:长安大学,2008.
[61] 黄晓虹.以交通一体化为导向的城市客运枢纽模式研究[D].南京:南京林业大学,2006.
[62] 周雪梅,龙力,杨晓光,等.城乡公交线网规划方法研究[J].交通科技与经济,2013,15(6):1-5.
[63] 潘艳辉,徐泽绵.城乡公交一体化规划方法研究[J].交通科技,2006(6):104-106.
[64] 高洁.城乡客运一体化下客运站的布局研究[D].西安:长安大学,2008.
[65] 相伟.城乡一体化进程中城镇公交规划方法研究[D].南京:东南大学,2006.
[66] 姜晓红,过秀成,李家斌,等.基于片区组织的城乡公交运力配置方法研究[J].交通运输系统工程与信息,2014,14(4):126-130.
[67] 杨洁,过秀成,姜晓红.我国城乡公共客运政策法规分析及思考[J].现代城市研究,2017(12).
[68] 丁建友.城市主干道公交专用道设置条件研究[D].南京:东南大学,2009.
[69] 黄晓强.公交专用道系统在国内的设计研究[D].南京:河海大学,2007.
[70] 邱云.公交专用道的服务质量研究[D].南京:东南大学,2011.
[71] 丁志刚.南通市公交优先发展对策研究[D].上海:上海交通大学,2008.
[72] 龚博文.中小城市公交专用道布设及交通组织优化设计研究[D].北京:北京交通大学,2017.
[73] 张冬奇.重庆市主城区公交专用道规划研究[D].重庆:重庆交通大学,2017.
[74] 邵春福.交通规划原理[M].北京:中国铁道出版社,2004.
[75] 陆化普.交通规划理论与方法[M].北京:清华大学出版社,1998.
[76] 过秀成,姜晓红.城乡公共客运规划与组织[M].北京:清华大学出版社,2011.
[77] 吴子啸,付凌峰.城市综合交通调查的规范与创新[J].城市交通,2016,14(2):11-16.
[78] 刘博航,杜胜品.交通规划[M].北京:人民交通出版社股份有限公司,2018.

[79] 王花兰.交通预测与评估[M].北京:人民交通出版社股份有限公司,2016.
[80] 过秀成,姜晓红,杨洁.城乡公共客运发展机理与组织方法[M].北京:人民交通出版社股份有限公司,2016.
[81] 张泉,黄富民,杨涛.公交优先[M].北京:中国建筑工业出版社,2010.
[82] 孙有望.城市轨道交通概论[M].北京:中国铁道出版社,2000.
[83] 王炜.城市公共交通系统规划方法与管理技术[M].北京:科学出版社,2002.
[84] 毛保华.城市轨道交通规划与设计[M].北京:人民交通出版社,2006.
[85] 张生瑞,严海.城市公共交通规划的理论与实践[M].北京:中国铁道出版社,2007.
[86] 毛保华.城市轨道交通系统运营管理[M].北京:人民交通出版社股份有限公司,2017.
[87] 何静.城市轨道交通运营管理[M].北京:中国铁道出版社,2017.
[88] 交通运输部道路运输司.城市轨道交通管理概论[M].北京:人民交通出版社,2012.
[89] 胡明利.南京地铁运营服务与客流增长[J].经济研究导刊,2011(19):130-131.
[90] 张成.城市轨道交通客流特征分析[D].成都:西南交通大学,2006.
[91] 鞠犇.轨道交通客流特征与运营优化策略分析[J].数码设计(上),2018,(11):129.
[92] 凌巧.城市轨道交通突发客流运输组织方法研究[D].成都:西南交通大学,2013.
[93] 马语佳.成网条件下地铁换乘站客流组织仿真优化[D].成都:西南交通大学,2017.
[94] 刘欢.公交线路行车时刻表编制技术[D].南京:东南大学,2009.
[95] 王湘萍.北京公共交通区域运营组织与调度系统规划研究[D].北京:北京交通大学,2008.
[96] 张雪.城市公共交通运营组织及其调度方法研究[D].济南:山东大学,2013.
[97] 方鹤.面向区域的公交调度方法研究[D].天津:河北工业大学,2007.
[98] 杨威.公交区域运营调度系统关键问题研究[D].北京:北京交通大学,2006.
[99] 赵萌迪.城市公交调度策略与方案优化研究[D].兰州:兰州交通大学,2017.
[100] 刘鹏娟.公交调度系统设计与优化研究[D].西安:长安大学,2014.
[101] 高强周.城市轨道交通列车运行图设计实现与评价[D].北京:北京交通大学,2008.
[102] 方钊.城市常规公交调度系统智能化方法研究[D].南京:东南大学,2018.
[103] 陈娟.城市轨道交通和常规公交价格联动研究[D].哈尔滨:哈尔滨工业大学,2010.
[104] 陈慧,张晗寒,陈峥嵘,等.轨道交通与常规公交一体化票务研究[C]//2010年中国大城市交通规划研讨会——中国城市交通规划2010年会,2010.
[105] 叶丽.城市公共交通票价模式研究[J].科技资讯,2009(36):165-165.
[106] 宋凤.我国城市公交补贴方法研究[D].北京:北京交通大学,2012.
[107] 章玉.公共交通补贴的效率与机制研究[D].重庆:重庆交通大学,2017.
[108] 王永胜.城市公交成本、票价和补贴联动机制研究[D].西安:长安大学,2012.